Die unbezifferte Forderungsklage

Studien zum vergleichenden und internationalen Recht -
Comparative and International Law Studies

Herausgeber: Bernd von Hoffmann (†), Erik Jayme, Heinz-Peter Mansel,
Christine Budzikiewicz, Michael Stürner, Karsten Thorn
und Marc-Philippe Weller

Band 200

PETER LANG

Bahar Tuna Kurtoglu

Die unbezifferte Forderungsklage

Analyse, Problemstellungen und Lösungsansätze, bezogen auf das türkische, schweizerische und deutsche Recht

PETER LANG

Bibliografische Information der Deutschen Nationalbibliothek
Die Deutsche Nationalbibliothek verzeichnet diese Publikation
in der Deutschen Nationalbibliografie; detaillierte bibliografische
Daten sind im Internet über http://dnb.d-nb.de abrufbar.

Zugl.: Köln, Univ., Diss., 2018

D 38
ISSN 0930-4746
ISBN 978-3-631-73137-6 (Print)
E-ISBN 978-3-631-78047-3 (E-PDF)
E-ISBN 978-3-631-78048-0 (EPUB)
E-ISBN 978-3-631-78049-7 (MOBI)
DOI 10.3726/b15224

Peter Lang – Berlin · Bern · Bruxelles · New York ·
Oxford · Warszawa · Wien

Dieses Buch erscheint in einer Herausgeberreihe
und wurde vor Erscheinen peer reviewed.

www.peterlang.com

Meinen lieben Eltern

Vorwort

Die vorliegende Arbeit wurde im Oktober 2018 von der Juristischen Fakultät der Universität zu Köln als Dissertation angenommen. Rechtsprechung und Schrifttum befinden sich auf dem Stand vom Frühjahr 2018.

Mein besonderer Dank gilt an erster Stelle meinem Doktorvater Herrn Prof. Dr. Heinz-Peter *Mansel*, der diese Arbeit ausgezeichnet betreut und mit wertvollen Hinweisen und Anregungen unterstützt hat. Seine ermutigende Art hat mir bei der Anfertigung dieser Arbeit stets den notwendigen Rückhalt gegeben.

Herrn Prof. Dr. Dr. h.c. Hanns *Prütting* danke ich für die äußerst zügige Erstellung des Zweitgutachtens. Auch für sein Interesse an meiner Arbeit und für seine Unterstützung bin ich ihm zu großem Dank verpflichtet. Es war für mich eine große Ehre an seiner zivilprozessrechtlichen Fachkenntnis teilhaben zu dürfen.

Dank schulde ich ferner Herrn Prof. Dr. Hilmar *Krüger*, der mich bei meiner Masterarbeit betreut und mich zu Beginn dieser Arbeit mit seiner ausgewiesenen Kenntnis des türkischen Rechts unterstützt hat. Ich schätze und schätzte ihn nicht nur wegen seiner fachlichen Fähigkeiten, sondern auch in persönlicher Hinsicht.

Ganz herzlich bedanke ich mich bei Frau Gertrud *Wiesel* für ihre sorgfältige sprachliche Korrektur dieser Arbeit. Ich schätze mich glücklich, dass sie ihr Einfühlungsvermögen und ihre Lebenserfahrung mit mir geteilt und mich damit in verschiedenster Hinsicht unterstützt hat.

Ebenfalls danke ich in aller Form dem türkischen Erziehungsministerium, das mich seit Beginn meines Studiums durch ein Stipendium gefördert hat. Ich danke der Dr. Wilhelm Westhaus-Stiftung für ihre großzügige finanzielle Unterstützung, die die Veröffentlichung dieser Dissertation in der vorliegenden Schriftenreihe ermöglicht hat. Auch meinem Doktorvater Herrn Prof. Dr. Heinz- Peter *Mansel* schulde ich dafür besonderen Dank.

Weiterhin möchte ich mich bei Frau Juliane *Bertsch* für ihre wahre Freundschaft, ihre Unterstützung und ihre Hilfe in der Zeit, in der ich in Deutschland war, ganz herzlich bedanken.

Ganz besonders danke ich schließlich meinen lieben Eltern, Sema und Prof. Dr. Ahmet Kurtoglu, die mich während der Entstehung dieser Dissertation durch ihre Großzügigkeit, Geduld und mit Liebe bedingungslos unterstützt und mir das Studium, die Promotion und vieles mehr ermöglicht haben. Ihnen ist diese Arbeit gewidmet.

Köln, im November 2018

Bahar Tuna Kurtoglu

Inhaltsverzeichnis

Abkürzungsverzeichnis

Abs.	Absatz
alt.	alte
Art.	Artikel
AÜHFD	Ankara Üniversitesi Hukuk Fakültesi Dergisi
BGB	Bürgerliches Gesetzbuch
BGE	Entscheidungen des Schweizerischen Bundesgerichts
BGER	Unveröffentlichter Entscheid des Bundesgerichts
BGH	Bundesgerichtshof
BGHZ	Entscheidungen des Bundesgerichtshofs in Zivilsachen
BSKommORI	Basler Kommentar zum Obligationenrecht I
BSKommZGBI	Basler Kommentar zum Zivilgesetzbuch I
BSKommZPO	Basler Kommentar zur Zivilprozessordnung
Bzw.	beziehungsweise
C.	Cilt
c.	contra
CPO	Civilpozessordnung
d.h.	das heißt
Diss.	Dissertation
DEÜHFD	Dokuz Eylül Üniversitesi Hukuk Fakültesi Dergisi
E.	Esas
EMRK	Europäische Konvention zum Schutze der Menschenrechte und Grundfreiheiten
etc.	et cetera
f./ff.	Die Folgende(n)
FamRZ.	Zeitschrift für das gesamte Familienrecht
Fn.	Fußnote
GG	Deutsches Grundgesetz
GVG	Gerichtsverfassungsgesetzt
Habil.	Habilitation
HAVE	Haftung und Versicherung
H.D.	Hukuk Dairesi
HGK	Hukuk Genel Kurulu
HMK	Hukuk Muhakemeleri Kanunu
IÜHFM	Istanbul Üniversitesi Hukuk Fakültesi Mecmuasi
IÜHFY	Istanbul Üniversitesi Hukuk Fakültesi Yayinlari

JA	Juristische Arbeitsblätter
JR	Juristische Rundschau
JurBüro	Das Juristische Büro
JuS	Juristische Schulung
JW	Juristische Wochenschrift
JZ	Juristenzeitung
K.	Karar
Komm.	Kommentar
KUKO	Kurzkommentar
lit.	litera
MDR	Monatsschrift für Deutsches Recht
MÜHF- HAD	Marmara Üniversitesi Hukuk Fakültesi Hukuk Arastirmalari Dergisi
MünchKommBGB	Münchener Kommentar zur Bürgerlichen Gesetzbuch
MünchKommZPO	Münchener Kommentar zur Zivilprozessordnung
NJW	Neue juristische Wochenschrift
Nr.	Nummer
OLG	Oberlandesgericht
RG	Reichsgericht
RGZ	Entscheidungen des Reichsgerichts in Zivilsachen
Rn.	Randnummer
S.	Seite
SchweizBundVerG	Schweizerisches Bundesverfassungsgesetz
SchweizOR	Schweizerisches Obligationenrecht
SchweizPatG	Schweizerisches Patentgesetz
SchweizZGB	Schweizerisches Zivilgesetzbuch
SchweizZPO	Schweizerisches Zivilprozessrecht
Sic!	Zeitschrift für Immaterialgüter-, Informations- und Wettbewerbsrecht
T.	Tarih
TBBD	Türkiye Barolar Birligi Dergisi
TürkGebührO	Türkische Gebührenordnung
TürkOR	Türkisches Obligationenrecht
TürkVerf	Türkische Verfassung
TürkZGB	Türkische Zivilgesetzbuch
TürkZPO	Türkische Zivilprozessordnung
Urt.	Urteil
v.	von, vom
VE	Vorentwurf

Vorb.	Vorbemerkungen
YKD	Yargitay Kararlari Dergisi
z.B	zum Beispiel
ZBGR	Schweizerische Zeitschrift für Beurkundungs- und Grundbuchrecht
ZJS	Zeitschrift für das Juristische Studium
ZPO	Zivilprozessordnung
ZPOKomm	Kommentar zur Zivilprozessordnung
ZPO-AI	Zivilprozessordnung für den Kanton Appenzell-Innerrhoden
ZPO-ARG	Zivilprozessordnung für den Kanton Aargau
ZPO-BE	Zivilprozessordnung für den Kanton Bern
ZPO-BS	Zivilprozessordnung für den Kanton Basel
ZPO-GL	Zivilprozessordnung für den Kanton Glarus
ZPO-FR	Zivilprozessordnung für den Kanton Freiburg
ZPO-JU	Zivilprozessordnung für den Kanton Jura
ZPO-LU	Zivilprozessordnung für den Kanton Luzern
ZPO-NW	Zivilprozessordnung für den Kanton Nidwalden
ZPO-SG	Zivilprozessordnung für den Kanton St. Gallen
ZPO-SO	Zivilprozessordnung für den Kanton Solothurn
ZPO-SZ	Zivilprozessordnung für den Kanton Schwyz
ZPO-TG	Zivilprozessordnung für den Kanton Thurgau
ZPO-UR	Zivilprozessordnung für den Kanton Uri
ZPO-ZH	Zivilprozessordnung für den Kanton Zürich
ZR	Blätter für Zürcherische Rechtsprechung
ZZP	Zeitschrift für Zivilprozess

Einleitung

Die unbezifferte Forderungsklage ist mit Inkrafttreten der neuen türkischen Zivilprozessordnung (TürkZPO) am 1 Oktober 2011 in Art. 107 TürkZPO ausdrücklich und gesetzlich geregelt. Während der alten türkischen Zivilprozessordnung (alt. TürkZPO) war sie gesetzlich nicht geregelt, war aber von der Rechtsprechung in bestimmten Fällen anerkannt. Damals war die unbezifferte Forderungsklage von der Rechtsprechung und von der türkischen Lehre anerkannt, damit der Kläger vor dem Inkrafttreten der neuen TürkZPO seine Rechte erreichen konnte, wodurch die Rechtssicherheit und das Rechtsschutzinteresse des Klägers gesichert waren. Diese Entscheidungen der Rechtsprechung sowie auch die Ansichten der damaligen Lehre werden auch bei der Festsetzung der Vorschrift der unbezifferten Forderungsklage berücksichtigt.

Auch im schweizerischen Recht ist die unbezifferte Forderungsklage mit dem Inkrafttreten der schweizerischen Zivilprozessordnung (SchweizZPO) am 1 Januar 2011 in Art. 85 SchweizZPO ausdrücklich und gesetzlich geregelt. Ähnlich wie im türkischen Recht war die unbezifferte Forderungsklage auch im schweizerischen Recht vor dem Inkrafttreten der schweizerischen Zivilprozessordnung gesetzlich nicht geregelt, aber von der Rechtsprechung in bestimmten Fällen anerkannt.

Anders als in den türkischen und schweizerischen Rechtssystemen ist die unbezifferte Forderungsklage im deutschen Recht gesetzlich nicht geregelt, ist aber von der deutschen Lehre und Rechtsprechung sowie dem Reichsgericht für bestimmte Fälle anerkannt.

Gemäß Art. 119 Abs. 1 lit. d und ğ TürkZPO, Art. 221 Abs. 1 lit. c SchweizZPO und gemäß § 253 Abs. 2 Nr. 2 ZPO muss der Kläger in seiner Klageschrift in der Regel den Streitgegenstand, den Grund seines Anspruchs und den Streitwert genau angeben und falls die Klageschrift diese Voraussetzungen nicht besitzt, dann wird sie vom Gericht abgewiesen. Das heißt, dass der Kläger sein Rechtsbegehren nicht einklagen und nicht erreichen kann, falls er die Betragshöhe davon nicht genau bestimmen und in seiner Klageschrift angeben kann, was besonders bei Klagen auf Schmerzensgeld oder Schadensersatz sowie auch bei Klagen vorkommen kann, bei denen der Kläger Informationen benötigt, um den Betrag seines Anspruchs zu beziffern.. Durch die Regelung der unbezifferten Forderungsklage wird es dem Kläger ausnahmsweise ermöglicht, ohne Angabe der genauen Bezifferung des Anspruchs Klage zu erheben, wenn die Bezifferung des Betrags des Anspruchs dem Kläger unmöglich oder unzumutbar ist, womit das Rechtsschutzinteresse und die Rechtssicherheit des Klägers und auch die Prozessökonomie abgesichert sind. Auch wird der Kläger vor möglichen hohen Prozesskosten geschützt.

Trotz der gesetzlichen Regelungen der unbezifferten Forderungsklage und der Anerkennung der Lehre und der Rechtsprechung gibt es Unklarheiten und kritische Anmerkungen zur Ausübung der unbezifferten Forderungsklage. Ziel der vorliegenden Arbeit ist die Aufklärung dieser Unklarheiten, die Analyse dieser besonderen Klageart nach ihren gesetzlichen Regelungen und die Ausarbeitung möglicher Lösungen für die Probleme bei ihrer Ausübung auf der Basis einer rechtsvergleichenden Betrachtung der entsprechenden türkischen, deutschen und schweizerischen Rechtssysteme.

Dementsprechend werden in dem ersten Teil dieser Arbeit die Grundlagen der unbezifferten Forderungsklage sowie der Begriff, der Zweck und ihre Rechtsnatur im Sinne der wichtigsten Prozessgrundsätze untersucht. Außerdem werden der Stand und der Ausnahmecharakter der unbezifferten Forderungsklage im Vergleich zu den anderen Klagearten aufgezeigt.

In dem zweiten Teil der vorliegenden Arbeit werden die Zulässigkeitsvoraussetzungen der unbezifferten Forderungsklage untersucht, die sie zu einer besonderen Art der Leistungsklage machen. Auch die zulässigen Arten der unbezifferten Forderungsklage und die darüber bestehenden Ansichten in der Lehre werden in diesem Teil untersucht und es wird versucht, die Grundlagen und möglichen Ergebnisse dieser Ansichten zu erklären und aufzuklären, ob sie zu dem Zweck der unbezifferten Forderungsklage passen.

Im dritten und letzten Teil dieser Arbeit werden die Folgen der unbezifferten Forderungsklage im Zivilprozessrecht und im materiellen Recht untersucht und es wird aufgezeigt, ob die unbezifferte Forderungsklage wegen ihres Ausnahmecharakters im Vergleich zu den gewöhnlichen Klagearten besondere Folgen hat.

Teil 1 – Grundlagen der unbezifferten Forderungsklage

§1 Begriff, Zweck und Rechtsnatur der unbezifferten Forderungsklage

A. Begriff der unbezifferten Forderungsklage

1. Allgemeines

Die unbezifferte Forderungsklage ist eine Klageart, bei der der Kläger ohne eine konkrete Angabe der Betragshöhe seines Anspruchs Klage erheben kann.

Im Sinne des Grundprinzips im türkischen, deutschen und schweizerischen Zivilprozessrecht muss die Klageschrift genaue Angaben des Streitgegenstandes, bestimmte Rechtsgrundlagen des erhobenen Anspruchs und genaue Angaben des Rechtsbegehrens besitzen.[1] Wenn also der Kläger eine Leistungsklage mit dem Zweck erhebt, die Verurteilung des Beklagten auf die Zahlung der Leistung zu erreichen, muss er in der Regel den von dem Beklagten verlangten Betrag angeben, also die Betragshöhe seines Anspruchs beziffern.[2] Bei einem Mangel in diesen Erfordernissen wird die Klage als unzulässig abgewiesen.[3] Mit der Angabe der bezifferten Betragshöhe des Anspruchs kann der Beklagte wissen, was genau der Kläger von ihm verlangt und wie er sich verteidigen kann, zudem wird auch die Bindung des Gerichts an den Klageantrag abgesichert.[4]

Wenn die Bestimmung der Betragshöhe des Anspruchs richterliches Ermessen erfordert (wie z.B. bei Klagen auf Schmerzensgeld oder Schadensersatz), dann kann der Kläger den vom Gericht ermessenen Betrag seines Anspruchs nicht einschätzen. Dementsprechend könnte der Kläger seinen Antrag zu niedrig oder zu hoch beziffern und solch eine Bezifferung könnte für den Kläger

---

1 Art. 119 Abs. 1 S. ğ TürkZPO; Art. 221 SchweizZPO; §253 Abs. 2 S. 2 ZPO.

2 Prütting/Gehrlein/Geisler, Zivilprozessordnung Kommentar, 10. Auflage, 2018, §253, Rn. 39f.; Musielak/Voit/Foerste, Zivilprozessordnung Kommentar, 15. Auflage, 2018, §253, Rn. 30; Rosenberg/Schwab/Gottwald, Zivilprozessrecht, 18. Auflage, 2018, §96, Rn. 27f., S. 570; Pekcanitez/Atalay/Özekes, Medeni Usul Hukuku, 14. Auflage, 2013, S. 505f.; Yilmaz, Hukuk Muhakemeleri Kanunu Serhi, 2. Auflage, 2013, S. 813, 817.

3 Prütting/Gehrlein/Geisler, ZPOKomm, §253, Rn. 28ff.; Musielak/Voit/Foerste, §253, Rn. 29; Yilmaz, Serh, S. 817.

4 Prütting/Gehrlein/Geisler, ZPOKomm, §253, Rn. 28; Musielak/Voit/Foerste, §253, Rn. 29; Pekcanitez, Belirsiz Alacak Davasi, 1. Auflage, 2011, S. 14; Grunsky/Jacoby, Zivilprozessrecht, 15. Auflage, 2016, S. 93, Rn. 299; Schilken, Zivilprozessrecht, 7. Auflage, 2014, S. 101, Rn. 209; Jauernig/Hess, Zivilprozessrecht, 30. Auflage, 2011, S. 163, Rn. 4.

Risiken auf hohe Prozesskosten oder Verlust seines Rechtsbegehrens verursachen. Deswegen ist die Bezifferung des Rechtsbegehrens für den Kläger wichtig und risikoreich.[5]

Trotz dieses Grundprinzips des Zivilprozessrechts in den türkischen, deutschen und schweizerischen Rechtssystemen ist die unbezifferte Forderungsklage ausnahmsweise zugelassen.[6] Während die unbezifferte Forderungsklage in den türkischen und schweizerischen Zivilprozessordnungen gesetzlich geregelt ist, ist sie in der deutschen Zivilprozessordnung nicht geregelt. Aber trotzdem ist die unbezifferte Forderungsklage vom deutschen Reichsgericht[7], Bundesgerichtshof[8], in der deutschen Literatur und in der Praxis des deutschen Zivilprozessrechts anerkannt.[9] Demgemäß wird die unbezifferte Forderungsklage erst dann als zulässig angenommen, wenn die Bezifferung für den Kläger zu Beginn des Prozesses nicht möglich oder unzumutbar ist.[10]

Für die richtige und zweckmäßige Ausübung der Regelungen von Zivilprozessordnungen ist die richtige Interpretation des Wortlauts der Regelungen erforderlich. Dadurch kann die Absicht des Gesetzgebers mit der relevanten Regelung besser verstanden und diese sachgemäß angewendet werden. Deswegen muss der Wortlaut der unbezifferten Forderungsklage für ihre zweckmäßige und richtige Ausübung richtig interpretiert werden.

Der Begriff „Klage“ wird in den Zivilprozessordnungen in verschiedenen Bedeutungen angewendet. Die in der Praxis häufig anerkannte Bedeutung der „Klage“ ist der Rechtsschutz des Anspruchs des Klägers auf den Streitgegenstand. Nach diesem Begriff besteht der Streitgegenstand aus einem individualisierten Rechtsbegehren der Parteien.[11] Auch in den Regelungen der unbezifferten

---

5 Musielak/Voit/Foerste, §253, Rn. 34; Menges, Die Zulässigkeit des unbezifferten Klageantrags, 2004, S. 1; Kern, Die Zulässigkeit des unbezifferten Klageantrags, Diss., 1970, S. 2; Ubert, Der unbezifferte Klageantrag bei Schadensersatz- und Schmerzensgeldansprüchen, Diss, 1970, S. 1.

6 Menges, S. 1; Pekcanitez Belirsiz Alacak Davasi, S. 31; Baumann Weh, Die unbezifferte Forderungsklage nach Art. 85 ZPO, Band 75, 2013, S. 61, Rn. 179; Gut, Die unbezifferte Forderungsklage nach der schweizerischen Zivilprozessordnung, 2014, S. 47, Rn. 113; Grunsky/Jacoby, S. 93, Rn. 300; Jauernig/Hess, S. 163, Rn. 5

7 RGZ 10, 353; RGZ 140, 211ff.

8 BGH, NJW 1967, S. 1420; BGH, NJW 1970, S. 281.

9 Menges, S. 1; Ubert, S. 1.

10 Simil, Belirsiz Alacak Davası, 2013, S. 26; Baumann Weh, S. 2; Menges, S. 1; Ubert, S. 1.

11 Alpmann Brockhaus, Fachlexikon Recht, 2. Auflage, 2005, S. 782; Pekcanıtez/Atalay/Özekes, S. 411; Baumann Weh, S. 5, Rn. 16; Musielak/Voit/Foerste, ZPOKomm, §253, Rn. 1.

Forderungsklage wird die „Klage“ mit der Bedeutung für einen prozessualen Anspruch im Sinne eines Streitgegenstandes verwendet.[12]

Die „Forderung“ ist ein juristischer Begriff aus dem Schuld- und Sachenrecht. Im Allgemeinen ist der Gegenstand einer Forderung eine Leistung, also ein Recht auf ein Tun, Dulden oder Unterlassen.[13] Aber in den Regelungen der unbezifferten Forderungsklage ist die Bedeutung der „Forderung“ enger gefasst. Dementsprechend gelten die Leistungen, die auf die Geldzahlung gerichtet sind, als Gegenstand einer unbezifferten Forderungsklage.[14]

„Unbeziffert“ ist ein Begriff des allgemeinen Sprachgebrauchs. Es ist ein negierendes Adjektiv, das das Fehlen eines Betrags bedeutet. Gemäß den Regelungen der unbezifferten Forderungsklage richtet der Kläger sein Rechtsbegehren auf den Beklagten, der ihm einen Geldbetrag schuldet, wobei aber dieser Betrag zu Beginn des Prozesses unbeziffert ist. Also ist hier nur der Betrag unbeziffert, nicht aber die Forderung des Klägers.[15]

Obwohl die unbezifferte Forderungsklage in den türkischen und schweizerischen Zivilprozessordnungen und in der deutschen Rechtsprechung überwiegend ähnlich geregelt und zugelassen ist, gibt es in den Gesetzestexten Unterschiede, die für die Bestimmung des Anwendungsbereichs der unbezifferten Forderungsklage eine Interpretation benötigen. Da der Hauptzweck des Gesetzgebers darin besteht, durch die Interpretation der Gesetzestexte die unbezifferte Forderungsklage besser verstehen zu können, spielen die Wortlaute der Regelungen der unbezifferten Forderungsklage für ihre Ausübung eine entscheidende Rolle.[16]

In den türkischen, deutschen und schweizerischen Zivilprozessordnungen wird der Begriff „unbezifferte Forderungsklage“ nicht einheitlich verwendet. Nachfolgend werden die Wortlaute der Vorschriften der türkischen, deutschen und schweizerischen Zivilprozessordnungen über die unbezifferte Forderungsklage dargestellt.

---

12 Baumann Weh,S. 6, Rn. 18.

13 Alpmann Brockhaus, S. 529.

14 Baumann Weh, S. 7, Rn. 20; Oberhammer, Schweizerische Zivilprozessodrnung Kurzkommentar, 2010, Art. 85, Rn. 11.

15 Baumann Weh, S. 8, Rn. 24.

16 Baumann Weh, S. 3, Rn. 10.

2. Im türkischen Recht

Im türkischen Recht ist die unbezifferte Forderungsklage im Art. 107 TürkZPO geregelt. Hier hat der Gesetzgeber die unbezifferte Forderungsklage und die Feststellungsklage, die eine besondere Feststellungsklage für die unbezifferten Forderungen ist, im gleichen Artikel geregelt. Im noch nicht in Kraft getretenen Entwurf der türkischen Zivilprozessordnung wird aber diese besondere Feststellungsklage aufgehoben.[17] Im Folgenden dieser Arbeit wird daher nur die unbezifferte Forderungsklage (Art. 107 Abs. 1–2 TürkZPO) untersucht werden.

Gemäß Art. 107 Abs. 1 TürkZPO kann der Kläger eine unbezifferte Forderungsklage erheben, wenn die Bezifferung seiner Forderung bereits zu Beginn des Prozesses für den Kläger unmöglich oder unzumutbar ist.

Der Gesetzgeber hat die unbezifferte Forderungsklage in der TürkZPO als „Belirsiz Alacak Davası" d.h. als „unbestimmte Forderungsklage" geregelt. In der türkischen Sprache ist „unbestimmt" ein Adjektiv und bedeutet „unklar", „ungenau", „undefinierbar" oder „unsicher".[18] Da die Adjektive sich auf die Nomen beziehen, wird die Forderung, also der Streitgegenstand, dann unbestimmt, wenn die unbezifferte Forderungsklage als unbestimmte Forderungsklage anerkannt ist.[19]

Bei dieser Regelung hat der Gesetzgeber nicht bezweckt, eine Klageart für unbestimmte Streitgegenstände zu regeln, sondern für den Kläger eine alternative Klageart zu regeln, wenn die Bestimmung und die Bezifferung der Betragshöhe des Rechtsbegehrens unmöglich oder unzumutbar sind. Demzufolge ist die unbezifferte (unbestimmte) Forderungsklage besonders für die Fälle geregelt, in denen der Kläger den Streitgegenstand und die Tatsachenstoffe feststellen und beibringen, aber die Betragshöhe des Streitgegenstandes nicht beziffern kann.

---

17 **Übersetzung des Art. 107 TürkZPO**; (1) ist es dem Kläger unmöglich oder unzumutbar, seine Forderung bereits zu Beginn des Prozesses genau und endgültig zu beziffern, so kann er mit der Angabe eines vorläufigen Mindestwertes und der Bestimmung des Rechtsverhältnisses eine unbezifferte Forderungsklage erheben. (2) Sobald die Bezifferung dem Kläger nach Abschluss des Beweisverfahrens oder der Auskunftserteilung durch den Beklagten möglich ist, kann der Kläger ohne Verstoß gegenüber dem Erweiterungsverbot der Klage den Betrag seines Anspruchs erhöhen. (3) Außerdem kann die Feststellungsklage auch erhoben werden, wenn die Teilleistungsklage bei solchen Fällen auch erhoben werden kann. Dabei ist das Vorhandensein des Rechtsschutzinteresses angenommen.

18 Institution der türkischen Sprache, http://www.tdk.gov.tr; Woxikon Synonyme, http://synonyme.woxikon.de/

19 Simil, S. 27.

Wegen der Unklarheit des Wortlauts werden der Gesetzgeber und die Regelung in der türkischen Literatur kritisiert. Nach Ansicht der Literatur sollte es statt „unbestimmte Forderungsklage", „unbezifferte Forderungsklage" heißen, damit eine zweckmäßige Regelung und Ausübung der unbezifferten Forderungsklage verwirklicht werden kann.[20]

Dieser Ansicht der Literatur nach sollte die „unbestimmte Forderungsklage" also auf türkisch „belirsiz alacak davası" ähnlich wie im schweizerischen Zivilprozessrecht als „unbezifferte Forderungsklage", also auf türkisch „rakamlandırılmamış alacak davası", benannt werden. Danach muss der Streitgegenstand der Forderung schon bestimmt sein, damit gemäß Art. 107 TürkZPO diese Klageart als zulässig gelten kann.[21]

Einer anderen Ansicht nach wäre die Änderung des Wortlauts des Art. 107 TürkZPO in den Begriff „unbezifferte Forderungsklage" nicht genug.[22] Dieser Ansicht nach ist die Benennung als „unbezifferte Forderungsklage" für das schweizerische Zivilprozessrecht wegen der Gesetzessystematik sachgemäß, weil im Art. 84 Abs. 2 SchweizZPO die Forderungsklage geregelt und die Bezifferung des Geldbetrags besonders verlangt ist und der danach kommende Art. 85 SchweizZPO dann die Ausnahme dazu enthält. Demzufolge kann der Kläger mit der Klage gemäß Art. 85 SchweizZPO seinen Anspruch auf die Bezahlung einer Geldsumme geltend machen.[23] Da es in der türkischen Zivilprozessordnung so eine Gesetzessystematik aber nicht gibt, wäre nach dieser Ansicht die Benennung als „unbezifferte Forderungsklage" für das türkische Zivilprozessrecht nicht sachgemäß. Dieser Ansicht nach gilt aber der Art. 107 TürkZPO nicht nur für die Geldleistungsklagen, sondern für alle Leistungen. Daher sollte der Art. 107 TürkZPO als „die Klage auf die Ansprüche, die nicht mit Ziffern bestimmt werden können" benannt werden.[24]

3. Im deutschen Recht

Entgegen dem türkischen Recht ist im deutschen Recht die unbezifferte Forderungsklage in der deutschen Zivilprozessordnung ausdrücklich nicht geregelt, obwohl die Stufenklage, die zu dem Ausübungsbereich der unbezifferten Forderungsklage gehört, gemäß §254 ZPO vom deutschen Zivilprozessrecht

---

20 Yilmaz, Serh, S. 741.

21 Yilmaz, Serh, S. 741.

22 Simil, S. 29f.

23 Baumann Weh, S. 7f., Rn. 21; Gut, S. 39, Rn. 96.

24 Simil, S. 30.

angenommen und geregelt ist. Aber nach der Rechtsprechung des Reichsgerichts und des Bundesgerichtshofs ist die unbezifferte Forderungsklage ausnahmsweise anerkannt[25], obwohl gemäß §253 Abs. 2 Nr. 2 ZPO eine zulässige Klageschrift einen bestimmten Klageantrag besitzen muss.[26]

Gemäß §253 Abs. 2 Nr. 2 ZPO ist für eine zulässige Klageschrift ein bestimmter Klageantrag erforderlich. Also wird in dieser Vorschrift kein bezifferter, sondern ein bestimmter Klageantrag verlangt. Dementsprechend gilt diese Vorschrift nicht nur für Geldleistungen, sondern generell für alle Leistungsklagen. Daher kann der Gesetzgeber für alle Arten von Leistungsklagen nur wegen dieses Grundes keine endgültige Bezifferung erzwingen.[27] Außerdem wird gemäß §253 Abs. 3 Nr. 2 ZPO die Angabe des Wertes des Streitgegenstandes verlangt, damit das zuständige Gericht bestimmt werden kann. Wenn der Streitgegenstand nicht in einer bestimmten Geldsumme bestehen kann, dann lässt sich die gegenteilige Schlussfolgerung ziehen.[28] Die Anwendung des §253 Abs. 3 ZPO schließt also die Geldleistungsklagen aus. Da der Streitwert sich hier anhand des Klageantrags bestimmen lässt, hat der Gesetzgeber die klägerischen Streitwertangaben nicht verlangt.[29] Aus dem Wortlaut des §253 Abs. 3 ZPO geht hervor, dass die Regelung des §253 ZPO einen bezifferten Klageantrag betrifft und dass die unbezifferte Forderungsklage im Sinne vom §253 Abs. 2 Nr. 2 ZPO nicht bestimmt sein kann.[30]

Wegen des Wortlauts des §253 Abs. 2 Nr. 2 ZPO wird die unbezifferte Forderungsklage im deutschen Zivilprozessrecht als „unbezifferter Klageantrag" sowie „unbezifferter Zahlungsantrag" anerkannt. Da es umstritten ist, ob die unbezifferte Forderungsklage bzw. der unbezifferte Klageantrag zum Wortlaut des §253 Abs. 2 ZPO gehört und da der Gesetzgeber gemäß §253 Abs. 2 Nr. 2 ZPO für eine zulässige Klageschrift einen bestimmten Klageantrag verlangt, wird die unbezifferte Forderungsklage wegen der Erfordernis nach der Bestimmtheit des Klageantrags gemäß §253 Abs. 2 Nr. 2 ZPO im deutschen Recht als „unbezifferter

25 Ubert, S. 1; Menges, S. 7; Musielak/Voit, Grundkurs ZPO, S. 43, Rn. 67; Grunsky/Jacobi, S. 93, Rn. 300; BHG, NJW 1967, S, 1421; BGH, NJW 2002, S. 303; Jauernig/Hess, S. 163, Rn. 5; BGHZ 60, S. 351; BGHZ 125, S. 44.

26 Menges, S. 9; Ubert, S. 1; Blechschmidt, Der unbezifferte Klageantrag bei Schadensersatz- und Schmerzensgeldansprüchen, 1964, S. 49; MünchKommZPO/Becker-Eberhard, §253, Rn. 119.

27 Menges, S. 19.

28 Menges, S. 19; Blechschmidt, S. 50.

29 Menges, S. 19; Blechschmidt, S. 50.

30 Menges, S. 19; Blechschmidt, S. 48, 51.

Klageantrag" benannt. Im Folgenden dieser Arbeit wird es aber als „unbezifferte Forderungsklage" benannt und untersucht werden.

Im deutschen Recht haben das Reichsgericht, der Bundesgerichtshof und dann auch fast das gesamte Schrifttum des deutschen Zivilprozessrechts die unbezifferte Forderungsklage ausnahmsweise zugelassen.[31] Besonders bei Klagen auf Schmerzensgeld, wenn die Betragshöhe des Streitgegenstandes vom Gericht ermessen wird, ist der Kläger davon befreit, seinen Klageantrag zu beziffern.[32] Obwohl der Wortlaut des §253 Abs. 2 Nr. 2 ZPO eindeutig einen bestimmten und bezifferten Klageantrag für Geldleistungsklagen verlangt[33] und dabei keine Ausnahme anerkannt hat, ist die unbezifferte Forderungsklage damit nicht vereinbar und vom Bundesgerichtshof als eine Ausnahme zugelassen.[34] Dementsprechend wird die unbezifferte Forderungsklage im deutschen Recht zulässig, wenn die Bezifferung der Betragshöhe des Streitgegenstandes sowie des Klageantrags dem Kläger unmöglich oder unzumutbar ist.[35]

Im deutschen Zivilprozessrecht kann der Kläger seine Klage entgegen dem §253 Abs. 2 Nr. 2 ZPO ohne genaue Angabe der Betragshöhe des Klageantrags erst dann erheben, wenn die Höhe seiner Geldforderung durch eine Beweisaufnahme, durch ein gerichtliches Ermessen oder durch eine Einschätzung von Sachverständigen ermittelt wird.[36] Für die Zulässigkeit der unbezifferten Forderungsklage sind erstens die genaue Bestimmung des Streitgegenstandes und die Angabe der Tatsachenstoffe erforderlich. Wenn die Klageschrift keine genaue Angabe des Streitgegenstandes und der Tatsachenstoffe enthält, dann wird sie als unzulässig abgewiesen.[37]

---

31 Menges, S. 12; Musielak/Voit, Grundkurs ZPO, S. 43, Rn. 67; Musielak/Voit/Foerste, §253, Rn. 34f.; Schilken, S. 103, Rn. 212; Jauernig/Hess, S. 163, Rn. 5; Grunsky/Jacoby, S. 93, Rn. 300.

32 Ubert, S. 1; Menges, S. 1; Kern, S. 1; MünchKommZPO/Becker-Eberhard, §253, Rn. 118; Musielak/Voit/Foerste, §253, Rn. 35; Grunsky/Jacoby, S. 93, Rn. 300.

33 Menges, S. 19; Prütting/Gehrlein/Geisler, ZPOKomm, §253, Rn. 28.

34 Menges, S. 1.

35 Ubert, S. 1; Menges, S. 1; MünchKommZPO/Becker-Eberhard, §253, Rn. 117; Stein/Jonas/Roth, Kommentar zur Zivilprozessordnung, Band 3, 23. Auflage, 2016, §253, Rn. 45; Grunsky/Jacoby, S. 94, Rn. 301.

36 Musielak/Voit, Grundkurs ZPO, S. 43, Rn. 67; Stein/Jonas/Roth, §253, Rn. 45; MünchKommZPO/Becker-Eberhard, §253, Rn. 122.

37 Musielak/Voit, Grundkurs ZPO, S. 44, Rn. 67; Stein/Jonas/Roth, §253, Rn. 45; Ubert, S. 2; Musielak/Voit/Foerste, §253, Rn. 34.

Es ist aber im deutschen Zivilprozessrecht umstritten, ob die Angabe der ungefähren Größenordnung des Anspruchs für die Zulässigkeit der unbezifferten Forderungsklage erforderlich ist oder nicht.

Demzufolge versteht man unter der Größenordnung die Betragsvorstellung.[38] Nach den Rechtsprechungen des BGH bis zum Jahr 1999 war die ungefähre Angabe der Größenordnung für die unbezifferte Forderungsklage eine Zulässigkeitsvoraussetzung.[39]

Der herrschenden Meinung in der Literatur nach ist die Angabe der Größenordnung eine Zulässigkeitsvoraussetzung der unbezifferten Forderungsklage, trotzdem streiten sie sich aber über die Bedeutung der sogenannten Größenordnung.[40] Nach einer Ansicht versteht man unter der Größenordnung einen ungefähren Betrag, den das Gericht um jeweils 20% unter- und überschreiten dürfe.[41] Nach der anderen Ansicht ist die Angabe der Größenordnung eine Minimalforderung, an die das Gericht nicht gebunden ist. Nach einer weiteren Ansicht soll die Größenordnung als Obergrenze des gerichtlichen Entscheidungsspielraums anerkannt werden.[42] All diese Ansichten und Theorien in der deutschen Literatur werden nachfolgend in dieser Arbeit untersucht.

Obwohl die Ansichten in der Literatur über die Bedeutung und über die Angabe der Größenordnung voneinander abweichen, ist die Angabe der Größenordnung von der Lehre als eine Zulässigkeitsvoraussetzung der unbezifferten Forderungsklage anerkannt worden.[43]

Als Schlussfolgerung liegt im deutschen Zivilprozessrecht eine zulässige unbezifferte Forderungsklage erst dann vor, wenn kein zahlenmäßiges Rechtsbegehren aus dem Klagevorbringen des Klägers entnommen werden kann[44] und

38 Menges, S. 12.

39 Menges, S. 10f.; BGHZ 140, S. 341; BGH, NJW 1982, S. 340.

40 Menges, S. 16.

41 Butzer, Prozessuale und kostenrechtliche Probleme beim unbezifferten Klageantrag, MDR, 1992, S. 539; Dunz, Der unbezifferte Leistungsantrag nach der heutigen Rechtsprechung des Bundesgerichtshofs, NJW 1984, S. 1734; Wurm, Der unbezifferte Zahlungsantrag, JA, 1989, S. 69.

42 Menges, S. 17; Röttger, Die Bindung des Gerichts an den unbezifferten Zahlungsantrag, NJW 1994, S. 369.

43 Stein/Jonas/Roth, §253, Rn. 47; MünchKommZPO/Becker-Eberhard, §253, Rn. 120; Musielak/Voit, Grundkurs ZPO, S. 44, Rn. 67; Zöller/Greger, Zivilprozessordnung Kommentar, 31. Auflage, 2016, §253, Rn. 14.

44 Ubert, S. 2.

wenn so eine Bezifferung zu Beginn des Prozesses dem Kläger unmöglich oder unzumutbar ist.[45]

Obwohl die unbezifferte Forderungsklage im deutschen Recht nicht gesetzlich geregelt ist, wird sie von der Rechtsprechung des Reichsgerichts, des Bundesgerichtshofs und von der deutschen Literatur mit ähnlichen Voraussetzungen wie in den türkischen und schweizerischen Zivilprozessordnungen zugelassen.

4. Im schweizerischen Recht

Im schweizerischen Zivilprozessrecht ist die unbezifferte Forderungsklage im Art. 85 SchweizZPO geregelt. In der SchweizZPO bildet die unbezifferte Forderungsklage eine Ausnahme der Leistungsklagen, die im Art. 84 SchweizZPO geregelt sind. Gemäß Art. 84 und Art. 221 SchweizZPO ist die genaue Bezifferung der Betragshöhe des Rechtsbegehrens des Klägers eine der Zuständigkeitsvoraussetzungen der wirksamen Klageerhebung.[46] Gemäß den bisherigen bundesgerichtlichen Rechtsprechungen ist die Zulässigkeit der unbezifferten Forderungsklage als eine Ausnahme der im Art. 84 SchweizZPO geregelten Leistungsklagen, die sich meistens auf Geldleistungen richten, geregelt.[47]

Die SchweizZPO ist in drei Amtssprachen geregelt. Obwohl die verschriftlichten Regelungen der SchweizZPO also in drei sprachlich unterschiedlichen Fassungen niedergelegt sind, verursachen diese Unterschiede bei der Ausübung und der Bedeutung der unbezifferten Forderungsklage keine Anwendungsprobleme. Dementsprechend ist die unbezifferte Forderungsklage gemäß Art. 85 SchweizZPO die Klage, bei der die Bezifferung der Betragshöhe seines Anspruchs dem Kläger zu Beginn des Prozesses unmöglich oder unzumutbar ist.[48]

Im schweizerischen Zivilprozessrecht ist die Bezifferung der Betragshöhe für die Bestimmung der sachlichen Zuständigkeit des Gerichts, der anwendbaren Verfahrensart, des Urteilsvorschlags, der Entscheidkompetenz der

45 Menges, S. 1; Ubert, S. 1.

46 Sutter-Somm, Schweizerisches Zivilprozessrecht, 2. Auflage, 2012, S. 130, Rn. 531; Meier, Unbezifferte Forderungsklage: ein fragwürdiges Instrument zur Verminderung des Kostenrisikos, HAVE, S. 12; Baker&McKenzie/Courvoisier, Schweizerische Zivilprozessordnung Handkommentar, 2010, Art. 85, Rn. 1; Meier, Schweizerische Zivilprozessrecht, 2010, S. 223.

47 Baker&McKenzie/Courvoisier, Art. 85, Rn. 1; Sutter-Somm/Leuenberger/Bopp/Besenich, Kommentar zur schweizerischen Zivilprozessordnung (ZPO), 3. Auflage, 2016, Art. 85, Rn. 2.

48 Baumann Weh, S. 9, Rn. 27; Sutter-Somm, S. 130, Rn. 532; Baker&McKenzie/Courvoisier, Art. 85, Rn. 2.

Schlichtungsbehörde und der Höhe der Prozesskosten wichtig.[49] Daher muss der Kläger gemäß Art. 85 Abs. 1 Nr. 2 SchweizZPO bei der Klageerhebung einen geschätzten Mindestwert als einen vorläufigen Streitwert angeben.[50] Der Art. 85 Abs. 2 SchweizZPO verlangt vom Kläger eine nachträgliche Bezifferung des Anspruchs, sobald der Kläger nach dem Beweisverfahren oder nach der Auskunftserteilung durch den Beklagten oder sowie auch nach dem richterlichen Ermessen der Betragshöhe des Anspruchs in der Lage ist, die Betragshöhe seines Anspruchs zu beziffern.[51]

Wenn die genaue Betragshöhe des Anspruchs dem Kläger nicht bekannt ist wegen des Fehlens eines Gutachtens oder des Fehlens von Informationen oder von Unterlagen, die von dem Beklagten bekannt gegeben werden müssen, dann ist die Bezifferung für den Kläger unmöglich oder unzumutbar.[52] Bei Klagen auf einen Schadensersatz oder Schmerzensgeld und bei Klagen, die z.B. Provisierungsanspruch haben, wird die Bezifferung der Betragshöhe dem Kläger zu Beginn des Prozesses unmöglich oder unzumutbar sein, da der Kläger für die richtige Bezifferung das sachgemäße Ermessen, das Vorliegen des Sachverständigengutachtens oder die Ermittlung der Informationen vom Beklagten oder von einem Dritten benötigt.[53] Gemäß Art. 85 Abs. 1 Nr. 2 SchweizZPO muss der Kläger einen vorläufigen Streitwert bestimmen, damit das zuständige Gericht, die Verfahrensart und die Prozesskosten bestimmt werden können.[54] Gemäß Art. 85 Abs. 2 SchweizZPO wird aber der Kläger nach dem Beweisverfahren oder der Auskunftserteilung durch den Beklagten zu einer nachträglichen Bezifferung seines Anspruchs in der Lage sein.[55] Wenn für die genaue Bezifferung des Streitgegenstandes ein richterliches Ermessen erforderlich ist, dann wird der Kläger von der Bezifferung seines Anspruchs befreit, denn die Betragshöhe des

49 Sutter-Somm/Hasenböhler/Leuenberger/Bopp/Besenich, Kommentar zur Schweizerischen Zivilprozessordnung (ZPO), 3. Auflage, 2016, Art. 85, Rn. 1; Sutter-Somm, S. 130, Rn. 532; Meier, HAVE, S. 12; Meier, Zivilprozessrecht, S. 224; Baker&McKenzie/Courvoisier, Art. 85, Rn. 6.

50 Sutter-Somm, S. 130, Rn. 532; Baumann Weh, S. 9, Rn. 26.

51 Baker&McKenzie/Courvoisier, Art. 85, Rn. 7.

52 Sutter-Somm, S. 131, Rn. 537; Meier, Zivilprozessrecht, S. 223; Baker&McKenzie/Courvoisier, Art. 85, Rn. 3.

53 Sutter-Somm, S. 131, Rn. 537f.; Baker&McKenzie/Courvoisier, Art. 85, Rn. 3–5; Meier, Zivilprozessrecht, S. 223.

54 Baker&McKenzie/Courvoisier, Art. 85, Rn. 6; Meier, Zivilprozessrecht, S. 224; Meier, HAVE, S. 12.

55 Baker&McKenzie/Courvoisier, Art. 85, Rn. 7; Sutter-Somm, S. 131, Rn. 536.

Streitgegenstandes wird von dem Gericht ermessen und entschieden.[56] Gemäß Art. 85 Abs. 2 Nr. 2 SchweizZPO wird die nachträgliche Bezifferung die sachliche Zuständigkeit des Gerichts, die nach dem vorläufigen Streitwert bestimmt ist, nicht ändern. Das angerufene Gericht bleibt also zuständig, wenn der nachträgliche Streitwert den vorläufigen Mindestwert übersteigt oder unterschreitet.[57]

Im schweizerischen Zivilprozessrecht sind die Arten der unbezifferten Forderungsklagen in der Lehre und Rechtsprechung umstritten, sie werden nicht einheitlich verwendet.[58] Einigen Ansichten nach unterteilen sich die unbezifferte Forderungsklage in die Ermessensklage und die nachträglich beziffernde Forderungsklage, die man auch als Stufenklage benennen kann.[59] Anderen Ansichten nach unterteilt sich die unbezifferte Forderungsklage in die Stufenklage, deren Bezifferung nach Auskunftserteilung durch den Beklagten möglich ist, als unbezifferte Klage, deren Bezifferung nach Ende des Beweisverfahrens möglich ist und in die unbezifferte Forderungsklage für Ansprüche, welche nach richterlichem Ermessen festgesetzt werden.[60] Obwohl die Unterteilungen der unbezifferten Forderungsklage in der Literatur und Rechtsprechung unterschiedlich anerkannt sind, sind sie grundsätzlich ähnlich und angemessen zum Zweck des Gesetzgebers.

Nachfolgend werden die Arten und die Unterteilung der unbezifferten Forderungsklage detaillierter untersucht werden.

5. Stellungnahme

Die unbezifferte Forderungsklage ist in den Rechtssystemen mit unterschiedlichen Begriffen, aber inhaltlich fast ähnlichem Wortlaut geregelt.

Einerseits ist die unbezifferte Forderungsklage in den türkischen und schweizerischen Zivilprozessordnungen gesetzlich geregelt, andererseits ist sie im deutschen Recht nicht gesetzlich geregelt, sondern ist in der Rechtsprechung und der Lehre als eine Ausnahme zugelassen, aber mit den ähnlichen Voraussetzungen wie im türkischen und schweizerischen Zivilprozessrecht. Dementsprechend ist die unbezifferte Forderungsklage die Klage, bei der die Bezifferung

56 Sutter-Somm, S. 131, Rn. 538; Meier, Zivilprozessrecht, 224.

57 Baker&McKenzie/Courvoisier, Art. 85, Rn. 11; Sutter-Somm, S. 131, Rn. 536; Meier, Zivilprozessrecht, S. 224; Meier, HAVE, S. 12f.

58 Baumann Weh, S. 9f., Rn. 29.

59 Baumann Weh, S. 9, Rn. 29; Sutter-Somm, S. 130, Rn. 533; Sutter-Somm/Hasenböhler/Leuenberger/Bopp/Bessenich, Art. 85, Rn. 3.

60 Meier, HAVE, S. 15; Baumann Weh, S. 10, Rn. 29.

der Betragshöhe des Streitgegenstandes dem Kläger zu Beginn des Prozesses unmöglich oder unzumutbar ist.[61]

Im deutschen Recht ist die unbezifferte Forderungsklage wegen dem Einfluss des §253 Abs. 2 Nr. 2 ZPO als „unbezifferter Klageantrag" benannt worden. Hier wird der Klageantrag mit der gleichen Bedeutung des Streitwertes verwendet. Daher ist hier also der Begriff „unbezifferter Klageantrag" mit dem Sinn und Zweck (Wortlaut) der unbezifferten Forderungsklage vereinbar, denn mit den beiden Begriffen ist die anfängliche Unmöglichkeit der Bezifferung des Streitgegenstandes ausgedrückt worden.

Im schweizerischen Zivilprozessrecht ist die unbezifferte Forderungsklage im Art. 85 SchweizZPO geregelt. Obwohl die schweizerische Zivilprozessordnung in drei Amtssprachen geordnet ist, wird der Wortlaut der unbezifferten Forderungsklage in allen drei Amtssprachen gleichbedeutend verwendet und verursacht daher keine Anwendungsprobleme in der Praxis.[62] Dementsprechend ist die unbezifferte Forderungsklage eine Klage, bei der der Kläger einen auf die Bezahlung von Geld gerichteten Anspruch hat, sich aber die Bezifferung zu Beginn des Prozesses als unmöglich oder unzumutbar erweist.[63]

Im türkischen Zivilprozessrecht ist die unbezifferte Forderungsklage im Art. 107 TürkZPO geregelt. In diesem Artikel sind die unbezifferte Forderungsklage und die Feststellungsklage, die besonders für die unbezifferten Forderungen gilt, im gleichen Artikel geregelt. Gemäß Art. 107 Abs. 1 TürkZPO kann der Kläger eine Klage mit der Angabe des Mindestbetrags erheben, wenn er zu Beginn des Prozesses nicht in der Lage ist, die Betragshöhe des Streitgegenstandes zu beziffern.

Die türkische Regelung der unbezifferten Forderungsklage wird von der Lehre streng kritisiert. Einer Ansicht nach sollten die unbezifferte Forderungsklage und die Feststellungsklage nicht in dem gleichen Artikel geregelt werden, vielmehr sollte die Feststellungsklage in dem der unbezifferten Forderungsklage folgenden Artikel geregelt werden, damit der Zusammenhang zwischen der unbezifferten Forderungsklage und der Feststellungsklage deutlicher vermittelt werden kann.[64] Diese Kritik der Lehre über die Feststellungsklage bei

61 Pekcanıtez, Belirsiz Alacak Davası, S. 20; Simil, S. 26; Baumann Weh, S. 9, Rn. 27; Stein/Jonas/Roth, §253, Rn. 45.

62 Baumann Weh, S. 3, Rn. 10.

63 Baumann Weh, S. 9, Rn. 27; Leuenberger/Uffer-Tobler, Schweizerisches Zivilprozessrecht, 2. Auflage, 2016, S. 161, Rn. 6.9; Sutter-Somm/Hasenböhler/Leuenberger/Bopp/Bessenich, Art. 85, Rn. 1; Baker&McKenzie/Courvoisier, Art. 85, Rn. 2.

64 Simil, S. 26.

unbezifferten Forderungsklagen zeigt aber bereits Ergebnisse. Nach dem noch nicht in Kraft getretenen Entwurf der türkischen Zivilprozessordnung ist die Aufhebung der Feststellungsklage für die unbezifferten Forderungen geregelt, weil die Ausübung der Feststellungsklage für unbezifferte Forderungen im Sinne der unbezifferten Forderungsklage viele Unklarheiten verursachen kann. Im Folgenden dieser Arbeit wird nur die unbezifferte Forderungsklage untersucht, daher wird die Feststellungsklage nicht detailliert behandelt werden.

Wie oben dargestellt, ist die deutsche Übersetzung des türkischen Begriffs der unbezifferten Forderungsklage die „unbestimmte Forderungsklage". Von der türkischen Lehre werden der Wortlaut und die Bestimmung der Überschrift der Regelung als nicht sachgemäß empfunden und der Gesetzgeber wird kritisiert, da er die Regelung nicht sorgfältig genug geordnet habe.[65]

„Unbestimmt" ist ein negierendes Adjektiv und in diesem Fall negiert es die Forderungsklage, also in der türkischen Sprache die Forderung. In der türkischen Sprache kann diese Unbestimmtheit so verstanden werden, als ob die Forderung unbestimmt ist, obwohl die Forderung gemäß Art. 107 Abs. 1 TürkZPO und Art. 119 TürkZPO bestimmt angegeben sein muss.[66] Gemäß Art. 107 TürkZPO kann nur die Betragshöhe des Anspruchs unbestimmt bzw. unbeziffert sein. Der Kläger muss in seiner Klageschrift den Streitgegenstand und alle mögliche Tatsachenstoffe angeben, um eine zulässige unbezifferte Forderungsklage zu erheben.

Meines Erachtens ist die Überschrift des Art. 107 TürkZPO für den Wortlaut des Artikels nicht geeignet. Nach dem Gesetzesmotiv der türkischen ZPO und auch nach dem Wortlaut der Regelung kann diese Forderungsklage erst dann zulässig sein, wenn der Streitgegenstand und seine Tatsachenstoffe genau angegeben werden. Dementsprechend könnte der Art. 107 TürkZPO mit der Überschrift „unbestimmte Forderungsklage" so verstanden werden, als ob die Forderung, also der Streitgegenstand, unbestimmt ist, obwohl die genaue Bestimmung und die Angabe des Streitgegenstandes gemäß Art. 107 und 119 TürkZPO Zulässigkeitsvoraussetzungen sind. Dementsprechend ist diese Überschrift für den Wortlaut und den Zweck des Gesetzesgebers nicht geeignet, weil der Gesetzgeber damit die Erreichung der Zulässigkeit der unbezifferten Forderungsklage als eine Ausnahme des Art. 119 TürkZPO beabsichtigt hat.

Nach der Bezeichnung, die im Art. 85 SchweizZPO verwendet wird, ist nur die Betragshöhe des Anspruchs unbeziffert, weil sie nicht als „unbezifferte

65 Simil, S. 26.
66 Simil, S. 27.

Klageforderung" sondern als „unbezifferte Forderungsklage" benannt ist.[67] Dementsprechend ist die Benennung als „die unbestimmte Forderungsklage" für den Wortlaut des Art. 107 TürkZPO nicht sachgemäß. Entgegen der anderen Ansicht wäre die Verbesserung der Überschrift des Artikels in „unbezifferte Forderungsklage" mit dem Wortlaut und dem Zweck des Gesetzgebers stimmiger, da die unbezifferte Forderungsklage entgegen der anderen Ansicht bei Geldleistungsklagen anwendbar und auch vorteilhafter ist, was auch im Folgenden untersucht wird.

B. Zweck der unbezifferten Forderungsklage

1. Allgemeines

Wie oben dargestellt, ist die unbezifferte Forderungklage in dem türkischen, deutschen und schweizerischen Zivilprozessrecht als eine Ausnahme der Bestimmtheit des Streitgegenstandes, bzw. der Betragshöhe des Anspruchs geregelt.

Gemäß Art. 119 Abs. 1 lit. ğ TürkZPO, Art. 221 Abs. 1 lit. c SchweizZPO und §253 Abs. 2 ZPO muss der Kläger in seiner Klageschrift den genauen Betrag seines Anspruchs angeben, obwohl so eine Erfordernis für den Kläger im Sinne der Prozesskosten oder zum Erreichen des Ganzen seines Anspruchs risikoreich sein könnte. Dementsprechend wird die unbezifferte Forderungsklage trotz der Bestimmungspflicht der Betragshöhe des Anspruchs als zulässig anerkannt, damit die wahrscheinlichen Risiken für den Kläger beseitigt und die Prozessgrundsätze richtig erfüllt werden können.

2. Prozesskosten

Mit der Anerkennung der unbezifferten Forderungsklage wird in erster Linie das Erreichen des Ganzen des Rechtsbegehrens des Klägers bezweckt. Dementsprechend ist hier die Beseitigung von Risiken wie z.B. hohe Prozesskosten für den Kläger bei Forderungsklagen, deren Betragshöhe zu Beginn des Prozesses nicht oder unvollständig bestimmt werden kann[68], auch wichtig, da der Kläger wegen dieser Risiken den Betrag seines Anspruchs eventuell geringer angibt,

---

67 Baumann Weh, S. 8, Rn. 24.

68 Meier, HAVE, S. 13; Pekcanitez/Pekcanitez, Pekcanitez Usul Medeni Usul Hukuku, Band 2, 15. Auflage, 2017, S. 1020f.; Pekcanıtez, Belirsiz Alacak Davası, S. 26; Gut, S. 55, Rn. 130; Loosli, Die unbezifferte Forderungsklage, Diss., 1978, S. 149f.

damit er keine hohen Prozesskosten nicht bezahlen muss, was aber tatsächlich den Verlust seines Rechtsbegehrens nach sich ziehen kann.[69]

Nach dem Bestimmtheitsprinzip des Klageantrags muss dann der Kläger, der die Betragshöhe seines Streitgegenstandes zu Beginn des Prozesses nicht beziffern kann, hohe Prozesskosten bezahlen, wenn er mit seiner Klage nur zum Teil oder auch nicht obsiegt. Da der Kläger im türkischen Recht gemäß dem Erweiterungsverbot des Anspruchs[70] bei einer normalen Klage den Betrag seines Anspruchs nicht erhöhen darf, besitzt er damit auch das Risiko auf das Erreichen des Ganzen seines Anspruchs, wenn er zu Beginn des Prozesses wegen der Unmöglichkeit oder Unzumutbarkeit seinen Anspruch zu gering einklagt.[71] Demzufolge ist der Kläger im türkischen Recht mit der unbezifferten Forderungsklage von den Risiken hoher Prozesskosten befreit und kann seine materiellen Rechte dadurch einfacher und sicherer erreichen.[72] In diesem Sinne erleichtert die unbezifferte Forderungsklage im türkischen Recht dem Kläger die Beseitigung der Risiken auf hohe Prozesskosten, denn entgegen den deutschen und schweizerischen Zivilprozessordnungen gibt es in der türkischen Zivilprozessordnung keine Regelung, die Prozesskosten zwischen den Klageparteien verhältnismäßig verteilt (§92 ZPO, Art. 107 SchweizZPO), was im Folgenden untersucht wird.

3. Verjährungsfrist

Der zweite Vorteil der unbezifferten Forderungsklage ist die Hemmung der Verjährungsfrist.[73] Mit der Erhebung der unbezifferten Forderungsklage wird die

69 Pekcanitez/Pekcanitez, Pekcanitez Usul, S. 1020.

70 Nach dem **Erweiterungsverbot**, das auch als den **Konzentrationsgrundsatz** anerkannt ist, darf der Kläger seinen Antrag nicht mehr ändern oder erweitern oder neue Tatsachen in den Prozess einführen, nachdem er seine Klageschrift dem Gericht angegeben hat (Pekcanitez, Grundlinien der neuen türkischen Zivilprozessordnung, Festschrift für Peter Gottwald zum 70. Geburtstag, 2014, S. 500). Entgegen dem türkischen Recht ist der Konzentrationsgrundsatz vom deutschen Recht nicht angenommen und zwar gemäß §264 Abs. 2 ZPO kann der Klageantrag in der Hauptsache oder in Nebenforderungen ohne Änderung der Klage erweitert oder beschränkt werden.

71 Pekcanitez, Belirsiz Alacak Davasi, S. 27; Gut, S. 55, Rn. 130; Loosli, S. 149f.

72 Pekcanıtez, Belirsiz Alacak Davası, S. 27, 31; Simil, S. 40; Meier, HAVE, S. 13.

73 Pekcanıtez, Belirsiz Alacak Davası, S. 27f.; Gut, S. 58, Rn. 136ff.; Anders als im türkischen und schweizerischen Recht ist die „Unterbrechung der Verjährung" im deutschen Recht von dem Reformgesetzgeber des Jahres 2002 zu der „Hemmug der Verjährung" umgewandelt worden. In diesem Sinne kann der Neubeginn der Verjährung gemäß §212 BGB nur noch bei Anerkenntnis- und Vollstreckungshandlungen

Verjährungsfrist nicht nur für den vorläufigen Mindestbetrag, sondern für den ganzen Anspruch, der nachträglich beziffert wird, gehemmt. Damit ist der Kläger von den Risiken der Verjährung für den Rest seines Anspruchs, welchen er zu Beginn des Prozesses nicht beziffern konnte, entlastet.[74] Mit der Erhebung der unbezifferten Forderungsklage wird also der gesamte Anspruch rechtshängig.

Im türkischen Zivilprozessrecht spielt die Verjährungsfrist für die Erlangung des Anspruchs eine entscheidende Rolle. Dementsprechend wird die Verjährungsfrist für den begehrten Anspruch erst mit der Klageerhebung gehemmt. Bei Teilklagen zum Beispiel wird die Verjährungsfrist nur für den eingeklagten Teil des Anspruchs gehemmt und für die nicht eingeklagten Teile wird sie weitergelten, womit der Kläger den Rest seines Rechtsbegehrens nicht mehr erlangen könnte. Demzufolge spielt die Hemmung der Verjährungsfrist besonders im türkischen Zivilprozessrecht eine wichtige Rolle, da die Fristen im türkischen Recht besonders kurz und knapp sind. Deswegen ist die Anerkennung der unbezifferten Forderungsklage ein großer Vorteil für die Erlangung der materiellen Rechte des Klägers, also für die Verschaffung des Rechtsschutzes.

4. Prozessökonomie

Die unbezifferte Forderungsklage dient auch der Prozessökonomie. Nach dem Prinzip der Prozessökonomie sollen für Rechtsstreitigkeiten die Verfahrensweisen der ZPO ausgewählt werden, die möglichst einfacher, kostengünstiger und schneller zum Ziel bringen können.[75] Wenn der Kläger eine unbezifferte Forderungsklage erhoben hat, dann kann er den Rest seines Anspruchs nachher ohne die Zustimmung des Beklagten oder ohne die Erhebung der Verbesserungsklage nachträglich beziffern, bzw. erhöhen und somit auch das Ganze seines Anspruchs erreichen. So eine Möglichkeit entlastet den Kläger von den unnötigen Prozesskosten und verhindert auch die einander widersprechenden Entscheidungen.[76] Demzufolge dient die Verhinderung der widersprechenden

---

eintreten. Heidel/Hüßtege/Mansel/Noack/Mansel/Stürner, NK-BGB Allgemeiner Teil/EGBGB, Band 1, 3. Auflage, Vor §§194–218, Rn. 12. Da im türkischen und schweizerischen Recht diese beiden Begriffe für das Beenden der Verjährung angewendet werden, wird die „Hemmung der Verjährung" in dieser Arbeit terminologisch bevorzugt.

74 Pekcanitez/Pekcanitez, Pekcanitez Usul, S. 1020; Pekcanıtez, Belirsiz Alacak Davası, S. 28; Simil, S. 39; Gut, S. 93, Rn. 199; Loosli, S. 163 ff.; Meier, HAVE, S. 31f.

75 Musielak/Voit, Grundkurs ZPO, S. 135, Rn. 205; Rüzgaresen, Medeni Muhakeme Hukukunda Usul Ekonomisi, 2013, S. 49; Yilmaz, Usul Ekonomisi, AÜHFD, 2008, S. 245.

76 Rüzgaresen, S. 74; Yilmaz, Usul Ekonomisi, S. 253.

Entscheidungen sowie der Erhebung der zusätzlichen Klagen der Prozessökonomie, da mögliche Prozesskosten nicht anfallen. Im Folgenden wird die Prozessökonomie ausführlicher dargestellt werden[77].

5. Rechtsschutz und Recht auf faires Verfahren

Nach den Regelungen der unbezifferten Forderungsklage ist der Hauptzweck der unbezifferten Forderungsklage das Erreichen der subjektiven Rechte.[78] Das Zivilprozessrecht, seine Grundsätze und Vorschriften dürfen in der Regel nicht Selbstzweck sein, sondern sie sollen die Durchsetzung der materiellen Rechte erreichen und der Bewährung der objektiven Privatrechtsordnung dienen.[79] Dementsprechend ist der Zweck der Zivilprozessordnungen, der möglichst schnellen Wirkung einer endgültigen sachlichen Entscheidung zu dienen. Das Zivilprozessrecht soll also die materiellen Rechte in zweckmäßiger Weise durchsetzen und verwirklichen.[80] Demzufolge dienen die zivilprozessrechtlichen Regelungen der unbezifferten Forderungsklage dem materiellen Recht und dem Erreichen der Rechte des Klägers. In diesem Sinne ist die unbezifferte Forderungsklage entgegen dem Bestimmtheitsprinzip des Klageantrags als eine Ausnahme anerkannt. Mit der Anerkennung der unbezifferten Forderungsklage werden also die Verwirklichung und das Erlangen der subjektiven Rechte bezweckt, womit der Kläger mit einem vorläufigen Mindestwert Klage erheben und zu dem Ganzen seines Anspruchs und seiner Rechte gelangen kann, obwohl er zu Beginn des Prozesses die Betragshöhe nicht beziffern kann. Das heißt, dass der effektive Rechtsschutz für den Kläger durch die unbezifferte Forderungsklage ermöglicht wird.[81]

Gemäß Art. 6 EMRK hat jede Person ein Recht darauf, dass die Rechtsstreitigkeiten von einem unabhängigen und unparteiischen Gericht in einem fairen Verfahren verhandelt werden. Auch in den türkischen, deutschen und schweizerischen Verfassungen ist das Recht auf faires Verfahren als Rechtsstaatsvoraussetzung geregelt. Mit der Anerkennung der unbezifferten Forderungsklage wird die Absicherung des Rechts auf faires Verfahren und der Rechtsschutzfreiheit

---

77 Karaaslan, Medeni Usul Hukukunda Hakimin Davayi Aydinlatma Ödevi, 2013, S. 84.

78 Pekcanitez/Pekcanitez, Pekcanitez Usul, S. 1022; Pekcanıtez, Belirsiz Alacak Davası, S. 31; Simil, S. 38.

79 Blechschmidt, S. 27.

80 Blechschmidt, S. 28.

81 Pekcanitez/Pekcanitez, Pekcanitez Usul, S. 1025; Pekcanıtez, Belirsiz Alacak Davası, S. 31; Simil, S. 39; Gesetzesmotiv der TürkZPO Art 107 TürkZPO.

auch bezweckt.[82] Damit kann der Kläger, der nicht in der Lage ist, die Betragshöhe seines Anspruchs zu Beginn des Prozesses zu beziffern, ohne gesetzliche Begrenzungen mit seinen Ansprüchen Klage erheben und seine Rechte erlangen.[83] Bei der unbezifferten Forderungsklage dürfen die Unzumutbarkeit oder die Unmöglichkeit der Bezifferung der Betragshöhe des Anspruchs weder durch die Nachlässigkeit noch durch die Fahrlässigkeit des Klägers verursacht werden. Dabei ist der Kläger einfach nicht in der Lage, die Betragshöhe seines Anspruchs zu beziffern, obwohl er sich mit Sorgfalt, gemäß Treu und Glauben, darum bemüht hat. Daher wäre das Bestehen auf der Bezifferung des Anspruchs in einer zulässigen Klageschrift für die Erlangung der Rechte des Klägers eine Beschränkung[84], denn mit so einem Zwang würde man den Kläger bei der Erlangung seiner Rechte behindern. Neben der Klageerhebung ist die Verschaffung der benötigten Informationen auch eine Folge des Rechtes auf faires Verfahren.[85] Demzufolge also kann der Kläger durch die Erhebung der unbezifferten Forderungsklage während des Verfahrens die Beweise und Tatsachenstoffe, die er für die Bezifferung seines Rechtsbegehrens benötigt, erreichen und die Betragshöhe nachträglich beziffern. Deswegen spielt die unbezifferte Forderungsklage bei der Verwirklichung des Rechts auf faires Verfahren eine wichtige Rolle und verursacht keine Verletzung dieses Verfahrensgrundsatzes.

6. Stellungnahme

Mit der unbezifferten Forderungsklage soll erreicht werden, dass das Zivilprozessrecht und die materiellen Rechte des Klägers einfacher und vorteilhafter ausgeübt und gesichert werden können. Die oben genannten Vorteile der unbezifferten Forderungsklage stehen miteinander in Verbindung, z.B. mit der Verminderung von Risiken auf Prozesskosten kann der Kläger ohne Zweifel für seinen Anspruch Klage erheben. Auch mit der Hemmung der Verjährungsfrist für das Ganze des Anspruchs kann der Kläger sein Recht auf den Rest seines Anspruchs, den er zu Beginn des Prozesses nicht beziffern konnte, erreichen. Diese beide Vorteile der unbezifferten Forderungsklage dienen eigentlich der Verwirklichung des Rechtsschutzes und dem Recht auf faires Verfahren. Dementsprechend kann der Kläger ohne Zweifel wegen der Wertschätzung seines Anspruchs und wegen der geminderten Risiken auf hohe

---

82 Simil, S. 40, 130.

83 Pekcanıtez, Belirsiz Alacak Davası, S. 31.

84 Simil, S. 41.

85 Simil, S. 41.

Prozesskosten für seinen ganzen Anspruch die unbezifferte Forderungsklage erheben.

Mit der Hemmung der Verjährungsfrist wird das Risiko des Klägers auf den Verlust des Rests seines Anspruchs augehoben. Demgemäß kann gesagt werden, dass das Hauptziel der unbezifferten Forderungsklage die Verschaffung der subjektiven Rechte und des Rechtsschutzes von Personen ist.

Außerdem ist die Verwirklichung der Prozessökonomie ein weiterer Zweck der unbezifferten Forderungsklage. Mit Hilfe der unbezifferten Forderungsklage kann der Kläger ohne Erhebung der zusätzlichen Klagen das Ganze seines Anspruchs erreichen. Demzufolge entstehen keine unterschiedlichen, gegeneinander widerstehenden Entscheidungen und auch muss der Kläger keine zusätzlichen Prozesskosten zahlen. Damit kann die Rechtsstreitigkeit schneller, einfacher und kostengünstiger geklärt werden. Daher verursacht die unbezifferte Forderungsklage keinen Verstoß gegenüber der Prozessökonomie, sie dient sogar zu deren Verwirklichung.

In dem Gesetzesmotiv des Art. 107 TürkZPO werden als Zwecke der unbezifferten Forderungsklage die Absicherung der Prozessökonomie, des Rechtsschutzes und des Rechts auf faires Verfahren angegeben.[86] In dem schweizerischen Zivilprozessrecht wird meistens die Verminderung der Kostenrisiken des Klägers als der wichtigste Zweck der unbezifferten Forderungsklage anerkannt.[87] Auch nach dem deutschen Zivilprozessrecht darf die Zivilprozessordnung nicht Selbstzweck sein. Die Vorschriften der Zivilprozessordnung sollen also der möglichst schnellen Verwirklichung der objektiven Privatrechtsordnungen dienen.

Meines Erachtens ist der Hauptzweck der unbezifferten Forderungsklage die Verschaffung des Rechtsschutzes, die Verwirklichung der objektiven materiellen Rechte und des Rechts auf faires Verfahren. Alle oben genannten Zwecke der unbezifferten Forderungsklage dienen eigentlich einem bestimmten übergeordneten Zweck, der Verwirklichung des Rechtsschutzes. Die Verminderung der Kostenrisiken entlastet den Kläger von hohen Prozesskosten wegen der falschen Einschätzung der Betragshöhe seines Anspruchs oder vom Verlust des Rests seines Anspruchs wegen der zu geringen Angabe der Betragshöhe. Außerdem hemmt die Erhebung der unbezifferten Forderungsklage die Verjährungsfrist für das gesamte Rechtsbegehren, obwohl der Kläger bei der Klageerhebung die Betragshöhe des Ganzen seines Anspruchs nicht beziffern kann, womit der

86 Gesetzesmotiv der TürkZPO Art. 107 TürkZPO.

87 Oberhammer, KUKOZPO, Art. 85 Rn. 2; Gut, S. 55; Rn. 130; Meier, HAVE, S. 13; Loosli, S. 149.

Kläger das Risiko auf den Verlust des Rests seines Anspruchs überwindet. Nach dem Hauptprinzip des Zivilprozessrechts, wonach die Vorschriften der Zivilprozessordnungen dem materiellen Recht und dem Privatrecht dienen müssen, dient die unbezifferte Forderungsklage der Verwirklichung der subjektiven Rechte und des Rechtsschutzes. In diesem Sinne gehört das Forderungsrecht zu dem Bereich des Eigentumsrechts, was durch die türkische Verfassung auch geschützt ist.[88] Außerdem ist das Eigentumsrecht durch unterschiedliche Rechtsordnungen und auch durch europäische Menschenrechtskonventionen geregelt. Demgemäß können Personen, deren Eigentumsrecht verletzt ist, ohne Verzögerung Klage erheben. Da der Kläger nach dem materiellen Recht Klage erheben kann, um sein Recht zu erreichen, sollen die Regelungen des Zivilprozessrechts die Regelungen des materiellen Rechts nicht behindern. Demgemäß dient die unbezifferte Forderungsklage der Verwirklichung der materiellen Rechte, sowie auch des Eigentumsrechts, und daher kann gesagt werden, dass durch die unbezifferte Forderungsklage die Absicherung des subjektiven Rechts und des Rechtsschutzes bezweckt und verwirklicht ist.

Unter diesen Gesichtspunkten wird es sach- und zweckmäßig sein, wenn als Hauptzweck der unbezifferten Forderungsklage die Verschaffung des Rechtsschutzes und der subjektiven Rechte akzeptiert wird.

C. Rechtsnatur der unbezifferten Forderungsklage

1. Allgemeines

Im Zivilprozessrecht sind die Zuordnung und die Rechtsnatur der Klagen meistens nach der Art des Gerichtsschutzes bestimmt. Der Kläger verlangt von dem Gericht durch jede einzelne Klageart einen bestimmten Schutz.[89]

Dementsprechend sind die Klagen nach dem Gerichtsschutz in drei Klagearten geordnet, die Leistungs-, die Feststellungs- und die Gestaltungsklagen.[90]

Die Leistungsklage ist im Art. 105 TürkZPO, im Art. 84 SchweizZPO und im §253 ZPO geregelt. Mit der Leistungsklage zielt der Kläger auf ein Tun,

---

88 **Übersetzung des Art. 35 Abs. 1 TürkVerfG**: Jedermann genießt das Recht auf Eigentum und Erbe. Diese Rechte können nur im öffentlichen Interesse durch Gesetz beschränkt werden. Der Gebrauch des Rechts auf Eigentum darf dem Gemeinwohl nicht entgegenstehen., Rumpf, Das türkische Verfassungssystem, 1996, S. 327; Simil, S. 131.

89 Pekcanitez/Atalay/Özekes, S. 433; Musielak/Voit, Grundkurs ZPO, S. 40, Rn. 65; Jauernig/Hess, S. 139, Rn. 1.

90 Pekcanitez/Atalay/Özekes, S. 433; Musielak/Voit, Grundkurs ZPO, S. 40, Rn. 65.

Unterlassen oder Dulden des Beklagten.[91] Damit bezweckt der Kläger also, sich für seine Rechtsverletzung Urteile zu verschaffen, die der Verwirklichung seiner materiellen Rechte dienen können.[92] Dementsprechend sind die Klagen auf Duldung der Zwangsvollstreckung in bestimmten Vermögensgegenständen und auch die Klagen, die auf eine Befriedigung des Klägers aus einem Pfandrecht oder einer Hypothek gerichtet sind, im deutschen Recht als Leistungsklage zugelassen.[93]

Die Feststellungsklage ist im Art. 106 TürkZPO, Art. 88 SchweizZPO und §256 ZPO geregelt. Der Zweck der Feststellungsklage ist die Feststellung des Bestehens oder Nichtbestehens eines bestimmten Rechts oder Rechtsverhältnisses.[94] Mit der Feststellungsklage bezweckt der Kläger keine Änderung der Rechtslage, sondern die Klärung einer ungewissen Rechtslage.[95]

Die Gestaltungsklage ist im Art. 108 TürkZPO und Art. 87 SchweizZPO geregelt. Ähnlich wie die Zulassung der Leistungsklage ist auch die Gestaltungsklage im deutschen Zivilprozessrecht von der Rechtsprechung und der Literatur zugelassen, allerdings ist es so, dass die Gestaltungsklage nur dann zulässig ist, wenn sie im materiellen Recht besonders geregelt ist.[96] Dementsprechend sind die Klagen z.B. auf die Scheidung der Ehe durch gerichtliches Urteil auf Antrag eines oder beider Ehegatten oder die Bestimmung einer Leistung als Gestaltungsklage zugelassen.[97] Bei den Fällen, in denen der Vollzug eines Gestaltungsrechts von einem Richterspruch abhängig gemacht wird, ist es anerkannt, dass die Gestaltungsklage erhoben wird. Mit der Gestaltungsklage also verlangt der Kläger vom Gericht durch gerichtlichen Urteilsspruch die Begründung, die Aufhebung oder die Änderung eines Rechtsverhältnisses.[98]

---

91 Leuenberger/Uffer-Tobler, 2. Auflage, S. 161, Rn. 6.7; Musielak/Voit, Grundkurs ZPO, S. 40, Rn. 65; Loosli, S. 8; Pekcanıtez/Atalay/Özekes, S. 434.

92 Loosli, S. 8; Pekcanıtez/Atalay/Özekes, S. 434; Jauernig/Hess, S. 139, Rn. 2.

93 Musielak/Voit, Grundkurs ZPO, S. 40, Rn. 65; Jauernig/Hess, S. 139, Rn. 2 ff.

94 Loosli, S. 8; Musielak/Voit, Grundkurs ZPO, S. 40, Rn. 65; Pekcanıtez/Atalay/Özekes, S. 434; Spühler/Dolge/Gehri, Schweizerisches Zivilprozessrecht, 9. Auflage, 2010, S. 111, §29, Rn. 14; Staehlin/Staehlin/Grolimund, Zivilprozessrecht, 2. Auflage, 2013, §14, S. 219f., Rn. 20; Leuenberger/Uffer-Tobler, 2. Auflage, S. 165, Rn. 6.18; Jauernig/Hess, S. 140, Rn. 5.

95 Staehlin/Staehlin/Grolimund, §14, S. 219, Rn. 20; Leuenberger/Uffer-Tobler, 2. Auflage, S. 165, Rn. 6.18; Pekcanıtez/Atalay/Özekes, S. 434; Jauernig/Hess, S. 140, Rn. 8.

96 Jauernig/Hess, S. 142, Rn. 2; BGH, NJW 1990, S. 475.

97 Musielak/Voit, Grundkurs ZPO, S. 42, Rn. 65; Jauernig/Hess, S. 142, Rn. 18ff.

98 Henke, Gestaltungsklage der ZPO, JA 1987, S. 589f.; Musielak/Voit, Grundkurs ZPO, S. 42, Rn. 65; Leuenberger/Tobler-Uffer, 2. Auflage, S. 164, Rn. 6.16; Pekcanıtez/Atalay/

2. Rechtsnatur der unbezifferten Forderungsklage

Nach der Art des Gerichtsschutzes und gemäß der Regelung über die Leistungsklage ist die unbezifferte Forderungsklage eine besondere Art der Leistungsklage, da sie, ähnlich wie bei der allgemeinen Leistungsklage, auf die Durchsetzung eines behaupteten Anspruchs auf Leistung gerichtet ist.[99]

Bei der unbezifferten Forderungsklage verlangt der Kläger von dem Beklagten die Bezahlung einer Geldleistung. Deswegen versucht der Kläger durch die Klageerhebung und durch die richterliche Entscheidung den Beklagten zu verpflichten, ihm die Leistung zu erfüllen. So will der Kläger, dass der Beklagte zu einem Tun verurteilt wird, weswegen es sich bei der unbezifferten Forderungsklage um eine Leistungsklage handelt.[100]

Obwohl die unbezifferte Forderungsklage in der Regel eine Leistungsklage ist, unterscheidet sie sich in ihrem Ausnahmecharakter von der allgemeinen Leistungsklage. Diese sogenannte Besonderheit der unbezifferten Forderungsklage ist die anfängliche Unzumutbarkeit oder die Unmöglichkeit der Bezifferung der Betragshöhe, die vom Beklagten gefordert wird.[101]

Der einzige Unterschied der unbezifferten Forderungsklage zur allgemeinen Leistungsklage ist diese Unmöglichkeit oder die Unzumutbarkeit der Bezifferung zu Beginn des Prozesses. Aber diese Besonderheit ändert die Rechtsnatur der unbezifferten Forderungsklage nicht, da nach der Angabe der nachträglichen Bezifferung der Betragshöhe des Anspruchs die unbezifferte Forderungsklage keinen Unterschied zur allgemeinen Leistungsklage hat und deswegen die Entscheidung am Ende der unbezifferten Forderungsklage die gleiche Rechtsnatur hat wie die Entscheidung von allgemeinen Leistungsklagen.[102]

Gemäß Art. 107 Abs. 3 TürkZPO kann der Kläger statt der unbezifferten Forderungsklage auch eine Feststellungsklage für seine unbezifferten Forderungen erheben. In den ersten zwei Absätzen des Art. 107 TürkZPO ist die unbezifferte Forderungsklage als eine besondere Art der Leistungsklage, und in dem letzten

Özekes, S. 469, Looslie, S. 9; Staehlin/Staehlin/Grolimund, §14, S. 216, Rn. 15; Spühler/Dolge/Gehri, S. 114, §29, Rn. 30.

99 Pekcanitez/Pekcanitez, Pekcanitez Usul, S. 1025f.; Pekcanıtez/Atalay/Özekes, S. 444f.; Simil, S. 94f.; Loosli, S. 9; Uffer-Tobler/Leuenberg, S. 147, Rn. 6.9; Pekcanitez, Belirsiz Alacak Davasi, S. 31; Kiraz, Hukuk Muhakemeleri Kanunu ile Getirilen Yenilikler, S. 21; Yargitay 10. H.D. E. 2010/9799, K. 2012/3613, T. 1.3.2012; Yargitay 9. H.D. E. 2011/47206, K. 2011/39092, T. 24.10.2011.

100 Loosli, S. 9f.; Gut, S. 3, Rn. 9; S. 39f., Rn. 97.

101 Loosli, S. 10; Uffer-Tobler/Leuenberger, 2. Auflage, S. 161f., Rn. 6.9.

102 Simil, S. 95; Pekcanıtez/Atalay/Özekes, S. 446.

Absatz des Art. 107 TürkZPO ist die Feststellungsklage für unbezifferte Forderungen geregelt. Dementsprechend unterscheidet sich die Klage, die gemäß Art. 107 Abs. 3 TürkZPO geregelt ist, von der unbezifferten Forderungsklage, die gemäß Art. 107 Abs. 1–2 TürkZPO als die Leistungsklage zugelassen ist, und wird als Feststellungsklage für die unbezifferten Forderungen zugelassen, was aber durch den Inkrafttreten des Entwurfs der türkischen Zivilprozessordnung aufgehoben wird.

Der Mindermeinung nach kann die Rechtsnatur der unbezifferten Forderungsklage auch als Gestaltungsklage anerkannt werden.[103] Die unbezifferten Forderungsklagen, die mit dem Anspruch auf die Minderung gestellt worden sind, werden z.B. als Gestaltungsklage anerkannt, da die Minderungsklagen nach der herrschenden Meinung als Gestaltungsklagen zugelassen sind.[104] Aber im Allgemeinen ist die Rechtsnatur der unbezifferten Forderungsklage als Leistungsklage anerkannt, weil die unbezifferte Forderungsklage mit der Rechtsnatur auf Gestaltungsklage nicht so oft vorkommt und ausnahmsweise anerkannt ist.[105]

Im schweizerischen Zivilprozessrecht ist die Leistungsklage im Art. 84 SchweizZPO geregelt. Gemäß Art. 84 Abs. 2 SchweizZPO hat der Gesetzgeber die Forderungsklagen im Rahmen der Leistungsklage geregelt. Gemäß Art. 84 Abs. 2 SchweizZPO verlangt der Gesetzgeber eine genaue Bezifferung bei den Forderungs- bzw. Leistungsklagen. Dementsprechend ist die unbezifferte Forderungsklage nach dem Art. 84 Abs. 2 SchweizZPO als eine Ausnahme geregelt. Da die unbezifferte Forderungsklage als eine Ausnahme des Art. 84 Abs. 2 SchweizZPO anerkannt ist, ist sie ähnlich wie im türkischen Recht auch im schweizerischen Zivilprozessrecht als eine Art der Leistungsklage zugelassen und daher ist die Rechtsnatur der unbezifferten Forderungsklage auch im schweizerischen Recht als Leistungsklage anerkannt.[106]

Auch im deutschen Zivilprozessrecht ist die unbezifferte Forderungsklage als Leistungsklage anerkannt. Der herrschenden Meinung der Literatur nach ist die unbezifferte Forderungsklage von ihrer Rechtsnatur her die

---

103 Pekcanitez, Belirsiz Alacak Davasi, S. 81; Rosenberg/Schwab/Gottwald, §96, S. 572, Rn. 39.

104 Simil, S. 96.

105 Simil, S. 97.

106 Baker&McKenzie/Courvoisier, Art. 85, Rn. 1; Spühler/Dolge/Gehri, S. 109, §29, Rn. 3; Oberhammer, KUKOZPO, Art. 85, Rn. 13; Meier, Zivilprozessrecht, S. 223; Uffer-Tobler/Leuenberger, 2. Auflage, S. 161, Rn. 6.9; Gut, S. 39, Rn. 96; Baumann Wey, S. 7, Rn. 21.

Leistungsklage, obwohl die Bezifferung der Betragshöhe des Anspruchs zu Beginn des Prozesses unmöglich oder unzumutbar war und deswegen fehlt.[107] Dieser Meinung nach ist die unbezifferte Forderungsklage die Leistungsklage, auch wenn der Beklagte in seiner Gegenerklärung die Tatsachen und den Grund des Anspruchs angegeben hat, die die Bezifferung ermöglichen.[108] Dementsprechend ist die unbezifferte Forderungsklage als Leistungsklage zulässig, wenn die Betragshöhe nicht nur aus dem Klageantrag, sondern auch aus den Ermittlungen des gesamten klägerischen Vorbringens durch Auslegung herangezogen werden kann.[109]

Obwohl bei der unbezifferten Forderungsklage die Bezifferung der Betragshöhe zu Beginn des Prozesses dem Kläger unmöglich oder unzumutbar ist, ist sie nach dem türkischen, deutschen und schweizerischen Zivilprozessrecht von ihrer Natur her eine besondere Art der Leistungsklage.[110] Da nach der nachträglichen Bezifferung der Betragshöhe des Anspruchs kein Unterschied zwischen den Rechtsnaturen der allgemeinen Leistungsklage und der unbezifferten Forderungsklage entsteht und da der Kläger mit der unbezifferten Forderungsklage, ähnlich wie bei der allgemeinen Leistungsklage, auf ein Tun des Beklagten abzielt, soll die unbezifferte Forderungsklage und ihre Rechtsnatur als Leistungsklage anerkannt werden.

3. Beziehung der unbezifferten Forderungsklage mit Rechtsgrundprinzipien

a. Grundrechte

Nach dem Rechtsstaatsprinzip ist der Staat zur Bildung des Rechtssystems und der Absicherung der Rechtspraxis verpflichtet. Dementsprechend hat jedermann das Recht auf ein faires Verfahren und Rechtsschutz vom Staat.[111] Das Recht auf faires Verfahren ist durch die Grundgesetze der Staaten, die

107 Musielak/Voit/Foerste, §253, Rn. 34.

108 Kern, S. 57.

109 Frech, S. 73; Kern, S. 57f.; Gut, S. 39, Rn. 97.

110 Pekcanıtez, Belirsiz Alacak Davası, S. 33; Spühler/Dolge/Gehri, S. 109, §29, Rn. 3; Leuenberger/Uffer-Tobler, 2. Auflage, S. 161, Rn. 6.9; Looslie, S. 10; Baker&McKenzie/Courvoisier, Art. 85, Rn. 1; Frech, S. 28; Gut, S. 4, Rn. 11.

111 Rumpf, Das türkische Verfassungssystem,1996, S. 116; Demircioğlu, Medeni Usul Hukukunda Insan Hakları ve Adil Yargılanma Güvenceleri, Ankara, 2007, S. 101; Pekcanıtez/Atalay/Özekes, S. 49f.; Pekcanitez/Pekcanitez, Pekcanitez Medeni Usul Hukuku Band 1, 15. Auflage, 2017, S. 13.

internationalen Verträge und durch die europäische Menschenrechtskonvention gewährleistet.[112]

Das Rechtsstaatsprinzip der Türkei ist im Art. 2 TürkVerfG geregelt und gesichert.[113] Auch die Zwecke und die Aufgaben des türkischen Staats sind im Art. 5 TürkVerfG geregelt.[114] Gemäß den dort genannten Vorschriften des türkischen Verfassungsgesetzes ist das Recht auf faires Verfahren der Personen von dem TürkVerfG im Sinne vom Rechtsstaats- und Sozialstaatsprinzip gewährleistet und gesichert.[115]

Der Gesetzgeber hat im Art. 36 TürkVerfG den Rechtsschutz und das Recht auf Rechtssuche geregelt. Demgemäß hat jede Person ein Recht, vor den gesetzlichen Rechtsprechungsorganen als Kläger oder Beklagte ein faires Verfahren zu haben und keines von den zuständigen Gerichten darf die Führung des Verfahrens vermeiden.[116] Auch die Grundrechte und Freiheiten der Personen sind gemäß Art. 40 TürkVerfG geschützt. Dementsprechend kann jede Person für ihre verletzten Grundrechte und Freiheiten unverzüglich Gerichte anrufen.[117] In

112 Haefliger, Die Europäische Menschenrechtskonvention und die Schweiz, 2008, S. 1; Kley-Struller, Art. 6 EMRK als Rechtsschutzgarantie gegen die öffentliche Gewalt, S. 3, Rn. 5; Pekcanıtez/Atalay/Özekes, S. 49f.; Özekes, Medeni Usul Hukukunda Hukuki Dinlenilme Hakki, 2003, S. 40f.

113 **Übersetzung des Art. 2 TürkVerfG:** Die Republik Türkei ist ein im Geiste des Friedens, der Gemeinschaft, der nationalen Solidarität und der Gerechtigkeit die Menschenrechte achtender, dem Nationalismus Atatürks verbundener und auf den in der Präambel verkündeten Grundprinzipien beruhender demokratischer, laizistischer und sozialer Rechtsstaat.,Rumpf, S. 318; Rumpf, S. 117.

114 **Übersetzung des Art. 5 TürkVerfG:** Die Grundziele und Aufgaben des Staates sind es, die Unabhängigkeit und Einheit des Türkischen Volkes, die Unteilbarkeit des Landes, die Republik und die Demokratie zu schützen, Wohlstand, Wohlergehen und Glück der Bürger und der Gemeinschaft zu gewährleisten, die politischen, wirtschaftlichen und sozialen Hindernisse zu beseitigen, welche die Grundrechte und -freiheiten der Person in einer mit den Prinzipien des sozialen Rechtsstaates und der Gerechtigkeit nicht vereinbaren Weise beschränken, sowie sich um die Schaffung der für die Entwicklung der materiellen und ideellen Existenz des Menschen notwendigen Bedingungen zu bemühen.,Rumpf, S. 318; Rumpf, S. 121.

115 Pekcanıtez/Atalay/Özekes, S. 50f.; Rumpf, S. 122.

116 **Übersetzung des Art. 36 TürkVerfG**: Jedermann hat das Recht, unter Benutzung legaler Mittel und vor den Rechtsprechungsbehörden als Kläger oder Beklagter zu klagen und sich zu verteidigen. Kein Gericht darf sich der Durchführung eines Verfahrens innerhalb seines sachlichen, funktionellen und örtlichen Zuständigkeitsbereichs entziehen., Rumpf, S. 327.

117 **Übersetzung des Art. 40 TürkVerfG**: Jedermann, dessen ihm durch die Verfassung zuerkannten Grundrechte und -freiheiten verletzt werden, hat das Recht, die

diesem Sinne stehen der Art. 36 und Art. 40 TürkVerfG in Verbindung. Während der Gesetzgeber im Art. 36 TürkVerfG den Gerichtsschutz der Personen geregelt hat, hat er im Art. 40 TürkVerfG mit dem effektiven Rechtsschutz die Verwirklichung des Gerichtsschutzes gewährleistet.[118] Durch die dort genannten Vorschriften des türkischen Verfassungsgesetzes sind die Rechte auf faires Verfahren, auf Gerichtsschutz und effektiven Rechtsschutz der Personen vom Staat gesichert und damit ist der Staat zur Umsetzung der Rechtssysteme, die der Verwirklichung von Rechten der Personen auf den Rechts- und Gerichtsschutz und auf faires Verfahren dienen, verpflichtet.[119]

Auch im deutschen Recht sind die Rechte auf faires Verfahren und auf effektiven Gerichtsschutz durch verfassungsrechtliche Regelungen gewährleistet. Gemäß §103 Abs. 1 GG hat jede Person vor Gericht Anspruch auf rechtliches Gehör. Mit dem Art. 103 Abs. 1 GG garantiert der Gesetzgeber jeder Person das Recht auf rechtliches Gehör bei gerichtlichen Verfahren.[120]

Außerdem hat jede Person laut Art. 19 Abs. 4 GG das Recht für ihre von der öffentlichen Gewalt verletzten Rechte gegenüber der öffentlichen Gewalt Klage zu erheben. Mit diesem Artikel hat jede Person als Bürger die Rechtsschutzgarantie gegen die Rechtsverletzungen der öffentlichen Gewalt.[121] Dieser Artikel dient dem Individualrechtsschutz und diese Rechtsschutzgarantie gegenüber der öffentlichen Gewalt ist als Grundrecht geregelt, damit die Rechte der einzelnen Personen in dem ausgebauten Rechtsschutzsystem verwirklicht werden können.[122]

Auch die Gewährleistungen von Art. 19 Abs. 4 und Art. 103 Abs. 1 GG dienen der Verwirklichung des Rechtsstaatsprinzips und der Menschenwürde sowie der

---

Gewährleistung der Möglichkeit der unverzüglichen Anrufung einer zuständigen Behörde zu verlangen. Der Schaden, den eine Person aufgrund einer von einem Amtsträger begangenen unerlaubten Handlung erlitten hat, wird dem Gesetz gemäß vom Staat ersetzt. Das Recht des Staates zum Rückgriff auf den verantwortlichen Bediensteten ist vorbehalten., Rumpf, S. 328.

118 Demircioğlu, S. 106.

119 Demircioglu, S. 106.

120 Schmidt-Bleibtreu/Klein/Hofmann/Henneke/Schmahl, Grundgesetz Kommentar, 2018, 14. Auflage, Art. 103, Rn. 1; Hömig/Seifert/Hömig, Grundgesetz für die Bundesrepublik Deutschland Handkommentar, 2013, 10. Auflage, Art. 103, Rn. 1; v.Mangoldt/Klein/Starck/Nolte/Aust, GG Kommentar, Band 3, 7. Auflage, 2018, Art. 103, Abs. 1, Rn. 4; Sachs/Degenhart, Grundgesetz Kommentar, 8. Auflage, 2018, Art. 103, Rn. 3.

121 V.Mangoldt/Klein/Starck/Huber, Grundgesetz Kommentar, Band 1, 7. Auflage, 2018, Art. 19 Abs. 4, Rn. 336.

122 V.Mangoldt/Klein/Starck/Huber, Art. 19 Abs. 4, Rn. 344.

Sicherung des allgemeinen Freiheitsrechts im Prozess.[123] Diese Verwirklichung des Rechtsstaatsprinzips steht auch im Zusammenhang mit dem effektiven Gerichtsschutz und dem Recht auf faires Verfahren.[124]

Grundgesetzlich ist die Gewährleistung des rechtlichen Gehörs als das prozessuale Urrecht der Personen geregelt, das nie aufgehoben werden darf. Im Zusammenhang mit der Rechtsschutzgarantie dient das Recht auf rechtliches Gehör auch dem Rechtsstaatsprinzip im deutschen Rechtssystem.[125]

Außerdem ist im Art. 101 Abs. 1 GG die Gewährleistung des gesetzlichen Richters geregelt. Gemäß dieses Artikels kann keine Person dem gesetzlich zuständigen Richter entzogen werden. So ist der Sicherung der Unparteilichkeit des gesetzlichen Richters gedient.[126] Also ist es gemäß Art. 101 Abs. 1 und Art. 103 Abs. 1 GG mit Hilfe des Rechts auf rechtliches Gehör vor dem Gericht gewährleistet, dass die richterlichen Entscheidungen durch objektive Kriterien entschieden werden können.[127]

Auch im schweizerischen Recht sind die Rechte auf faires Verfahren, auf Rechtsschutz und auf rechtliches Gehör verfassungsrechtlich gewährleistet. Gemäß Art. 29, 29a und 30 SchweizBundVerfG hat der Gesetzgeber die Verfahrensrechte jeder Person in Zusammenhang mit dem Rechtsstaatsprinzip geregelt.

Gemäß Art. 29 SchweizBundVerfG hat jede Person Anspruch auf rechtliches Gehör, gerechte Behandlung und Beurteilung vor Gericht. Gemäß Art. 29a SchweizBundVerfG hat jede Person das Recht auf Beurteilung durch eine richterliche Behörde bei ihren Rechtsstreitigkeiten. Auch gemäß Art. 30 SchweizBundVerG hat jede Person das Recht auf gerichtliches Verfahren. Dementsprechend kann jedermann für seine Rechtsstreitigkeiten vor dem durch Gesetz geschaffenen, zuständigen, unabhängigen und unparteiischen Gericht Klage erheben.

---

123 V.Mangoldt/Klein/Starck/Nolte/Aust, Art. 103 Abs. 1, Rn. 4f.; Hömig/Seifert/Hömig, Art. 103, Rn. 2

124 V.Mangoldt/Klein/Starck/Nolte/Aust, Art. 103 Abs. 1, Rn. 5; Schmidt-Bleibtreu/Klein/Hofmann/Henneke/Schmahl, Art. 103, Rn. 1.

125 V.Mangoldt/Klein/Starck/Nolte/Aust, Art. 103 Abs. 1, Rn. 1; Hömig/Seifert/Hömig, Art. 103, Rn. 5; Özekes, Hukuki Dinlenilme Hakki, S. 41.

126 V.Mangoldt/Klein/Starck/Classen, Art. 101, Rn. 3; Hömig/Seifert/Hömig, Art. 101, Rn. 2; Schmidt-Bleibtreu/Klein/Hofmann/Henneke/Müller-Terpitz, Art. 101, Rn. 5.

127 Hömig/Seifert/Hömig, Art. 103, Rn. 5; V.Mangoldt/Klein/Starck/Classen, Art. 101 Abs. 1, Rn. 2, 6; Schmidt-Bleibtreu/Klein/Hofmann/Henneke/Müller-Terpitz, Art. 101, Rn. 2.

Auch im schweizerischen Recht dienen diese verfassungsrechtlichen Verfahrensgrundsätze und die so vorhandenen Verfahrensgarantien dem Rechtsstaatsprinzip.[128] Mit diesen Verfahrensgarantien kann jede Person für ihre Rechtsstreitigkeit vor einem unabhängigen Gericht Klage erheben.[129] Demgemäß soll das angerufene Gericht ein faires Verfahren in angemessener Zeit durchführen und eine verbindliche, durchsetzbare Entscheidung treffen.[130] Die Artikel 29, 29a und 30 SchweizBundVerfG stehen also im Zusammenhang und dienen den Verfahrensgarantien und dadurch auch der Verwirklichung des Rechtsstaates.[131]

Das Recht auf faires Verfahren und der effektive Rechtsschutz sind auch in den UNO-Menschenrechtspakten und in der von ihnen ausgearbeiteten EMRK geregelt. Die Ziele und Grundsätze der UNO-CHARTA werden in dem ersten Artikel der Charta benannt.[132] Dementsprechend gemäß Art. 1 Abs. 3 UNO-Charta ist „… die Achtung vor den Menschenrechten und Grundfreiheiten für alle ohne Unterschied der Rasse, des Geschlechts, der Sprache oder der Religion zu fördern …" eines der Ziele der UNO-Charta. Die UNO-Menschenpakte zielen darauf ab, die Grundrechte der Menschen, die Würde und den Wert der menschlichen Persönlichkeit und die Gleichberechtigung von Menschen zu verwirklichen.[133] Um dieses Ziel zu erreichen und den Schutz der Menschenrechte zu sichern, haben die UNO-Pakte zahlreiche Konventionen erarbeitet.[134] Die EMRK ist eine von diesen von den UNO-Pakten erabeiteten Konventionen. Durch die EMRK sind die klassischen Grund- und Freiheitsrechte gewährleistet.[135] Gemäß Art. 6 EMRK hat jede Person ein Recht darauf, dass ihre Rechtsstreitigkeiten von einem unabhängigen und unparteiischen, auf Gesetz beruhendem Gericht in einem fairen Verfahren verhandelt werden. Demgemäß gewährleistet der Art. 6 EMRK die Garantien auf faires Verfahren für die Menschen.[136] Dadurch dient der Art. 6 EMRK der Absicherung der Transparenz des Verfahrens, der Gerechtigkeit des Verfahrens und dem Vertrauen in die Gerichte

---

128 Ehrenzeller/Mastronardi/Schweizer/Vallender/Steinmann, Die Schweizerische Bundesverfassung Kommentar, 2. Auflage,2008, Art. 29, Rn. 7.

129 Ehrenzeller/Mastronardi/Schweizer/Vallender/Kley, Art. 29a, Rn. 5

130 Ehrenzeller/Mastronardi/Schweizer/Vallender/Kley, Art. 29a, Rn. 8.

131 Ehrenzeller/Mastronardi/Schweizer/Vallender/Kley, Art. 29a, Rn. 8.

132 Haefliger, S. 1.

133 UNO-Pakt, Praemble.

134 Thürer/Aubert/Müller/Villiger, Verfassungsrecht der Schweiz, 2001, §40, S. 648, Rn. 2.

135 Thürer/Aubert/Müller/Villiger, §40, S. 649, Rn. 5; Haefliger, S. 3.

136 Demircioglu, S. 47ff.; Thürer/Aubert/Müller/Villiger, §40, S. 653, Rn. 19; Haefliger, S. 3; Kley-Struller, S. 1, Rn. 1.

und in die Gerichtsbarkeit. Da diese Verwirklichung des Rechts auf ein faires Verfahren für die Verwirklichung des Rechtsstaates eine entscheidende Rolle spielt, haben der Art. 6 EMRK und seine Garantien über faires Gerichtsverfahren auch eine demokratische Funktion.[137]

Die Verhandlung durch ein unabhängiges und unparteiisches Gericht und das Recht auf faires Verfahren sind wichtige Grundrechte der Menschen, die von den Staaten abgesichert werden müssen. Deswegen hat die Europäische Menschenrechtskonvention diese Rechte als absolute Grundrechte anerkannt, für die keine Ausnahme gilt.[138]

Kant ist der Ansicht, dass der selbstständige, unabhängige und selbstbestimmte Gebrauch der Handlungsfähigkeit für die Menschen tatsächlich ermöglicht wird[139], aber dafür müsse es Gesetze geben, damit diese Autonomie für jedermann gelten könne. Diese Ansicht von Kant dient dem Rechtsstaatsprinzip. Dementsprechend sind alle Menschen gleich und zu gleichem Gebrauch ihrer Freiheit fähig.[140] Daher soll der Staat seine Garantiemacht ausnutzen, um die Wirksamkeit der Rechtsformen und den gesellschaftlichen Frieden zu verwirklichen.[141] Demzufolge nach dem heutigen Rechtsstaatsprinzip muss der Staat die meinungs- und willensbildenden Prozesse garantieren, damit die Freiheit des Einzelnen nachhaltig geschützt werden kann.[142] Nach dem heutigen Rechtsstaatsprinzip muss der Staat die Rechte seines Bürgers vor ungerechten Verletzungen schützen und sie sichern. Da die Verschaffung der Garantien des Rechts auf faires Verfahren eine Hauptpflicht des Staates gegenüber seinen Bürgern ist, muss er auch die Rechte und das Rechtssystem so aufbauen, dass die Rechte von Bürgern effektiv beschützt werden können.[143]

In den türkischen, deutschen und schweizerischen Rechtssystemen sind die Verfahrensrechte und ihre Sicherungen für Bürger durch Grundgesetze und die EMRK grundsätzlich verwirklicht. In dem schweizerischen Verfassungsgesetz sind die Verfahrensgrundrechte (Art. 29, 29a SchweizBundVerfG) im

137 Thürer/Aubert/Müller/Villiger, §40, S. 653, Rn. 20; Kley-Struller, S. 1, Rn. 1, S. 3, Rn. 5.
138 Demircioglu, S. 47, 61.
139 Thürer/Aubert/Müller/Kohler, §15, S. 269, Rn. 4; Kant, Über den Gemeinspruch: Das mag in der Theorie richtig sein, taugt aber nicht für die Praxis zum ewigen Frieden, 1992, S. 89.
140 Thürer/Aubert/Müller/Kohler, §15, S. 249, Rn. 5.
141 Thürer/Aubert/Müller/Kohler, §15, S. 253, Rn. 11.
142 Thürer/Aubert/Müller/Kohler, §15, S. 260, Rn. 38.
143 Demircioglu, S. 102.

Zusammanhang mit dem Art. 6 EMRK geregelt.[144] Auch im deutschen Grundgesetz ist das Recht auf rechtliches Gehör gemäß Art. 103 GG im Sinne des Art. 6 EMRK geregelt.[145] Dementsprechend ist das Recht auf rechtliches Gehör und auf faires Verfahren im Sinne des Rechtsstaatsprinzip gesichert.[146]

Gemäß Art. 2 TürkVerfG ist die Republik Türkei ein Rechtsstaat und gemäß Art. 5 TürkVerfG ist der Staat zur Absicherung der Rechte und der Gerechtigkeit für die Bürger verpflichtet. Ähnlich wie im deutschen und schweizerischen Recht sind auch im türkischen Recht die Rechte von Bürgern auf faires Verfahren und auf Rechtsschutz verfassungsrechtlich gewährleistet. Dementsprechend sind das Recht auf faires Verfahren im Art. 36 TürkVerfG und das Recht auf Gerichtsschutz im Art. 40 TürkVerfG im Sinne vom Art. 6 EMRK geregelt.

Nach den verfassungsrechtlichen Verfahrensgrundrechten der Türkei, der Schweiz, Deutschlands und der EMRK ist es ersichtlich, dass die unbezifferte Forderungsklage in einem engen Zusammenhang mit dem Recht auf Rechtsschutz steht.[147] Im Sinne der Regelungen der Verfassungsgesetze und der EMRK hat jede Person das Recht, aufgrund ihrer verletzten Rechte vor unparteiischen Gerichten Klage zu erheben. Dementsprechend nach dem Rechtsstaatsprinzip und den Verfahrensgarantien von Verfassungsgesetzen ist die Klageerhebung vor den unparteiischen Gerichten dem Kläger möglich, auch falls der Kläger zu Beginn des Prozesses die Betragshöhe seines Anspruchs nicht beziffern kann. Da der Staat nach dem Rechtsstaatsprinzip die Erreichung und die Absicherung der Rechte von Bürgern gewährleisten und erleichtern muss, muss er auch die zwingenden Voraussetzungen und die Widerstände, die die Erreichung der Rechte der Personen verhindern, aufheben. Demgemäß hat der Gesetzgeber die unbezifferte Forderungsklage geregelt, damit der Kläger sein Recht erreichen kann, obwohl die Bezifferung der Betragshöhe seines Anspruchs ihm zu Beginn des Prozesses unmöglich oder unzumutbar ist. Daher ist die Regelung über die unbezifferte Forderungsklage im Sinne vom Rechtsstaatsprinzip und im Sinne vom Art. 6 EMRK sachgemäß.[148]

---

144 Ehrenzeller/Mastronardi/Schweizer/Vallender/Steinmann, Art. 29, Rn. 4; Ehrenzeller/Mastronardi/Schweizer/Vallender/Kley, Art. 29a, Rn. 7.

145 Hömig/Seifert/Hömig, Art. 103, Rn. 1.

146 Hömig/Seifert/Hömig, Art. 103, Rn. 2f.; Ehrenzeller/Mastronardi/Schweizer/Vallender/Steinmann, Art. 29, Rn. 7.

147 Pekcanitez/Pekcanitez, Pekcanitez Usul, S. 1025; Simil, S. 130.

148 Simil, S. 131.

b. *Grundprinzipien des Zivilprozessrechts (Verfahrensgrundsätze)*

i. *Allgemeines*

Die Prozessmaxime sind die Grundsätze des Verfahrensrechts, die die Aufgabenverteilung zwischen Gericht und Parteien behandeln und die Rollen von Gericht und Parteien in dem Verfahren festsetzen.[149] Mit diesen Verfahrensgrundsätzen dient der Staat dem Vertrauen des Bürgers auf gerechte und ordentliche Verfahren.[150] Die Verfahrensgrundsätze entwickeln sich im Verfahrensrecht explizit oder implizit und spielen bei der Auslegung und der Ausübung der Verfahrensnormen eine bestimmende Rolle. Dementsprechend stehen sie in einem engen Zusammenhang mit dem Prozesszweck, der der Auswahl und der Verwirklichung der Prozessmaxime dient.[151] Da durch die Prozessmaxime die Hauptunterschiede zwischen verschiedenen Prozessarten bestimmt werden können und da sie über die Vergleichbarkeit der Regelungen von verschiedenen Prozessarten informieren[152], ermöglichen sie auch die Schließung der Gesetzeslücken in den anderen Prozessarten. Dementsprechend können die Prozessmaxime auch als ein Auslegungsmaßstab in dem Verfahrensrecht zugelassen werden.[153]

Einige von diesen Verfahrensgrundsätzen sind im Rechtsstaatsprinzip verankert. Sie ändern sich wegen der Verfahrensgestalt nicht und sichern das ordentliche, gerechte Verfahren in einem demokratischen Rechtsstaat. Das Recht auf faires Verfahren, das Recht auf rechtliches Gehör und die Prozessökonomie sind die Verfahrensgrundsätze, auf die man wegen des Rechtsstaatsprinzips nicht verzichten darf.[154]

Es gibt auch andere Verfahrensgrundsätze, die im Sinne der Verfahrensgestaltung abgesichert sind. Die Dispositionsmaxime, der Verhandlungsgrundsatz und die Offiziellmaxime sind die Prozessmaxime, die durch die Art der

---

149 Lüke, Zivilprozessrecht, 10. Auflage, 2011, S. 5, Rn. 5; Rüzgaresen, S. 27; MünchKommZPO/Rauscher, Einleitung, Rn. 271f.; Prütting/Gehrlein/Prütting, ZPOKomm, Einleitung, Rn. 23; Musielak/Voit/Musielak, Einleitung, Rn. 26.

150 Rüzgaresen, S. 27; Pekcanıtez/Atalay/Özekes, S. 353f.

151 MünchKommZPO/Rauscher, Einleitung, Rn. 311; Stein/Jonas/Kern, Kommentar zur Zivilprozessordnung, Band 2, 23. Auflage, 2016, Vorb. §128, Rn. 12; Pekcanitez/Atalay/Özekes, S. 353f.

152 Prütting/Gehrlein/Prütting, ZPOKomm, Einleitung, Rn. 23; Musielak/Voit/Musielak, Einleitung, Rn. 26; Pekcanitez/Atalay/Özekes, S. 354.

153 Lüke, S. 6, Rn. 5; KommZPO/Rauscher, Einleitung, Rn. 311; Rüzgaresen, S. 30; Stein/Jonas/Kern, Vorb. §128, Rn. 10.

154 Pekcanıtez/Atalay/Özekes, S. 354; Rüzgaresen, S. 31.

Staatsführung und durch die Verfahrensgestaltung festgestellt sind[155], damit die Freiheit und Verantwortung der Parteien im Verfahren durch die Initiative des Gerichts zusammen gewährleistet ist.[156]

Die Verfahrensgrundsätze haben auch innerstaatliche verfassungsrechtliche und internationale Geltung. Gemäß Art. 6 EMRK hat z.B. jede Person das Recht auf faires Verfahren oder gemäß Art. 36 TürkVerfG, Art. 29, 29a SchweizBunfVerfG, Art. 103 GG hat jedermann das Recht, für seine verletzten Rechte vor dem Gericht Klage zu erheben und Recht auf Gerichtsschutz. Also werden diese Verfahrensgrundsätze, die an das Rechtsstaatsprinzip gebunden sind, von Grundgesetzen der Staaten und von den internationalen Verträgen unterstützt und wegen eines Verstoßes gegen diese Verfahrensgrundsätze kann man vor Verfassungsgerichten oder vor dem internationalen Menschenrechtsgerichtshof Klage erheben.[157]

Demzufolge ist die Untersuchung der Verfahrensgrundsätze im Kontext der unbezifferten Forderungsklage sehr wichtig, denn dadurch wird es verständlich, ob der Zweck der unbezifferten Forderungsklage zu dem Zweck des Prozessrechts passt und den wichtigsten Grundsätzen dient, damit es klar wird, wie die unbezifferte Forderungsklage sich von den anderen Klagearten unterscheidet und inwieweit sie für das Prozessrecht wichtig ist.

ii. Dispositionsgrundsatz(-maxime)

Der Dispositionsgrundsatz ist eine der wichtigsten Prozessmaxime.[158] Nach den Zivilprozessordnungen der Türkei, der Schweiz und Deutschlands haben nur die Parteien das Recht über den Streitgegenstand zu verfügen und das Verfahren einzuleiten.[159]

Der Dispositionsgrundsatz ist in den türkischen und schweizerischen Zivilprozessordnungen geregelt. Gemäß Art. 24 Abs. 1 TürkZPO darf der Richter selbst ohne Antrag einer der Parteien von Amts wegen keine Klage erheben und

---

155 Rüzgaresen, S. 31.

156 Stein/Jonas/Kern, Vorb. §128, Rn. 14.

157 Pekcanıtez/Atalay/Özekes, S. 354; Rüzgaresen, S. 31.

158 Rüzgaresen, S. 31.

159 Musielak/Voit/Musielak, ZPOKomm, Einleitung, Rn. 35; Lüke, S. 6, Rn. 6; Leuenberger/Uffer-Tobler, 2. Auflage, S. 119, Rn. 4.1; Pekcanıtez/Atalay/Özekes, S. 355f.; Rosenberg/Schwab/Gottwald, §76, S. 425, Rn. 1; Prütting/Gehrlein/Prütting, ZPOKomm, Einleitung, Rn. 25; Stein/Jonas/Kern, Vorb. §128, Rn. 161; Jauernig/Hess, S. 94, Rn. 6; Schilken, S. 159, Rn. 339; Budak/Karaaslan, Medeni Usul Hukuku, 1. Auflage, 2017, S. 71, Rn. 34; Pekcanitez/Erdönmez, Pekcanitez Usul, S. 783.

gemäß Art. 24 Abs. 3 TürkZPO haben die Parteien auch nach der Klageerhebung das Recht über den Streitgegenstand zu verfügen.[160]

Auch im schweizerischen Zivilprozessrecht ist der Dispositionsgrundsatz im Art. 58 SchweizZPO geregelt. Demgemäß ist das Gericht daran gebunden, was der Kläger verlangt hat und darf nichts anderes zusprechen.[161]

Demzufolge ist der Dispositionsgrundsatz die Spiegelung der Privatautonomie des materiellen Privatrechts.[162] Durch den Dispositionsgrundsatz erhalten die Parteien die Befugnis der Verfügung über den Inhalt und Gang des Verfahrens[163] und demzufolge gehört die Herrschaft des Verfahrens und das Verfügungsrecht über den Streitgegenstand zu den Parteien.[164]

Nach dem Dispositionsgrundsatz ist der Kläger frei, ob und wann er für seine Rechte Klage erheben oder ob er die Verletzung seines Rechts durch Vereinbarung mit dem Beklagten regeln wird.[165] Nach dem Dispositionsgrundsatz also ist der Kläger frei, für seine verletzten Rechte Klage zu erheben, aber er darf nicht dazu gezwungen werden. Er hat also die freie Wahl, die Klage zu erheben oder

---

160 **Übersetzung des Art. 24 TürkZPO**: (1) Der Richter darf nicht ohne Parteianträge eine Rechtsstreitigkeit von sich aus führen und Entscheidungen treffen. (2) Unter Vorbehalt der gesetzlichen Bestimmungen kann niemand gezwungen werden auf seine Rechte Klage zu erheben. (3) Auch nach der Klageerhebung besitzen die Parteien ihre Verfügungsbefugnis auf ihre Rechte weiter.

161 Baker&McKenzie/Affentranger, Art. 58, Rn. 5; BSKommZPO/Gehri, Schweizerische Zivilprozessordnung, 2. Auflage, 2013, Art. 58, Rn. 5; Gut, S. 61, Rn. 142; Sutter-Somm/Hasenböhler/Leuenberger/Sutter-Somm/Seiler, Art. 58, Rn. 8ff.; Oberhammer, KUKOZPO, Art. 58, Rn. 6.

162 Baker&McKenzie/Affentranger, Art. 58, Rn. 1; Leuenberger/Uffer-Tobler, 2. Auflage, S. 119, Rn. 4.1; MünchKommZPO/Rauscher, Einleitung, Rn. 312; Lüke, S. 7, Rn. 6; Musielak/Voit/Musielak, Einleitung, Rn. 35; BSKommZPO/Gehri, Art, 58, Rn. 1f.; Schilken, S. 159, Rn. 339; Wieczorek/Schütze/Prütting, Zivilprozessordnung und Nebengesetze, Band 1, 4. Auflage, 2015, Einleitung, Rn. 84.

163 MünchKommZPO/Rauscher, Einleitung, Rn. 312; Rosenberg/Schwab/Gottwald, §76, Rn. 1S. 425; Prütting/Gehrlein/Prütting; ZPOKomm, Einleitung, Rn. 24; Sutter-Somm/Hasenböhler/Leuenberger/Sutter-Somm/Seiler, Art. 58, Rn. 6; Wieczorek/Schütze/Prütting, ZPOKomm, Einleitung, Rn. 84; Zöller/Greger, Vorb. §128, Rn. 9.

164 MünchKommZPO/Rauscher, Einleitung, Rn. 313; Wieczorek/Schütze/Prütting, ZPO-Komm, Einleitung, Rn. 84; Stein/Jonas/Kern, Vorb. §128, Rn. 162.

165 Lüke, S. 6, Rn. 6; Leuenberger/Uffer-Tobler, 2. Auflage, S. 119, Rn. 4.2; Pekcanitez/Erdönmez, Pekcanitez Usul, S. 784; Pekcanıtez/Atalay/Özekes, S. 357; Baker&McKenzie/Affentranger, Art. 58, Rn. 2; BSKommZPO/Gehri, Art. 58, Rn. 3; Schilken, S. 162, Rn. 344; Stein/Jonas/Kern, Vorb. §128, Rn. 161ff.; Wieczorek/Schütze/Prütting, ZPOKomm, Einleitung, Rn. 84.

auf seine Rechte zu verzichten. Der Kläger hat diese Freiheit nicht nur während der Klageerhebung, sondern auch während des Verfahrens. Demzufolge können die Parteien auch miteinander einen Schlichtungsvertrag schließen oder die Rechtsstreitigkeit im Wege des Schiedsverfahrens aufheben.[166]

Der Dispositionsgrundsatz bringt aber dem Kläger auch die Verantwortung über das Verfahren und für die Prozesskosten. Nach dem Dispositionsgrundsatz und auch gemäß Art. 119 TürkZPO, §253 ZPO und Art. 221 SchweizZPO muss der Kläger den Streitgegenstand und den Inhalt des erstrebten Urteils bei der Klageerhebung selber anführen[167], demzufolge ist das Gericht an den Antrag des Klägers und sein Rechtsbegehren gebunden.[168]

Nach dem Dispositionsgrundsatz können die Parteien auch selber entscheiden, ob das Verfahren in eine höhere Instanz kommt oder nicht. Die höhere Instanz darf nicht selber entscheiden, für das Urteil von Amts wegen Klage zu erheben, falls eine der Parteien das Urteil nicht anficht.[169]

Durch diese Ausführung des Antrags und die Antragsbindung tragen die Parteien ein gewisses Risiko und Verantwortung wegen der Prozesskosten. Dementsprechend läuft der Kläger im türkischen Recht Gefahr, wenn er zu viel beantragt hat oder er muss ein zweites Verfahren führen, wenn er zu wenig beantragt hat.[170]

Demgemäß entwickelt sich der Dispositionsgrundsatz in der Eigenverantwortung der Parteien[171], aber es gibt natürlich besondere Fälle und Gründe, durch die diese Freiheit und die Befugnis der Parteien eingeschränkt sind. Ausnahmsweise hat der Gesetzgeber im öffentlichen Interesse diese Einschränkung des Dispositionsgrundsatzes geregelt. Dementsprechend darf der Staatsanwalt

---

166 Pekcanıtez/Atalay/Özekes, S. 357; Jauernig/Hess, S. 95, Rn. 11; Leuenberger/Uffer-Tobler, 2. Auflage, S. 120, Rn. 4.5f.; Baker&McKenzie/Affentranger, Art. 58, Rn. 7; Sutter-Somm/Hasenböhler/Leuenberger/Sutter-Somm/Seiler, Art. 58, Rn. 6; Wieczorek/Schütze/Prütting, ZPOKomm, Einleitung, Rn. 85.

167 Pekcanıtez/Atalay/Özekes, S. 357f.; Jauernig/Hess, S. 94, Rn. 7; Leuenberger/Uffer-Tobler, 2. Auflage, S. 119, Rn. 4.2; Budak/Karaaslan, S. 72, Rn. 37.

168 Leuenberger/Uffer-Tobler, 2. Auflage, S. 119, Rn. 4.3; Baker&McKenzie/Affentranger, Art. 58, Rn. 5; Jauernig/Hess, S. 94, Rn. 8; Wieczorek/Schütze/Prütting, ZPOKomm, Einleitung, Rn. 85; Budak/Karaaslan, S. 72, Rn. 38.

169 Jauernig/Hess, S. 95, Rn. 11; Leuenberger/Uffer-Tobler, 2. Auflage, S. 120, Rn. 4.3; Pekcanıtez/Atalay/Özekes, S. 356f.; Pekcanitez/Erdönmez, Pekcanitez Usul, S. 785; Sutter-Somm/Hasenböhler/Leuenberger/Sutter-Somm/Seiler, Art. 58, Rn. 9; Schilken, S. 161, Rn. 341.

170 Lüke, S. 8, Rn. 8; Sutter-Somm/Hasenböhler/Leuenberger/Sutter-Somm/Seiler, Art. 58, Rn. 9.

171 Lüke, S. 8, Rn. 8.

im Prozessrecht ohne den Antrag des Klägers vom Amts wegen selber Klage erheben.[172] Diese Einschränkung trifft besonders für die Verfahren in Ehe- und Kindschaftssachen zu. Das Gericht ist bei Scheidungsklagen und bei der Zuteilung der elternlichen Sorge nicht an den Antrag der Parteien gebunden. Demgemäß kann das Gericht beim Kindersunterhalt ohne Antrag entscheiden oder kann auch mehr entscheiden als von dem Kläger beantragt worden ist.[173]

Das Gericht kann aber bei allen Verfahren ohne Antrag der Parteien über die Prozesskosten entscheiden. Außerdem hat der Richter Aufklärungs- und gerichtliche Fragepflicht. Gemäß Art. 31 TürkZPO und Art. 56 SchweizZPO kann der Richter bei unklaren, widersprüchlichen, unbestimmten oder absichtlich unvollständigen Rechtsbegehren den Parteien Fragen stellen, von den Parteien Beweise oder Aufklärung fordern. Da der Richter mit der Aufklärungs- und Fragepflicht die Verantwortung der Parteien während des Verfahrens auf sich nimmt, schränkt die Aufklärungs- und die Fragepflicht des Richters die Herrschaft der Parteien im Verfahren und die Auswirkungen des Dispositionsgrundsatzes ein.[174]

Bis auf diese besonderen Konfliktsituationen ist das Gericht an die Anträge der Parteien gebunden. In den türkischen, deutschen und schweizerischen Zivilprozessordnungen ist diese Gebundenheit des Gerichts an die Anträge der Parteien gesetzlich und ausdrücklich geregelt.[175] Gemäß §308 ZPO und Art 26

---

172 Pekcanıtez/Atalay/Özekes, S. 357; Jauernig/Hess, S. 95, Rn. 12; Leuenberger/Uffer-Tobler, 2. Auflage, S. 120, Rn. 4.7; Baker&McKenzie/Affentranger, Art. 58, Rn. 10; Stein/Jonas/Kern, Vorb. §128, Rn. 169; Budak/Karaaslan, S. 71, Rn. 35.

173 Musielak/Voit/Musielak, ZPOKomm, Einleitung, Rn. 36; Leuenberger/Uffer-Tobler, 2. Auflage, S. 120f., Rn. 4.7; Pekcanitez/Erdönmez, Pekcanitez Usul, S. 786; Pekcanıtez/Atalay/Özekes, S. 360; Budak/Karaaslan, S. 71, Rn. 35; Rosenberg/Schwab/Gottwald, §76, S. 426, Rn. 5; Sutter-Somm/Hasenböhler/Leuenberger/Sutter-Somm/Seiler, Art. 58, Rn. 4; Der Dispositionsgrundsatz des Zivilprozessrechts kann aber ausnahmsweise im Verfahren zurückgezogen werden, wenn die Klage öffentliches Interesse benötigt. Also das Gericht kann dann mehr oder anderes zusprechen, wenn das öffentliche Interesse in Betracht kommt, was als *Offizialgrundsatz* benannt ist. (Uffer-Tobler/Leuenberger, 1. Auflage, S. 110, Rn. 4.7; BSKommZPO/Gehri, Art. 58, Rn. 10ff.).

174 Pekcanıtez/Atalay/Özekes, S. 360; Leuenberger/Uffer-Tobler, 2. Auflage, S. 122, Rn. 4.11; Sutter-Somm/Hasenböhler/Leuenberger/Sutter-Somm/Seiler, Art. 58, Rn. 10; Karaaslan, S. 81f.

175 **Übersetzung des Art. 26 TürkZPO:** (1) Der Richter ist an die Parteianträge gebunden und ist nicht befugt, mehr oder anders zuzusprechen, was nicht beantragt ist. Er kann aber weniger als das, was beantragt ist, entscheiden. (2) Vorbehalten bleiben

Abs. 1 TürkZPO ist das Gericht an die Parteianträge gebunden und kann nicht mehr oder anders zusprechen, als was von den Parteien begehrt wird. Dementsprechend führt diese Bindung des Gerichts an die Parteianträge zu der Herrschaft der Parteien im Verfahren wie auch zum Dispositionsgrundsatz.[176]

Natürlich kommt dieser Grundsatz auch im Falle der unbezifferten Forderungsklage in Betracht. Dementsprechend verursacht die unbezifferte Forderungsklage aber keinen Verstoß gegenüber dem Dispositionsgrundsatz, da bei der unbezifferten Forderungsklage der Kläger das Ganze seines Rechtsbegehrens erhalten will, das ihm zusteht, doch dabei weiß er noch nicht, wie viel es ist.[177]

Im Prinzip möchte jedermann bei jedem Verfahren das Maximum seines Rechtsbegehrens erlangen. Dementsprechend ist es dem Gericht aufgrund der Lebenserfahrungen auch klar, dass der Kläger auch bei der unbezifferten Forderungsklage das Maximum seines Rechtsbegehrens erreichen möchte, obwohl der Kläger die Betragshöhe seines Anspruchs noch nicht feststellen kann. Demzufolge ist im Sinne des Dispositionsgrundsatzes das Rechtsbegehren des Klägers dem Gericht schon hinreichend bestimmt.[178]

Außerdem bleibt im türkischen und schweizerischen Recht die Betragshöhe des Streitgegenstandes bei der unbezifferten Forderungsklage nicht bis zum Ende des Verfahrens unbeziffert. Gemäß Art. 107 Abs. 2 TürkZPO und Art 85 Abs. 2 SchweizZPO muss der Kläger den Betrag seines Anspruchs beziffern, sobald er nach dem Beweisverfahren oder der Auskunftserteilung dazu in der Lage ist. Dementsprechend wird der Anspruch des Klägers im Laufe des Verfahrens beziffert. Da die Betragshöhe des Anspruchs bei der unbezifferten Forderungsklage bis zum Ende des Verfahrens bestimmt wird, wird das Gericht an diesen Betrag gebunden sein und kann nicht mehr oder anders zusprechen, als was der Kläger beantragt hat. In diesem Sinne wird die unbezifferte Forderungsklage den Dispositionsgrundsatz nicht verletzen, da die Parteien auch bei der unbezifferten Forderungsklage die Herrschaft des Verfahrens besitzen.[179]

---

gesetzliche Bestimmungen, nach denen der Richter nicht an die Parteianträge gebunden ist.; §308 ZPO, Art. 58 Abs. 1 SchweizZPO.

176 Prütting/Gehrlein/Thole, ZPOKomm, §308, Rn. 1f.; Musielak, Die Bindung des Gerichts an doe Anträge der Parteien im Zivilprozess, Festschrift für Karl Heinz Schwab zum 70. Geburtstag, 1990, S. 349.

177 Loosli, S. 79.

178 Loosli, S. 79; Gut, S. 64, Rn. 148.

179 Simil, S. 134f.; Loosli, S. 80; Gut, S. 64, Rn. 148; Von der Schweizerischen Lehre wird die nachträgliche Bezifferung bei der unbezifferten Forderungsklage als eine Ausnahme des Dispositionsgrundsatzes angenommen, da der Dispositionsgrundsatz die

Entgegen dem türkischen und schweizerischen Zivilprozessrecht sind die Gebundenheit des Gerichts an die Parteianträge bei unbezifferten Forderungsklagen und der Zusammenhang der unbezifferten Forderungsklage mit dem Dispositionsgrundsatz im deutschen Recht umstritten. Im deutschen Zivilprozessrecht ist die Gebundenheit des Gerichts an die Parteianträge im §308 ZPO geregelt. Demgemäß darf das Gericht nicht zusprechen, was die Parteien nicht beantragt haben. Aber die Zulässigkeit der unbezifferten Forderungsklage im Sinne vom §253 Abs. 2 ZPO ist umstritten, da der Kläger zu Beginn des Prozesses nicht in der Lage sein kann, seinen Anspruch zu beziffern.[180]

Der herrschenden Meinung der Literatur und der Rechtsprechung nach ist die Angabe einer ungefähren Größenordnung des Streitgegenstandes für die Zulässigkeit der unbezifferten Forderungsklage genug, damit die Anforderungen des §253 Abs. 2 Nr. 2 ZPO erfüllt werden können.[181] Dementsprechend wird das Gericht bei der Bemessung der Betragshöhe des Anspruchs nach oben frei und an die Parteianträge nicht gebunden sein.[182]

Nach der endgültigen Rechtsprechung des Bundesgerichtshofs ist das Gericht nach oben nur dann gebunden, wenn der Kläger für seinen Anspruch eine Obergrenze festgestellt hat. Die sogenannte endgültige Rechtsprechung wird auch von der deutschen Literatur anerkannt.[183] Mit der Angabe einer Obergrenze des Anspruchs bestimmt der Kläger, dass er nur bis zu dieser Betragshöhe Rechtsbegehren verlangt und gemäß §308 ZPO muss das Gericht daran gebunden sein, da die entgegen den Ansprüchen des Klägers stehenden Entscheidungen des Gerichts einen Verstoß gegen §308 ZPO verursachen. Dementsprechend wird das Gericht z.B. bei dem Ermessen des Schmerzensgeldes nach oben frei sein, sobald der Kläger keine Obergrenze bestimmt hat und das Gericht ein angemessenes Schmerzensgeld im Sinne der Angaben des Tatsachenstoffes festgestellt hat.[184]

Bezifferung des Anspruchs in der Klagebewilligung erfordert.(Gut, S. 65, Rn. 148; Meier, Zivilprozessrecht, S. 382).

180 Menges, S. 82.

181 Musielak/Voit/Musielak, §308, Rn. 16.

182 Menges, S. 84; Prütting/Gehrlein/Gehle, ZPOKomm, §3, Rn. 224; Musielak/Voit/Musielak, §308, Rn. 17; Thomas/Putzo/Reichold, Zivilprzessordnung Kommentar, 39. Auflage, 2018, §253, Rn. 12; BGHZ 132, S. 34; BGH, NJW 1996, S. 2425; BGH, NJW 2001, S. 3417ff.

183 Kern, S. 76; Musielak/Voit/Musielak, §308, Rn. 17.

184 Menges, S. 84; Thomas/Putzo/Reichold, §253, Rn. 12.

Der Mindermeinung nach muss der Kläger auch bei der unbezifferten Forderungsklage die Obergrenze seines Anspruchs angeben, da die Bestimmung und die Überschreitung der Betragshöhe des Streitgegenstandes von dem Gericht einen Verstoß gegen §308 ZPO verursachen kann.[185]

Ähnlich wie im deutschen Recht ist auch im schweizerischen Zivilprozessrecht das Gericht bei der Bemessung der Betragshöhe des Streitgegenstandes nach oben frei und der Kläger braucht seinen Anspruch nicht zu beziffern, wenn das Gericht bei dem Ermessen des Anspruchs die Befugnis hat. Besonders bei den Klagen, die Schmerzensgeld fordern, hat das Gericht Ermessensbefugnis, da der Kläger nicht in der Lage ist seinen Anspruch zu beziffern. Bei solchen Fällen weiß das Gericht Bescheid, dass der Kläger das Maximum seines Rechtsbegehrens verlangt. Deswegen hat das Gericht auch bei unbezifferten Forderungsklagen nach oben freies Ermessensbefugnis und diese Befugnis verstößt nicht gegen das Prinzip der Gebundenheit an die Parteianträge oder gegen den Dispositionsgrundsatz, weswegen die unbezifferte Forderungsklage als Ausnahme des Dispositionsgrundsatzes angenommen ist.[186] Demzufolge verursacht die unbezifferte Forderungsklage auch im schweizerischen Zivilprozessrecht keinen Verstoß gegenüber dem Dispositionsgrundsatz, denn im Endeffekt ist das Gericht mit dem Antrag an den Wunsch des Klägers gebunden, obwohl er die Betragshöhe gar nicht oder später beziffern kann.[187]

Nach den türkischen und schweizerischen Regelungen der unbezifferten Forderungsklage kann der Kläger nach der Beweisaufnahme oder Auskunftserteilung die Betragshöhe seines Anspruchs beziffern, wenn es möglich ist. Dementsprechend wird die Größenordnung der Forderung des Klägers bestimmt und das Gericht wird daran gebunden. In diesem Sinne wird die unbezifferte Forderungsklage keinen Verstoß gegenüber dem Dispositionsgrundsatz verursachen. Außerdem kann die unbezifferte Forderungsklage auch mit dem Anspruch auf Schmerzensgeld und Schadensersatz, die durch das richterliche Ermessen festgestellt werden können, im türkischen Recht keinen Verstoß gegen den Dispositionsgrundsatz und das Prinzip des Gebundenheit des Gerichts an die Parteianträge verursachen, obwohl der Kläger eine genaue Größenordnung mit der Obergrenze seines Anspruchs zu Beginn oder bis zum Ende des Prozesses nicht angeben und die Betragshöhe seines Anspruchs nicht beziffern

185 Menges, S. 93; Gerstenberg, Der unbezifferte Klageantrag und der Dornröschenschlaf des §92 II ZPO, NJW 1988, S. 1356; Röttger, S. 369.

186 Loosli, S. 79; Gut, S. 65, Rn. 151; S. 197, Rn. 421.

187 Loosli, S. 81; Gut, S. 64, Rn. 148.

kann.[188] Diese Ermessensfreiheit des Gerichts bei Schmerzensgeldklagen sowie auch bei unbezifferten Forderungsklagen wird im schweizerischen Zivilprozessrecht anerkannt.[189] Dementsprechend ist die unbezifferte Forderungsklage zulässig und verstößt nicht gegen den Dispositionsgrundsatz, da es auf Grund der Lebenserfahrung des Richters bestimmt ist, dass der Kläger das Maximum seines Rechtsbegehrens möchte, obwohl er dafür keine Obergrenze festsetzen kann. Da das Gericht an diesen Willen des Klägers gebunden ist, ist die unbezifferte Forderungsklage zulässig und nicht gesetzeswidrig.

Gemäß Art. 107 Abs. 2 TürkZPO ist es aber nicht klar, ob das Gericht bei der unbezifferten Forderungsklage freie Ermessensbefugnis hat, wenn der Kläger keine Obergrenze für seinen Anspruch angeben kann. Nach dieser Regelung kann der Kläger nachher die Betragshöhe des Streitgegenstandes beziffern, wenn es nach der Beweisaufnahme oder Auskunftserteilung möglich ist.

Meines Erachtens muss die unbezifferte Forderungsklage im Sinne vom Dispositionsgrundsatz als zulässig anerkannt werden, obwohl der Kläger die Obergrenze der Betragshöhe seines Anspruchs auch bei Schmerzensgeldklagen nicht bestimmen kann, weil es dem Gericht schon klar ist, dass der Kläger tatsächlich den ganzen Betrag seines Anspruchs verlangen möchte. Daher wäre es für die Ausübung der unbezifferten Forderungsklage im türkischen Zivilprozessrecht besser, wenn der Gesetzgeber ähnlich wie im schweizerischen und deutschen Zivilprozessrecht genauer festsetzen könnte, dass das Gericht bei einer unbezifferten Forderungsklage mit dem Anspruch auf Schadensersatz oder Schmerzensgeld nach oben freie Ermessensbefugnis hat und dass der Kläger dabei keine nachträgliche Obergrenze bestimmen muss. Dementsprechend kann die Zulässigkeit der unbezifferten Forderungsklagen auch mit den Schmerzensgeldforderungen im Sinne des Dispositionsgrundsatzes ohne Verzögerung konkreter festgesetzt werden.

iii. Prozessökonomie

Die Prozessökonomie ist ein wichtiger und nützlicher Grundsatz des Zivilprozessrechts.[190] Obwohl die Prozessökonomie in vielen Rechtssystemen gesetzlich nicht geregelt ist, wird sie generell von Rechtsprechung und Literatur

---

188 Menges, S. 84; Gut, S. 197, Rn. 421.

189 Loosli, S. 79; Gut, S. 197, Rn. 421.

190 Hütten, Die Prozessökonomie als rechtserheblicher Entscheidungsgesichtspunkt, Diss, 1975, S. 1; Rüzgaresen, S. 40; Schmidt, Der Zweck des Zivilprozesses und seine Ökonomie, 1973, S. 7.

anerkannt.[191] Demgemäß ist der Zweck der Prozessökonomie, das Verfahren möglichst zweckmäßig, schnell und mit geringem Aufwand zu gestalten.[192]

Während die Prozessökonomie im schweizerischen und im deutschen Recht gesetzlich nicht geregelt ist[193], ist sie in dem türkischen Verfassungsgesetz und in der türkischen Zivilprozessordnung geregelt und gewährleistet.[194] Gemäß Art. 141 Abs. 4 TürkVerfG soll das Gericht das Verfahren so schnell wie möglich und mit möglichst wenig Aufwand durchführen.[195] Deswegen soll der Staat die Prozessökonomie durch stärkende Maßnahmen absichern.[196]

Außerdem ist die Prozessökonomie auch im Art. 30 TürkZPO geregelt. Demgemäß soll das Gericht das Verfahren in dem angemessenen Zeitabschnitt, ordentlich und mit minimalen Kosten führen.[197] Demzufolge ist das Gericht dafür verantwortlich, die Prozessökonomie während des Verfahrens zu verwirklichen und das Verfahren in der angemessenen Zeit, einfach und ohne unnötigen Aufwand zu führen.[198]

Die Prozessökonomie ist auch noch in der EMRK geregelt. Gemäß Art. 6 EMRK soll das Gericht für ein faires Verfahren in einer sach- und zweckmäßigen Zeit Entscheidungen treffen. Dementsprechend soll für eine zweckmäßige

---

191 Rüzgaresen, S. 40.

192 Hütten, S. 6; Rüzgaresen, S. 40; Pekcanıtez/Atalay/Özekes, S. 397f.; Musielak/Voit, Grundkurs ZPO, S. 135, Rn. 205; Mettenheim, Der Grundsatz der Prozessökonomie im Zivilprozess, 1968, S. 15; Schmidt, S. 8; Stein/Jonas/Brehm, Kommentar zur Zivilprozessordnung, Band 1, 23. Auflage, 2014, Vorb. §1, Rn. 110; Budak/Karaaslan, S. 70, Rn. 30.

193 Stern, Prozessökonomie und Prozessbeschleunigung als Ziele der zürcherischen Zivilrechtspflegegesetze, Diss, Zürich, 1989, S. 2.

194 Rüzgaresen, S. 41f.

195 **Übersetzung des Art. 141 TürkVerfG:** Die Verhandlungen in den Gerichten stehen jedermann offen. Die nichtöffentliche Durchführung eines Teils einer Verhandlung oder einer ganzen Verhandlung kann nur in Fällen, in denen es wegen des Sittengesetzes oder der öffentlichen Sicherheit unbedingt erforderlich ist, beschlossen werden. Für die Gerichtsverfahren gegen Minderjährige werden durch Gesetz besondere Vorschriften erlassen. Jegliche Entscheidungen aller Gerichte werden zusammen mit Begründungen schriftlich abgefasst. Es ist die Aufgabe der Rechtsprechung, die Verfahren mit möglichst geringem Aufwand und möglichst rasch zu Ende zu führen., Rumpf, S. 362.

196 Pekcanıtez/Atalay/Özekes, S. 397f.; Budak/Karaaslan, S. 70, Rn. 30.

197 **Übersetzung des Art. 30 TürkZPO**: Der Richter ist verpflichtet, das Verfahren innerhalb einer angemessenen Frist, mit möglichst geringem Aufwand, in Ordnung zu führen.

198 Simil, S. 142.

Entscheidung das Verfahren nicht rasch, sondern in einer angemessenen Frist geführt werden. Deswegen soll das Gericht das Verfahren nicht voreilig, sondern in einer angemessenen Frist mit ordentlichen, zweckmäßigen und gerechten Entscheidungen führen. Nach dieser Regelung der EMRK dient die Führung des Verfahrens in der angemessenen Frist der Verschaffung der Prozessökonomie. Daher ist die Prozessökonomie auch für die Verwirklichung des Rechts auf faires Verfahren erforderlich.[199]

Im schweizerischen Zivilprozessrecht ist die Prozessökonomie in den Gesetzestexten nicht geregelt. Trotzdem ist sie von der Lehre anerkannt. Der herrschenden Meinung der schweizerischen Literatur nach ist die Prozessökonomie in möglichst kurzer Zeit und mit möglichst geringem Kostenaufwand zum Prozesszweck zu verwirklichen. Dementsprechend soll das Gericht vermeiden, unnötige Prozesshandlungen anzuordnen.[200] Aber auch im schweizerischen Zivilprozessrecht werden möglichst rasche Urteile nicht als prozessökonomisch angesehen, denn nach der herrschenden Meinung in der schweizerischen Literatur hängt die Qualität der Urteile nicht von der kurzen Verfahrensdauer ab, sondern sie hängt von der Zweckmäßigkeit und der Richtigkeit der Urteile ab.[201] Das Hauptziel des schweizerischen Zivilprozessrechts ist die Verwirklichung des materiellen Rechts und demzufolge können die Gerichte die Prozessökonomie erst dann verwirklichen, wenn sie nicht gegen gesetzliche Regelungen verstoßen.[202]

Auch im deutschen Zivilprozessrecht ist die Prozessökonomie nicht geregelt, trotzdem ist sie von der Rechtsprechung und der Literatur anerkannt und darf bei der Auslegung und der Anwendung der zivilprozessrechtlichen Vorschriften nicht unbeachtet bleiben.[203] Im deutschen Zivilprozessrecht ist es die Aufgabe der Prozessökonomie, das Verfahren in möglichst kurzer Zeit, einfach, schnell und kostengünstig zu führen und die Entscheidung zu erteilen.[204] Der herrschenden Meinung der deutschen Lehre nach ist es die Hauptaufgabe der Prozessökonomie, dem Prozesszweck zu dienen. Bei der Durchführung des Verfahrens muss das Gericht im Sinne der Prozessökonomie auf den Prozesszweck aufpassen, aber trotzdem darf es wegen der Prozessökonomie nicht gegen die

199 Pekcanıtez/Atalay/Özekes, S. 398; Rüzgaresen, S. 36.

200 Stern, S. 2.

201 Stern, S. 9.

202 Stern, S. 4.

203 Musielak/Voit, Grundkurs ZPO, S. 133, Rn. 205.

204 Hütten, S. 6; Musielak/Voit, Grundkurs ZPO, S. 135, Rn. 205; Schmidt, S. 8; Stein/Jonas/Brehm, Vorb. §1, Rn. 110.

Gesetze von materiellrechtlichen Vorschriften verstoßen.[205] Dementsprechend ist der Grundsatz der Prozessökonomie, das Verfahren nicht möglichst rasch zu führen und die Entscheidung zu treffen, sondern ist die möglichst endgültige und zweckmäßige Entscheidung mit möglichst geringem Kostenaufwand zu erreichen.[206] Also daher soll die Prozessökonomie nicht als eine Ausrede für alle raschen und möglicherweise deswegen unzweckmäßigen Entscheidungen vorgebracht werden.[207]

Es spielt keine Rolle, ob die Prozessökonomie gesetzlich geregelt ist oder nicht. Sie wird von den türkischen, deutschen und schweizerischen Rechtssystemen als ein wichtiger Verfahrungsgrundsatz anerkannt, der für die Rechts- und Sozialstaatlichkeit erforderlich ist.[208] Dementsprechend muss das Gericht das Verfahren zweckmäßig, rechtsverwirklichend, rechtssicher, mit möglichst minimalen Prozesskosten, in angemessener Frist, ohne mehrere, unnötige Prozesse für den gleichen Streitgegenstand führen und zweckmäßige, gerechte Entscheidungen treffen[209], damit der Rechtsschutzprinzip für jedermann effektiver verwirklicht werden kann.[210]

Im Sinne der Definition der Prozessökonomie verursacht die unbezifferte Forderungsklage keinen Verstoß gegenüber der Prozessökonomie, ganz im Gegenteil dient die unbezifferte Forderungsklage der Verwirklichung der prozessökonomischen Entscheidungen.[211] Mit der unbezifferten Forderungsklage braucht der Kläger nicht mehr zusätzliche Klage zu erheben. Da der Kläger die Betragshöhe seines Anspruchs, die er zu Beginn des Prozesses nicht beziffern konnte, nach der Beweisaufnahme oder Auskunftserteilung nachträglich beziffern kann, kann er ohne Zustimmung oder ohne Verbesserungsklage das Ganze seines Rechtsbegehrens einfach und schnell erreichen.[212]

---

205 Pflughaupt, Prozessökonomie, 2011, S. 229; Stein/Jonas/Brehm, Vor §1, Rn. 111.

206 Hütten, S. 8f.; Mettenheim, S. 15.

207 Pflughaupt, S. 1.

208 Pflughaupt, S. 227; Noske, Die Prozessökonomie als Bestandteil des verfassungsrechtlichen Grundsatzes der Verhältnismäßigkeit, Diss, 1989, S. 46.

209 Hütten, S. 6; Pflughaupt, S. 130f.; Stern, S. 3; Schmidt, S. 117.

210 Noske, S. 45; Pflughaupt, S. 229.

211 Sutter-Somm/Bopp/Bessenich, Art. 85, Rn. 13; Brunner/Gasser/Schwander/Füllemann, Schweizerische Zivilprozessordnung Kommentar, 2. Auflage, 2016, Art. 85, Rn. 1; Pekcanitez/Pekcanitez, Pekcanitez Usul, S. 1020ff.; Pekcanitez/Atalay/Özekes, S. 443; Pekcanitez, Belirsiz Alacak Davasi, S. 89; Simil, S. 142.

212 Pekcanitez, Belirsiz Alacak Davasi, S. 89; Pekcanitez/Pekcanitez, Pekcanitez Usul, S. 1022; Pekcanitez/Atalay/Özekes, S. 443; Simil, S. 143.

Demzufolge bezweckt der Gesetzgeber mit der unbezifferten Forderungsklage die schnelle und zweckmäßige Erreichung des Rechtsbegehrens des Klägers.[213] Bei der unbezifferten Forderungsklage kann der Kläger ohne Zustimmung des Beklagten, ohne Verbesserungsklage oder ohne andere zusätzliche Klagen die Betragshöhe seines Anspruchs nachträglich beziffern und erhöhen, obwohl bei Teil- und Feststellungsklagen die Billigung des Beklagten oder die Erhebung der Verbesserungsklagen oder eine andere Klage benötigt wird. Mit der unbezifferten Forderungsklage kann der Kläger die Betragshöhe beziffern und sein Rechtsbegehren direkt und schneller erreichen und dadurch kann das Gericht von der Arbeitslast entlastet werden.[214] Demgemäß dient die unbezifferte Forderungsklage mit dieser Natur und mit ihrem Verwendungszweck der Verwirklichung der Prozessökonomie.

iv. Recht auf rechtliches Gehör und auf faires Verfahren

Das Recht auf faires Verfahren umfasst das Recht auf rechtliches Gehör und bildet eine unabdingbare Bedingung für die Gewährung des rechtlichen Gehörs.[215]

Der Charakter des Rechts auf faires Verfahren ist umfassender als der Charakter des Rechts auf rechtliches Gehör. Aber trotzdem spielen diese Rechte bei der Verwirklichung des Rechtsstaates zusammen eine entscheidende Rolle.[216]

Die Verwirklichung dieser Rechte dient der Achtung der Menschenwürde der Parteien und der Respektierung der Parteien als Subjekte des Verfahrens, sie begrenzen die öffentliche Gewalt des Staats gegenüber den Parteien als ein Objekt.[217]

Das Recht auf faires Verfahren ist in den Grundgesetzen der Türkei, der Schweiz, und Deutschlands und auch von der EMRK geregelt. Gemäß Art. 36 TürkVerfG, Art. 30 SchweizBundVerG, Art. 103 GG und Art. 6 EMRK hat

---

213 Pekcanitez, Belirsiz Alacak Davasi, S. 89; Simil, S. 143.

214 Pekcanitez/Pekcanitez, Pekcanitez Usul, S. 1022; Simil, S. 143.

215 Musielak/Voit/Musielak, Einleitung, Rn. 29; Pekcanitez/Erdönmez, Pekcanitez Usul, S. 846; Pekcanıtez/Atalay/Özekes, S. 380; Stein/Jonas/Kern, Vorb. §128, Rn. 142; Budak/Karaaslan, S. 64, Rn. 11.

216 Musielak/Voit/Musielak, Einleitung, Rn. 30; Pekcanitez/Erdönmez, Pekcanitez Usul, S. 846; Pekcanıtez/Atalay/Özekes, S. 380f.; MünchKommZPO/Rauscher, Einleitung, Rn. 233; Wieczorek/Schütze/Prütting, ZPOKomm, Einleitung, Rn. 107; Karwacki, Der Anspruch der Parteien auf einen fairen Zivilprozeß, Diss., 1984, S. 7.

217 MünchKommZPO/Rauscher, Einleitung, Rn. 233; Pekcanitez/Erdönmez, Pekcanitez Usul, S. 845; Pekcanıtez/Atalay/Özekes, S. 380; Looslie, S. 85; Stein/Jonas/Kern, Vorb. §128, Rn. 18.

jedermann den Anspruch auf ein faires Verfahren. Dementsprechend darf das Gericht sich nicht widersprüchlich benehmen und die Fehler oder Versäumnisse, die ihm zurechenbar sind, nicht für die Parteien als Verfahrensnachteile ableiten.[218]

Nach dem Prinzip des Rechts auf faires Verfahren hat jedermann das Recht auf ein Verfahren, das von einem gesetzlichen, unparteiischen Gericht, in einer vernünftigen und angemessenen Verfahrensdauer, in öffentlicher Gerichtsverhandlung gemäß dem Billigkeitsprinzip geführt wird.[219] Also dient das Recht auf faires Verfahren beiden Parteien der Rechtssicherheit[220] und dadurch wird auch die Waffengleichheit der Parteien garantiert.[221] Dabei ist die Objektivität und Neutralität des Gerichts gegenüber den Parteien sehr wichtig.[222] In diesem Sinne muss das Gericht einen effektiven Rechtsschutz für die beiden Parteien verwirklichen. So kann das Verfahren gesetzmäßig und nach dem Billigkeitsprinzip geführt werden. Demgemäß dient dieses Recht auch der Begrenzung der öffentlichen Gewalt, der gerichtlichen Verwirklichung und dem Schutz der materiellen Rechte.[223]

Das Recht auf rechtliches Gehör ist auch in den internationalen Verträgen, in den Grundgesetzen und Zivilprozessordnungen der Staaten als eine Voraussetzung des Rechtsstaats und als eine Garantie des Prozesses geregelt.[224] Es ist im Art. 36 TürkVerfG, Art. 27 TürkZPO, Art. 53 Abs. 1 SchweizZPO, Art. 29 Abs. 2 SchweizBundVerfG, §103 GG und auch im Art. 6 EMRK geregelt. Obwohl

---

218 Musielak/Voit/Musielak, ZPOKommentar, Einleitung, Rn. 30; MünchKommZPO/Rauscher, Einleitung, Rn. 255; Musielak/Voit, Grundkurs ZPO, S. 68, Rn. 100; Stein/Jonas/Kern, Vorb. §128, Rn. 145; Wieczorek/Schütze/Prütting, ZPOKomm, Einleitung, Rn. 107; Karwacki, S. 8.

219 Pekcanitez/Erdönmez, Pekcanitez Usul, S. 847ff.; Pekcanıtez/Atalay/Özekes, S. 381f.; Ehrenzeller/Mastronardi/Schweizer/Vallender/Steinmann, Art. 29, Rn. 9, Art. 30, Rn. 2; Budak/Karaaslan, S. 62, Rn. 2; Wieczorek/Schütze/Prütting, ZPOKomm, Einleitung, Rn. 107; Leuenberger/Uffer-Tobler, 2. Auflage, S. 138, Rn. 4.59.

220 Pekcanıtez/Atalay/Özekes, S. 380.

221 MünchKommZPO/Rauscher, Einleitung, Rn. 259; Wieczorek/Schütze/Prütting, ZPOKomm, Einleitung, Rn. 108.

222 Musielak/Voit, Grundkurs ZPO, S. 68, Rn. 101; Pekcanitez/Erdönmez, Pekcanitez Usul, S. 850; Pekcanıtez/Atalay/Özekes, S. 381.

223 Pekcanıtez/Atalay/Özekes, S. 380; MünchKommZPO/Rauscher, Einleitung, Rn. 269.

224 Musielak/Voit/Musielak, ZPOKommentar, Einleitung, Rn. 28; MünchKommZPO/Rauscher, Einleitung, Rn. 233; Uffer-Tobler/Leuenberger, Schweizerische Zivilprozessordnung, 2. Auflage, S. 138, Rn. 4.56; Schwab/Gottwald, Verfassung und Zivilprozess, 1984, S. 49; Özekes, Hukuki Dinlenilme Hakki, S. 42.

das Recht auf rechtliches Gehör neben den Grundgesetzen der Türkei und der Schweiz auch zusätzlich in ihren Zivilprozessordnungen geregelt ist, ist es in der deutschen Zivilprozessordnung nicht ausdrücklich geregelt, sondern gilt generell als eine Voraussetzung für jedes rechtsstaatliche Verfahren.[225]

Demgemäß ist das Recht auf rechtliches Gehör ein verfahrensrechtliches Grundprinzip, das einer wichtigen, rechtsstaatlichen Verfahrensgarantie dient.[226] Dementsprechend verpflichtet das Gericht die Parteien mit dem persönlichkeitsbezogenen Mitwirkungsrecht dazu, im Verfahren den Streitgegenstand darzulegen und die Sachaufklärung zu verschaffen.[227] Damit haben die Parteien das Recht, vor Erlass des Entscheids ihre Anträge zu stellen, die Tatsachen für ihre Rechtsbegehren zu benennen, relevante Beweise beizubringen, Einsicht in die Akten zu nehmen, bei der Beweiserhebung mitzuwirken und jeweils von dem Vortrag der Gegenpartei rechtzeitig zu erfahren, damit sie dazu Stellung nehmen können.[228] Nach diesem Grundsatz muss das Gericht bei seinen Entscheidungen die Ausführungen der Parteien zur Kenntnis nehmen, sich mit ihnen auseinander setzen und dies muss in seinen Entscheidungen erkennbar sein.[229]

Nach dem Prinzip des Rechts auf rechtliches Gehör müssen die Parteien über die Rechtsstreitigkeit, über die Tatsachen des Streitgegenstandes, über Anträge,

---

225 Musielak/Voit, Grundkurs ZPO, S. 67, Rn. 99; Musielak/Voit/Musielak, ZPOKommentar, Einleitung, Rn. 28; Wieczorek/Schütze/Prütting, ZPOKomm, Einleitung, Rn. 113.

226 Musielak/Voit/Musielak, ZPOKommentar, Einleitung, Rn. 28; Musielak/Voit, Grundkurs ZPO, S. 67, Rn. 99; Leuenberger/Uffer-Tobler, 2. Auflage, S. 139, Rn. 4.61; Pekcanitez/Erdönmez, Pekcanitez Usul, S. 863f.; Pekcanıtez/Atalay/Özekes, S. 380f.; Stein/jonas/Kern, Vorb. §128, Rn. 21; Karwacki, S. 7; Özekes, Hukuki Dinlenilme Hakki, S. 41.

227 Leuenberger/Uffer-Tobler, 2. Auflage, S. 139, Rn. 4.61; Gut, S. 69, Rn. 158; Staehelin/Staehelin/Grolimund, §10, S. 159, Rn. 52f.; Schwab/Gottwald, S. 50; Özekes, Hukuki Dinlenilme Hakki, S. 85.

228 Musielak/Voit, Grundkurs ZPO, S. 67, Rn. 99; Leuenberger/Uffer-Tobler, 2. Auflage, S. 139, Rn. 4.61; Pekcanitez/Erdönmez, Pekcanitez Usul, S. 863; Pekcanıtez/Atalay/Özekes, S. 388; Budak/Karaaslan, S. 64, Rn. 13f.; Loosli, S. 84f.; Wieczorek/Schütze/Prütting, ZPOKomm, Einleitung, Rn. 114; Leuenberger/Uffer-Tobler, 2. Auflage, S. 139, Rn. 4.61; Staehelin/Staehelin/Grolimund, §10, S. 160, Rn. 53; Karwacki, S. 8f.; Schwab/Gottwald, S. 50; Sträuli/Messmer, ZPO Kommentar zur Zürcherichen Zivilprozessordnung, 1976, §56, S. 112, Rn. 3.

229 Musielak/Voit, Grundkurs ZPO, S. 67, Rn. 99; Musielak/Voit/Musielak, Einleitung, Rn. 28; Pekcanitez/Erdönmez, Pekcanitez Usul, S. 868ff.; Pekcanıtez/Atalay/Özekes, S. 388; Loosli, S. 85; Staehelin/Staehelin/Grolimund, §10, S. 160, Rn. 53; Karwacki, S. 9; Schwab/Gottwald, S. 50; Budak/Karaaslan, S. 64, Rn. 14.

Beweise, die von der Gegenpartei vorgebracht sind, und über die Anordnungen und Entscheidungen des Gerichts informiert werden, damit sie wissen können, wogegen und womit sie sich und ihre Rechtsbegehren sachgemäß und angemessen verteidigen können.[230]

Das Informieren des Beklagten und dessen Recht auf Anhörung und Verteidigung für die Verwirklichung des Rechts auf rechtliches Gehör ist sehr wichtig. In diesem Sinne ist die Zulässigkeit der unbezifferten Forderungsklage umstritten, da die Betragshöhe des Anspruchs bei der Klageerhebung nicht beziffert ist.[231] Der herrschenden Meinung des türkischen und schweizerischen Rechts nach verstößt die unbezifferte Forderungsklage nicht gegen das Grundprinzip „Recht auf rechtliches Gehör", da der Beklagte sich wegen den unbezifferten Ansprüchen nicht in einer schlechteren Lage als der Kläger befindet.[232] Dieser Ansicht nach ist der Kläger auch bei der Erhebung der zulässigen unbezifferten Forderungsklage zur Bekanntgabe seines Streitgegenstandes und zur Angabe von allen Tatsachenstoffen verpflichtet. Demzufolge darf der Kläger zu Beginn des Prozesses nur die endgültige Bezifferung der Betragshöhe seines Anspruchs vermeiden. Außerdem ist der Kläger im türkischen und schweizerischen Zivilprozessrecht zur Angabe des Mindestwertes der Betragshöhe seines Anspruchs, und auch nach dem Beweisverfahren oder der Auskunftserteilung zu der nachträglichen Bezifferung der endgültigen Betragshöhe seines Anspruchs verpflichtet, sobald das richterliche Ermessen für die Bezifferung der Betragshöhe nicht erforderlich ist.[233] Deswegen ist der Beklagte bei einer unbezifferten Forderungsklage nicht in einer schlechteren Lage als der Kläger, denn der Kläger muss für eine zulässige Klageerhebung den Streitgegenstand und alle notwendigen Tatsachenstoffe bekanntgeben.[234] Demzufolge ist der Beklagte in der Lage abzuschätzen, in welchem Rahmen sich die Forderungen des Klägers bewegen.[235] Dementsprechend kann sich der Beklagte vor den wahrscheinlichen und abgeschätzten Forderungen des Klägers verteidigen und dafür alle nötigen Beweise und Tatsachenstoffe einbringen. Auch nach der Angabe der nachträglichen, endgültigen Betragshöhe des Streitgegenstandes wird der Beklagte genau wissen, was der Kläger von ihm fordert. Daher verursacht die unbezifferte Forderungsklage

---

230 Pekcanıtez/Atalay/Özekes, S. 388f.; Özekes, Hukuki Dinlenilme Hakki, S. 85; Budak/Karaaslan, S. 65, Rn. 15.

231 Loosli, S. 86; Simil, S. 136; Gut, S. 71, Rn. 162.

232 Loosli, S. 87; Pekcanitez, Belirsiz Alacak Davasi, S. 38; Simil, S. 137.

233 Loosli, S. 87; Gut, S. 71, Rn. 162.

234 Gut, S. 71, Rn. 162; Simil, S. 137.

235 Loosli, S. 87; Gut, S. 71, Rn. 162.

wegen des anfänglichen unbezifferten Charakters der Betragshöhe keine Verletzung des Rechts auf rechtliches Gehör.[236] Dieser Ansicht nach verursacht die unbezifferte Forderungsklage keine Verletzung des Rechts auf rechtliches Gehör, auch wenn für die genaue Bezifferung der Betragshöhe des Anspruchs das richterliche Ermessen erforderlich ist, weil bei so einem Fall weder der Kläger noch der Beklagte abschätzen können, wie hoch der Richter die Betragshöhe festsetzen wird. Daher werden der Beklagte und der Kläger auch dabei in der gleichen Lage sein und in diesem Sinne verstößt die unbezifferte Forderungsklage nicht gegen das Recht auf rechtliches Gehör.[237]

Für die Verwirklichung des Rechts auf rechtliches Gehör ist das Recht auf Anhörung auch sehr wichtig. Dementsprechend wäre es nicht genug, wenn der Beklagte nur über die Tatsachenstoffe der Rechtsstreitigkeit informiert wird. Für eine zweckmäßige Verwirklichung des Rechts auf rechtliches Gehör muss der Beklagte sich auch verteidigen, also soll er das Recht auf Anhörung haben.[238] Dementsprechend soll der Beklagte über jede Neuigkeit des Prozesses informiert werden und danach in der Lage sein, sich zu verteidigen.[239] Also wäre die unbezifferte Forderungsklage zulässig und zweckmäßig, wenn der Beklagte nach der nachträglichen Bezifferung der Betragshöhe des Anspruchs darüber informiert und ihm das Recht auf Verteidigung ermöglicht wird.[240].

Entgegen dieser Meinung, der Mindermeinung der deutschen Literatur nach, schränkt die unbezifferte Forderungsklage das Verteidigungs- und Anhörungsrecht des Beklagten ein. Dieser Ansicht nach ist der Beklagte bei der unbezifferten Forderungsklage nicht in der Lage einzuschätzen, was der Kläger von ihm fordert und wie er sich dagegen verteidigen kann, da der Kläger ohne Bezifferung seines Rechtsbegehrens eine unbezifferte Klage erhoben hat.[241]

Meines Erachtens ist die Verletzung des Rechts auf rechtliches Gehör durch die unbezifferte Forderungsklage nicht gegeben. Die unbezifferte Forderungsklage ist von den Zivilprozessordnungen des türkischen und schweizerischen Rechts und auch von der Rechtsprechung des deutschen Rechts zugelassen. Da

---

236 Loosli, S. 87; Simil, S. 138; Gut, S. 71, Rn. 162.

237 Loosli, S. 87f.; Simil, S. 139; Gut, S. 71, Rn. 162.

238 BSKommZPO/Gehri, Art. 53, Rn. 6f.; Sutter-Somm/Hasenböhler/Leuenberger/Sutter-Somm/Chevalier, Art. 53, Rn. 2; Staehelin/Staehelin/Grolimund, §10, S. 161, Rn. 56.

239 BSKommZPO/Gehri, Art. 53, Rn. 7; Sutter-Somm/Hasenböhler/Leuenberger/Sutter-Somm/Chevalier, Art. 53, Rn. 2.

240 Simil, S. 138.

241 Menges, S. 2.

das Recht auf rechtliches Gehör von dem EMRK und von den Verfassungen der Staaten garantiert ist und da der Gesetzgeber gegen so einen Grundsatz nicht verstoßen darf, darf es nicht vorkommen, dass der Gesetzgeber trotz der Grundgesetze und der EMRK die unbezifferte Forderungsklage nicht zulassen würde.[242]

Außerdem verursacht die unbezifferte Forderungsklage keine Verletzung des Rechts auf rechtliches Gehör, wenn sie im Sinne der gesetzlichen Regelungen angewendet wird. Nach den Vorschriften der türkischen und schweizerischen Regelungen über die unbezifferte Forderungsklage muss der Kläger für eine zulässige unbezifferte Forderungsklage die Rechtsstreitigkeit und alle Tatsachenstoffe seines Rechtsbegehrens bei der Klageerhebung in seiner Klageschrift genau angeben. Demzufolge ist es für den Beklagten möglich, die Forderungen des Klägers einzuschätzen und sich zu verteidigen. Im türkischen und schweizerischen Zivilprozessrecht muss der Kläger nach dem Beweisverfahren oder der Auskunftserteilung die endgültige Bezifferung der Betragshöhe seines Anspruchs angeben. Demgemäß wird der Beklagte auch erfahren, was der Kläger von ihm genau fordert und kann sich dagegen entsprechend verteidigen. In diesem Sinne erfüllt die unbezifferte Forderungsklage den Grundsatz „Recht auf rechtliches Gehör", da der Beklagte über jede Neuigkeit und nach jeder Angabe des Klägers benachrichtigt wird und ihm so das Verteidigungsrecht ermöglicht wird.

v. Der Verhandlungsgrundsatz

Nach dem Verhandlungsgrundsatz sind die Parteien verpflichtet, dem Gericht die Tatsachenstoffe, die Beweise und die Behauptungen für die Unterstützung ihrer Ansprüche anzuführen.[243]

Der Verhandlungsgrundsatz steht in Verbindung mit dem Dispositionsgrundsatz.[244] Im türkischen, deutschen und schweizerischen Recht ist der Zweck des Zivilprozessrechts die Verwirklichung von privat-materiellen Rechten der Personen.[245] Im Zivilprozessrecht ist die Parteifreiheit und damit der Besitz der

---

242 Loosli, S. 87; Simil, S. 136; Gut, S. 70, Rn. 161.

243 Zettel, Beibringungsgrundsatz, Diss., 1977, S. 30; Baker&McKenzie/Schenker, Art. 55, Rn. 1; Wieczorek/Schütze/Prütting, ZPOKomm, Einleitung, Rn. 88; Musielak/Voit/Musielak, ZPOKomm, Einleitung, Rn. 37; Musielak/Voit, Grundkurs ZPO, S. 70, Rn. 104; Pekcanitez/Erdönmez, Pekcanitez Usul, S. 797; Uffer-Tobler/Leuenberger, 1. Auflage, S. 113, Rn. 4.13; Staehelin/Staehelin/Grolimund, §10, S. 141, Rn. 15; Stein/jonas/Kern, Vorb. §128, Rn. 175.

244 Loosli, S. 82; Zettel, S. 30; Musielak/Musielak, ZPO Kommentar, Einleitung, Rn. 38; Musielak/Voit, Grundkurs ZPO, S. 70, Rn. 104; Schilken, S. 164, Rn. 346; Grunsky/Jacoby, S. 30, Rn. 97.

245 Pekcanıtez/Atalay/Özekes, S. 362.

Herrschaft der Parteien im Verfahren eines der wichtigsten Grundprinzipien.[246] Dementsprechend sollen die Parteien über ihre Rechte frei verfügen können.[247] Deswegen können sie selber entscheiden, welche Tatsachenstoffe und welche Beweismittel für die Unterstützung ihrer Ansprüche und zu einer bestmöglichen Entscheidung zu ihrem Vorteil dienen können[248], da nur die Parteien selber den Prozessstoff am besten kennen und so den Zweck des Zivilprozessrechts, also die Erlangung der materiellen Privatrechte, erreichen können.[249]

Im türkischen Zivilprozessrecht ist der Verhandlungsgrundsatz in den Art. 25 TürkZPO und Art. 194 TürkZPO im Zusammenhang geregelt.[250] Gemäß Art. 194 TürkZPO müssen die Parteien die Tatsachen für ihre Rechtsbegehren eigenverantwortlich konkretisieren und in der Lage sein, sie zweckmäßig zu beweisen. Diese Regelung über Konkretisierung und Beweislast der Parteien steht in Verbindung mit dem Art. 25 TürkZPO, sie ergänzen sich. Gemäß Art. 25 TürkZPO darf der Richter nur mit den Tatsachen und Beweisen, die von den Parteien vorgetragen werden, seine Entscheidung bilden, ansonsten darf er weder von Amts wegen Tatsachenstoffe oder Beweise untersuchen noch mit nur ihm bekannten Tatsachen oder mit seinem privaten Wissen eine Entscheidung treffen. Also auch im türkischen Recht sind die Parteien verpflichtet, dem Gericht die Tatsachenstoffe und Beweise für die Unterstützung ihres Anspruchs selber vorzulegen[251], denn das Gericht darf nur die Tatsachen und Beweise, die von den Parteien vorgebracht sind, bewerten und demgemäß seine Entscheidung begründen.[252] Mit diesem Verhandlungsgrundsatz im türkischen Zivilprozessrecht tragen die

246 Musielak/Voit/Musielak, ZPO Kommentar, Einleitung, Rn. 38; Musielak/Voit, Grundkurs ZPO, S. 70, Rn. 104; Stein/Jonas/Kern, Vorb. §128, Rn. 178.

247 Baker&McKenzie/Schenker, Art. 55, Rn. 2.

248 Wieczorek/Schütze/Prütting, ZPOKomm, Einleitung, Rn. 91; Baker&McKenzie/Schenker, Art. 55, Rn. 2; Leuenberger/Uffer-Tobler, 2. Auflage, S. 123, Rn. 4.13f.; Staehelin/Staehelin/Grolimund, §10, S. 143, Rn. 15.

249 Pekcanıtez/Atalay/Özekes, S. 362; Baker&McKenzie/Schenker, Art. 55, Rn. 2.

250 **Übersetzung des Art. 25 TürkZPO**: (1) Unter Vorbehalt der gesetzlichen Ausnahmen darf der Richter von sich selbst oder vom Amts wegen keine Tatsachen oder Ansprüche, die die Parteien nicht angegeben haben, in Betracht nehmen, oder sie in Erinnerung bringen.(2) Unter Vorbehalt der gesetzlichen Bestimmungen darf der Richter von sich aus keine Beweise sammeln.; **Übersetzung des Art. 194 TürkZPO:** (1) Die Parteien sollen ihre behaupteten Tatsachen durch Beweismittel konkretisieren. (2) Parteien müssen ihre Beweismittel genau bestimmen, mit welchen Beweismitteln sie welche Behauptung unterstützen.

251 Pekcanitez/Erdönmez, Pekcanitez Usul, S. 797f.; Pekcanıtez/Atalay/Özekes, S. 362.

252 Pekcanitez/Erdönmez, Pekcanitez Usul, S. 797; Pekcanıtez/Atalay/Özekes, S. 362.

Parteien die Verantwortung ihres Anspruchs selber. Demzufolge können ihre Klageschriften abgelehnt werden, wenn die Parteien die nötigen Tatsachenstoffe und Beweise vor Gericht gar nicht oder nicht substantiiert einreichen. Auch im türkischen Recht ist der Zweck des Zivilprozesses die Verschaffung und die Erlangung der materiellen Privatrechte der Personen und durch den Verhandlungsgrundsatz ist dieser Zweck des Zivilprozessrechtes im Zusammenhang mit dem Dispositionsgrundsatz gesichert.

Im schweizerischen Zivilprozessrecht ist der Verhandlungsgrundsatz im Art. 55 SchweizZPO geregelt. Gemäß Art. 55 SchweizZPO sind die Parteien verpflichtet, die Tatsachenstoffe und die Beweismittel dem Gericht anzugeben, um ihre Ansprüche zu unterstützen.

Ähnlich wie im türkischen Recht ist auch im schweizerischen Zivilprozessrecht die Privatautonomie der Parteien sehr wichtig. Demzufolge spielen der Dispositions- und der Verhandlungsgrundsatz, die zusammen in Verbindung stehen, bei der Verwirklihung der Privatautonomie der Parteien im Zivilprozess eine entscheidende Rolle.[253]

Nach dem Verhandlungsgrundsatz sind die Parteien verpflichtet, dem Gericht die Tatsachenstoffe und die Beweismittel für die Unterstützung ihrer Ansprüche anzugeben, damit sie vom Gericht die Entscheidung zu ihren Gunsten erreichen können.[254] Wegen der Privatautonomie im Zivilprozessrecht haben die Parteien freie Verfügung über ihre Rechte. Demzufolge können sie die Tatsachenstoffe ihrer Rechtsstreitigkeit und die Beweismittel, die den Prozessgewinn absichern können, selbst besser kennen, und in diesem Sinne können die Parteien aufgrund des Verhandlungsgrundsatzes eigenverantwortlich entscheiden, welche Tatsachen und Beweise sie für die bessere Unterstützung und für den Prozessgewinn dem Gericht angeben sollen.[255]

Auch im schweizerischen Zivilprozessrecht ist die Untersuchungsbefugnis des Gerichts begrenzt. Gemäß Art. 55 Abs. 2 SchweizZPO darf das Gericht erst von Amts wegen Tatsachen oder Beweismittel untersuchen, sofern es darüber eine gesetzliche Bestimmung gibt. Demgemäß darf das Gericht normalerweise für seine Entscheidung nur die Tatsachen und ihre Beweise bewerten und gemäß

253 Baker&McKenzie/Schenker, Art. 55, Rn. 2; Staehelin/Staehelin/Grolimund, S. §10, 142, Rn. 15.

254 Baker&McKenzie/Schenker, Art. 55, Rn. 1; Staehelin/Staehelin/Grolimund, §10, S. 142, Rn. 15.

255 Baker&McKenzie/Schenker, Art. 55, Rn. 2; Sträuli/Messmer, §54, S. 103, Rn. 2; Staehelin/Staehelin/Grolimund, §10, S. 142, Rn. 15.

den angegebenen Tatsachenstoffen Entscheidung treffen.[256] Deswegen tragen auch im schweizerischen Zivilprozessrecht die Parteien durch den Verhandlungsgrundsatz das Risiko, denn ihre Anträge können abgelehnt werden oder die Entscheidung des Gerichts könnte keinen Prozessgewinn bringen, wenn die Parteien die für die Begründung ihrer Anträge benötigten Tatsachenstoffe und Beweismittel dem Gericht ganz oder substantiiert nicht eingereicht hätten.[257] Daher sollen die Parteien die Tatsachen substantiiert und klar darstellen, damit die Gegenpartei sich dagegen verteidigen kann.[258] Die Stellung der Gegenpartei ist sehr wichtig, denn das Gericht nimmt die unbestrittenen Tatsachenstoffe ohne Beurteilung als wahr an. Deswegen sollen die Parteien ihre Tatsachenbehauptungen und die Beweismittel für ihre Ansprüche detailliert angeben, damit das Gericht ihre Anträge richtig beurteilen kann und damit sie ihr Rechtsbegehren erreichen können.

Auch im deutschen Zivilprozessrecht ist der Verhandlungsgrundsatz als eine der wichtigen Prozessmaxime anerkannt und wird von dem Gesetzgeber implizit geregelt. So ist die Einreichung der Tatsachenstoffe und Beweismittel in das Verfahren die Aufgabe der Parteien.[259] Ähnlich wie im türkischen und schweizerischen Zivilprozessrecht darf das Gericht auch im deutschen Zivilprozessrecht nur die Tatsachen und Beweise beurteilen, die von den Parteien eingeführt sind. Das Gericht darf also von Amts wegen keine Untersuchung durchführen oder sein eigenes privates Wissen für die Entscheidung verwenden.[260] Auch im deutschen Zivilprozessrecht haben die Parteien Freiheit, Privatautonomie und die freie Verfügung über ihre Rechte. Deswegen steht der Verhandlungsgrundsatz auch im deutschen Recht im Zusammenhang mit dem Dispositionsgrundsatz. Da die Parteien die freie Verfügung über ihre Rechte haben und so die Herrschaft ihres Verfahrens besitzen, können sie auch die maßgeblichen Tatsachen dem Gericht besser vortragen und besser als das Gericht beweisen, weil ihr Interesse an der Durchsetzung ihres eigenen Rechtsbegehrens besteht.[261] Daher

256 Staehelin/Staehelin/Grolimund, §10, S. 142, Rn. 16.

257 Baker&McKenzie/Schenker, Art. 55, Rn. 1; Staehelin/Staehelin/Grolimund§10, S. 142, Rn. 16.

258 Leuenberger/Uffer-Tobler, 2. Auflage, S. 123, Rn. 4.14f.; Baker&McKenzie/Schenker, Art. 55, Rn. 5; Staehelin/Staehelin/Grolimund, §10, S. 142, Rn. 16.

259 Musielak/Voit/Stadler, § 139, Rn. 1; Musielak/Voit/Musielak, Einleitung, Rn. 37; Schilken, S. 164, Rn. 345; Stein/Jonas/Kern, Vorb. §128, Rn. 175; Zöller/Greger, Vorb. §128, Rn. 10.

260 MünchKommZPO/Rauscher, Einleitung, Rn. 332; Musielak/Voit/Musielak, Einleitung, Rn. 37.

261 Musielak/Voit/Musielak, Einleitung, Rn. 38.

können die Parteien besser bestimmen, welche Tatsachen und Beweismittel dem Prozessgewinn dienen können.

Der Gesetzgeber hat den Verhandlungsgrundsatz implizit im §§138 und 139 ZPO in der deutschen Zivilprozessordnung festgesetzt.[262] Daher tragen die Parteien die Verantwortung für die Einreichung von Tatsachenstoffen und Beweisen, das Gericht aber trägt eine Fürsorgepflicht für ein faires Verfahren, wenn die Parteien ihre Tatsachenstoffe nicht verständlich aufgeführt haben.[263]

Dementsprechend könnte die unbezifferte Forderungsklage Verletzungen des Verhandlungs- und des Dispositionsgrundsatzes verursachen, da der Kläger bei der Klageerhebung nicht in der Lage ist, die Betragshöhe seines Anspruchs zu beziffern und anzugeben. Im schweizerischen Zivilprozessrecht ist dieser Fall ausschließlich geregelt. Dementsprechend wird die unbezifferte Forderungsklage ausnahmsweise keine Verletzung des Verhandlungs- und des Dispositionsgrundsatzes verursachen, sobald für die Bezifferung der Betragshöhe des Anspruchs das richterliche Ermessen erforderlich ist.[264] Dementsprechend ist die unbezifferte Forderungsklage auch nach dem Verhandlungs- und nach dem Dispositionsgrundsatz zulässig, wenn der Kläger Anspruch auf Schadensersatz oder Schmerzensgeld hat, da die Bezifferung der Betragshöhe des Anspruchs hier dem Kläger unmöglich oder unzumutbar ist und nur mit dem richterlichen Ermessen möglich und bezifferbar sein kann. Diese Besonderheit bedeutet aber nicht, dass nur die unbezifferte Forderungsklage mit dem Anspruch auf richterliches Ermessen nach dem Verhandlungsgrundsatz zulässig sein kann. Wie bei allen anderen Klagearten, auch bei der unbezifferten Forderungsklage, muss der Kläger bei der Klageerhebung den Streitgegenstand und alle Tatsachenstoffe, außer der Betragshöhe, dem Gericht vorlegen, damit das Gericht eine Entscheidung treffen kann.[265] Außerdem muss der Kläger auch gemäß Art. 107 TürkZPO und Art. 85 SchweizZPO die Betragshöhe seines Anspruchs beziffern, sobald sie nach dem Beweisverfahren oder der Auskunftserteilung möglich ist. Demgemäß wird der Kläger, auch bei der unbezifferten Forderungsklage, seine Substantiierungspflicht über die Bezifferung der Betragshöhe seines Anspruchs nach

262 Musielak/Voit/Musielak, Einleitung, Rn. 39; Wieczorek/Schütze/Prütting, ZPO-Komm, Einleitung, Rn. 92; Stein/Jonas/Kern, §139, Rn. 2.

263 Musielak/Voit/Musielak, Einleitung, Rn. 39; Musielak/Voit/Stadler, §139, Rn. 1; Stein/Jonas/Kern, §139, Rn. 3f.; Zöller/Greger, Vorb. §128, Rn. 10a.

264 Loosli, S. 83; Gut, S. 68, Rn. 157.

265 Loosli, S. 83; Gut, S. 68, Rn. 157.

dem Verhandlungsgrundsatz erfüllen.[266] Deswegen kann eine Verletzung des Verhandlungsgrundsatzes durch die unbezifferte Forderungsklage nicht angenommen werden.[267]

Auch im deutschen Zivilprozessrecht ist die Zulässigkeit der unbezifferten Forderungsklage im Sinne des Verhandlungsgrundsatzes anerkannt. Obwohl die unbezifferte Forderungsklage in der deutschen ZPO nicht geregelt ist, wird die Verpflichtung des Klägers zur Eingabe seiner Forderung und Tatsachenstoffe beim Gericht von der Rechtsprechung und der Literatur anerkannt.[268]

Wie schon vorher erwähnt, ist die unbezifferte Forderungsklage in den Zivilprozessordnungen als eine Ausnahme unter den Leistungsklagen geregelt. Nach diesem Ausnahmecharakter der unbezifferten Forderungsklage gilt sie als zulässig, obwohl der Kläger zu Beginn des Prozesses die Betragshöhe seines Anspruchs nicht beziffern kann. Deswegen spielt der Verhandlungsgrundsatz bei der Zulässigkeit der unbezifferten Forderungsklage eine entscheidende Rolle. Da der Kläger entgegen der anderen Klagearten bei der unbezifferten Forderungsklage die Betragshöhe seines Anspruchs nicht festsetzen kann, muss er im Sinne dieses Grundsatzes seine Forderungen und die erforderlichen Tatsachen dem Gericht einreichen, damit er vor dem Gericht sein Rechtsbegehren substantiiert konkretisieren und so den Prozessgewinn erreichen kann. Deswegen muss der Kläger seine Substantiierungspflicht ordentlich und klar erfüllen, damit sein Antrag im Sinne der Verhandlungs- und Dispositionsgrundsätze vom Gericht nicht abgelehnt, sondern richtig beurteilt werden kann.[269] Der Kläger muss also bei der Erhebung der unbezifferten Forderungsklage alle Tatsachenstoffe und Beweise über die Rechtsstreitigkeit dem Gericht einreichen, um eine zulässige Klage zu erheben. In diesem Sinne ist der Verhandlungsgrundsatz auch eine der Zulässigkeitsvoraussetzungen der unbezifferten Forderungsklage gemäß Art. 107 TürkZPO und Art. 85 SchweizZPO. Deswegen kann die unbezifferte Forderungsklage im Sinne des Verhandlungsgrundsatzes wegen der fehlenden Bezifferung des Anspruchs nicht als unzulässig angenommen werden, da die

266 BernerKommZPO/Markus, Berner Kommentar Schweizerische Zivilprozessordnung, Band 1, 2012, Art. 85, Rn. 14; Pekcanitez/Pekcanitez, Pekcanitez Usul, S. 1050; Simil, S. 141; Leumann Liebster, Die stufenklage im schweizerischen Zivilprozessrecht, Diss., 2005, S. 28f.

267 Loosli, S. 84; Gut, S. 69, Rn. 157.

268 Fuchs, Die Kostenentscheidung beim unbezifferten Klageantrag, JurBüro 1990, S. 561; Ubert, S. 2; BGH, NJW 1967, S. 1420; BGH, NJW 1970, S. 281f.; BGH, NJW 1974, S. 1551; BGH, NJW 2002, S. 3769.

269 BernerKommZPO/Markus, Art. 85, Rn. 14; Simil, S. 141.

Angabe der Tatsachen und Beweismittel eine der Zulässigkeitsvoraussetzungen der unbezifferten Forderungsklage ist.

vi. Die richterliche Frage- und Aufklärungspflicht

Im türkischen, deutschen und schweizerischen Zivilprozessrecht darf das Gericht nur die Parteivorbringungen beurteilen und demgemäß seine Entscheidung bilden. Abgesehen von dem Untersuchungsgrundsatz darf der Richter von sich aus oder von Amts wegen keine Tatsachenstoffe oder Beweismittel anführen.[270] Trotzdem hat das Gericht Frage- und Aufklärungspflicht gegenüber den Parteien, wenn ihre Anträge, Rechtsbegehren, Beweise oder Behauptungen unklar, widersprüchlich oder unvollständig sind.[271] Da der Richter nur über diese Parteivorbringungen Fragen stellen darf, verursacht die richterliche Frage- und Aufklärungspflicht keinen Verstoß gegen den Verhandlungsgrundsatz.[272] Ganz im Gegenteil dient diese Pflicht des Richters der zweckmäßigen Verwirklichung des Verhandlungs- und Dispositiongrundsatzes, weil die Parteien durch die Erfüllung der richterlichen Aufklärungspflicht die Fehler oder Unklarheiten ihrer Anträge oder Behauptungen erkennen und sie verbessern können. Dadurch können sie den Verhandlungsgrundsatz zweckmäßig und ordentlich verwirklichen, um ihre materiellrechtlichen Begehren ganz zu erreichen.[273]

Die richterliche Frage- und Aufklärungspflicht darf nicht mit dem Untersuchungsgrundsatz verwechselt werden. Der Untersuchungsgrundsatz ist die Ausnahme des Verhandlungsgrundsatzes und demgemäß darf das Gericht nur bei bestimmten und besonderen Fällen, die gesetzlich geregelt sind, von sich aus oder von Amts wegen Tatsachenstoffe oder Beweismittel untersuchen.[274]

270 Musielak/Voit, Grundkurs ZPO, S. 70, Rn. 104; Musielak/Voit/Musielak, Einleitung, Rn. 37; Prütting/Gehrlein/Prütting, ZPOKomm, Einleitung, Rn. 28.

271 Leuenberger/Uffer-Tobler, 2. Auflage, S. 125, Rn. 4.19; Baker&McKenzie/Affentranger, Art. 56, Rn. 2; Pekcanıtez/Atalay/Özekes, S. 373f.; Musielak/Voit/Stadler, §139, Rn. 1; Prütting/Gehrlein/Prütting, ZPOKomm, §139, Rn. 8; Sutter-Somm/Hasenböhler/Leuenberger/Sutter-Somm/Grieder, Art. 56, Rn. 3, 11, Stein/Jonas/Kern, §139, Rn. 28; Simil, Hakimin Davayi Aydinlatma Ödevinin Sinirlari, DEÜHFD 2016, C. 16; S. 1352.

272 Jaurnig/Hess, Zivilprozess, S. 102, Rn. 47; Prütting/Gehrlein/Prütting, ZPOKomm, §139, Rn. 2; Simil, Hakimin Davayi Aydinlatma Ödevi, S. 1353.

273 Prütting/Gehrlein/Prütting, ZPOKomm, §139, Rn. 2; Musielak/Voit/Stadler, §139, Rn. 1; Sutter-Somm/Hasenböhler/Leuenberger/Sutter-Somm/Grieder, Art. 56, Rn. 11; Karaaslan, S. 68.

274 Leuenberger/Uffer-Tobler, 2. Auflage, S. 129, Rn. 4.31; Sutter-Somm/Hasenböhler/Leuenberger/Sutter-Somm/Schrank, Art. 55, Rn. 59.

Entgegen dem Untersuchungsgrundsatz untersucht der Richter durch die Frage- und Aufklärungspflicht nur die Unklarheiten oder Widersprüche in den Parteivorbringungen, um eine gerechte Entscheidung zu treffen.

Im türkischen Zivilprozessrecht ist die richterliche Frage- und Aufklärungspflicht im Art. 31 TürkZPO geregelt. Demgemäß kann das Gericht den Parteien Fragen stellen und von ihnen Erklärungen verlangen, wenn ihre Anträge unklare oder widersprüchliche Tatsachen oder Behauptungen umfassen.[275] Ähnlich wie in dem schweizerischen und deutschen Recht bezweckt der Gesetzgeber damit, dass der Richter die Tatsachenstoffe, Rechtsbegehren, Beweismittel und die Behauptungen der Parteien richtig verstehen, sie gerecht und zweckmäßig beurteilen kann, um die Verwirklichung der materiellen Rechte abzusichern.[276]

Auch der Richter muss seine Pflicht ordentlich und zweckmäßig erfüllen, wenn es etwas Unklares in den Parteivorbringungen gibt. Im türkischen Zivilprozessrecht gibt es das Erweiterungsverbot. Demzufolge dürfen die Parteien nach der Einreichung ihrer Klageschrift die Klage und ihre Ansprüche nicht mit neuen Tatsachen erweitern. Deshalb soll der Richter seiner Frage- und Aufklärungspflicht mit Aufmerksamkeit folgen, damit die Parteien nach den richterlichen Aufklärungsfragen keine neuen Tatsachen und Beweismittel, die die Erweiterung der Klage verursachen können, angeben werden. Gemäß der Frage- und Aufklärungspflicht kann der Richter nur die Tatsachen oder Beweismittel oder Ergänzungen verlangen, die schon zu der Klageschrift und den Ansprüchen der Parteien gehören, wenn sie unklar oder widersprüchlich sind.[277] Er darf keine neuen Tatsachen verlangen oder sie zulassen, die vorher von den Parteien nicht angegeben worden sind, weil solch eine Nachfrage einen Verstoß gegenüber dem Erweiterungsverbot der Klage verursachen könnte. Auch die Hilfeleistung des Richters für die Parteien und die Angabe von Hinweisen durch den Richter sind verboten. Sie können gemäß Art. 36 Abs. 1 TürkZPO die Ablehnung des Richters verursachen, da der Richter gemäß Art. 36 Abs. 1a TürkZPO unparteiisch und neutral gegenüber den Prozessparteien sein muss.[278]

---

275 **Übersetzung des Art. 31 TürkZPO**: Der Richter kann den Parteien Fragen stellen, von ihnen Beweismittel oder Erklärungen anfordern, wenn die Parteivorbringungen unklar, widersprüchlich oder unbestimmt sind.

276 Pekcanitez/Erdönmez, Pekcanitez Usul, S. 819; Pekcanıtez/Atalay/Özekes, S. 373.

277 Pekcanitez/Erdönmez, Pekcanitez Usul, S. 819; Pekcanıtez/Atalay/Özekes, S. 375; Postacıoglu/Altay, Medeni Usul Hukuku Dersleri, S. 176, Rn. 348.

278 Pekcanitez/Erdönmez, Pekcanitez Usul, S. 833; Pekcanıtez/Atalay/Özekes, S. 375; Simil, Hakimin Davayi Aydinlatma Ödevi, S. 1360.

Auch im deutschen Zivilprozessrecht steht die Frage- und Aufklärungspflicht in Verbindung mit dem Verhandlungsgrundsatz. Nach dem Verhandlungsgrundsatz und gemäß §138 Abs. 1 ZPO sind die Parteien verpflichtet, die Tatsachenstoffe, Beweismittel und Behauptungen über ihre Ansprüche dem Gericht und der Gegenpartei vollständig und wahrheitsgemäß vorzulegen. Im deutschen Zivilprozessrecht ist die Frage- und Aufklärungspflicht gemäß §139 ZPO geregelt und wird als richterliche Hinweispflicht angenommen. Dementsprechend muss das Gericht auf mögliche Unklarheiten, Widersprüche und die Lücken von Parteivorbringungen aufmerksam machen, damit die Parteien sie verbessern können.[279] Damit können Überraschungsentscheidungen durch den Richter vermieden werden.[280] Durch die Hinweis- und Aufklärungspflicht des Richters bezweckt der Gesetzgeber die materielle Waffengleichheit zwischen den Prozessparteien,[281] denn durch die Hinweispflicht macht der Richter beide Parteien aufmerksam, so dass sie wegen Versehen oder Irrtum entstandene Unklarheiten ihrer Ansprüche beseitigen und verbessern können,[282] um mit der Gegenpartei gleiche Chancen zu halten.[283] Durch die Hinweis- und Aufklärungspflicht trägt der Richter die Mitverantwortung für die Prozessparteien. Aber diese Mitverantwortung fängt erst dann an, wenn es Unklarheiten oder Widersprüche in den Parteivorbringungen gibt.[284] Ähnlich wie im türkischen Zivilprozessrecht soll die Hinweis- und Aufklärungspflicht auch im deutschen Zivilprozessrecht nicht mit dem Untersuchungsgrundsatz verwechselt werden, denn die Mitverantwortung des Richters aufgrund der Hinweispflicht endet genau erst dann, wenn die Prozessparteien die Unklarheiten ihrer Anträge trotz der richterlichen Hinweise

279 MünchKommZPO/Rauscher, Einleitung, Rn. 343; MünchKommZPO/Wagner, §139, Rn. 9; Musielak/Voit/Stadler, §139, Rn. 7; Prütting/Gehrlein/Prütting, ZPOKomm, §139, Rn. 3; Stein/Jonas/Kern, §139, Rn. 35; Rosenberg/Schwab/Gottwald, §77, Rn. 20, S. 432.

280 Jauernig/Hess, S. 101, Rn. 42; Musielak/Voit/Stadler, §139, Rn. 2; Prütting/Gehrlein/Prütting, ZPOKomm, §139, Rn. 14 ff.; Rosenberg/Schwab/Gottwald, §77, Rn. 29, S. 434.

281 MünchKommZPO/Wagner, §139, Rn. 2; MünchKommZPO/Rauscher, Einleitung, Rn. 343; Musielak/Voit/Stadler, §139, Rn. 5; Prütting/Gehrlein/Prütting, ZPOKomm, §139, Rn. 1.

282 MünchKommZPO/Wagner, §139, Rn. 9; Prütting/Gehrlein/Prütting, ZPOKomm, §139, Rn. 1.

283 MünchKommZPO/Rauscher, Einleitung, Rn. 343, Prütting/Gehrlein/Prütting, ZPO-Komm, §139, Rn. 1.

284 Musielak, Grundkurs ZPO, S. 70, Rn. 105; MünchKomm/Rauscher, Einleitung, Rn. 343.

nicht ergänzen können, weil der Richter aufgrund des Verhandlungsgrundsatzes die Tatsachen und Beweismittel und ihre Mängel von sich aus oder von Amts wegen nicht beurteilen darf.[285]

Im deutschen Recht gibt es über die Grenzen der Hinweispflicht keine einheitliche Rechtsprechung, da die Hinweispflicht vom Einzelfall abhängig ist. Daher sind die Grenzen der Hinweispflicht umstritten.[286] Wie im türkischen Recht bezweckt der deutsche Gesetzgeber auch mit §139 ZPO ein faires Verfahren.[287] Dafür muss der Richter seine Objektivität und Unparteilichkeit gegenüber den Parteien bewahren.[288] Wenn die Hinweispflicht des Richters als eine Form der Beratung angenommen würde, dann soll der Richter die Belange beider Parteien berücksichtigen.[289] Meines Erachtens sollte die sogenannte Hinweispflicht des Richters im deutschen Zivilprozessrecht als Frage- und Aufklärungspflicht gesetzt werden, da die Hinweispflicht die Unparteilichkeit und die Objektivität des Richters berühren könnte. Gemäß §42 Abs. 2 ZPO kann der Richter abgelehnt werden, wenn Misstrauen gegenüber seiner Unparteilichkeit besteht. Wegen der Unparteilichkeit des Richters müssen die Grenzen der Hinweispflicht genau bestimmt werden, denn die Hinweispflicht kann bei jedem Einzelfall anders interpretiert werden und demzufolge könnten die Grenzen überschritten werden. Deswegen wäre es auch für die Bestimmung der Grenzen der richterlichen Aufklärungspflicht sicherer, wenn der Gesetzgeber die richterliche Hinweis- und Aufklärungspflicht in der deutschen ZPO als Frage- und Aufklärungspflicht des Richters annehmen würde.

Die richterliche Frage- und Aufklärungspflicht ist auch im Art. 56 Schweiz-ZPO geregelt. Ähnlich wie im türkischen und deutschen Zivilprozessrecht ist auch im schweizerischen Zivilprozessrecht der Zweck dieser richterlichen Pflicht die Gewährleistung des der wahren Sachlage entsprechenden Entscheids.[290] Demgemäß muss das Gericht den Prozessparteien für die Klarstellung und

285 Jauernig/Hess, S. 102, Rn. 47; Musielak/Voit, Grundkurs ZPO, S. 73, Rn. 106; MünchKommZPO/Rauscher, Einleitung, Rn. 343.

286 Jauernig/Hess, S. 102, Rn. 45.

287 Prütting/Gehrlein/Prütting, ZPOKomm, §139, Rn. 1; Jauernig/Hess, S. 102, Rn. 45; Stein/Jonas/Kern, §139, Rn. 4.

288 Prütting/Gehrlein/Prütting, ZPOKomm, §139, Rn. 2; Musielak/Voit/Stadler, §139, Rn. 5; Stein/Jonas/Kern, §139, Rn. 4.

289 Prütting/Gehrlein/Prütting, ZPOKomm, §139, Rn. 2; Jauernig/Hess, S. 102, Rn. 45; Musielak/Voit/Stadler, §139, Rn. 5.

290 Baker&McKenzie/Affentranger, Art. 56, Rn. 1; Sutter-Somm/Hasenböhler/Leuenberger/Sutter-Somm/Grieder, Art. 56, Rn. 2.

Ergänzung der unvollständigen oder unklaren Parteivorbringungen Fragen stellen,[291] damit das Gericht sicherstellen kann, dass die Parteien ihr Tatsachenstoffe vollständig und klar anführen.[292]

Auch im schweizerischen Recht verursacht die richterliche Frage- und Aufklärungspflicht keinen Verstoß gegenüber dem Verhandlungsgrundsatz.[293] Natürlich schränkt sie den Verhandlungsgrundsatz bei Mängeln in den Parteivorbringungen ein[294], aber trotzdem darf man die Frage- und Aufklärungspflicht nicht so ausüben, dass die ganze Sachverhaltsfeststellung durch das Gericht garantiert würde. Die Aufklärungspflicht soll also nur für das Erlangen der Ergänzungen bei Mängeln der Parteivorbringungen ausgeübt werden, damit eine richtige und gerechte Entscheidung entstehen kann.[295] Auch im schweizerischen Zivilprozessrecht muss der Richter bei der Erfüllung seiner Frage- und Aufklärungspflicht die Parteien gleich behandeln, um seine Objektivität und Unparteilichkeit zu wahren.[296]

Im türkischen, deutschen und schweizerischen Zivilprozessrecht wird allgemein unter der richterlichen Frage- und Aufklärungspflicht die Aufklärung und die Ergänzung der unklaren, widersprüchlichen, unbestimmten oder offensichtlich unvollständigen Parteivorbringungen verstanden, um gerechte Entscheidungen zu treffen.[297] Der einzige Unterschied zwischen der schweizerischen Zivilprozessordnung und der türkischen Zivilprozessordnung liegt bei der Vorbringung neuer Tatsachen und Beweismittel aufgrund richterlicher Fragen vor. Entgegen dem Erweiterungsverbot der Klage im türkischen Recht dürfen also im schweizerischen Zivilprozessrecht die Parteien neue Tatsachen

291 Leuenberger/Uffer-Tobler, 2. Auflage, S. 122, Rn. 4.11; Leuenberger/Uffer-Tobler, 2. Auflage, S. 125, Rn. 4.19; Baker&McKenzie/Affentranger, Art. 56, Rn. 2; BSKomm-ZPO/Gehri, Art. 56, Rn. 2; Sutter-Somm/Hasenböhler/Leuenberger/Sutter-Somm/Grieder, Art. 56, Rn. 12.

292 Baker&McKenzie/Affentranger, Art. 56, Rn. 1; Sutter-Somm/Hasenböhler/Leuenberger/Sutter-Somm/Grieder, Art. 56, Rn. 11; BSKommZPO/Gehri, Art. 56, Rn. 2.

293 Baker&McKenzie/Affentranger, Art. 56, Rn. 4.

294 Leuenberger/Uffer-Tobler, 2. Auflage, S. 125, Rn. 4.19; BSKommZPO/Gehri, Art. 56, Rn. 2f.

295 Baker&McKenzie/Affentranger, Art. 56, Rn. 4; Leuenberger/Uffer-Tobler, 2. Auflage, S. 125, Rn. 4.19; BSKommZPO/Gehri, Art. 56, Rn. 9; Sutter-Somm/Hasenböhler/Leuenberger/Sutter-Somm/Grieder, Art. 56, Rn. 11.

296 Baker&McKenzie/Affentranger, Art. 56, Rn. 4; Sutter-Somm/Hasenböhler/Leuenberger/Sutter-Somm/Grieder, Art. 56, Rn. 15; BSKommZPO/Gehri, Art. 56, Rn. 15.

297 Baker&McKenzie/Affentranger, Art. 56, Rn. 5; Sutter-Somm/Hasenböhler/Leuenberger/Sutter-Somm/Grieder, Art. 56, Rn. 11; BSKommZPO/Gehri, Art. 56, Rn. 9.

oder Beweismittel anführen, wenn es sich aufgrund der richterlichen Fragen als notwendig erweist.[298]

Außer dieser Besonderheit im schweizerischen Zivilprozessrecht sind die Regelungen über die richterliche Frage- und Aufklärungspflicht und deren Zweck in den türkischen, deutschen und schweizerischen Zivilprozessordnungen ähnlich. Der Hauptzweck der richterlichen Fragepflicht ist die Verwirklichung gerechter Entscheidungen, um der Erlangung der materiellen Rechte zu dienen. Daher muss der Richter nach diesen Rechtsystemen von den Parteien Erklärungen oder Ergänzungen verlangen und ihnen Fragen stellen, um ihr Vorbringen besser verstehen und beurteilen zu können, wenn dieses unklar, umstritten oder widersprüchlich ist.

Nach der richterlichen Frage- und Aufklärungspflicht kann der Richter seine Fragen über Unklarheiten von Tatsachenstoffen, aber auch über Unklarheiten von Ansprüchen und Rechtsbegehren der Parteien stellen, weil der Richter erst vor allem verstehen muss, was die Parteien vor Gericht genau einfordern möchten. Durch diese Aufklärungs- und Fragepflicht wird es dem Richter auch klar, was für eine Klageart vorliegt und mit welchen Ansprüchen die Parteien Klage erhoben haben.[299] Deswegen spielt die richtige und angemessene Ausübung der richterlichen Frage- und Aufklärungspflicht auch für die Zulässigkeit der unbezifferten Forderungsklage eine entscheidende Rolle.[300]

Gemäß Art. 107 TürkZPO kann der Kläger eine unbezifferte Forderungsklage erheben, wenn die Bezifferung der Betragshöhe seines Anspruchs ihm zu Beginn des Prozesses unmöglich oder unzumutbar ist. Aber trotzdem muss der Kläger gemäß Art. 107 Abs. 1 TürkZPO für eine zulässige unbezifferte Forderungsklage bei der Klageerhebung seine Ansprüche, die Tatsachen davon und den vorläufigen Mindestbetrag seines Anspruchs genau und klar angeben. Damit hat der Gesetzgeber bezweckt, dass es dem Gericht klar vermittelt wird, ob der Kläger alle Zulässigkeitsvoraussetzungen der unbezifferten Forderungsklage besitzt und erfüllt hat und ob er bei der unbezifferten Forderungsklage das notwendige Rechtsschutzinteresse hat oder nicht.[301] Deswegen müssen die Parteivorbringungen klar, verständlich und im Sinne der Zulässigkeitserfordernisse der unbezifferten Forderungsklage überzeugend sein. Demgemäß darf das Gericht gemäß der richterlichen Frage- und Aufklärungspflicht den Parteien Fragen stellen, von

298 Leuenberger/Uffer-Tobler, 2. Auflage, S. 127, Rn. 4.23.

299 Pekcanitez/Erdönmez, Pekcanitez Usul, S. 822; Pekcanıtez/Atalay/Özekes, S. 374f.

300 Pekcanitez/Erdönmez, Pekcanitez Usul, S. 823; Simil, S. 144.

301 Simil, S. 144.

ihnen Aufklärung, Ergänzungen oder Beweise verlangen, wenn es ihm aus den Angaben des Klägers nicht ersichtlich ist, ob der Kläger bei der unbezifferten Forderungsklage ein Rechtsschutzinteresse hat, und ob der Kläger alle Zulässigkeitsvoraussetzungen der unbezifferten Forderungsklage erfüllt hat.[302] Wenn es deutlich wird, dass die Zulässigkeitsvoraussetzungen der unbezifferten Forderungsklage nicht gegeben sind und dass der Kläger bei der unbezifferten Forderungsklage kein Rechtsschutzinteresse hat, dass die Bezifferung der Betragshöhe des Anspruchs dem Kläger also nicht unmöglich oder unzumutbar ist, dann kann der Richter die Klage abweisen.

Für die Zulässigkeit der unbezifferten Forderungsklage ist der Nachweis des Rechtsschutzinteresses sehr bestimmend und der Kläger kann die Existenz des Rechtsschutzinteresses bei der unbezifferten Forderungsklage nicht nach der Fragestellung des Richters ergänzen. Demgemäß kann der Richter gemäß Art. 31 TürkZPO dem Kläger nur für die Aufklärung der Unklarheiten eine Frist einsetzen, damit der Kläger genauer erklären kann, dass er die Betragshöhe seines Anspruchs nicht beziffern kann und er dabei ein Rechtsschutzinteresse hat. Demgemäß darf der Kläger nach der richterlichen Aufklärungspflicht kein Rechtsschutzinteresse neu anführen.[303]

Gemäß Art. 107 Abs. 2 TürkZPO und Art. 85 Abs. 2 SchweizZPO ist der Kläger nach dem Beweisverfahren oder der Auskunftserteilung zur Angabe der nachträglich bezifferten Betragshöhe seines Anspruchs verpflichtet. Die Bestimmung des Zeitpunktes, wann der Kläger die nachträgliche Bezifferung der Betragshöhe seines Anspruchs machen soll, ist für den Kläger nicht immer einfach. Eigentlich soll der Richter dem Kläger dafür eine Frist setzen, damit der Kläger seinen Anspruch genauer beziffern kann. Aber entgegen dem schweizerischen Zivilprozessrecht ist die richterliche Bekanntgabe des Zeitpunktes der nachträglichen Bezifferung der unbezifferten Forderungen in der türkischen Zivilprozessordnung nicht geregelt. Auch in der türkischen Literatur gibt es darüber keine übereinstimmende Ansicht. Einer Ansicht nach soll der Richter dem Kläger den Zeitpunkt der nachträglichen Bezifferung mitteilen und auch damit eine bestimmte Frist setzen.[304] Auch der herrschenden Meinung im schweizerischen Zivilprozessrecht nach soll der Richter dem Kläger bekanntgeben, wann er die nachträgliche Bezifferung der Betragshöhe angeben kann und sie ihm in einer bestimmten Frist ermöglichen, denn der Kläger kann selbst nicht immer

302 Simil, S. 145, 245; Simil, Hakimin Davayi Aydinlatma Ödevi, S. 1357.
303 Pekcanitez/Erdönmez, Pekcanitez Usul, S. 823; Simil, S. 246.
304 Simil, S. 146.

entscheiden, wann der richtige Zeitpunkt für die Bezifferung sein wird.[305] Dieser Ansicht nach verursacht die Mitteilung des Zeitpunktes und die Einsetzung der Frist für die Bezifferung durch den Richter keinen Verstoß gegen die Unparteilichkeit und Objektivität des Richters, also verursacht dies Vorgehen keine Überschreitung der Grenzen der Frage- und Aufklärungspflicht des Richters.[306]

Der anderen Ansicht nach muss der Kläger nach dem Beweisverfahren oder der Auskunftserteilung selber entscheiden, wann er genau die nachträgliche Bezifferung seines Anspruchs einreichen soll. Denn gemäß der Regelung über die Ablehnung des Richters darf der Richter nach der Frage- und Aufklärungspflicht von dem Kläger die Bezifferung nicht verlangen und ihm für diesen Zweck keine Frist einsetzen.[307]

Nach der richterlichen Frage- und Aufklärungspflicht kann der Richter auch darüber Fragen stellen, wenn die Art der erhobenen Klage aus dem Antrag nicht erkennbar wird. Dementsprechend kann der Richter von dem Kläger Aufklärung verlangen, wenn es von der Klageschrift nicht bestimmt ist, ob der Kläger eine Teilklage oder eine unbezifferte Forderungsklage erhoben hat.[308] Im türkischen Zivilprozessrecht werden die unbezifferte Forderungsklage und die Teilklage sehr oft miteinander verwechselt. Daher soll der Kläger in seiner Klageschrift genau bestimmen, was für eine Klage er erheben möchte[309], damit er nachher keine überraschende Entscheidung bekommen würde.[310] Demgemäß muss der Richter seine Aufklärungspflicht erfüllen und den Kläger fragen, was für einen Anspruch dieser hat und was für eine Klage er erhoben hat, damit das Gericht eine gerechte und angemessene Entscheidung treffen kann.

Meines Erachtens ist die herrschende Meinung im schweizerischen Zivilprozessrecht für die sachgemäße Ausübung der unbezifferten Forderungsklage angemessen. Denn der Zeitpunkt für die nachträgliche Bezifferung des Anspruchs kann in jedem Fall unterschiedlich sein und der Kläger kann nicht immer in der Lage sein, ihn richtig zu bestimmen. Dementsprechend sollte der Richter bei unbezifferten Forderungsklagen dem Kläger mitteilen, ab wann die nachträgliche Bezifferung für diesen möglich ist und ihm dafür eine bestimmte

305 Oberhammer, KUKOZPO, Art. 85, Rn. 9; Baker&McKenzie/Courvoisier, Art. 85, Rn. 8; Zürcher, Der Streitwert im Immaterialgüter- und Wettbewerbsrechtsprozess, Sic! 7-8/2002, S. 506.

306 Kuru, Hukuk Usulu Muhakemeleri, Band 2. S. 1608.

307 Pekcanıtez/Atalay/Özekes, S. 459; Pekcanıtez, Belirsiz Alacak Davası, S. 52.

308 Simil, S. 145.

309 Simil, S. 145.

310 Jauernig/Hess, S. 101, Rn. 42.

Frist setzen. So eine Mitteilung kann keine Überschreitung der richterlichen Frage- und Aufklärungspflicht darstellen. Ganz im Gegenteil wird der Kläger auch mit der richterlichen Mitteilung die Betragshöhe seines Anspruchs selber beziffern und damit können die Dispositions- und Verhandlungsgrundsätze richtig verwirklicht werden. Auch dadurch kann der Richter nach den Parteivorbringungen die richterliche Entscheidung treffen. Deswegen wäre es für die Ausübung der unbezifferten Forderungsklage im türkischen Recht sinnvoller, wenn der Gesetzgeber eine Ergänzung über die Mitteilung und Fristeinsetzung des Richters für die nachträgliche Bezifferung bei der unbezifferten Forderungsklage regeln könnte. Diese Ungenauigkeit der Bekanntgabe der nachträglichen Bezifferung im türkischen Zivilprozessrecht kann aber durch das Inkrafttreten des Entwurfs der türkischen Zivilprozessordnung gelöst werden. Nach der neuen Regelung von Art. 5 Entwurf TürkZPO über den Art. 107 TürkZPO muss der Kläger seinen Anspruch nach der Forderung des Gerichts in zwei Wochen nachträglich beziffern und dem Gericht bekanntgeben.

§2 Der historische Hintergrund der unbezifferten Forderungsklage

A. Im türkischen Recht

1. In der alten türkischen Zivilprozessordnung (alt. TürkZPO) von 1927

In der alten türkischen Zivilprozessordnung ist die unbezifferte Forderungsklage gesetzlich nicht geregelt. Gemäß Art. 179 Abs. 1 S. 2 und 5 alt. TürkZPO[311] und auch gemäß Art. 16 Abs. 3 alt. TürkGebührO[312] musste der Kläger in seinem Klageantrag seinen Anspruch und sein Rechtsbegehren inhaltlich klar und substantiiert angeben. Auch in der damaligen türkischen Lehre wird die klare und substantiierte Angabe des Rechtsbegehrens des Klägers als eine der obligatorischen Zulässigkeitsvoraussetzungen der Klageschrift anerkannt[313], damit das Gericht den Antrag und das Rechtsbegehren des Klägers richtig beurteilen kann. Demzufolge konnte die unbezifferte Forderungsklage nach der damaligen türkischen Zivilprozessordnung ausnahmslos nicht zugelassen werden.[314]

311 **Übersetzung des Art. 179 alt. TürkZPO**: (1) Die Klageschrift muss enthalten: 1. Die Vor- und Nachnamen und die Adressen der Prozessparteien und, falls es sie gibt, die Namen und Adressen der gesetzlichen Vertreter und der Bevollmächtigten, 2. Die genaue Angabe des Streitgegenstandes, 3. Die genaue Angabe aller Tatsachen und der Beweismittel, die mit dem Streitgegenstand zu tun haben, mit den Nummern der Reihenfolge, 4. Die Zusammenfassung der Rechtsgrundlagen, 5. Die genaue Angabe des Anspruchs und der Verteidigung, 6. Die Frist der Gegenerklärung der Gegenpartei, 7. Die Unterschrift des Klägers oder, falls es sie gibt, seines Vertreters oder Bevollmächtigten.

312 **Übersetzung des Art. 16 Abs. 3 TürkGebührO**: in den Fällen, in denen die Bestimmung des Betrags des Streitgegenstandes möglich ist, muss der Betrag des Streitgegenstandes in der Klageschrift angegeben werden. Falls der Kläger diesen Betrag nicht angegeben hat, dann fordert das Gericht die Bestimmung und die Angabe des Betrags vom Kläger an. Falls der Kläger dies verweigert, wird die Klage abgewiesen, als ob sie nie erhoben worden wäre.

313 Pekcanıtez, Belirsiz Alacak Davası, S. 14; Simil, S. 59; Kuru/Arslan/Yılmaz, Medeni Usul Hukuku, 15. Auflage, S. 345ff.; Postacıoglu, Medeni Usul Hukuku Dersleri, 6. Auflage, 1975, S. 389; Alangoya/Yildirim/Deren Yildirim, Medeni Usul Hukuku Esaslari, 4. Auflage, 2004, S. 240ff.

314 Kulaksız, S. 70; Pekcanıtez, Belirsiz Alacak Davasi, S. 18.

In der alten TürkZPO waren die Dispositions- und Verhandlungsgrundsätze geregelt und demgemäß hatten allein die Parteien die Verfügungsbefugnis über ihre Rechte und der Richter durfte nur die von den Parteien angegebenen Tatsachen würdigen und durfte nicht anders oder nicht mehr als das von dem Kläger beantragte Rechtsbegehren beurteilen.[315] Dementsprechend konnten die Klagen auf unbezifferte Forderungen, wie bei Klagen auf Schmerzensgeld oder Schadensersatz, damals durch Teilklage beantragt werden. Dabei konnte der Kläger die Klage auf seinen Anspruch mit dem Betrag erheben, den er bis dahin beziffern konnte, und den Rest seines Anspruchs, den er nicht bestimmen konnte offen halten. Neben der Teilklage konnte die Klage auf unbezifferte Forderungen, einer damaligen Ansicht nach, auch als Feststellungsklage erhoben werden.[316] Die Erhebung der Teilklage für die unbezifferten Forderungen hatte aber auch Nachteile bei solchen Ansprüchen. Demgemäß musste der Kläger hohe Prozesskosten für den Teilanspruch übernehmen, falls das Gericht unterhalb des eingeklagten Teilanspruchs entschied.[317] Außerdem musste der Kläger für den Rest seines Anspruchs nachträglich noch eine zusätzliche Klage erheben, falls der Beklagte in die Erhöhung des Betrags des Anspruchs des Klägers nicht akzeptierte, weil gemäß Art. 87 S. 3 alt TürkZPO die Erhöhung der Betragshöhe des Anspruchs auch durch Verbesserungsantrag nicht erlaubt war, weil dies gegen die Prozessökonomie verstoßen würde.[318] Dieser Satz von Art. 87 alt.TürkZPO wurde im Jahr 1999 durch das Urteil des Verfassungsgerichts aufgehoben.[319]

Außerdem brachte die Erhebung der Teilklage das Risiko der Verjährung für den nicht eingeklagten bzw. unbezifferten Teilanspruch des Rechtsbegehrens mit sich. Dementsprechend konnte der Kläger sein Recht auf den Rest seines Anspruchs, den er nicht hatte beziffern können, verlieren, da die Verjährungsfrist mit der Erhebung der Teilklage für den Rest des nicht eingeklagten Teilanspruchs nicht gehemmt ist.[320]

Obwohl die unbezifferte Forderungsklage in der damaligen TürkZPO nicht geregelt war und obwohl es in der damaligen TürkZPO keine Regelung über die

---

315 Üstündag, Medeni Yargilama Hukuku, Band 1–2, 2000, S. 239f.; Simil, S. 60.

316 Kuru/Budak, Tespit Davalari, 2. Auflage, 2010, S. 146; Pekcanıtez, Belirsiz Alacak Davası, S. 18; Simil, S. 64; Postacıoglu, Medeni Usul Hukuku Dersleri, 6. Auflage, 1975, S. 258.

317 Kulaksız, S. 71; Pekcanıtez, Belirsiz Alacak Davası, S. 18.

318 Pekcanıtez, Belirsiz Alacak Davası, S. 18; Kulaksız, S. 71.

319 Anayasa Mahkemesi 20.07.1999, 1/33, RG 4.11.2000, S. 24220.

320 Kuru, Hukuk Muhakemeleri Usulu, Band 2, S. 1540.

Klagen auf unbezifferte Forderungen gab, waren aber die Klageerhebung und die Anforderung an unbezifferte Forderungen in der Lehre umstritten.

Auch damals war die Feststellungsklage zugelassen, wenn der Kläger seinen Anspruch durch die Leistungsklage nicht erlangen konnte. Die Feststellungsklage konnte aber auch zugelassen werden, obwohl die Leistungsklage dafür auch möglich war, wenn der Kläger beweisen konnte, dass er bei der Erhebung der Feststellungsklage ein schutzwürdiges Rechtsinteresse hatte.[321] Dementsprechend hatte der Kläger bei unbezifferten Forderungen ein Rechtsschutzinteresse mit der Erhebung der Feststellungsklage, um die kurze Verjährungsfrist zu hemmen und um gemäß Art. 42 alt. TürkOR den ganzen Betrag des Schadens festzustellen und so die Nachteile der Teilklage auf die Verjährungsfrist zu beseitigen.[322] Wenn der Kläger für die zulässige Erhebung der Leistungsklage seinen Anspruch beziffern musste, obwohl dies noch unmöglich war, dann musste er hohe Prozesskosten übernehmen, wenn er als seinen Anspruch einen sehr hohen Betrag einklagen wollte. Wenn er wegen der Prozesskostenrisiken seinen Anspruch sehr niedrig einschätzte, dann konnte dies einen Verzicht auf den Rest seines Rechtsbegehrens beinhalten. Daher wäre es für den Kläger und für den Schutz seines Rechtsbegehrens vernünftiger und rechtsvorteilhafter gewesen, wenn man anstatt der Leistungsklage die Feststellungsklage erheben dürfte.[323] Nach dieser Ansicht sollten die Rechte und die Rechtsschutzinteressen der Prozessparteien beachtet werden und wenn mit der Erhebung der Leistungsklage wegen der kurzen Verjährungsfrist und der Prozesskosten Nachteile entstehen würden, dann sollte die Feststellungsklage für unbezifferte Forderungen zugelassen werden.

Einer anderen Ansicht nach musste der Kläger seinen Anspruch so genau bestimmen, dass es in seiner Klageschrift keine ungenauen und unbestimmten Angaben geben würde.[324] Wohl akzeptierte diese Ansicht, dass die genaue Angabe der Betragshöhe des Anspruchs besonders bei Klagen auf Schadensersatz dem Kläger schwer fiel und die Angabe trotz dieser Schwierigkeiten bei

---

321 Rechtsschutzinteresse bzw. das Bedürfnis danach kann im türkischen Recht erst vorkommen, falls der Kläger schutzwürdige Rechtsinteresse an der Klage hat, was gerichtlichen Schutz erfordert. Kuru, Hukuk Muhakemeleri Usulu, Band. 2, S. 1364; Kuru/Budak, Tespit Davalari, S. 146, 152; Postacıoglu, S. 259; Kuru/Arslan/Yilmaz, Medeni Usul Hukuku, 15. Auflage, 2004, S. 312f.; Alangoya/Yildirim/Deren Yildirim, S. 221; Yargitay 1. HD. 4.12.2000, 14993/15178.

322 Kuru, Hukuk Muhakemeleri Usulü, Band. 2, S. 1452.

323 Postacıoglu, S. 259.

324 Üstündag, S. 466.

der Rechtsausübung einige Nachteile nach sich ziehen konnte.[325] Dabei wurde die Ausübung in dem deutschen Recht als Beispiel gegeben und erwähnt, dass es nach deutschem Recht möglich sei, auf die genaue Angabe der Betragshöhe des Anspruchs zu verzichten, wenn die Angabe dem Kläger unmöglich ist.[326] Aber trotz dieses Beispiels vertrat er die Meinung, dass die Betragshöhe des Anspruchs in der Klageschrift genau und klar angegeben werden müsse, unabhängig davon ab, ob der Richter gemäß Art. 42 alt. TürkOR den Betrag des Schadens untersuchen und bestimmen musste.[327] Dieser Ansicht nach wurde die genaue Angabe und Bezifferung der Betragshöhe des Anspruchs also als eine Zulässigkeitsvoraussetzung gesehen, obwohl sie bei der Rechtspraxis viele Nachteile verursachen konnte und demzufolge wurde die unbezifferte Forderungsklage nach dieser Ansicht nie erwähnt.

Einer anderen Ansicht nach sollte die Klageerhebung ohne Angabe der bezifferten Betragshöhe zugelassen werden und nach der am Ende des Verfahrens bezifferten Betragshöhe des Anspruchs solle das Gericht seine Entscheidung treffen.[328] Dieser Ansicht nach wäre die zulässige Klageerhebung ohne Angabe der bezifferten Betragshöhe des Anspruchs sowie die unbezifferte Forderungsklage für die Verwirklichung der Prozessökonomie günstiger gewesen.[329] Also war die Ausübung der Teilklage für unbezifferten Forderunge nicht zweckmäßig und deswegen war die unbezifferte Forderungsklage für die ordentliche Ausübung der Verfahrensgrundsätze notwendig und sollte vom Gesetzgeber geregelt werden.[330]

Nach einer anderen Ansicht musste der Kläger gemäß Art. 179 alt. TürkZPO und gemäß Art. 16 TürkGebührO in seiner Klageschrift seine Ansprüche bestimmt, klar und ausführlich angeben, demzufolge konnte die Zulässigkeit der unbezifferten Forderungsklage damals nicht anerkannt werden[331] und demgemäß war die Teilklage die einzig mögliche Ausnahme für die unbezifferten Forderungen. Aber weil die Teilklage viele Nachteile und Prozessrisiken für den Kläger besaß, und weil deren Ausübung für unbezifferte Forderungen gegen die Prozessökonomie und andere Verfahrensgrundsätze verstieß[332], wäre die

325 Üstündag, S. 469f.
326 Üstündag, S. 469.
327 Üstündag, S. 469. Fn. 37.
328 Belgesay, Dava Teorisi, 1943, S. 248; Iyimaya, İnsan zararları Konusunda Belirmekte Olan Bazi Egilimlerin Analizi, TBBD, 1994, S. 231, Fn. 51.
329 İyimaya, S. 230f., Fn. 50f.
330 Iyimaya, S. 231, Fn. 51.
331 Kulaksız, S. 70.
332 Kulaksız, S. 71; Pekcanıtez, Belirsiz Alacak Davası, S. 19.

Zulassung der unbezifferten Forderungsklage im türkischen Zivilprozessrecht dieser Ansicht nach zweckmäßiger gewesen. So sollte es dem Richter erlaubt sein, den Betrag des Schadensersatzes und des Schmerzensgeldes bestimmen zu können,[333] da so eine Ausübung der unbezifferten Forderungsklage auch damals der Absicherung der objektiven und auch subjektiven Rechte der Menschen hätte dienen können und weshalb sie auch damals hätte zugelassen werden können.[334]

Außer im Privatrecht wurde die unbezifferte Forderungsklage damals auch von dem obersten türkischen Verwaltungsgericht „Danistay" anerkannt.[335] Dementsprechend durfte der Kläger ohne Angabe der bezifferten Betragshöhe seines Anspruchs Klage erheben, wenn ihm die Bezifferung zu Beginn des Prozesses unmöglich war. Auch der Ansicht der Literatur des türkischen Verwaltungsrechtes nach sollte der Richter den Betrag des Anspruchs entscheiden dürfen, wenn der Betrag des Anspruchs nach der Beweisaufnahme oder Auskunftserteilung höher als die vom Kläger angegebene Betragshöhe bestimmt wurde.[336] Daher wird eher die Ausübung der unbezifferten Forderungsklage wie im schweizerischen und im deutschen Zivilprozessrecht von der türkischen Literatur empfohlen. Nach einer anderen Ansicht des türkischen Verwaltungsrechts sollte der Kläger den Betrag seines Anspruchs auf Schadensersatz auch nach einem Sachverständigengutachten bestimmen dürfen. Mit dieser Ansicht hat die Literatur eigentlich die heutige Regelung und Ausübung der unbezifferten Forderungsklage für das türkischen Verwaltungsrecht vorgeschlagen.[337]

2. In der neuen türkischen Zivilprozessordnung (TürkZPO) von 2011

a. Allgemeines

Wie oben dargestellt, war in der alten türkischen Zivilprozessordnung die unbezifferte Forderungsklage nicht geregelt und auch wegen der anderen Regelungen der alt. TürkZPO konnte die unbezifferte Forderungsklage weder von der Rechtsprechung noch von der Literatur gewürdigt werden.[338] In dem

---

333 Kulaksız, S. 73.

334 Pekcanıtez, Belirsiz Alacak Davası, S. 29; Kulaksiz, S. 73f.

335 Danistay Ictihadı Birlestirme Genel Kurulu, 29.12.1983, E.1983/1, K. 1983/10; Danıştay İdari Dava Daireleri Genel Kurulu, 27.10.2000, E. 1999/996, K. 2000/1038, www.kazanci.com.

336 Güran, Türk Idare Hukukunda Tazminat Miktarinin Hesaplanmasi, Sorumluluk Hukukunda Yeni Gelismeler III Sempozyumu, 1980, S. 168; Simil, S. 68.

337 Gözler, Idare Hukuku, Band 2, 2. Auflage, 2009, S. 1366f.

338 Pekcanıtez, Belirsiz Alacak Davası, S. 18; Simil, S. 61.

Gesetzesentwurf der neuen türkischen Zivilprozessordnung ist die unbezifferte Forderungsklage zunächst nicht geregelt.[339] Erst nach den Verhandlungen der Gesetz- und Verordnungskommission der Großen Nationalversammlung der Republik Türkei wurde beschlossen, dass es in der Ausübung der TürkZPO Bedarf nach der unbezifferten Forderungsklage gab und in diesem Sinne musste sie geregelt werden.[340] Nach dem Gesetzesmotiv der neuen TürkZPO von 2011 über den Art. 107 TürkZPO kann die Bezifferung des Anspruchs für den Kläger nicht immer möglich sein, obwohl er den Anspruch, das Rechtsgeschäft, die Rechtsstreitigkeit und die Gegenpartei bzw. den Beklagten bestimmen kann. Daher wäre es für den Kläger ungünstig, wenn die bezifferte Angabe des ganzen Betrags von ihm besonders bei Klagen auf Schadensersatz oder Schmerzensgeld verlangt würde, weil so eine Ausübung einen Verstoß gegenüber dem effektiven Rechtsschutzinteresse nach sich ziehen könnte. Nach dem Gesetzesmotiv der neuen türkischen Zivilprozessordnung ist auch die klassische Teilklage für die unbezifferten Forderungen keine ordentliche und zweckmäßige Lösung, da so eine Ausübung der Teilklage einen Verstoß gegen die Prozessökonomie bewirken könnte, weil es dabei möglich ist, durch die Teilklage während des Verfahrens neue Ansprüche einzubringen oder neue Klagen mit gleichem Anspruch zu erheben.[341] Dementsprechend ist die unbezifferte Forderungsklage wegen des Bedarfs und im Sinne des Rechtsschutzinteresses des Klägers im Art. 107 TürkZPO unter der Überschrift „unbezifferte Forderungsklage und Feststellungsklage“ eingeordnet.

Nach dem ersten Absatz der Vorschrift Art. 107 TürkZPO kann man die unbezifferte Forderungsklage erst dann erheben, wenn die genaue Bezifferung der Betragshöhe des Anspruchs dem Kläger zu Beginn des Prozesses unmöglich oder unzumutbar ist. Für eine zulässige Klageerhebung muss der Kläger zu Beginn des Prozesses einen vorläufigen Mindestbetrag, die Rechtsstreitigkeit bzw. das Rechtsgeschäft und den Streitgegenstand klar angeben. Dementsprechend kann die Erhebung der unbezifferten Forderungsklage nicht erlaubt werden, wenn dem Kläger die Bezifferung der Betragshöhe möglich ist.

Nach dem zweiten Absatz der Vorschrift darf der Kläger nach dem Abschluss des Beweisverfahrens oder der Auskunftserteilung ohne Verstoß gegen das Erweiterungsverbot den Betrag seines Anspruchs nachträglich erhöhen und

---

339 Hukuk Muhakemeleri Kanunu Tasarısı (Gesetzesentwurf der Zivilprozessordnung), 16.04.2008, www.tbmm.gov.tr.

340 Pekcanıtez, Belirsiz Alacak Davası, S. 18.

341 Gesetzesmotiv der TürkZPO von Art. 107 TürkZPO.

bestimmen. Demzufolge wird der Kläger in der Lage sein, den Betrag seines Anspruchs selber zu bestimmen. Auch weil der Kläger ohne Verstoß gegen das Erweiterungsverbot seinen Anspruch erhöhen darf, muss er dafür nachträglich keine Verbesserung des Verfahrens beantragen und deswegen dafür keine zusätzlichen Prozesskosten bezahlen. Also hat der Gesetzgeber durch die Regelung der unbezifferten Forderungsklage den Verstoß gegen die Prozessökonomie und mögliche Prozesskostenrisiken verhindert.

Nach dem dritten Absatz der Vorschrift von Art. 107 TürkZPO darf der Kläger die Feststellungsklage auf die unbezifferten Forderungen erheben. Dementsprechend ist das Rechtsschutzinteresse des Klägers an der Erhebung der Feststellungsklage auf seine unbezifferten Forderungen im Sinne dieser gesetzlichen Regelung anerkannt, wenn die Bezifferung der Betragshöhe seines Anspruchs ihm gemäß Art. 107 Abs. 1 TürkZPO zu Beginn des Prozesses unmöglich oder unzumutbar ist. Durch den Entwurf der türkischen Zivilprozessordnung wird aber die Aufhebung dieses Absatzes empfohlen.

Gemäß Art. 448 TürkZPO werden die Regelungen der neuen TürkZPO, ohne Einwirkung auf die vollendeten Verfahren, sofort angewendet werden.[342] Demzufolge wird die unbezifferte Forderungsklage für die Klagen, die vor dem Inkrafttreten der neuen TürkZPO erhoben worden sind, nicht möglich und anwendbar, obwohl sie die Zulässigkeitsvoraussetzungen der unbezifferten Forderungsklage gemäß Art. 107 TürkZPO besitzen. Nach dem Erweiterungsverbot im türkischen Recht kann der Kläger seine erhobene Klage allerdings erst dann zu einer unbezifferten Forderungsklage umwandeln, wenn er gemäß Art. 141 TürkZPO[343]

342 **Übersetzung des Art. 448 TürkZPO**: Die Vorschriften dieser Ordnung, ohne Einwirkung auf die vollendeten und entschiedenen Verfahren, werden unverzüglich angewendet.

343 **Übersetzung des Art. 141 TürkZPO**: (1) Die Parteien der Klage dürfen ihre Ansprüche oder Verteidigungen durch die Duplik oder durch die zweite Einwendungsantrag ohne Begrenzungen angeben; aber während der Voreinsicht/Vorprüfung nur durch die Einwilligung des Beklagten erweitern oder ändern. Falls eine von den Parteien an der Sitzung der Vorprüfung ohne Entschuldigung/Rechtfertigungsgrund nicht teilnehmen würde, darf die teilnehmende Partei ohne die Einwilligung der Gegenpartei ihre Ansprüche oder Verteidigungen erweitern oder ändern. Nach dem Abschluss der Vorprüfung dürfen die Parteien ihre Ansprüche oder Verteidigungen nicht mehr erweitern oder ändern. (2) Bei der Erweiterung und Änderung der Ansprüche und Verteidigungen stehen die Regelungen über die Verbesserung und die ausdrückliche Einwilligung der Gegenpartei unter Vorbehalt.

die Einwilligung des Beklagten dafür bekommen oder gemäß Art. 176 TürkZPO[344] die Verbesserung beantragen kann.[345]

Im türkischen Zivilprozessrecht ist die unbezifferte Forderungsklage als die Ausnahme des Bestimmtheitserfordernisses der Betragshöhe des Anspruchs gemäß Art. 119 lit. ğ TürkZPO geregelt. Gemäß Art. 119 lit. ğ TürkZPO muss der Anspruch genau und klar angegeben werden, damit das Gericht seine Entscheidung sachgemäß bilden kann und der Beklagte wissen kann, wogegen er sich verteidigen muss.[346]

Die Bestimmung und die Bezifferung des Anspruchs sind wesentliche Themen des Zivilprozessrechts.[347] Deswegen spielt diese Vorschrift der TürkZPO auch bei der Entstehung und der Ausübung der unbezifferten Forderungsklage eine entscheidende Rolle.

b. Der Gegenstand von Art. 119 Abs. 1 lit. ğ TürkZPO „Das Bestimmtheitserfordernis des Anspruchs" als Zulässigkeitsvoraussetzung des Klageantrags

i. Grundlagen des Bestimmtheitserfordernisses des Anspruchs

Gemäß Art. 119 Abs. 1 lit. ğ TürkZPO[348] sollen der Streitgegenstand und der Anspruch in der Klageschrift bestimmt und klar angegeben werden. Damit

---

344 **Übersetzung des Art. 176 TürkZPO:** (1) Jede Partei des Verfahrens kann ihre prozessrechtliche Handlungen teilweise oder ganz verbessern. (2) In einem Verfahren dürfen die Parteien nur einmal Verbesserung beantragen.

345 Pekcanıtez, Belirsiz Alacak Davası, S. 87; Simil, S. 74.

346 Pekcanıtez, Belirsiz Alacak Davası, S. 14; Simil, S. 9; Pekcanitez/Pekcanitez, Pekcanitez Usul, S. 1050.

347 Pekcanıtez, Belirsiz Alacak Davası, S. 14.

348 **Übersetzung des Art. 119 TürkZPO:** (1) Die Klageschrift muss Folgendes erhalten; a- Bezeichnung des Gerichts. b- Bezeichnung des Klägers und des Beklagten, sowie ihrer Adressen. c- Die türkische Staatsbürgerschaftsnummer des Klägers. ç- Bezeichnung der Vertreterinnen und Vertreter der Parteien und ihrer Adressen. d- das Rechtsbegehren, bei Klagen auf Vermögen, die Angabe des Wertes des Vermögens. e- alle Tatsachenbehauptungen und ihre klare Zusammenfassungen. f- Bezeichnung der einzelnen Beweismittel zu den behaupteten Tatsachen. g- die Rechtsgrundlagen. ğ- den klaren Klageantrag. h- die Unterschrift des Klägers und seines Vertreters. (2) Unter Vorbehalt der Sätze (a), (d), (e), (f) und (g) des ersten Absatzes, beim Fehlen der Voraussetzungen des ersten Absatzes räumt der Richter dem Kläger eine Woche Frist ein, damit die fehlenden Voraussetzungen ergänzt werden können. Die Klage wird abgewiesen, wenn die fehlenden Voraussetzungen in dieser Frist nicht ergänzt werden.

bezweckt der Gesetzgeber, dass dem Gericht einsichtig wird, was der Kläger anfordert.[349] Demgemäß ist der Kläger bei Geldforderungen zu der Angabe der Betragshöhe seines Anspruchs[350] und bei anderen Ansprüchen zu der Angabe der Eigenschaften und Besonderheiten seines Anspruchs verpflichtet.

Das Bestimmtheitserfordernis spielt eine entscheidende Rolle bei der Bestimmung des Entscheidungsspielraums des Gerichts, bei der Verteidigung des Beklagten, bei der Zwangsvollstreckung der gerichtlichen Entscheidung, bei der Bestimmung von Prozesskosten, für die Hemmung der Verjährungsfrist und auch bei der Rechtsmitteleinlegung.[351]

Außerdem steht das Bestimmtheitserfordernis im engen Zusammenhang mit den Dispositions- und Verhandlungsgrundsätzen des Zivilprozessrechts. Nach dem Dispositionsgrundsatz haben die Parteien das Selbstbestimmungsrecht auf ihre Rechtsbegehren. Dementsprechend können sie die Klage mit dem Anspruch auf ihr Rechtsbegehren erheben oder sie vorzeitig beenden. Sie haben auch das Recht, über ihr Rechtsbegehren als Ganzes oder als ein Teil davon zu verfügen.[352] Auch durch den Verhandlungsgrundsatz besitzen allein die Parteien die Befugnis, die Tatsachen, Behauptungen und Beweismittel in den Prozess einzuführen.[353] Demgemäß ist der Richter an das Parteivorbringen gebunden, er darf seine Entscheidung im Sinne dieses Parteivorbringens bilden, sein privates Wissen oder nur ihm bekannte Tatsachen aber nicht würdigen.[354] Im Sinne dieser Verfahrensgrundsätze haben nur die Parteien Selbstbestimmungsrecht und deswegen kann das Bestimmtheitserfordernis des Streitgegenstandes als eine Folge dieser Grundsätze angenommen werden.[355] Ähnlich wie für den Dispositionsgrundsatz ist das Bestimmtheitserfordernis auch für den Verhandlungsgrundsatz wichtig. Da der Richter an die Parteivorbringungen

---

349 Kuru, Hukuk Muhaklemeleri Usulü, Band. 2, S. 1601; Pekcanitez/Pekcanitez, Pekcanitez Usul, S. 1149; Pekcanitez/Atalay/Özekes, S. 508f.

350 Kuru, Hukuk Muhakemeleri Usulü, Band. 2, S. 1586.

351 Kuru, Hukuk Muhakemeleri Usulu, Band 2, S. 1586f.; Pekcanitez/Atalay/Özekes, S. 509.

352 Prütting/Gehrlein/Prütting, ZPOKomm, Einleitung, Rn. 24; Musielak/Voit, Grundkurs ZPO, S. 69, Rn. 102; Musielak/Voit/Musielak, ZPOKomm, Einleitung, Rn. 35; Guldener, Schweizerisches Zivilprozessrecht, 3. Auflage, 1979, S. 148, 193.

353 Prütting/Gehrlein/Prütting, ZPOKomm, Einleitung, Rn. 28; Musielak/Voit/Musielak, ZPOKomm, Einleitung, Rn. 37; Guldener, S. 159.

354 Prütting/Gehrlein/Prütting, ZPOKomm, Einleitung, Rn. 28; Musielak/Voit/Musilak, ZPOKomm, Einleitung, Rn. 37; Guldener, S. 159f., 193.

355 Pekcanıtez/Atalay/Özekes, S. 509.

im Sinne des Verhandlungsgrundsatzes und der Bindung des Richters an die Anträge gebunden ist, und da der Richter gemäß des Dispositionsgrundsatzes und gemäß Art. 26 TürkZPO[356] mehr als den vom Kläger beantragten Anspruch nicht entscheiden darf, muss der Kläger das Bestimmtheitserfordernis ordentlich und sachgemäß erfüllen, damit das Gericht sein Rechtsbegehren sachgemäß und angemessen würdigen und beurteilen kann.[357]

Gemäß Art. 119 Abs. 2 TürkZPO kann das Gericht dem Kläger eine bestimmte Frist setzen, damit dieser die fehlenden Zulässigkeitsvoraussetzungen seiner Klageschrift erfüllen kann, was auch als obligatorische Voraussetzung der Klageschrift anerkannt ist. Demgemäß muss der Kläger seinen Streitgegenstand bzw. Anspruch auch genauer bestimmen und angeben, falls er ihn in seiner Klageschrift nicht ausführlich festsetzen konnte. Obwohl das Gericht gemäß Art. 26 TürkZPO an den Anspruch des Klägers gebunden ist, kann der Richter gemäß Art. 31 TürkZPO, nach seiner Aufklärungspflicht, vom Kläger Aufklärung verlangen, wenn die Angabe des Anspruchs oder des Streitgegenstandes nicht klar und verständlich ist.

Das Bestimmtheitserfordernis ist im türkischen Recht auch für das Recht auf rechtliches Gehör sehr wichtig. Gemäß Art. 27 TürkZPO haben die Prozessparteien, die Nebenkläger und die anderen Beteiligten der Klage das Recht auf rechtliches Gehör über alle Parteivorbringungen und die gerichtlichen Standpunkte, die mit ihren Rechtsbegehren in Zusammenhang stehen.[358] Dementsprechend spielt das Bestimmtheitserfordernis für die Verwirklichung des Rechts auf rechtliches Gehör eine entscheidende Rolle. Mit der zweckmäßigen Erfüllung des Bestimmtheitserfordenisses kann der Beklagte wissen, was genau der Kläger von ihm verlangt, welche Risiken er trägt und damit kann er sich besser verteidigen.[359]

---

356 **Übersetzung des Art. 26 TürkZPO:** (1) Der Richter ist an die Parteianträge gebunden und darf nicht mehr und nichts anderes zusprechen, als sie verlangt. Je nachdem darf er aber weniger als die Parteianträge zusprechen. (2) Vorbehalten bleiben gesetzliche Bestimmungen, nach denen das Gericht nicht an die Parteianträge gebunden ist.

357 Kuru, Hukuk Usulu Muhakemeleri, Band 2, S. 1607; Postacıoglu/Altay, S. 419, Rn. 809; Pekcanitez/Atalay/Özekes, S. 509.

358 **Übersetzung des Art. 27 TürkZPO:** (1) Die Parteien des Verfahrens, die Nebenkläger und die anderen Beteiligten des Verfahrens haben das Recht auf rechtliches Gehör über ihre Rechte. (2) Dieses Recht umfasst; (a) Information über das Verfahren, (b) Erklärungs- und Beweisrecht, (c) die gerichtliche Würdigung der Erklärungen und die offene und konkrete Begründung der gerichtlichen Entscheidungen

359 Pekcanıtez, Belirsiz Alacak Davası, S. 14; Postacıoglu/Altay, S. 173, Rn. 344; Guldener, S. 193.

Außerdem spielt das Bestimmtheitserfordernis auch bei der Bestimmung der Verfahrensart eine entscheidende Rolle. Im türkischen Zivilprozessrecht ist die Bestimmung der Klageart sehr wichtig, weil sie, wie die Bestimmung des zuständigen Gerichts, viele Rechtsfolgen hat. Deswegen ist das Bestimmtheitserfordernis auch wichtig, weil die Verfahrensart nur durch den Anspruch und durch den Inhalt der Klageschrift bestimmt werden kann.[360] Je nach dem Bestimmtheitserfordernis des Anspruchs kann die Klage eine Leistungsklage, eine Feststellungsklage oder eine Gestaltungsklage sein.[361] Die erhobene Klage kann auch eine Teilklage sein, wenn der Kläger einen Teil seines Anspruchs verlangt hat, oder sie kann auch eine Klage sein, mit der der Kläger mehrere Ansprüche in einer Klage einklagt. Da die Verfahrensart nur durch den Anspruch bestimmt werden kann und da die Verfahrensart für das ganze Verfahren und für die Rechtsfolgeentscheidung des Gerichts wichtige Konsequenzen hat, ist die Bestimmung des Anspruchs in der Klageschrift obligatorisch.

Gemäß Art. 154 Abs. 2 TürkOR[362] ist die Hemmung der Verjährung nur für den eingeklagten Anspruch möglich. Deswegen ist das Bestimmtheitserfordernis des Anspruchs auch für die Hemmung der Verjährungsfrist wichtig, weil die Verjährungsfrist nur für den eingeklagten Anspruch in der Klageschrift gehemmt werden kann. Deswegen sind die genaue Bestimmung und Angabe des Streitgegenstandes, bzw. Anspruchs sehr wichtig, damit die Verjährungsfrist genau und richtig für den eingeklagten Anspruch gehemmt werden kann, so dass dem Kläger kein Verlust seines Rechtsbegehrens widerfährt.[363]

Bei der Berechnung der Prozesskosten spielt das Bestimmtheitserfordernis eine bestimmende Rolle. Prozesskosten sind die Kosten, die durch die Aufwendungen einer Partei zur Führung eines Rechtsstreits entstehen und die für die Verwirklichung des prozessualen Rechtsschutzinteresses notwendig sind.[364] Die

360 Pekcanıtez/Atalay/Özekes, S. 509; Kuru, Hukuk Muhakemeleri Usulü, Band 2, S. 1586.

361 Pekcanitez/Pekcanitez, Pekcanitez Usul, S. 1150; Pekcanıtez/Atalay/Özekes, S. 509; Pekcanitez, Belirsiz Alacak Davasi, S. 16.

362 **Übersetzung des Art. 154 TürkOR:** Die Verjährung wird unterbrochen, 1. Durch Anerkennung der Forderung von seiten des Schuldners, namentlich auch durch Zins- und Abschlagszahlungen, Pfand- und Bürgschaftsbestellung; 2. Durch Schuldeintreibung, durch Schlichtungsgesuch, durch Klage oder Einrede vor einem staatlichen Gericht oder einem Schiedsgericht sowie durch Eingabe im Konkurs.

363 Pekcanitez/Pekcanitez, Pekcanitez Usul, S. 1150f.; Pekcanitez/Atalay/Özekes, S. 519; Kuru, Hukuk Muhakemeleri Usulu, Band 2, S. 1649; Postacıoglu/Altay, S. 427, Rn. 823.

364 Pekcanıtez/Atalay/Özekes, S. 980f.; Kuru, Hukuk Muhakemeleri Usulu, Band 5, S. 5304.

Bestimmung und Berechnung der Prozesskosten, wie die Gebühren oder Auslagen der Rechtsanwälte etc. werden nur durch den Streitwert festgelegt. Die Höhe der gerichtlichen Gebühren richtet sich nach dem Streitwert und die Höhe von Auslagen wird nach deren eingeklagtem Geldwert bestimmt.[365] Da die Betragshöhe des Streitwertes in diesem Sinne bei der Bestimmung der Höhe von Prozesskosten so eine entscheidende Rolle spielt, sind die genaue Angabe und die Bezifferung der Betragshöhe des Anspruchs für den Kläger und auch für den Beklagten sehr wichtig. Denn so können die Parteien genauer wissen, wie viel Prozesskosten sie am Ende des Verfahrens bezahlen müssten, wenn sie das Verfahren verlieren würden. In diesem Falle können sie sich während des Verfahrens besser verteidigen, falls sie von dem Verfahren keinen Prozessgewinn erwarten können, und sie können dann durch die Einwilligung oder durch einen Schlichtungsvertrag das Verfahren beenden und hohe Prozesskosten vermeiden.[366]

Das Bestimmtheitserfordernis des Anspruchs hat auch Folgen für die Rechtshängigkeit, die eine negative Prozessvoraussetzung ist. Gemäß Art. 114 Abs. 1 lit. b TürkZPO ist eine neue Klageerhebung von gleichen Parteien an einem anderen Gericht auf denselben Anspruch nicht zugelassen, wenn diese Rechtsstreitigkeit bereits vor einem Gericht geführt worden ist.[367] In so einem Fall muss das Gericht gemäß Art. 115 Abs. 2 TürkZPO von Amts wegen die zweite Klage wegen Unzulässigkeit abweisen.[368] Für die Bestimmung der fehlenden Rechtshängigkeit als negative Prozessvoraussetzung ist der Streitgegenstand in sachlicher Hinsicht sehr wichtig, denn neben den Parteien dürfen auch die Streitgegenstände von nacheinander erhobenen Klagen nicht gleich sein.[369] Deshalb müssen

365 Art. 28 Abs. 1 lit. a TürkGebührO; Pekcanitez/Atalay/Özekes, S. 981f.

366 Pekcanitez/Pekcanitez, Pekcanitez Usul, S. 1149f.

367 **Übersetzung des Art. 114 Abs. 1 lit. B TürkZPO:** (b) Der Rechtsweg soll zulässig sein.

368 **Übersetzung des Art. 115 TürkZPO**: (1) Das Gericht prüft von Amts wegen in jeder Stufe des Verfahrens, ob die Prozessvoraussetzungen erfüllt sind. Die Parteien dürfen auch jederzeit das Fehlen der Prozessvoraussetzungen vorbringen. (2) Das Gericht weist die Klage verfahrensrechtlich ab, falls es ein Fehlen der Prozessvoraussetzungen gibt. Wenn es möglich ist, das Fehlen der Prozessvoraussetzungen zu verbessern, dann räumt das Gericht dafür eine bestimmte Frist ein. Falls das Fehlen in dieser Frist nicht verbessert würde, dann würde die Klage wegen des Mangels der Prozessvoraussetzung verfahrensrechtlich abgewiesen. (3) Die Klage wird wegen des anfänglichen Fehlens der Prozessvoraussetzung verfahrensrechtlich nicht abgewiesen, falls das Fehlen vom Gericht nicht bemerkt, von den Parteien nicht vorgebracht, aber während des Zeitpunktes der Entscheidung verbessert worden ist.

369 Kuru, Hukuk Muhakemeleri Usulü, Band 4, S. 4217ff.; Postacıoglu/Altay, S. 435, Rn. 835.

die Prozessparteien das Bestimmtheitserfordernis ihres Anspruchs sachgemäß erfüllen und in ihrer Klageschrift den Streitgegenstand, seine Eigenschaften und die Betragshöhe davon klar und verständlich bestimmen, damit es dem Gericht klar werden kann, worauf die Parteien Anspruch erheben und ob die von den Parteien erhobene Klage zulässig ist und die Zulässigkeitsvoraussetzungen des Verfahrens erfüllt sind, damit die Klage vom Gericht nicht abgewiesen wird.[370]

Demzufolge spielt das Bestimmtheitserfordernis des Streitgegenstandes auch bei der Rechtskraft der Entscheidung eine entscheidende Rolle. Durch die materielle Rechtskraft einer gerichtlichen Entscheidung kann diese Entscheidung nicht mehr durch Rechtsmittel angefochten oder geändert werden. Das heißt, dass die Entscheidung durch die formelle Rechtskraft auch für die nachträglichen Verfahren bindend wird.[371] Gemäß Art. 303 Abs. 1 TürkZPO[372] gilt die materielle Rechtskraft einer Entscheidung bei einem anderen Verfahren erst dann, wenn das zweite Verfahren von denselben Parteien mit gleichen Ansprüchen erhoben wird, also wenn die rechtskräftige Entscheidung des ersten Verfahrens identisch mit dem Anspruch des zweiten Verfahrens ist. Deswegen sind die genaue Angabe und die Bestimmtheit des Anspruchs auch für die Annahme oder Abweisung des Verfahrens im Sinne der Rechtskraft sehr wichtig, denn ohne genaue Angabe des Anspruchs kann das Gericht nicht festsetzen, ob die Rechtsstreitigkeit vorher gerichtlich entschieden worden ist.[373] Da der Gesetzgeber mit der Verwirklichung der Rechtskraft das Vertrauen auf Gerichtsbarkeit und die Verhinderung der widersprüchlichen gerichtlichen Entscheidungen bezweckt[374], dient das Bestimmtheitserfordernis des Anspruchs auch der Verwirklichung der Prozessökonomie und dem Vertrauen auf das Gericht und auf die Gerichtsbarkeit.

Das Bestimmtheitserfordernis des Anspruchs ist auch für die Einlegung des Rechtsmittels bestimmend. Durch die Einlegung des Rechtsmittels ist die Überprüfung einer ungünstigen Entscheidung des erstinstanzlichen Gerichts durch

370 Pekcanitez/Pekcanitez, Pekcanitez Usul, S. 1149f.

371 **Übersetzung des Art. 114 Abs. 1 lit. i TürkZPO:** (i) Der Streitgegenstand muss nicht anderweitig rechtshängig und noch nicht rechtskräftig entschieden sein; Pekcanıtez/Atalay/Özekes, S. 842.

372 **Übersetzung des Art. 303 Abs. 1 TürkZPO**: (1) Die rechtskräftige Entscheidung gilt bei einer anderen Klage auch als sachlich rechtskräftige Entscheidung, sobald die Parteien Streitgegenstände der beiden Klagen gleich sein und auch die Entscheidung der ersten Klage muss gleich wie der Anspruch der zweiten Klage sein.

373 Pekcanitez/Pekcanitez, Pekcanitez Usul, S. 1149.

374 Pekcanıtez/Atalay/Özekes, S. 842;

das nächsthöhere Gericht möglich, was im türkischen Recht, bis 20.07.2016 durch den Kassationshof „Yargıtay“ und ab 20.07.2016 durch Berufungsgerichte den Prozessparteien ermöglicht ist.[375] Gemäß Art. 341 TürkZPO[376] können die Parteien gegen eine gerichtliche Entscheidung Berufung einlegen. Aber für die Anwendung dieser Regelung mussten erst die Berufungsgerichte gegründet werden. Deswegen werden gemäß dem Übergangsartikel 3 der TürkZPO die Regelungen der alten TürkZPO über Revisionseinlegung an den Kassationshof „Yargıtay“ gerichtet. In diesem Sinne gemäß Art. 427 Abs. 1 alt. TürkZPO[377] konnten die Parteien gegen ungünstige Entscheidungen von erstinstanzlichen Gerichten Revision beim Kassationshof „Yargıtay“ einlegen. Gemäß Art. 427 Abs. 2 alt TürkZPO dürfen die Parteien mit Ansprüchen, die unter einem bestimmten Betrag liegen, keine Revision einlegen. Auch nach der Gründung der Berufungsgerichte dürfen die Parteien gemäß Art. 341 Abs. 2 TürkZPO keine Berufung mit Ansprüchen einlegen, die unter einem bestimmten Wert liegen. Deswegen ist auch für die Revisions- und Berufungseinlegung das Bestimmtheitserfordernis des Streitgegenstandes und des Anspruchs sehr wichtig, denn dadurch wird es bestimmt, ob die Prozessparteien Revision einlegen dürfen und ob sie für den ganzen Streitgegenstand oder einen Teil davon Revision einlegen möchten. Deswegen ist die genaue Angabe des Streitgegenstandes und seine Bestimmtheit für

---

375 Kuru, S. 667; Tanriver, S. 214f.; Arslan/Yilmaz/Taspinar Ayvaz, S. 587.

376 **Übersetzung des Art. 341 TürkZPO:** (1) Die erstinstanzlichen Endentscheide, die erstinstanzlichen Entscheide über vorsorgliche Maßnahmen und ihre Annahme oder Abweisung können durch Berufung angefochten werden. (2) Die Entscheidungen über die Klagen auf Vermögen, deren Wert und Betragshöhe unter 1500 türkische Lira liegen, sind unwiderruflich. (3) Falls nur ein Teil des Rechtsbegehrens eingeklagt ist, dann wird die Grenze der unwiderruflichen Entscheidung in der Höhe 1500 türkische Lira nach dem Ganzen des Rechtsbegehrens bestimmt. (4) In den Fällen, bei den das Ganze des Rechtsbegehrens eingeklagt ist, dürfen die Parteien auf den vom Gericht abgewiesenen Teil ihres Rechtsbegehrens keine Berufung einlegen, falls der Wert des abgewiesenen Teils unter 1500 türkische Lira liegt. (5) Die unwiderruflichen Entscheidungen der erstinstanzlichen Gerichte, gegen die gemäß anderen Ordnungen die Revisionseinlegung vor dem Kassationshof festgesetzt ist, können auch von den Berufungsgerichten angefochten werden.

377 **Übersetzung des Art. 427 alt. TürkZPO**: (1) Gegen die in der Berufungsinstanz erlassenen Endurteile und gegen die schiedsrichterlichen Entscheidungen kann die Revision binnen 15 Tagen nach der Mitteilung eingeklagt werden. Diese Frist ist für die an der Ordnung am 8.01.1943 mit der Nr. 4353 gebundenen öffentlich-rechtlichen Anstalten 30 Tage. (2) Die Partei, die die Klage gewonnen hat, darf auch Revision einlegen, wenn sie daran Rechtsschutzinteresse hat.

die Rechtsmitteleinlegung und für die rechtmäßigen gerichtlichen Urteile und auch für den Rechtsschutz der Prozessparteien sehr wichtig und erforderlich.[378]

Das Bestimmtheitserfordernis dient auch der Verwirklichung des Erweiterungsverbot im türkischen Zivilprozessrecht. Gemäß Art. 319 TürkZPO[379] und Art. 141 TürkZPO darf der Kläger unter normalen Umständen seinen Anspruch während des Verfahrens nicht erweitern oder ändern. Dementsprechend muss der Kläger die Grenzen und Eigenschaften seines Anspruchs genau angeben, damit es dem Gericht und auch dem Beklagten vermittelt wird, ob der Kläger seinen Anspruch erweitert und ob die Klage zugelassen wird.[380]

Die genaue Angabe der Betragshöhe des Anspruchs ist im Art. 119 Abs. 1 TürkZPO nicht geregelt. Der Gesetzgeber hat im Art. 119 Abs. 1 lit. ğ TürkZPO nur allgemein geregelt, dass der Kläger seinen Anspruch genau und klar bestimmen muss. Aber bei den Leistungsklagen auf Geldforderungen muss der Kläger im Sinne vom Art. 119 Abs. 1 lit. ğ TürkZPO die Betragshöhe seines Anspruchs bestimmt, also beziffert angeben. Außer der TürkZPO ist die genaue Angabe der Betragshöhe des Anspruchs auch im Art. 16 Abs. 3 TürkGebührO geregelt. Dementsprechend wird die Klage als unzulässig abgewiesen, wenn die Angabe der Betragshöhe des Anspruchs fehlt.[381] Demzufolge sollte der türkische Gesetzgeber für eine bessere und sachgemäße Ausübung der TürkZPO und für eine bessere Anpassung der TürkZPO und der TürkGebührO die Regelung des Artikels 119 Abs. 1 lit. ğ TürkZPO über die bestimmte Angabe des Anspruchs ausführlicher regeln, damit keine Rechtsstreitigkeiten und Unklarheiten bei der Ausübung des Art. 119 TürkZPO entstehen und damit es dem Kläger klarer wird, wie er seinen Anspruch und den Streitgegenstand angeben soll, um einen zulässigen Klageantrag zu stellen.

ii. Ausnahmen des Bestimmtheitserfordernisses „unbezifferte Forderungsklage“

Wie schon erwähnt, hat das Bestimmtheitserfordernis viele Vorteile für den Beklagten und das Verfahren. Damit kann der Beklagte wissen, was der Kläger von ihm anfordert, welche Risiken er trägt und so kann er sich besser verteidigen

---

378 Pekcanitez/Atalay/Ozekes, S. 879; Arslan/Yilmaz/Taspinar Ayvaz, S. 589.

379 **Übersetzung des Art. 319 TürkZPO**: Das Erweiterungs- und Änderungsverbot des Anpruchs fängt mit der Klageerhebung an; Das Erweiterungs- und Änderungsverbot der Verteidigung fängt mit der Abgabe der schriftlichen Gegenerklärung an.

380 Pekcanitez/Pekcanitez, Pekcanitez Usul, S. 1149f.; Pekcanitez/Atalay/Özekes, S. 554.

381 Simil, S. 19.

oder den Ansprüchen des Klägers zustimmen oder in einen Schlichtungsvertrag einwilligen. Neben diesen Vorteilen des Beklagten kann aber das Bestimmtheitserfordernis des Anspruchs für den Kläger viele Nachteile nach sich ziehen.

Es ist dem Kläger nicht immer möglich oder zumutbar, die Betragshöhe seines Anspruchs zu bestimmen bzw. zu beziffern. Bei Klagen auf immateriellen und materiellen Schaden z.B. ist es dem Kläger unmöglich oder unzumutbar den Betrag des Schadensersatzes zu bestimmen, denn bei solchen Klagen kann die Betragshöhe des Anspruchs erst nach der Untersuchung oder durch das Sachverständigengutachten oder nach der gerichtlichen Ermessensentscheidung bestimmt werden.[382] Deswegen kann der Kläger zu Beginn des Prozesses die Betragshöhe seines Anspruchs auf Schadensersatz und somit auch auf Schmerzensgeld nicht bestimmen bzw. beziffern. Aber im Sinne der Verfahrensgrundsätze bzw. im Sinne des Rechtsschutzinteresses soll dieses Bestimmtheitserfordernis des Anspruchs gemäß Art. 119 Abs. 1 lit. ğ TürkZPO das Recht auf Rechtsschutzinteresse und das Erlangen der materiellen Rechte des Klägers nicht verhindern.[383]

Gemäß Art. 119. Abs. 2 TürkZPO muss das Gericht vom Kläger in einer bestimmten Frist die Angabe des Anspruchs verlangen, wenn er dies in seiner Klageschrift nicht angegeben hat. Wenn diese Bestimmung und die Bezifferung des Anspruchs dem Kläger zu Beginn des Prozesses unmöglich oder unzumutbar sind, dann kann sie ihm auch in der vom Gericht eingesetzten Frist unmöglich oder unzumutbar sein und der Kläger kann die Bezifferung seines Anspruchs nicht angeben. Demzufolge kann seine Klage abgewiesen werden und er kann sein Rechtsbegehren nicht erreichen.[384] Der Kläger kann die Klage mit der vermutlichen Betragshöhe seines Rechtsbegehrens erheben, damit er wegen der vom Gericht eingeräumten Frist sein Rechtsbegehren nicht verliert. Aber diese vermutliche Bezifferung kann Prozessrisiken verursachen, wenn der Kläger die Betragshöhe sehr hoch angibt. Der Kläger kann auch wegen der Prozesskostenrisiken die Betragshöhe seines Anspruchs zu niedrig angeben, aber dann wird der nicht eingeklagte Rest seines Anspruchs wegen der Verjährungsfrist in Gefahr sein.[385] Für das Erlangen des nicht eingeklagten Restes seines Rechtsbegehrens muss der Kläger die Einwilligung des Beklagten haben. Wenn der Beklagte nicht einwilligt, dann muss der Kläger den Rest seines Anspruchs

382 Pekcanıtez/Atalay/Özekes, S. 443f.; Postacıoglu/Altay, S. 252, Rn. 485.
383 Pekcanıtez/Atalay/Özekes, S. 442f.; Postacıoglu/Altay, S. 252, Rn. 485.
384 Simil, S. 21.
385 Kulaksiz, S. 71; Simil, S. 21.

durch Verbesserung oder durch eine neue Klage anfordern. Folglich müsste der Kläger für diese Klagen zusätzliche Prozesskosten bezahlen, auch wird mit neu erhobenen Klagen die Arbeitslast der Gerichte zunehmen und es können auch verschiedene widersprüchliche Entscheidungen für gleiche Rechtsstreitigkeiten und Ansprüche entstehen.[386] Durch all dies würde die Absicherung der Prozessökonomie bedroht. Demzufolge müssen die Ausnahmen des Bestimmtheitserfordernisses des Anspruchs im Sinne des Art. 119 Abs. 1 lit. ğ TürkZPO anerkannt werden, damit die Verfahrensgrundsätze, das Recht auf Rechtsschutz und die Prozessökonomie, verwirklicht werden können.

In diesem Sinne ist die unbezifferte Forderungsklage gemäß Art. 107 TürkZPO im türkischen Zivilprozessrecht als die Ausnahme des Bestimmtheitserfordernisses des Anspruchs gemäß Art. 119 Abs. 1 lit. ğ TürkZPO geregelt.[387] Demgemäß kann der Kläger die Klage erheben, obwohl er die Betragshöhe seines Anspruchs in der Klageschrift nicht benennen kann und damit werden die möglichen Nachteile des Bestimmtheitserfordernisses beseitigt.[388]

Die unbezifferte Forderungsklage ist eine besondere Leistungsklage, da der Kläger dadurch das Erlangen des Ganzen seines Anspruchs bezweckt. Die einzige Ausnahme und der einzige Unterschied dazu ist die nachträgliche Angabe der bezifferten Betragshöhe des Anspruchs anstelle der Benennung zu Beginn des Prozesses.[389] Außer dieser nachträglichen Bezifferung der Betragshöhe des Anspruchs hat die unbezifferte Forderungsklage gleiche Folgen wie die normale Leistungsklage.[390] Dementsprechend gibt der Kläger die Betragshöhe seines Anspruchs während des Verfahrens an und in diesem Sinne kann das Gericht auch bei der unbezifferten Forderungsklage seine Entscheidung nach dem Anspruch des Klägers treffen. Die unbezifferte Natur dieser Klageart wird also vor der Gerichtsentscheidung beseitigt. Da die unbezifferte Natur des Anspruchs während des Verfahrens beseitigt wird und da die Betragshöhe des Anspruchs vor der Gerichtsentscheidung vom Kläger angegeben wird[391], verursacht die unbezifferte Forderungsklage auch für den Beklagten keine Nachteile,

386 Pekcanitez, Belirsiz Alacak Davasi, S. 19; Simil, S. 21.

387 Pekcanitez/Pekcanitez, Pekcanitez Usul, S. 1020; Pekcanıtez/Atalay/Özekes, S. 442f.; Pekcanitez, Belirsiz Alacak davasi, S. 26.

388 Pekcanitez/Pekcanitez, Pekcanitez Usul, S. 1020; Pekcanıtez/Atalay/Özekes, S. 442f.; Pekcanitez, Belirsiz Alacak Davasi, S. 26.

389 Pekcanitez/Pekcanitez, Pekcanitez Usul, S. 1025; Pekcanıtez/Atalay/Özekes, S. 444; Pekcanitez, Belirsiz Alacak Davasi, S. 31.

390 Pekcanitez, Belirsiz Alacak Davasi, S. 32.

391 Simil, S. 24.

da auch der Beklagte während des Verfahrens erfahren kann, welchen Anspruch in welcher Höhe der Kläger an ihn hat und wie er sich dagegen verteidigen kann. Demzufolge wird also auch das Recht auf rechtliches Gehör des Beklagten verwirklicht.[392]

Die Ausnahme bei der unbezifferten Forderungsklage verstößt auch nicht gegen den Verhandlungsgrundsatz, da der Kläger gemäß Art. 107 Abs. 1 TürkZPO alle Tatsachen, Behauptungen und Beweismittel über seinen Anspruch dem Gericht vorlegen muss, obwohl er die Betragshöhe seines Anspruchs zu Beginn des Prozesses nicht beziffern und angeben kann. Da der Kläger aber die Bezifferung der Betragshöhe seines Anspruchs während des Verfahrens dem Gericht angeben muss, wird auch die Angabe des bezifferten Betrags des Anspruchs neben den Tatsachen und Beweismitteln erfüllt, wodurch die unbezifferte Forderungsklage wegen des anfänglich unbezifferten Charakters des Anspruchs keinen Verstoß gegen den Verhandlungsgrundsatz verursacht.[393]

Wie zuvor dargelegt, ist daher die gesetzliche Regelung der unbezifferten Forderungsklage als Ausnahme von der Leistungsklage und des Bestimmtheitserfordernisses für die Verwirklichung der Prozessgrundsätze und für die Rechtssicherung, entgegen der Meinungsstreitigkeiten in der Lehre über ihren ausnahmsweislichen Charakter und ihre Zulässigkeit, als zweck- und sachgemäß anzusehen.[394]

B. Im deutschen Recht

1. Vor dem Inkrafttreten der Zivilprozessordnung

Seit dem 19. Jahrhundert ist die Zulässigkeit der unbezifferten Forderungsklage bzw. des unbezifferten Klageantrags im deutschen Recht fraglich und umstritten.[395] Die Zulässigkeit der unbezifferten Forderungsklage wurde vor allem unter dem Aspekt des Klageantrags und seiner Zulässigkeitsvoraussetzungen diskutiert.

Gemäß §225 der bayerischen Prozessordnung verstand man unter der genauen Bezeichnung des Streitgegenstandes die vollständige und deutliche Angabe von Tatsachen des Anspruchs, den Grund der Rechtsstreitigkeit und die Bestimmtheit

392 Pekcanitez, Belirsiz Alacak Davasi, S. 37f.; Simil, S. 24.
393 Simil, S. 25; Loosli, S. 83f.
394 Simil, S. 23.
395 Blechschmidt, S. 6.

des Klageantrags.[396] Ähnlich wie im §253 Abs. 2 Nr. 2 ZPO hatte der Gesetzgeber auch in der bayerischen Zivilprozessordnung nicht geklärt, was man unter dem „bestimmten Klageantrag“ verstehen sollte und ob man darunter die Bezifferung des Anpruchs als Zulässigkeitsvoraussetzung verstehen musste.[397]

Im Vergleich zur bayerischen Zivilprozessordnung waren die Zulässigkeitsvoraussetzungen der Klageschrift in dem preußischen Entwurf der Zivilprozessordnung deutlicher festgesetzt. Gemäß §296 Abs. 4 des preußischen Entwurfs musste der Kläger alle Tatsachen seines Rechtsbegehrens und auch die Betragshöhe seines Anspruchs vorbringen. Dementsprechend hätte die unbezifferte Forderungsklage die Voraussetzungen des §296 Nr. 4 des preußischen Entwurfs nicht erfüllen können.[398]

Trotz dieser Regelung des preußischen Entwurfs war aber die Zulässigkeit der unbezifferten Forderungsklage in der Rechtsprechung der preußischen Gerichte anerkannt.[399] Dementsprechend wurde die unbezifferte Forderungsklage damals nicht als eine Leistungsklage, sondern als eine Feststellungsklage anerkannt, wobei der Kläger erst eine ganz normale Klage auf Schadensersatz erheben konnte, damit der Beklagte zur Leistung des Schadensersatzes verurteilt werden konnte, danach konnte der Kläger eine zusätzliche Klage mit dem Anspruch auf die Leistung des bezifferten Schadensersatzes erheben.[400] Diese aufgespaltene Ausübung der Klage mit unbeziffertem Klageantrag war aber nicht prozessökonomisch. Daher hat die Rechtsprechung später „die Einsparung der Liquidationsinstanz“ akzeptiert und befolgt.[401] Dementsprechend musste der damaligen herrschenden Ansicht der Rechtsprechung nach die Klageschrift die bestimmten Angaben über den Inhalt, die Art und den Umfang des Anspruchs besitzen. Demzufolge war die genaue Angabe der bezifferten Betragshöhe des Anspruchs in der Klageschrift nicht als eine notwendige Zulässigkeitsvoraussetzung erforderlich, sofern die Klage nicht auf Vertragserfüllung oder aber subsidiär auf Schadensersatz ausgerichtet war. Bei solchen Fällen musste der Kläger auch die bezifferte Betragshöhe seines Anspruchs in seinem Klageantrag genau angeben.[402]

---

396 Prozessordnung in bürgerlischen Rechtsstreitigkeiten für das Königreich Bayern vom 1.2.1869, Amtliche Ausgabe, Neudruckte Zivilprozessualer Kodifikationen und Entwürfe des 19. Jahrhunderts

397 Menges, S. 22.

398 Menges, S. 22.

399 Blechschmidt, S. 6.

400 Blechschmidt, S. 6.

401 Blechschmidt, S. 6.

402 Blechschmidt, S. 7.

Gemäß §197 des norddeutschen Entwurfs musste der Kläger die bestimmte Angabe des Streitgegenstandes, des Grundes seines Anspruchs und den bestimmten Klageantrag vorbringen.[403] Dieser Regelung des norddeutschen Entwurfs und §253 Abs. 2 Nr. 2 ZPO stimmen überein. Auch hier hatte der Gesetzgeber festgesetzt, dass die Angabe des bezweckten Anspruchs in der Klageschrift erforderlich ist.[404] Einer Deutung nach hatte der Gesetzgeber des sogenannten Entwurfs im Hintergrund die Vorstellung, als ob die bezifferte Betragshöhe des Anspruchs für den zulässigen Antrag unbedingt erforderlich sein müsse.[405] Wenn diese Deutung als wahr akzeptiert würde, dann würde die unbezifferte Forderungsklage in diesem Kontext die Zulässigkeitsvoraussetzungen nicht erfüllen und dem Willen des Gesetzgebers widersprechen.

2. Rechtsprechung und Lehre nach dem Inkrafttreten der deutschen ZPO

Die unbezifferte Forderungsklage wird von der deutschen Rechtsprechung und von der Lehre als die Ausnahme des §253 Abs. 2. Nr. 2 ZPO angesehen und gemäß §254 ZPO ist sie als Stufenklage, die eine Art der unbezifferten Forderungsklage ist, anerkannt.[406]

Gemäß §253 Abs. 2 Nr. 2 ZPO[407] wird die Bestimmtheit des Klageantrags als eine der Zulässigkeitsvoraussetzungen der Klage anerkannt. Trotz dieser Voraussetzung der ZPO ist die unbezifferte Forderungsklage in der deutschen Rechtspraxis erst von dem Reichsgericht, dann vom BGH und von der Lehre zugelassen worden.[408]

---

403 Entwurf einer Civilprozessordnung für den Norddeutschen Bund, 1870, abgedruckt bei Schubert, Protokolle der Komission zur Ausarbeitung des Entwurfs einer Civilprozessordnung für die Staaten des Norddeutschen Bundes, Bd. 5, S. 2431; Materialien zur Entwicklungsgeschichte der ZPO Band 4, 1975, Scientia Verlag Aalen, S. 60.

404 Menges, S. 23.

405 Menges, S. 23.

406 Blechschmidt, S. 9; Ubert, S. 10; Menges, S. 9; Wieczorek/Schütze/Assmann, §253, Rn. 98; Gemäß § 254 ZPO ist die Stufenklage, die eine Art der unbezifferten Forderungsklage ist, in der deutschen Zivilprozessordnung geregelt. Aber hier ist gemeint, dass die unbezifferte Forderungsklage im deutschen Recht nicht ähnlich wie in den türkischen oder schweizerischen Zivilprozessrechten geregelt ist.

407 Auch § 230 Abs. 2 Nr. 2 CPO hat den gleichen Wortlaut wie vom §253 Abs. 2 S. 2 ZPO.

408 Blechschmidt, S. 9; Ubert, S. 10; Menges, S. 9; Wieczorek/Schütze/Assmann, §253, Rn. 98.

Nach der Rechtsprechung des Reichsgerichts und des Bundesgerichtshofes und nach den in der Lehre anerkannten Begründungen soll die unbezifferte Forderungsklage erst dann als zulässig anerkannt werden, wenn die Bestimmung, also die Bezifferung der Betragshöhe des Anspruchs, des richterlichen Ermessens bedürfe, und wenn der Kläger die wichtigen Tatsachen zu seinem Anspruch, die das Gericht für das richtige Ermessen und die Beurteilung anfordert, dem Gericht vollständig vorlege.[409]

Bei der Entstehung der herrschenden Meinung der Rechtsprechung und der Lehre des deutschen Zivilprozessrechts über die Zulässigkeit der unbezifferten Forderungsklage spielte die Rechtsprechung des Reichsgerichts eine entscheidende Rolle, da seit mehr als hundert Jahren diese Rechtsprechung des Reichsgerichts als Begründung der Zulässigkeit der unbezifferten Forderungsklage von dem Bundesgerichtshof und von der Lehre angenommen und herangezogen wurde.[410]

Durch das Urteil des Reichsgerichts vom 05.05.1883 wurde die unbezifferte Forderungsklage als zulässig anerkannt. Nach diesem Urteil müsse die Bezifferung des Anspruchs in der Klageschrift nicht existieren, damit die Klage zulässig sei. Auch gemäß §230 Abs. 2 Nr. 2 CPO, bzw.§253 Abs. 2 Nr. 2 ZPO, müsse die Angabe der bezifferten Betragshöhe des Anspruchs nicht als erforderlich angenommen werden.[411] Nach dem Sachverhalt dieses Urteils hatte die Klägerin die Klage mit dem Anspruch auf ihr durch die verspätete Ablieferung, die Beschädigung und die Nichterfüllung des Rechtsgeschäfts über die Lieferung von Baumwollbällen entstandenen Schäden erhoben.[412] Dieses Vorbehaltsverfahren wurde von dem Reichsgericht nicht als Feststellungsklage, sondern als Leistungsklage angenommen.[413] Dementsprechend sei der Ansicht des Reichsgerichts nach die bezifferte Angabe der Betragshöhe keine Notwendigkeit und die Klage sei zulässig, wenn der Kläger Tatsachen seines Rechtsbegehrens genau und deutlich angebe, damit der Richter die Beurteilung ohne Zweifel sachgemäß und angemessen erstellen könne. Demgemäß hat das Reichsgericht die genaue Bezifferung des Klageantrags bei Klagen, die des richterlichen Ermessens bedürfen, nicht als Zulässigkeitsvoraussetzung, sondern als eine „ganz nutzlose

---

409 BGHZ 4, 138, S. 141; 45, S. 93; BGH, NJW 1967, S. 1421; BGH, NJW 1969, S. 1428; BGH, NJW 1970, S. 281; BGH, VerS 1992, S. 374; Blechschmidt, S. 7; Ubert, S. 4; Menges, S. 7, 9.

410 Menges, S. 7; Ubert, S. 3.

411 RGZ 10, S. 354; Ubert, S. 3.

412 RGZ. 10, S. 354.

413 Menges, S. 8.

Formalität" angenommen, da der Gesetzgeber mit dem bestimmten Klageantrag nur die Information des Beklagten über den Anspruch des Klägers bezweckt hat, damit es dem Beklagten klar werden kann, wie und in welcher Weise er sich verteidigen kann.[414]

Nach dieser Entscheidung des Reichsgerichts haben auch die vereinigten Zivilsenate die unbezifferte Forderungsklage als zulässig angenommen.[415] Nach dieser Entscheidung der vereinigten Zivilsenate müsse der Kläger seinen Anspruch in der Klageschrift genau und deutlich substantiieren, damit das Gericht den Grund und den Betrag des Anspruchs richtig beurteilen und darüber entscheiden könne.[416] Demgemäß haben die vereinigten Zivilsenate durch Wiederholung der Entscheidung des Reichsgerichts die Zulässigkeit der unbezifferten Forderungsklage anerkannt.[417]

Nach einer anderen feststehenden Rechtsprechung des Reichsgerichts bedeutete die Bestimmtheitserfordernis gemäß §253 Abs. 2 Nr. 2 ZPO, auch bei Geldleistungsklagen, nicht immer die Angabe der bezifferten Betragshöhe des Anspruchs.[418] Demgemäß müsste es in den Fällen genügen, wo die Bezifferung der Betragshöhe des Anspruchs durch Beweisaufnahme oder durch gerichtliches Ermessen oder Schätzung bestimmt wird, wenn die Festsetzung der Bezifferung des Anspruchs dem Gericht überlassen wird, sobald der Kläger dem Gericht alle Tatsachen über sein Rechtsbegehren, die das Gericht für das billige Ermessen und die Entscheidung braucht, vorbringt.[419]

Außerdem hat aber das Reichsgericht in einer anderen Entscheidung besonders zum Ausdruck gebracht, dass die bezifferte Betragshöhe des Anspruchs auch bei Geldleistungsklagen als die Regel angenommen werden müsse und die unbezifferte Forderungsklage nur bei Fällen, wo die Bezifferung dem Kläger unmöglich oder unzumutbar ist, als Ausnahme begrenzt zugelassen werden könne.[420]

Auch der Bundesgerichtshof ist der Rechtsprechung des Reichsgerichts gefolgt und hat die unbezifferte Forderungsklage in den besonderen Fällen begrenzt, in denen die bezifferte Angabe der Betragshöhe des Anspruchs in richterliches

---

414 RGZ 10, S. 353; Ubert, S. 3f.

415 RGZ 21, S. 387.

416 RGZ 21, S. 387; Menges, S. 8; Ubert, S. 4.

417 Menges, S. 8; Ubert, S. 4.

418 RGZ 140, S. 213; Ubert, S. 4; Stein/Jonas/Roth, §253, Rn. 45.

419 Ubert, S. 4; Stein/Jonas/Roth, §253, Rn. 45; MünchKommZPO/Becker-Eberhard, §253, Rn. 119.

420 RG, JW 1937, S. 3185; Ubert, S. 5; Menges, S. 9.

Ermessen gestellt wird oder der richterlichen Einschätzung bedarf, weil die Bezifferung dem Kläger bei solchen Fällen unmöglich oder unzumutbar ist.[421]

Obwohl der Bundesgerichtshof anfänglich für die Zulassung der unbezifferten Forderungsklage die Begründung des Reichsgerichts übernommen hat[422], hat er später seine eigene Begründung gebildet. Dementsprechend müsse der Kläger für eine zulässige unbezifferte Forderungsklage eine Größenordnung seines Anspruchs angeben, damit die Bestimmtheitserfordernis gemäß §253 Abs. 2 Nr. 2 ZPO erfüllt werden könne und damit der Beklagte vorher einschätzen könne, was für einen Anspruch der Kläger an ihn habe und wie er sich dagegen verteidigen könne.[423]

Obwohl die Gebundenheit des Gerichts an die von dem Kläger angegebene Größenordnung lange Zeit unklar und umstritten war, hat der BGH erst entschieden, dass das Gericht einen Entscheidungsspielraum von 20% über die Größenordnung der angegebenen Obergrenze hat.[424] Nach einer späteren Entscheidung kann das Gericht im Spielraum von 50% über die Größenordnung des Anspruchs entscheiden.[425]

Nach der späteren Entscheidung des BGH könne das Gericht die vom Kläger angegebene Größenordnung um 100%, ohne Verstoß gegen §308 Abs. 1 ZPO, überschreiten. Dementsprechend hat das Gericht bei dem richterlichen Ermessen keine Obergrenze.[426] Dass das Gericht bei dem Ermessen des Betrags des Schadensersatzes den Entscheidungsspielraum von 100% hat, heißt das aber nicht, dass die Angabe der Größenordnung nicht mehr als Zulässigkeitsvoraussetzung erforderlich ist. Vielmehr hielt der BGH die Angabe der Größenordnung ausdrücklich als eine Zulässigkeitsvoraussetzung fest, da diese Angabe der Größenordnung eine große Hilfe für das Gericht bei dem Ermessen des Streitwertes und der Betragshöhe sei, denn so kann das Gericht wissen, mit welchem Betrag der Kläger zufrieden wäre. Dadurch kann der Kläger nachher auch keine Beschwerde einlegen, wenn der Betrag, der vom Gericht ermessen ist, die Untergrenze der vom Kläger angegebenen Größenordnung nicht unterschreitet.[427]

---

421 BGHZ 4, S. 141; 45, S. 93; BGH, NJW 1967, S. 1421; BGH, NJW 1969, S. 1428; BGH, VersR 1992, S. 374; Menges, S. 9; Ubert, S. 5; MünchKommZPO/Becker-Eberhard, §253, Rn. 119.

422 BGHZ 4, S. 142; 45, S. 93; BGH, NJW 1967, S. 1421; BGHZ 132, S. 350.

423 BGHZ 45, S. 93; BGH, NJW 1969, S. 1428; BGH, VersR 1975, S. 857; BGH, NJW 1982, S. 341; BGHZ 132, S. 350; BGH, MDR 1999, S. 299; Menges, S. 10; Ubert, S. 5; Stein/jonas/Roth, §253, Rn. 45; MünchKommZPO/Becker-Eberhard, §253, Rn. 120f.

424 BGH, VersR 1977, S. 861.

425 BGH, VersR 1983, S. 151.

426 BGHZ 132, S. 341; Stein/Jonas/Roth, §253, Rn. 47.

427 BGHZ 132, S. 351; Prütting/Gehrlein/Geisler, ZPOKomm, §253, Rn. 40.

Nach der neuesten Rechtsprechung des BGH wird die Angabe der Größenordnung nicht mehr als eine von den Zulässigkeitsvoraussetzungen angenommen. Dementsprechend kann der Kläger, wenn es ihm möglich ist, eine Größenordnung angeben, damit er die Möglichkeit einer Rechtsmitteleinlegung erhalten kann. Aber die Klageschrift wird auch dann zulässig, wenn der Kläger keine Größenordnung angibt. Dann aber kann der Kläger keine Rechtsmittel einlegen.[428]

Bei der Erhebung der unbezifferten Forderungsklage hält der Kläger auch die kostenmäßigen Vorteile zu seinen Gunsten im Auge und die Möglichkeit, dass die Beweisaufnahme gegen ihn und seine Darstellungen über die Rechtsstreitigkeit nachteilig ausfallen könnte.[429] Der Ansicht des BGH nach kann aber das Prozesskostenrisiko für die Zulässigkeit der unbezifferten Forderungsklage keine Begründung darstellen. Nach dem Abschluss der Beweisaufnahme können die Behauptungen und die Vorbringungen des Klägers anders dargestellt werden und demzufolge kann der Kläger durch die spätere Beweisaufnahme über eine ihn treffende Mitverantwortung seines Schadens auch mögliche Nachteile ertragen, was eben auch zum Prozessrisiko gehört. Von diesem Prozessrisiko kann der Kläger sich nicht durch die unbezifferte Forderungsklage, sondern durch wahrheitsgemäße Darstellungen über die Rechtsstreitigkeit entbinden.[430] Deswegen wird die unbezifferte Forderungsklage nach der Ansicht des BGH als unzulässig angenommen, „wenn der Kläger mit der unbezifferten Forderungsklage die Risiken der späteren Beweisaufnahme über die ihn treffende Mitverantwortung an dem Eintritt des Schadens auffangen will."[431]

Fast die ganze Literatur des deutschen Zivilprozessrechts ist der Rechtsprechung vom Reichsgericht und Bundesgerichtshof über die Zulässigkeit der unbezifferten Forderungsklage gefolgt und hat sie im Sinne der Rechtsprechungen und Begründungen des Reichsgerichts und Bundesgerichtshofs anerkannt.[432] Natürlich gibt es auch Ansichten, die die Zulässigkeit der unbezifferten Forderungsklage verneinen und sie als einen Verstoß gegenüber §253 Abs. 2 Nr. 2 ZPO ansehen.[433] Obwohl die Rechtsprechung und die Begründung

428 BGHZ 140, S. 341; Menges, S. 12.
429 BGH, NJW 1967, S. 1421.
430 BGH, NJW 1967, S. 1421; Ubert, S. 5.
431 BGH, NJW 1967, S. 1420; Ubert, S. 5.
432 Ubert, S. 10; Menges, S. 12; Stein/Jonas/Roth, §253, Rn. 45; Thomas/Putzo/Reichold, §253, Rn. 12; Musielak/Voit/Foerste, §253, Rn. 34; Prütting/Gehrlein/Geisler, ZPO-Komm, §253, Rn. 40; MünchKommZPO/Becker-Eberhard, §253, Rn. 117; Geigel/Kolb, Der Haftpflichtprozeß, 20. Auflage, 1990, S. 1278, §39, Rn. 4.
433 Menges, S. 12.

vom Reichsgericht und vom Bundesgerichtshof überwiegend in der deutschen Fachliteratur anerkannt werden, sind einige Fachleute davon nicht überzeugt, dass die unbezifferte Forderungsklage keinen Verstoß gegen den §253 Abs. 2 ZPO verursacht.[434]

Im späteren Verlauf dieser Arbeit werden unterschiedliche Ansichten der deutschen Literatur des Zivilprozessrechts über die Zulässigkeit der unbezifferten Forderungsklage aufgezeigt und untersucht werden.

C. Im schweizerischen Recht

1. Rechtslage vor dem Inkrafttreten der schweizerischen Zivilprozessordnung

Vor dem Inkrafttreten der neuen schweizerischen Zivilprozessordnung (SchweizZPO) am 1.01.2011 gehörte die Zuständigkeit der Rechtssetzung des Zivilprozessrechts den Kantonen der schweizerischen Bundesstaaten.[435] Damals waren die Regelungen der Zivilprozessordnungen der schweizerischen Kantone nicht einheitlich. Es gab auch zivilprozessuale Regelungen in privatrechtlichen Kodifikationen und Spezialgesetzen, da der Bundesgesetzgeber viele einzelne Regelungen im Zivilprozessrecht erließ, die seiner Ansicht nach für die einheitliche Durchsetzung des Bundeszivilrechts notwendig waren.[436] Diese Uneinheitlichkeit der zivilprozessualen Regelungen in den Kantonen verursachten Widersprüche der Regelungen untereinander.[437]

Diese Uneinheitlichkeiten und die Widersprüche der Regelungen trafen auch auf die früheren Regelungen der unbezifferten Forderungsklage zu. Demzufolge gab es unterschiedliche Regelungen über die Form des Rechtsbegehrens und über die Zulässigkeit der unbezifferten Forderungsklage in den Zivilprozessordnungen von 26 verschiedenen Kantonen.[438] Damals waren die Grundvoraussetzungen der Zulässigkeit der unbezifferten Forderung vom Bundesgericht als ungeschriebene Regelung des Zivilprozessrecht geregelt, um die einheitliche Durchsetzung des Bundeszivilrechts zu gewährleisten.[439] Außerdem waren die Ermessensklagen, bei denen der Richter durch seine richterliche Ermessensbefugnis die Betragshöhe

---

434 Ubert, S. 9; Jauernig/Hess, S. 163f., Rn. 5f.
435 Baumann Wey, S. 45, Rn. 133.
436 Baumann Wey, S. 46, Rn. 133.
437 Baumann Wey, S. 46, Rn. 133.
438 Baumann Wey, S. 146, Rn. 134.
439 Baumann Wey, S. 46, Rn. 134, S. 96, Rn. 262; Leuenberger/Uffer-Tobler, 2. Auflage, S. 161, Rn. 6.9.

des Streitgegenstandes festsetzen kann, gemäß Art. 73 a Abs. 2 SchweizPatG und gemäß Art. 42 Abs. 2 SchweizOR zugelassen.[440]

Damals gab es in den kantonalen Zivilprozessordnungen keine einheitliche Regelung über das Bestimmtheitserfordernis auf Rechtsbegehren. Es gab kantonale Zivilprozessordnungen, die das Bestimmtheitserfordernis auf Rechtsbegehren nicht ausdrücklich geregelt haben, es gab auch kantonale Zivilprozessordnungen, die das Bestimmtheitserfordernis auf die Geldforderungen explizit geregelt haben. Es gab aber auch Zivilprozessordnungen, die die Klageerhebung mit dem Anspruch auf unbezifferte Rechtsbegehren als zulässig akzeptiert und festgesetzt haben.[441]

In den Zivilprozessordnungen der Kantone Bern, Freiburg, Jura, Thurgau und Appenzell-Innerrhoden war der Inhalt der Angabe und des Bestimmtheitserfordernisses des Rechtsbegehrens nicht geregelt. Nach diesen Ordnungen musste der Kläger in seiner Klageschrift einfach sein Rechtsbegehren angeben.[442] In diesen Zivilprozessordnungen wurde die unbezifferte Forderungsklage nicht ganz ausgeschlossen und als unzulässig angenommen, obwohl sie weder explizit noch implizit geregelt war, da sie praxisgemäß von der kantonalen Rechtsprechung und der Literatur zugelassen war.[443]

Das Bestimmtheitserfordernis des Rechtsbegehrens in der Klageschrift ist in den Zivilprozessordnungen der Kantone Basel, Midwaldner und Solothurn explizit geregelt.[444] Demgemäß musste der Kläger aber in seiner Klageschrift sein Rechtsbegehren vollständig, bestimmt und genau angeben, damit dies dem Richter und dem Beklagten klar werden konnte.[445] Obwohl diese Regelungen von kantonalen Prozessordnungen das Bestimmtheitserfordernis explizit geregelt haben, haben sie das Bestimmtheitserfordernis des Rechtsbegehrens auf Geldforderungen nicht explizit geregelt. Die Bestimmtheits- und Bezifferungserfordernisse für Geldforderungen konnten erst durch die Auslegung der Regelungen über das Bestimmtheitserfordernis des Rechtsbegehrens verstanden werden.[446] Nur zwei Kantone der Schweiz haben die Bezifferungserfordernis

440 Baumann Wey, S. 46, Rn. 134, S. 79, Rn. 224, 227.

441 Baumann Wey, S. 47, Rn. 138.

442 Art. 157 ZPO Bern; Art. 137 ZPO-AI; Art. 158 Abs. 1, lit. c ZPO-Fr; Art. 155 ziff. 2 ZPO-JU; Art 138 Abs. 2 Ziff. 2 ZPO-TG; Gut, S. 8, Rn. 18, S. 9, Rn. 20.

443 Leuch/Marbach/Kellerhals, Die Zivilprozessordnung für den Kanton Bern, 4. Auflage, 1995, Art. 157, S. 325f.; Loosli, S. 29; Gut, S. 8, Rn. 18.

444 Baumann Wey, S. 48, Rn. 140; Gut, S. 6, Rn. 13.

445 Art. 37 Ziff. 2 ZPO-BS; Art. 119 Abs. 2 Ziff. 2 ZPO-NW; Art. 129 Abs. 1 lit. B ZPO-SO.

446 Baumann Wey, S. 48; Rn. 141.

des Anspruchs auf Geldforderungen in ihren Zivilprozessordnungen geregelt.[447] Gemäß Art. 168 Abs. 1 ZPO-Arg und gemäß Art. 86 Abs. 2 Nr. 1 ZPO-Ur musste die Betragshöhe der Forderung beziffert werden, wenn die Klage auf die Geldleistung abzielte.

Die unbezifferte Forderungsklage war von den Zivilprozessordnungen der Kantone Luzern, Glarus, Schwyz, Zürich und Solothurn explizit geregelt. Die Unmöglichkeit und die Unzumutbarkeit der Bezifferung der Betragshöhe dem Kläger wurde in all diesen kantonalen Zivilprozessordnungen als eine Grundvoraussetzung der Zulässigkeit der unbezifferten Forderungsklage zugestanden.[448] Dementsprechend musste die Bezifferung der Betragshöhe des Rechtsbegehrens dem Kläger zu Beginn des Prozesses unmöglich oder unzumutbar sein.[449] Auch die nachträgliche Bezifferung der unbezifferten Forderungen wurde von diesen kantonalen Zivilprozessordnungen anerkannt.[450] So durfte die Betragshöhe des Anspruchs zu Beginn des Prozesses unbeziffert sein und der Kläger durfte solch eine unbezifferte Klage erheben, aber im Laufe des Prozesses musste der Kläger sein Rechtsbegehren genau bestimmen bzw. beziffern.[451] Demgemäß ist der Zeitpunkt der nachträglichen Bezifferung nach den kantonalen Zivilprozessordnungen, die die unbezifferte Forderungsklage zuließen, an das Beweisverfahren gebunden. Gemäß §61 Abs. 2 ZPO-ZH, §92 Abs. 2 ZPO-LU, §56 Abs. 2 ZPO-SZ und gemäß Art. 65 Abs. 2 ZPO-SG musste der Kläger die genaue, bezifferte Angabe der Betragshöhe seines Anspruchs nach dem Abschluss des Beweisverfahrens vorlegen.[452]

Außer den Regelungen der kantonalen Zivilprozessordnungen, die die unbezifferte Forderungsklage explizit geregelt haben, hatte der Gesetzgeber der ZPO-GL für den Zeitpunkt der Bezifferung der Betragshöhe des Anspruchs neben dem Beweisverfahren zusätzlich auch die Auskunftserteilung festgesetzt. Folglich gemäß Art. 74 Abs. 3 ZPO-GL konnte der Kläger auch nach der Auskunftserteilung durch die Gegenpartei seinen Anspruch genau beziffern.[453] Mit dieser Regelung hatte der Gesetzgeber auch damals die Stufenklage[454], die heute

447 Baumann Wey, S. 48, Rn. 141.

448 Sträuli/Messmer, §61, S. 135, Rn. 15; Baumann Wey, S. 49, Rn. 143; Gut, S. 6, Rn. 14.

449 Art. 92 Abs. 2 ZPO-LU; Art. 130 Abs. 2 ZPO- SO; Art. 61, Abs. 2 ZPO- ZH; Art. 56, Abs. 2 ZPO-SZ.

450 Sträuli/Messmer, §61, S. 136, Rn. 15; Baumann Wey, S. 49, Rn. 144.

451 Sträuli/Messmer, §61, S. 136, Rn. 15; Baumann Wey, S. 49, Rn. 144.

452 Gut, S. 6, Rn. 14; Baumann Wey, S. 49, Rn. 144.

453 Art. 74 Abs. 3 ZPO-GL.

454 Gut, S. 6, Rn. 14; Baumann Wey, S. 50, Rn. 145.

gemäß Art. 89 SchweizZPO geregelt ist, festgesetzt. Dementsprechend war die nachträgliche Bezifferung im Sinne der unbezifferten Forderungsklage nicht nur nach dem Beweisverfahren, sondern auch nach der Auskunftserteilung möglich.

Da die unbezifferte Forderungsklage damals nicht von allen Kantonen gesetzlich geregelt war und da der Kläger deswegen sein Recht auf Rechtsschutz nicht abgesichert erhalten konnte, ermöglichte das Bundesgericht mit der derogatorischen Kraft des Bundeszivilrechts die unbezifferte Forderungsklage unabhängig von den Zivilprozessordnungen der Kantone.[455] Demgemäß musste die Klageerhebung mit dem Anspruch auf unbezifferte Rechtsbegehren in vier Fallkonstellationen zulässig sein. Dies waren die Ermessensklagen mit Schadensersatzansprüchen im Patentrecht gemäß Art. 73a Abs. 2 SchweizPatG, die Klagen, die zu dem Anwendungsbereich von Art. 42 Abs. 2 SchweizOR gehörten, die Klagen mit der anfänglichen Unmöglichkeit der Bezifferung des Anspruchs sowie die Stufenklagen.[456]

2. Nach dem Inkrafttreten der SchweizZPO

Bevor der Entwurf des Bundesrats von dem Parlament, von dem Ständerat und dem Nationalrat der Schweiz als Zivilprozessordnung der Schweiz verabschiedet wurde, war ein Vorentwurf im Jahr 2003 von einer Expertenkommission verfasst worden, die vom Bundesrat der Schweiz im Jahr 1999 zur Erarbeitung eines Vorentwurfs für eine schweizerische Zivilprozessordnung eingesetzt worden war.[457]

Damals wurden die Regelungen des Vorentwurfs über die Klagearten sehr kritisiert. Dementsprechend hätten die Regelungen über die Klagearten deutlich überarbeitet werden sollen.[458]

Im Vorentwurf der SchweizZPO war die unbezifferte Forderungsklage im Art. 75 VE- SchweizZPO geregelt. Gemäß Art. 75 Abs. I VE-SchweizZPO konnte man eine unbezifferte Forderungsklage erheben, wenn die Bezifferung der Forderung der klagenden Partei zu Beginn des Prozesses dem Kläger unzumutbar oder unmöglich ist.[459] Demgemäß ist auch im Vorentwurf die unbezifferte Forderungsklage als eine Ausnahme anerkannt und zugelassen, weil eine Behinderung der Verwirklichung von materiellen Rechte des Klägers wegen der Unmöglichkeit oder Unzumutbarkeit der Bezifferung der Forderung entstehen

455 BGE 116 II 215; Leuenberger/Uffer-Tobler, 2. Auflage, S. 161, Rn. 6.9; Baumann Wey, S. 51, Rn. 148.

456 Baumann Wey, S. 51, Rn. 149.

457 Baumann Wey, S. 52, Rn. 150; Meier, Vorentwurf für eine schweizerische Zivilprozessordnung, 2003, S. 13; Gut, S. 34, Rn. 84.

458 Meier, Vorentwurf, S. 93.

459 Art. 75 VE-SchweizZPO.

könnte.[460] Nach dem Bericht der Expertenkommission des Vorentwurfs sollte die zwingende Zulassung der unbezifferten Forderung gemäß BGH 116 II 215 auch in die kantonalen Zivilprozessordnungen übernommen werden.[461] Dementsprechend hatte auch die Expertenkommission im Vorentwurf der SchweizZPO die Zulassung der unbezifferten Forderungsklage als eine Ausnahme ermöglicht.

Aber die Regelung des Vorentwurfs über die unbezifferte Forderungsklage wurde in der Literatur und im Bundesrat kritisiert und als unvollständig empfunden.[462] Gemäß Art. 75 Abs. 2 VE-SchweizZPO musste der Kläger nach dem Abschluss des Beweisverfahrens die genaue Bezifferung seines Anspruchs vorlegen. Diese Regelung des Vorentwurfs wurde aber streng kritisiert, da der Gesetzgeber hier die nachträgliche Bezifferung ausschließlich mit dem Beweisverfahren begrenzt hatte. Der Gesetzgeber hatte die Fälle, bei denen die Bezifferung nur nach dem Auskunftserteilung der Gegenpartei möglich ist, also die Stufenklage, nicht berücksichtigt.[463] Außerdem hätte diese Unmöglichkeit der Bezifferung auch wegen des Bedarfs nach richterlichem Ermessen akzeptiert werden können.[464] Deswegen wurde die Regelung des Vorentwurfs über die unbezifferte Forderungsklage als unvollständig angesehen.

Im Entwurf des Bundesrats wurde der erste Absatz des Art. 83 ohne Änderungen aus dem Vorentwurf übernommen. Die Unvollständigkeiten des zweiten Absatzes waren verbessert worden und so wurde die Regelung des Entwurfs des Bundesrats über die unbezifferte Forderungsklage in den parlamentarischen Beratungen ohne Änderungen als geltendes Recht angenommen.[465]

Demzufolge ist die anfängliche Nichtbezifferung der Forderung als eine Ausnahme eingestellt und anerkannt worden. Nach der Überarbeitung des zweiten Absatzes der Regelung zur unbezifferten Forderungsklage kann der Kläger seine Forderung nach dem Abschluss des Beweisverfahrens oder der Auskunftserteilung beziffern. Das heißt, dass der Kläger seine Forderung beziffern muss, sobald er dazu in der Lage ist. Dadurch hat der Gesetzgeber ausgedrückt, dass die Bezifferung von Rechtsbegehren erfolgen müsse und dass dauerhafte unbezifferte Rechtsbegehren nicht möglich und nicht zugelassen sein können.[466]

---

460 Bericht VE-SchweizZPO, S. 43.

461 Baumann Wey, S. 53, Rn. 154; Bericht VE-SchweizZPO, S. 43.

462 Meier, Vorentwurf, S. 93; Baumann Wey, S. 58, Rn. 169.

463 Meier, Vorentwurf, S. 93; Baumann Wey, S. 57, Rn. 157; S. 53, Rn. 155; Gut, S. 36, Rn. 88.

464 Baumann Wey, S. 53, Rn. 155; Leuenberger/Uffer-Tobler, 2. Auflage, S. 162, Rn. 6.9.

465 Art. 83 Entwurf SchweizZPO.

466 Baumann Wey, S. 61, Rn. 180.

Obwohl die Stufenklage und die Bezifferung nach dem richterlichen Ermessen im Entwurf und auch in der neuen SchweizZPO ausdrücklich nicht geregelt sind, ist die Ausübung der Stufenklage durch die Regelung zur Bezifferung nach der Auskunftserteilung im Sinne der unbezifferten Forderungsklage ermöglicht worden.[467]

Auch die Regelung des Vorentwurfs zur unbezifferten Forderungsklage wurde bei der Angabe des vorläufigen Mindestwertes von dem Entwurf des Bundesrats und von der neuen SchweizZPO unverändert übernommen. Demgemäß muss der Kläger zu Beginn des Prozesses mit einem vorläufigen Mindestwert auf seine unbezifferten Forderungen Klage erheben[468] und die Zuständigkeit des angerufenen Gerichts wird gemäß dieses vorläufigen Mindestwertes bestimmt werden und die nachträgliche Bezifferung des Rechtsbegehrens wird diese Zuständigkeit nicht verändern. Mit dieser Regelung hat der Gesetzgeber beabsichtigt, die Prozessökonomie abzusichern.[469]

Bis die endgültige Version der SchweizZPO entstanden ist, hatten erst die Expertenkommission und dann der Bundesrat darüber gearbeitet. Obwohl die beiden Entwürfe sich voneinander unterschieden, waren sie sich einig, dass der Kläger trotz der unmöglichen oder unzumutbaren Bezifferung mit vorläufigem Mindestwert Klage erheben darf. Damit war die Zulassung dieser Ausnahme anerkannt und wurde mit den parlamentarischen Stimmen als eine Regelung der neuen SchweizZPO bestätigt. Da die Regelung der unbezifferten Forderungsklage für die Verwirklichung der materiellen Rechte der Parteien sehr wichtig ist[470], spielt diese gesetzliche Regelung dabei eine entscheidende Rolle.

Die Regelung zur unbezifferten Forderungsklage des Bundesrats im Art. 83 Entwurf-SchweizZPO ist ohne Diskussion in die neue SchweizZPO übernommen worden, nach der Verschiebung der Nummerierung der Artikel im Art. 85 SchweizZPO.[471] Dementsprechend kann der Kläger zu Beginn des Prozesses mit dem vorläufigen Mindestwert, durch den das zuständige Gericht und die Verfahrensart festgesetzt werden[472], Klage erheben, falls die Bezifferung der Forderung unmöglich oder unzumutbar ist (Art. 85 Abs. 1 SchweizZPO). Gemäß

467 Leuenberger/Uffer-Tobler, 2. Auflage, S. 163, Rn. 6.12, 6.14; Baumann Wey, S. 62, Rn. 181.

468 Art. 75 Abs. 1 Nr. 2 VE- SchweiZPO, Art. 83 Abs. 1 S. 2 Entwurf- SchweizZPO; Art. 85 Abs. 1 S. 2 SchweizZPO.

469 Baumann Wey, S. 62, Rn. 183; Spühler/Dolge/Gehri, §29, S. 109, Rn. 3.

470 Baumann Wey, S. 53, Rn. 153.

471 Baumann Wey, S. 63, Rn. 185; Gut, S. 38, Rn. 95.

472 Baumann Wey, S. 62, Rn. 182; Gut, S. 35, Rn. 87.

dem zweiten Absatz der Vorschrift muss der Kläger seine Forderung nach dem Beweisverfahren oder der Auskunftserteilung nachträglich beziffern. Dadurch hat der Gesetzgeber den Zeitpunkt der nachträglichen Bezifferung bestimmt[473], aber dadurch hat er auch die Stufenklage ermöglicht.[474] Demgemäß kann der Kläger ohne bezifferte Forderungen Klage erheben, wenn er erst die Informationen braucht, die von der beklagten Partei zu erbringen sind, um eine ordentliche Bezifferung seines Anspruchs einzusetzen.[475] Dadurch kann der Kläger vor Gericht auf zwei Ansprüche Klage erheben. Der erste Anspruch ist auf Erfolg/Erlangen von Informationen gerichtet und der zweite auf sein Rechtsbegehren. Nach der Erfüllung des ersten Anspruchs setzt das Gericht dem Kläger eine Frist, damit er die Bezifferung seines Anspruchs sachgemäß bestimmen kann.[476]

Nach der neuen Regelung zur unbezifferten Forderungsklage der neuen SchweizZPO war es nicht eindeutig, ob die Klagen, die des richterlichen Ermessens bedürfen, als unbezifferte Forderungsklagen anerkannt werden sollen, da der Gesetzgeber im Art. 85 SchweizZPO unter dem Beweisverfahren und der Auskunftserteilung die Stufenklage und die nachträglich beziffernde Forderungsklage geregelt hat[477] und auch, da das Bundesgericht und seine bisherige Praxis die unbezifferte Forderungsklage auf jeden Fall als Stufenklage und als die nachträglich zu beziffernde Forderungsklage, hergeleitet und zulässig angenommen haben.[478] Obwohl das Bundesgericht sich weder dafür noch dagegen ausgesprochen hat und obwohl die Zulässigkeit von Klagen mit dem Anspruch auf Schadensersatz, Schmerzensgeld oder Gewinnherausgabe, die des richterlichen Ermessens bedürfen, als unbezifferte Forderungsklage unter dem alten schweizerischen Recht umstritten war[479], ist nach der herrschenden Meinung der Lehre die unbezifferte Forderungsklage auch bei Ansprüchen auf Schadensersatz gemäß Art. 42 Abs. 2 SchweizOR zugelassen, falls der Kläger dabei in Beweisnot ist.[480]

---

473 Leuenberger/Uffer-Tobler, 2. Auflage, S. 162, Rn. 6.9; BSKommZPO/Spühler, Art. 85, Rn. 9; Gut, S. 41, Rn. 101; Baumann Wey, S. 61, Rn. 180.

474 Meier, HAVE, S. 12; Baumann Wey, S. 62, Rn. 181; Gut, S. 38, Rn. 94.

475 Meier, HAVE, S. 15f.

476 Meier, HAVE, S, 16; Leuenberger/Uffer-Tobler, 2. Auflage, S. 163, Rn. 6.13; Baumann Wey, S. 61, Rn. 180; Gut, S. 38, Rn. 94.

477 Meier, HAVE, S, 15; Baumann Wey, S. 65, Rn. 188.

478 Meier, HAVE, S, 22.

479 Meier, HAVE, S. 18.

480 Meier, HAVE, S. 20f.; Leuenberger/Uffer-Tobler, 2. Auflage, S. 163, Rn. 6.14; BSKommZPO/Spühler, Art. 85, Rn. 12; Gut, S. 195, Rn. 417; Gasser/Rickli, Schweizerische

Gemäß Art. 42 Abs. 2 SchweizOR sind die Klagen mit dem Anspruch auf unziffermäßigen nachweisbaren Schadensersatz zulässig, da der Richter mit Rücksicht auf den gewöhnlichen Lauf der Dinge und auf die Maßnahmen die Höhe des Schadens, also die Bezifferung des Rechtsbegehrens, ermessen und abschätzen wird.[481] Dementsprechend ist die nachträgliche Bezifferung und das Ermessen des Richters für die Zulassung der Klage hinreichend. Entgegen dem Art. 85 Abs. 1 Nr. 2 SchweizZPO muss der Kläger gemäß Art. 42 Abs. 2 SchweizOR keinen vorläufigen Mindestwert angeben, um eine zulässige Klage zu erheben.[482] Deswegen war es in der Literatur und in der Rechtsprechung umstritten, ob die Klagen mit dem richterlichen Ermessen als unbezifferte Forderungsklage anerkannt werden können, da der Gesetzgeber gemäß Art. 85 Abs. 1 Nr. 2 SchweizZPO die Angabe des vorläufigen Mindestwertes als Zulassungserfordernis festgesetzt hat. Aber der Grundgedanke und das Hauptziel der unbezifferten Forderungsklage ist es, dass der Kläger das Ganze seines Rechtsbegehrens erlangen kann, obwohl die Bezifferung seines Rechtsbegehrens ihm unmöglich oder unzumutbar ist. Bei Fällen gemäß Art. 42 Abs. 2 SchweizOR kann der Kläger auch nicht in der Lage sein, seinen Schaden zu beziffern und er kann auch nicht abschätzen, wie hoch der Richter die Betragshöhe seines Schadens ermessen wird. Daher wird auch bei diesen Fällen gemäß Art. 42 Abs. 2 SchweizOR die Bezifferung des Anspruchs dem Kläger unmöglich oder unzumutbar[483]und deswegen müssen die Klagen, die des richterlichen Ermessens bedürfen, gemäß Art. 42 SchweizOR als unbezifferte Forderungsklagen anerkannt werden, wenn die Bezifferung nach dem richterlichen Ermessen dem Kläger nicht zumutbar ist.[484]

Gemäß Art. 85 Abs. 2 Nr. 1 SchweizZPO hat der Gesetzgeber die auch vom Bundesgericht anerkannten Fälle und die nachträgliche Bezifferung für die zulässige unbezifferte Forderungsklage festgesetzt. Diese Festsetzung des Gesetzgebers im Art. 85 Abs. 2 SchweizZPO ist also die Stufenklage und die nachträglich

Zivilprozessordnung Kurzkommentar, 2. Auflage, 2014, Art. 85, Rn. 3; Brunner/Gasser/Schwander/Füllemann, Art. 85, Rn. 8; Baker&McKenzie/Courvoisier, Art. 85, Rn. 5ff.

481 Art. 42 Abs. 2 SchweizOR.

482 Baker&McKenzie/Courvoisier, Art. 85, Rn. 5.

483 Leuenberger/Uffer-Tobler, 2. Auflage, S. 163, Rn. 6.14; Brunner/Gasser/Schwander/Füllemann, Art. 85, Rn. 8; Sutter-Somm/Hasenböhler/Leuenberger/Bopp/Bessenich, ZPOKomm, Art. 85, Rn. 7.

484 Leuenberger/Uffer-Tobler, 2. Auflage, S. 164, Rn. 6.15; Meier, HAVE, S. 21; BGE 131 III 243 E. 5; 116 II 215 E. 4; Brunner/Gasser/Schwander/Füllemann, Art. 85, Rn. 8; Oberhammer, KUKOZPO, Art. 85, Rn. 10.

bezifferte Forderungsklage ist nicht abschließend aufgezählt. Das Wichtigste im Art. 85 Abs. 2 SchweizZPO ist die nachträgliche Bezifferung.[485] Die Klagen gemäß Art. 42 Abs. 2 SchweizOR erfüllen diese Zulässigkeitserfordernis durch das richterliche Ermessen. Nach dem richterlichen Ermessen wird die Betragshöhe des Schadensersatzes bestimmt und demgemäß kann das richterliche Ermessen bei der unbezifferten Forderungsklage, ähnlich wie die Beweisaufnahme oder die Auskunftserteilung, anerkannt werden und die Ermessensklagen können gemäß Art. 42 Abs. 2 SchweizOR als zulässige unbezifferte Forderungsklagen anerkannt werden.

Nach der herrschenden Meinung und auch meines Erachtens müssen die Ermessensklagen als zulässige unbezifferte Forderungsklagen anerkannt werden, wenn die Bezifferung und ihre Abschätzung dem Kläger wirklich unmöglich ist. Aber für eine klare und unbestrittene Anwendung sollte der schweizerische Gesetzgeber die Fälle, die das richterliche Ermessen benötigen, im Art. 85 SchweizZPO mit einem neuen Absatz klarer und ausführlicher regeln.

---

485 Meier, HAVE, S. 22f.; Baker&McKenzie/Courvoisier, Art. 85, Rn. 5; Oberhammer, KUKOZPO, Art. 85, Rn. 10.

§3 Beziehung der unbezifferten Forderungsklage zu den anderen Klagearten

A. Allgemeines

Nachdem zuvor die Klagearten nur unter besonderen Artikeln geregelt wurden, hat der türkische Gesetzgeber die Klagearten in der neuen Zivilprozessordnung (TürkZPO) unter besonderem Titel geregelt. Der Gesetzgeber hat aber bei der Festsetzung der Regelungen der neuen TürkZPO die Rechtsprechung und das Schrifttum der alten TürkZPO auch in Betracht genommen. Demzufolge ist die unbezifferte Forderungsklage unter dem besonderen Titel „Die Klagearten" im Art. 107 TürkZPO geregelt.

Obwohl die unbezifferte Forderungsklage gemäß Art. 107 TürkZPO besonderer Zulässigkeitsvoraussetzungen im türkischen Zivilprozessrecht bedarf – im Unterschied zu anderen Klagearten – steht sie trotzdem in Verbindung mit den anderen Klagearten, sie weist Ähnlichkeiten und Unterschiede auf und anstatt der unbezifferten Forderungsklage kann der Kläger sein Rechtsbegehren unter bestimmten Voraussetzungen auch durch die anderen Klagearten anfordern.

Im Folgenden werden die Klagearten, die mit der unbezifferten Forderungsklage in Verbindung stehen, aufgezeigt und in einzelnen Aspekten auch im Vergleich mit dem deutschen und schweizerischen Zivilprozessrecht untersucht.

B. Leistungsklage

Im türkischen Zivilprozessrecht ist die Leistungsklage im Art. 105 TürkZPO und im schweizerischen Zivilprozessrecht ist sie im Art. 84 Abs. 1 SchweizZPO geregelt.[486] Demgemäß kann der Kläger mit der Leistungsklage die Verurteilung des Beklagten zu einem Tun, zur Unterlassung oder Duldung fordern.[487]

---

486 **Übersetzung des Art. 105 TürkZPO**: Mit der Leistungsklage wird die Verurteilung der beklagten Partei zu einem bestimmten Tun, Unterlassen oder Dulden verlangt.

487 Musielak/Voit, Grundkurs ZPO, S. 40, Rn. 65; Vogel, Grundriss des Zivilprozessrechts, 4. Auflage, 1995, S. 181, Rn. 15; Pekcanitez/Atalay/Özekes, S. 434; Henke, Die Leistungsklage der ZPO, JA 1987, S. 281f.; Thomas/Putzo/Reichold, Vorbem. §253, Rn. 3; Oberhammer, KUKOZPO, Art. 84, Rn. 1.; Staehelin/Stahelin/Grolimund, §14, S. 214, Rn. 11; Spühler/Dolge/Gehri, S. 109, §29, Rn. 2; Leuenberger/Uffer-Tobler, 2. Auflage, S. 161, Rn. 6.7; Musielak/Voit/Foerste, ZPOKomm, Vor §253, Rn. 15; Postacıoglu/Altay, S. 246, Rn. 476; Pekcanitez/Pekcanitez, Pekcanitez Usul,

Im Gegensatz zu den gesetzlichen Regelungen der Leistungsklage in den türkischen und schweizerischen Zivilprozessordnungen ist die Leistungsklage im deutschen Zivilprozessrecht gesetzlich nicht explizit geregelt, sondern ist diese Klageart implizit unter §253 ZPO und unter bestimmten Klagen, wie die Klagen auf Befriedigung des Klägers aus einem Pfandrecht oder einer Hypothek (§1147 BGB, §1204 I BGB) oder auf Duldung der Zwangsvollstreckung in bestimmten Vermögensgegenständen (§§737, 743, 745 II, 748 III) anerkannt.[488]

Gemäß diesen Regelungen kann der Kläger vom Beklagten die positiven oder auch die negativen Leistungen verlangen.[489] Die wichtigste Zulässigkeitsvoraussetzung der Leistungsklage ist das Rechtsschutzinteresse.[490] Wenn der Kläger bei der Erhebung der Leistungsklage kein Rechtsschutzinteresse hat, dann kann die Klage vom Gericht abgewiesen werden.[491] Nach der Erhebung der Leistungsklage überprüft das Gericht das vom Kläger angeforderte Rechtsbegehren. Wenn diese Prüfung beendet ist, dann kann der Richter den Anspruch annehmen oder abweisen und demgemäß den Beklagten zu einem Tun, einer Duldung oder Unterlassung verurteilen.[492]

Die Entscheidung des Gerichts über die vom Kläger erhobene Leistungsklage umfasst auch die Feststellung der Existenz des Rechtsbegehrens des Klägers. Dieser der Feststellungsklage ähnliche Charakter der Leistungsklage spielt bei der Zulassung der Teil- und unbezifferten Forderungsklage eine wichtige Rolle.[493]

S. 960; Arslan/Yilmaz/Taspinar Ayvaz, S. 291; Tanriver, S. 566; Yilmaz, Serh, S. 731; Schreiber, Die Klagearten der ZPO, Jura 2009, S. 754; Guldener, S. 205; BernerKomm-ZPO/Markus, Art. 84, Rn. 3.

488 Musielak, Grundkurs ZPO, S. 38, Rn. 65; Musielak/Voit/Foerste, ZPOKomm, Vor §253, Rn. 15; Rosenberg/Schwab/Gottwald, §89, Rn. 1, S. 485; Henke, Leistungsklage, S. 289.

489 Pekcanitez/Atalay/Özekes, S. 434; Oberhammer, KUKOZPO, Art. 84, Rn. 1; Staehelin/Staehelin/Grolimund, §14, S. 214, Rn. 11; BernerKommZPO/Markus, Art. 84, Rn. 3.

490 Gehri/Jent-Sorensen/Sarbach/Mohs, ZPO Kommentar, 2. Auflage, 2015, Art. 84, Rn. 5; Baker&McKenzie/Courvoisier, Art. 84, Rn. 1; Sutter-Somm/Hasenböhler/Leuenberger/Bopp/Bessenich, Art. 84, Rn. 2; Tanriver, S. 566; Yilmaz, Serh, S. 731; MünchKommZPO/Becker-Eberhard, Vor §253 ZPO, Rn. 25; Arslan/Yilmaz/Taspinar Ayvaz, S. 291; Rosenberg/Schwab/Gottwald, §90, Rn. 31, S. 537; Schilken, S. 83, Rn. 181; Grusky/Jacoby, S. 86, Rn. 280f.; Schreiber, S. 754; BernerKommZPO/Markus, Art. 84, Rn. 6.

491 Pekcanitez/Atalay/Özekes, S. 434; Oberhammer, KUKOZPO, Art. 84, Rn. 1-6; Grunsky/Jacoby, S. 87, Rn. 281; Rosenberg/Schwab/Gottwald, §90, Rn. 31f., S. 537.

492 Pekcanitez/Atalay/Özekes, S. 434; Yilmaz, Serh, S. 731; Arslan/Yilmaz/Taspinar Ayvaz, S. 292; Schilken, S. 83, Rn. 181.

493 Pekcanitez/Atalay/Özekes, S. 434.

Im Sinne des Rechtsschutzinteresses wird die unbezifferte Forderungsklage im türkischen und schweizerischen Zivilprozessrecht als eine besondere Art der Leistungsklage anerkannt, da der Kläger auch mit der unbezifferten Forderungsklage die Erfüllung des Ganzen seines Anspruchs durch die von dem Beklagten zu erbringende Leistung anfordert.[494] Die unbezifferte Forderungsklage unterscheidet sich aber von der Leistungsklage in der Angabe der Betragshöhe des Rechtsbegehrens des Klägers in der Klageschrift, da die genaue Bestimmung, bzw. Bezifferung der Betragshöhe des Anspruchs dem Kläger bei der Erhebung der unbezifferten Forderungsklage unmöglich oder unzumutbar ist.[495]

Aufgrund dem der Leistungsklage ähnlichen Charakter der unbezifferten Forderungsklage kann der Kläger statt der unbezifferten Forderungsklage aber auch eine Leistungklage erheben. Für eine zulässige Leistungsklage muss der Kläger natürlich die Betragshöhe seines Anspruchs in seiner Klageschrift genau angeben. Diese genaue Angabe der Betragshöhe des Anspruchs des Klägers kann aber nur durch eine vom Kläger geführte Schätzung über die Betragshöhe oder durch Privatgutachten ermöglicht werden.[496] Diese Erhebung der Leistungsklage anstatt der unbezifferten Forderungklage besitzt also einige Risiken und kann für den Kläger Nachteile verursachen. Das möglicherweise Nachteiligste ist dabei das Risiko auf Prozesskosten. So kann der Kläger z.B. hohe Prozesskosten bezahlen müssen, wenn er die Betragshöhe seines Anspruchs zu hoch einschätzt und angibt. Außerdem trägt er auch das Risiko, den Rest seines Anspruchs zu verlieren, wenn er die Betragshöhe zu gering schätzen oder bestimmen würde. Auch die Bestimmung der Betragshöhe durch Privatgutachten für eine zulässige Leistungsklage ist keine sichere und vorteilhafte Lösung für den Kläger, weil der Kläger die Kosten des Privatgutachters dann selbst tragen muss,[497] was eigentlich dem Rechtsschutzinteresse und dessen Verwirklichung widerspricht. Daher ist das gerichtliche Sachverständigengutachten für den Kläger vorteilhafter als ein Privatgutachten.[498]

---

494 Pekcanitez, Belirsiz Alacak Davasi, S. 31; Loosli, S. 10; Pekcanitez/Pekcanitez, Pekcanitez Usul, S. 1025; Pekcanitez/Atalay/Özekes, S. 444; Yargitay 9. HD. 24.10.2011, 47239/39125; Gehri/Jent-Sorensen/Sarbach/Mohs, Art. 85. Rn. 1; Tanriver, S. 581; Yilmaz, Serh, S. 741; Cil/Kar, Is Yargisinda Belirsiz Alacak Davasi ve Kismi Dava, 2. Auflage, 2012, S. 21; Meier, HAVE, S. 12; Budak/Karaaslan, S. 134, Rn. 31; Pekcanitez, Belirsiz Alacak Davasi 2009, S. 526.

495 Pekcanitez, Belirsiz Alacak Davasi, S. 32; Pekcanitez/Atalay/Özekes, S. 445.

496 Simil, S. 116.

497 Pekcanitez, Belirsiz Alacak Davasi, S. 45; Ubert, S. 91.

498 Simil, S. 116; Pekcanitez/Atalay/Özekes, S. 440.

Außerdem kann der Kläger durch die erhobene Leistungsklage wegen der rechtskräftigen Entscheidung des Gerichts den Rest seines Anspruchs verlieren, falls er die Betragshöhe seines Anspruchs geringer als die endgültig festgelegte Betragshöhe seines Anspruchs angegeben hat.[499] So kann Rechtsverlust für den Kläger entstehen, was gegen eines der Hauptprinzipien des Prozessrechts, das Rechtsschutzprinzip des Zivilprozessrechts, verstößt.

Wegen dieser Nachteile der Leistungsklage bei einer für den Kläger unmögliche oder unzumutbare Angabe der Betragshöhe seines Anspruchs hat der Gesetzgeber in den türkischen und schweizerischen Zivilprozessordnungen die unbezifferte Forderungsklage geregelt[500] und damit bezweckt, dass der Kläger das Ganze seines Anspruchs erreichen kann, obwohl die Angabe und die Bezifferung der Betragshöhe seines Anspruchs ihm zu Beginn des Prozesses unmöglich oder unzumutbar ist. Obwohl die unbezifferte Forderungsklage bei Klagen mit der unmöglichen oder unzumutbaren Angabe der Betragshöhe des Anspruchs vorteilhafter als die Leistungsklage ist, ist die unbezifferte Forderungsklage trotz ihres vorteilhaften Charakters in den türkischen, deutschen und schweizerischen Rechtssystemen als eine Art der Leistungklage anerkannt, da der Hauptzweck des Klägers mit der Klageerhebung das Erlangen des Ganzen seines Anspruchs ist. Außerdem wird nach der nachträglichen Bezifferung der Betragshöhe des Anspruchs jede unbezifferte Forderungsklage zur Leistungsklage, da der einzige Unterschied zwischen der Leistungsklage und der unbezifferten Forderungsklage, die anfängliche Unmöglichkeit oder Unzumutbarkeit der Bezifferung der Betragshöhe des Anspruchs, nach der nachträglichen Bezifferung aufgehoben wird.[501]

C. Teilklage und Problem der Abgrenzung der unbezifferten Forderungsklage von der Teilklage

1. Allgemeines zur Teilklage

Die Teilklage ist der Anspruch des Klägers auf einen Teil seines ganzen Rechtsbegehrens vor dem Gericht gegenüber dem Beklagten.[502] Während die Teilklage

499 Pekcanitez/Atalay/Özekes, S. 440f.

500 Pekcanitez/Atalay/Özekes, S. 441; Pekcanitez, Belirsiz Alacak Davasi, S. 68.

501 Pekcanitez/Atalay/Özekes, S. 446.

502 Kulaksiz, S. 2; Akil, S. 63; Yilmaz, Serh, S. 764; Pekcanitez/Pekcanitez, Pekcanitez Usul, S. 990; Sutter-Somm/Hasenböhler/Leuenberger/Bopp/Bessenich, Art. 86, Rn. 3; Baker&McKenzie/Courvoisier, Art. 86, Rn. 1; Rosenberg/Schwab/Gottwald, §155, Rn. 14, S. 947f.; Grunsky/Jacoby, S. 246, Rn. 758; BGH, NJW 1985, S. 1340f.; BGH,

von den türkischen und schweizerischen Gesetzgebern in den Zivilprozessordnungen gesetzlich geregelt ist, ist sie im deutschen Zivilprozessrecht gesetzlich nicht geregelt, sondern nur in der Rechtsprechung und von der Literatur anerkannt.[503]

Gemäß Art. 109 Abs. 1 TürkZPO; Art. 86 SchweizZPO und gemäß der deutschen Rechtsprechung kann ein Teil des ganzen Rechtsbegehrens des Klägers eingeklagt werden, sobald das Rechtsbegehren teilbar ist.[504] Nach dieser wichtigsten Zulässigkeitsvoraussetzung der Teilklage ist die Absicherung der Zulassung der Teilklage bei Rechtsstreitigkeiten mit dem Anspruch auf Geldforderungen unkompliziert.[505] Die Teilklage ist auch in den türkischen und schweizerischen Obligationsgesetzen durch die Zulassung der Teilzahlung anerkannt. Gemäß Art. 69 Abs. 2 SchweizOR und Art. 84 TürkOR ist die Teilzahlung möglich und zugelassen, wenn der Gläubiger die Teilleistung des Schuldners annimmt.[506] Demzufolge kann der Gläubiger vom Schuldner einen Teil des fälligen Anspruchs einfordern und einklagen, sobald so eine Forderung der zuvor getroffenen

---

NJW 1962, S. 1109; BGH, NJW 1994, S. 3165; Rosenberg/Schwab/Gottwald, §155, S. 947, Rn. 14; Nomer, Manevi Tazminat Alacaginda Kismi Dava Mümkün müdür?, IÜHFM, C. LVIII, 2000, S. 221; Elzer, „Rechtskraft von Teilklagen- BGH, NJW 1997, 1990; 3019", JuS 2001, S. 225; BernerKommZPO/Markus, Art. 86, Rn. 1.

503 Kulaksiz, S. 3; BGH. 16.6.1959, VZR 156/58 (OLG Koblenz); BGH, JZ 1960, S. 28; RGZ 157, S. 321, 326; Beinert, Der Umfang der Rechtskraft bei Teilklagen, Diss., 1999, S. 17; Rosenberg/Schwab/Gottwald, §155, S. 947, Rn. 14.

504 Sutter-Somm/Hasenböhler/Leuenberger/Bopp/Bessenich, Art. 86, Rn. 1; Arslan/Yilmaz/Taspinar Ayvaz; S. 306f.; Tanriver, S. 573; Brox, Anmerkung zum Urteil das BGH vom 14.2.1962- IV ZR 156/61, NJW 1962, S. 1203; Budak/Karaaslan, S. 132, Rn. 21; Berti, Zur Teilklage nach Art. 86 ZPO der schweizerischen Zivilprozessordnung (zugleich ein Beitrag zur Lehre der materiellen Rechtskraft) HAVE 2010, S. 52; Nomer, S. 222.

505 Kulaksiz, S. 3; BSKommZPO/Spühler, Art. 86, Rn. 1; Probleme der Teilklage, Diss., 1995, S. 2; OLG Düsseldorf, FamRZ, 1984, S. 795f.; BGH, MDR 1995, S. 69; Kuru, S. 219; HGK 14.7.2010. 19/376–397; Gasser/Rickli, KUKOZPO, Art. 86, Rn. 1.

506 **Übersetzung des Art. 109 TürkZPO**: (1) Ist ein Anspruch teilbar, so kann auch nur ein Teil eingeklagt werden.(2) Es kann nicht eingeklagt werden, wenn die Betragshöhe des Anspruchs zwischen den Parteien nicht umstritten oder nicht bestimmt ist. (Aufgehoben) (3) Die Erhebung der Teilklage bedeutet keinen Verzicht auf den Rest des Anspruchs, es sei denn, dass der Kläger auf den Rest des Anspruchs während der Klageerhebung ausdrücklich verzichtet hat.; **Übersetzung des Art. 84 TürkOR**: (1) Der Gläubiger braucht eine Teilzahlung nicht anzunehmen, wenn die gesamte Schuld feststeht und fällig ist. (2) Will der Gläubiger eine Teilzahlung annehmen, so kann der Schuldner die Zahlung des von ihm anerkannten Teiles der Schuld nicht verweigern.

Vereinbarung zwischen den Parteien nicht widerspricht.[507] Diese Möglichkeit der Teilleistung im Sinne der Obligationenrechte bedeutet aber nicht, dass der Kläger die Teilleistung des Beklagten annehmen muss.[508] Wenn der Anspruch des Klägers fällig geworden ist, kann er natürlich das Angebot des Beklagten auf Teilleistung abweisen und das Ganze seines Anspruchs anfordern.[509] Gemäß der gesetzlichen Regelungen und auch im Sinne des Dispositionsgrundsatzes kann der Kläger nur einen Teil seines Rechtsbegehrens vom Beklagten einklagen. Diese Klage wird dann zugelassen, wenn der zugrundeliegende materielle Anspruch teilbar ist. Nun steht es dem Kläger gemäß des Dispositionsgrundsatzes zu[510], über die Rechtsstreitigkeit und über seinen Anspruch frei zu verfügen. Gemäß Art. 26 Abs. 1 TürkZPO und §308 Abs. 1 Nr. 1 ZPO wird der Richter an den Anspruch des Klägers gebunden und kann nur dementsprechend seinen Entscheid bilden.[511]

In der türkischen Zivilprozessordnung ist im Art. 109 Abs. 3 TürkZPO der Verzicht auf den Rest des Rechtsbegehrens bei Teilklagen besonders geregelt, während es in der SchweizZPO nicht ausdrücklich geregelt ist. Gemäß Art. 109 Abs. 3 TürkZPO bedeutet die Erhebung der Teilklage nicht den Verzicht auf den nicht eingeklagten Rest des Rechtsbegehrens des Klägers, es sei denn, dass er in seiner Klageschrift ausdrücklich auf den Rest seines Rechtsbegehrens verzichtet. Obwohl diese Regelung im Art. 109 Abs. 3 TürkZPO gesichert ist, ähnlich

---

507 BSKommORI/Leu, Obligationenrecht I, 6. Auflage, Art. 69, Rn. 4; Kilicoglu, Borclar Hukuku, Genel Hükümler, S. 619, 920; Arslan/Yilmaz/Taspinar Ayvaz, S. 307.

508 Eren, S. 946; Oguzman/Öz, Borclar Hukuku Genel Hükümler, Band 1, 16. Auflage, 2018, S. 278, Rn. 872; Kocayusufpasaoglu/Hatemi/Serozan/Arpaci, Borclar Hukuku Genel Hükümler, Band 3, 7. Auflage, S. 116, Rn. 3.

509 BSKommORI/Leu, Art. 69, Rn. 3; Kilicoglu, S. 619; Eren, S. 946; Oguzman/Öz, S. 278, Rn. 873; Kocayusufpasaoglu/Hatemi/Serozan/Arpaci, S. 116, Rn. 3.

510 Eckardt, Die „Teilklage" Nachforderungsmöglichkeit und Rechtskraftbindung bei Klagen auf einmalige und wiederkehrende Leistungen, Jura 1996, S. 624; Berti, S. 42; Beinert, S. 18; Gasser/Rickli, KUKOZPO, Art. 86, Rn. 1; Staehelin/Staehelin/Grolimund, §14, S. 227, Rn. 37; Spühler/Dolge/Gehri, S. 117, §30, Rn. 43; Assmann, Rechtskraft bei der Teilklagen, zweite Erlanger Festschrift für Karl Heinz Schwab, S. 1; Pekcanitez/Pekcanitez, Pekcanitez Usul, S. 989; Wolf, Die Zulässigkeit unechter Eventualklagen insbesondere bei Teilklagen, Festschrift für Gaul, 1997, S. 807; Sträuli/Messmer, §54, S. 104, Rn. 7; Tanriver, S. 574; Oguzman/Öz, S. 279, Rn. 876; Eren, S. 946; Kocayusufpasaoglu/Hatemi/Serozan/Arpaci, S. 117, Rn. 4f.; Budak/Karaaslan, S. 73, Rn. 41; BernerKommZPO/Markus, Art. 86, Rn. 1.

511 BSKommZPO/Spühler, Art. 86, Rn. 1; Vogel, S. 187, Rn. 47; Kulaksiz, S. 3; Musielak/Voit, Grundkurs ZPO, S. 69, Rn. 102; Akil, S. 104.

wie im deutschen Recht, muss es aber in der Klageschrift verständlich vermittelt werden, dass der Kläger eine Teilklage erhebt. Daher muss der Kläger im Rahmen seiner Klageschrift klar darstellen, dass er nur einen Teil seines Anspruchs fordert.[512]

Der türkische Gesetzgeber hat den Verzicht auf den Rest des Anspruchs bei Teilklagen besonders geregelt, weil dieses Thema während der alten TürkZPO unklar und in der Rechtsprechung und der Literatur umstritten war. Nach einigen damaligen Ansichten der türkischen Literatur und Rechtsprechung sollte die Erhebung der Teilklage als Verzicht auf den Rest des Anspruchs angenommen werden, wenn der Kläger in seiner Klageschrift nicht ausdrücklich darauf hingewiesen hatte, dass er den Rest seines Anspruchs behalten wolle.[513] Diese Ansichten der Rechtsprechung und der Literatur wurden streng kritisiert[514] und sie verursachten zudem einen Verstoß gegen die Verfahrensgrundsätze sowie den Dispositionsgrundsatz und das Rechtsschutzinteresse. Daher hat der Gesetzgeber in der neuen türkischen Zivilprozessordnung den Verzicht bei Teilklagen genauer geregelt.[515] Obwohl der Verzicht bei Teilklagen in der schweizerischen ZPO ausdrücklich nicht geregelt ist, bedeutet gemäß Art. 69 Abs. 2 SchweizOR die Annahme der Teilleistung vom Kläger nicht den Verzicht auf den Rest des Anspruchs des Klägers.[516] Auch im deutschen Recht wird es von der Rechtsprechung und der Lehre angenommen, dass der eingeklagte Teilanspruch von dem Rest des gesamten Anspruchs unabhängig ist und dass der Kläger ihn in einem neuen Verfahren einklagen und fordern kann. Im deutschen Recht wird also angenommen, dass der Verlust oder der Gewinn des Verfahrens bei Teilanspruch auf den Rest des Anspruchs keinen Einfluss hat.[517]

---

512 Tanriver, S. 577; Arslan/Yilmaz/Taspinar Ayvaz, S. 307; Yilmaz, Serh, S. 765; BGH, MDR 1995, S. 69.

513 Kuru, Hukuk Muhakemeleri Usulu, Band 2, S. 1530; HGK, 01.02.1984, E. 9-223, K. 1984/49, YKD, C.10, S. 9, Eylül 1984, S. 1333; HGK 14.4.2004, E.2004/4-200, K. 2004/227; Yilmaz, Serh, S. 771; Kuru/Arslan/Yilmaz, 15. Auflage, S. 341; Yargitay 4. HD. 23.02.2006, 770/1685.

514 Kulaksiz, S. 8f.; Alangoya/Yildirim/Deren- Yildirim, Medeni Usul Hukuku Esaslari, 2004, S. 235; Pekcanitez/Atalay/Ozekes, S. 484; Yargitay 5 HD. 18.4.2012, E.2012/2120, K.2012/8074.

515 Gesetzesmotiv vom Art. 109 TürkZPO.

516 BSKommORI/Leu, Art. 69, Rn. 4; Kulaksiz, S. 2-11; Tanriver, S. 575; Arslan/Yilmaz/Taspinar Ayvaz, S. 308.

517 Huber, Aus der Praxis: Zwischenfeststellungswiderklage bei offener Teilklage und Sachantrag, JuS 2003, S. 490; BGH, NJW 1986, S. 1116; BGH, NJW 1997, S. 3019; BGH, NJW 1985, S, 2825f.; Assmann, S. 20; Eckardt, S. 626.

Die Teilklage ist insoweit für den Kläger sehr günstig, als er sowohl Prozesskosten wie Gerichts- und Anwaltsgebühren und auch Parteienschädigungen, deren Betragshöhe durch den eingeklagten Streitwert bestimmt ist, sparen kann.[518] Mithilfe der Teilklage kann der Kläger seinen Anspruch in mehreren Teilen einklagen, das Verfahren so beschleunigen und dadurch auch die Prozesskosten mindern.[519] Aber nur aus Ersparnisgründen darf der Kläger die Teilklage nicht anwenden. Wie bei allen Klagen muss auch bei der Teilklage der Kläger gemäß Art. 114 Abs. 1 lit. h TürkZPO[520] ein Rechtsschutzinteresse nachweisen.[521] Die Absicht, Prozesskosten zu sparen und das Verfahren zu beschleunigen, kann aber alleine nicht als schutzwürdiges Rechtsinteresse anerkannt werden, denn so eine Absicht ist kein Rechtsschutzinteresse, sondern nur ökonomisches Interesse, was von dem Zivilprozessrecht nicht beschützt wird. Also muss der Kläger neben den oben genannten Voraussetzungen der zulässigen Teilklage auch die allgemeinen Verfahrens-und Rechtsgrundsätze beachten. Dementsprechend darf er durch die Erhebung der Teilklage nicht gegen das Rechtsmissbrauchsverbot und das Gebot von Treu und Glauben, also die Prozessmaxime, verstoßen.[522]

Im türkischen Zivilprozessrecht hatte der Gesetzgeber für die Zulässigkeit der Teilklage, anders als im schweizerischen und deutschen Zivilprozessrecht, noch eine weitere Voraussetzung festgesetzt, die später durch die Ordnung über die Änderung der Gesetze über den Kassationshof und die türkische Zivilprozessordnung mit der Nr. 6644 am 1.4.2015 aufgehoben worden ist. Gemäß Art. 109 Abs. 2 TürkZPO musste die Betragshöhe des Anspruchs zwischen den Parteien umstritten oder unklar sein. Nach dem Gesetzesmotiv der

---

518 BSKommZPO/Spühler, Art. 86, Rn. 2; S. 3; Kulaksiz, S. 4; Pekcanitez/Pekcanitez, Pekcanitez Usul, S. 989ff.; Alangoya/Yildirim/Deren- Yildirim, S. 231; Akil, S. 64; Beinert, S. 17; Wolf, S. 810; Rosenberg/Schwab/Gottwald, §155, Rn. 14, S. 947; Nomer, S. 221; BernerKommZPO/Markus, Art. 86, Rn. 4.

519 BSKommZPO/Spühler, Art. 86, Rn. 2; S. 3; Kulaksiz, S. 5; Pekcanitez/Pekcanitez, Pekcanitez Usul, S. 989f.; Alangoya/Yildirim/Deren-Yildirim, S. 231; Gasser/Rickli, KUKOZPO, Art. 86, Rn. 2; Eckardt, S. 624; Staehelin/Staehelin/Grolimund, §14, S. 227, Rn. 37.

520 **Übersetzung des Art. 114 Abs. 1 lit. h TürkZPO**: Der Kläger muss bei der Klageerhebung Rechtsschutzinteresse haben.

521 Tanriver, S. 574; Pekcanitez/Pekcanitez, Pekcanitez Usul, S. 991; Pekcanitez/Atalay/Özekes, S. 482.

522 BSKommZPO/Spühler, Art. 86, Rn. 3; Vogel, S. 187, Rn. 47; Simil, S. 101; Assmann, S. 7f.; Wolf, S. 808; Arslan/Yilmaz/Taspinar Ayvaz, S. 308; Spühler/Dolge/Gehri, S. 117, §30, Rn. 43; Gehri/Jent-Sorensen/Sarbach/Mohs, Art. 86, Rn. 2; Pekcanitez/Atalay/Özekes, S. 482; Sutter-Somm/Hasenböhler/Leuenberger/Bopp/Bessenich, Art. 86, Rn. 7.

Regelung bezweckte der Gesetzgeber damit, unnötige und gegen Treu und Glauben verstoßende Anwendungen der Teilklage zu verhindern, da der Kläger nach der Ansicht des Gesetzgebers dann kein Rechtsschutzinteresse haben könnte, wenn der Betrag des Anspruchs zwischen den Parteien bestimmt oder abgestimmt worden ist.[523] Diese Regelung hätte eigentlich einen Verstoß gegen den Dispositionsgrundsatz und das Prinzip des Rechtsschutzes verursachen können, da der Kläger nach dem Dispositionsgrundsatz das Recht auf die Verfügung über seine Rechte besitzt. Demgemäß darf er selber bestimmen, ob er auf sein Rechtsbegehren Klage erheben wird oder nicht, oder ob er das Ganze seines Anspruchs oder einen Teil davon anfordern wird. Gemäß dem Dispositionsgrundsatz besitzt also der Kläger auch das Recht, den Umfang seines Anspruchs, den er einklagen wird, eigenständig zu bestimmen.[524] Dieser Verstoß gegen den Dispositionsgrundsatz hätte auch den Verstoß gegen das Prinzip des Rechtsschutzinteresses verursachen können, da der Kläger gemäß Art. 109 Abs. 2 TürkZPO dann das Ganze seines Anspruchs einklagen müsste, wenn der Betrag des Streitgegenstandes bestimmt oder nicht umstritten wäre, oder auf den Rest seines Anspruchs verzichten müsste, wenn er unbedingt einen Teil seines Anspruchs einklagen möchte.[525] So eine Ausübung der Teilklage hätte das Recht auf faires Verfahren und das Recht auf Rechtsschutzinteresse einschränken und gegen diese verstoßen können.[526] Diese Regelung und ihr Gesetzesmotiv wurden auch von der Lehre kritisiert. Der Ansicht der Literatur nach hat der Kläger mit der Teilklage ein Rechtsschutzinteresse, weil er dadurch die Prozesskosten, die wegen des anstrengenden Beweisprozesses und der ungenauen Rechtslage anfallen, vermindern kann.[527] Diese Ansicht der Lehre war auch umstritten. Pekcanitez/Atalay/Özekes vertreten die Meinung, dass der Kläger nur wegen der Risiken von Prozesskosten keine zulässige Teilklage erheben darf, denn dies könne nicht als das schutzwürdige

---

523 Gesetzesmotiv vom Art. 109 Abs. 2 TürkZPO.

524 Musielak/Voit, Grundkurs ZPO, S. 69, Rn. 102; Kulaksiz, S. 9; Kuru/Arslan/Yilmaz, Medeni Usul Hukuku, 22. Auflage, 2011, S. 286f.; Simil, S. 100; Assmann, S. 1; Wolf, S. 807.

525 Berti, S. 42; Simil, S. 100; Nomer, S. 221.

526 Pekcanitez/Pekcanitez, Pekcanitez Usul, S. 998f.; Simil, S. 100.

527 Kulaksiz, S. 10; Lüke, S. 138, Rn. 144; Alangoya/Yildirim/Deren-Yildirim, S. 231; Akil, S. 64; Beinert, S. 17; Wolf, S. 810; Rosenberg/Schwab/Gottwald, §155, Rn. 14, S. 947; BSKommZPO/Spühler, Art. 86, Rn. 2; Gasser/Rickli, KUKOZPO, Art. 86, Rn. 2; Eckardt, S. 624; Yilmaz, Serh, S. 769; Staehelin/Staehelin/Grolimund, §14, S. 227, Rn. 37.

Rechtsinteresse anerkannt werden, und ihr Zweck dürfe nicht gegen die Verfahrens- und Verfassungsgrundsätze verstoßen.[528]

Demzufolge müsste wegen des Verstoßes gegen die Prozess- und Verfassungsgrundsätze der Art. 109 Abs. 2 TürkZPO anders geregelt werden. Wie oben dargestellt, steht die Teilklage mit der Teilleistung im Zusammenhang. Dementsprechend soll die Teilklage neben dem Dispositionsgrundsatz und dem Recht auf Rechtsschutzinteresse auch gemäß Art 84 TürkOR zulässig sein und sie soll, egal ob der Betrag umstritten oder unklar ist, als zulässig angenommen werden, als ob der Kläger dabei ein Rechtsschutzinteresse und ein Rechtsinteresse hat. Deswegen sollte die Zulässigkeit der Teilklage nicht nur durch das Rechtsinteresse des Klägers bestimmt werden, sondern es soll bei jeder Klage untersucht werden, ob die Teilklage gegen das Rechtmissbrauchsverbot verstößt oder nicht, da gemäß Art. 29 TürkZPO das Rechtsmissbrauchsverbot bei jeder Klage vom Gericht untersucht werden muss und da der Kläger niemals gegen diesen Verfahrensgrundsatz verstoßen darf.[529]

Außer dem Verstoß gegen die Verfahrensgrundsätze von Art. 109 Abs. 2 TürkZPO verursachte diese Regelung auch Abgrenzungsprobleme zwischen der Teilklage und der unbezifferten Forderungsklage. Obwohl die unbezifferte Forderungsklage und die Teilklage sich voneinander in ihren Folgen, Anwendungsbereichen und ihren Streitgegenständen unterscheiden, hatte der Gesetzgeber dem Kläger die Erhebung einer der beiden Klagearten ermöglicht, wenn die Betragshöhe dem Kläger unklar oder unbestimmt ist.[530] Deswegen war die Abgrenzung dieser Klagearten im türkischen Recht umstritten, was aber nach der neuen Ordnung, die den zweiten Absatz aufgehoben hat, keine Bedeutung mehr hat.

---

528 Pekcanitez/Atalay/Özekes, S. 482; BSKommZPO/Spühler, Art. 86, Rn. 3; Vogel, S. 187, Rn. 47; Simil, S. 101; Assmann, S. 7f.; Wolf, S. 808; Arslan/Yilmaz/Taspinar Ayvaz, S. 308; Spühler/Dolge/Gehri, §30, S. 117, Rn. 43; Gehri/Jent-Sorensen/Sarbach/Mohs, Art. 86, Rn. 2; Pekcanitez/Atalay/Özekes, S. 482; Sutter-Somm/Hasenböhler/Leuenberger/Bopp/Bessenich, Art. 86, Rn. 7.

529 BSKommZPO/Spühler, Art. 86, Rn. 3; Vogel, S. 187, Rn. 47; Simil, S. 101f.; Assmann, S. 7f.; Wolf, S. 808; Arslan/Yilmaz/Taspinar Ayvaz, S. 308; Spühler/Dolge/Gehri, S. 117, §30, Rn. 43; Gehri/Jent-Sorensen/Sarbach/Mohs, Art. 86, Rn. 2; Pekcanitez/Atalay/Özekes, S. 482f.; Sutter-Somm/Hasenböhler/Leuenberger/Bopp/Bessenich, Art. 86, Rn. 7.

530 Simil, S. 103; Pekcanitez/Atalay/Özekes, S. 485; Dedeagac/Sanal, HMK Degisikligi, Ankara Barosu Dergisi, 2015/3, S. 483.

2. Zu dem Streitgegenstand

Im Gegensatz zum deutschen und schweizerischen Zivilprozessrecht ist die Abgrenzung der unbezifferten Forderungsklage von der Teilklage im türkischen Zivilprozessrecht umstritten, obwohl beide Klagearten sich voneinander in ihren Zwecken, Folgen und Natur unterscheiden.[531] Diese beiden Klagearten sind Leistungsklagen,[532] aber trotzdem sind ihre beabsichtigten Folgen unterschiedlich.

Bei dieser Unterscheidung spielt der Streitgegenstand die wichtigste Rolle. Bei der Erhebung der unbezifferten Forderungsklage bezweckt der Kläger die Aufforderung und die Erlangung des Ganzen seines Rechtsbegehrens.[533] Bei der unbezifferten Forderungsklage kann der Kläger nur einen vorläufigen Mindestwert seines Anspruchs angeben, da die Bezifferung der Betragshöhe seines Anspruchs ihm zu Beginn des Prozesses unmöglich oder unzumutbar ist. Demzufolge muss der Kläger gemäß den türkischen und schweizerischen Zivilprozessordnungen die Klage mit einem vorläufigen Mindestwert, den er bis zur Klageerhebung bestimmen kann, erheben.[534] Im deutschen Recht wird dagegen die Angabe des Mindestwertes der Betragshöhe des Anspruchs bei der unbezifferten Forderungsklage nicht ausdrücklich erfordert. Hier ist es umstritten, ob die Klage ohne einen bezifferten Klageantrag als zulässig anerkannt werden darf oder ob die Angabe einer Größenordnung erforderlich ist.[535]

Dieser vorläufige Mindestwert ist aber nicht die endgültige Betragshöhe des Anspruchs des Klägers. Dieser endgültige Streitwert des Anspruchs kann nur während des Verfahrens nach dem Abschluss des Beweisverfahrens oder der Auskunftserteilung oder auch nach dem richterlichen Ermessen bestimmt werden.[536] Durch die unbezifferte Forderungsklage klagt der Kläger also nicht den vorläufigen Mindestwert seines Anspruchs oder einen Teil seines Anspruchs ein, sondern fordert vom Beklagten das Ganze seines Anspruchs. Deswegen kann er

531 Simil, S. 103; Akil, S. 98; Pekcanitez/Pekcanitez, Pekcanitez Usul, S. 1027.

532 Tanriver, S. 575; Yilmaz, Serh, S. 741; Nomer, S. 221.

533 Menges, S. 110; Stein/Jonas/Althammer, Kommentar zur Zivilprozessordnung, Band 4, 23. Auflage, 2018, §322, Rn. 150; Simil, S. 248; Akil, S. 105; Pekcanitez, Belirsiz Alacak Davasi, S. 59.

534 Arslan/Yilmaz/Taspinar Ayvaz, S. 298; Pekcanitez/Atalay/Özekes, S. 455; Tanriver, S. 591f.; Yilmaz, Serh, S. 756f.; Simil, S. 106.

535 Menges, S. 110; MünchKommZPO/Becker-Eberhard, §253, Rn. 121; Musielak/Voit/Musielak, ZPOKomm, §308, Rn. 17; Musielak/Voit/Foerste, ZPOKomm, §253, Rn. 34; BGH, NJW 1996, S. 2427; dagegen, BGH, NJW 1999, S. 1339f.

536 Simil, S. 106; Arslan/Yilmaz/Taspinar Ayvaz, S. 298; Tanriver, S. 590; Pekcanitez/Atalay/Özekes, S. 458f.

durch die nachträgliche Bezifferung das Ganze seines Anspruchs ohne Anerkennung des Beklagten oder ohne Verstoß gegen das Erweiterungsverbot der Klage bestimmen bzw. erhöhen.[537]

Im Gegensatz zur unbezifferten Forderungsklage erhebt der Kläger die Teilklage nur auf einen bestimmten Teil seines Anspruchs, der von der Natur her teilbar ist.[538] Bei der Teilklage sind der Betrag des Anspruchs und der Streitgegenstand der Klage bereits zu Beginn des Prozesses beziffert und bestimmt. Anders als bei der unbezifferten Forderungsklage kann der Kläger den Rest seines Anspruchs ohne Verstoß gegen das Erweiterungsverbot der Klage nicht anfordern, sondern kann ihn nur durch eine zusätzliche Klage oder durch die Anerkennung der Schulden durch den Beklagten anfordern.[539]

Die Abgrenzung der unbezifferten Forderungsklage von der Teilklage ist deswegen wichtig, weil besonders von Einigen in der türkischen Lehre die unbezifferte Forderungsklage als eine Art der Teilklage gesehen wird, da der Kläger bei diesen beiden Klagearten nicht das Ganze seines Anspruchs, sondern nur einen Teil davon fordert.[540] Daher ist die Unterscheidung der Zwecke des Klägers bei der Erhebung der beiden Klagearten sehr wichtig.

Die Angabe des vorläufigen Mindestwertes bei der unbezifferten Forderungsklage und der mit der Teilklage angeforderte Anspruch des Klägers sind miteinander nicht vergleichbar, da der Kläger, wie oben dargestellt, mit der Erhebung der unbezifferten Forderungsklage das Erreichen des Ganzen seines Anpruchs bezweckt, obwohl er in seiner Klageschrift wegen der anfänglichen Unmöglichkeit oder Unzumutbarkeit das Ganze seines Anspruchs nicht genau beziffern kann.[541] Im Gegensatz dazu ist der Kläger der Teilklage nicht verpflichtet, mit dem Betrag, den er bis zur Klageerhebung bestimmen konnte, Klage zu erheben. Bei der Teilklage kann der Kläger seinen Teilanspruch im Sinne des Dispositionsgrundsatzes so hoch anfordern, wie er es möchte, sobald der gesamte Anspruch teilbar ist und sobald er dabei ein Rechtsschutzinteresse hat.[542]

Außerdem muss gemäß Art. 107 TürkZPO, Art. 85 SchweizZPO und auch im deutschen Zivilprozessrecht der Kläger für die zulässige unbezifferte

537 Tanriver, S. 590, Arslan/Yilmaz/Taspinar Ayvaz, S. 298; Yilmaz, Serh, S. 758.

538 Yilmaz, Serh, S. 764f.; Arslan/Yilmaz/Taspinar Ayvaz, S. 306; Tanriver, S. 573; Pekcanitez/Atalay/Özekes, S. 478.

539 Akil, S. 105; Yilmaz, Serh, S. 762; Tanriver, S. 578; Pekcanitez/Atalay/Özekes, S. 485.

540 Akil, S. 105; Simil, S. 104–107; Kuru, S. 222; Musul, Medeni Usul Hukuku, 3. Auflage, 2013, S. 129.

541 Akil, S. 105; Simil, S. 107.

542 Kulaksiz, S. 10; Tanriver, S. 574.

Forderungsklage dem Gericht alle Tatsachen und Auskünfte einreichen, um zu beweisen, dass er bei der Erhebung der unbezifferten Forderungsklage ein Rechtsschutzinteresse besitzt.[543] Das Gleiche gilt auch für die Teilklage. Deswegen muss der Kläger dem Gericht für die zulässige Teilklage beweisen, dass er dabei ein Rechtsschutzinteresse hat.[544] Dementsprechend muss auch bei der Erhebung der Teilklage der Kläger dem Gericht alle notwendigen Tatsachen und Auskünfte einreichen, damit er das Gericht überzeugen kann.[545]

Demzufolge kann das Gericht die unbezifferte Forderungsklage und die Teilklage voneinander zu Beginn des Prozesses nach ihren Streitgegenständen und nach dem Rechtsschutzinteresse genau unterscheiden, sobald der Kläger bei der Klageerhebung die erforderlichen und notwendigen Tatsachen richtig und substantiiert einreicht.

3. Zu dem Anwendungsbereich

Die unbezifferte Forderungsklage unterscheidet sich von der Teilklage auch in ihrem Anwendungsbereich, da der Anwendungsbereich der unbezifferten Forderungsklage begrenzter als der Anwendungsbereich der Teilklage ist. [546]

Gemäß Art. 107 Abs. 1 TürkZPO und gemäß Art. 85 SchweizZPO kann man nur für Streitgegenstände, deren bezifferte Betragshöhe dem Kläger zu Beginn des Prozesses unmöglich oder unzumutbar ist, die unbezifferte Forderungsklage erheben. Im Gegensatz dazu kann der Kläger gemäß Art. 109 TürkZPO für seinen teilbaren Anspruch jederzeit Teilklage erheben, wenn er dabei ein schutzwürdiges Rechtsinteresse hat. Vor der Aufhebung des zweiten Absatzes von Art. 109 TürkZPO konnte aber der Kläger nur dann erst Teilklage erheben und dabei Rechtsschutzinteresse besitzen, wenn sein Anspruch unbestimmt oder umstritten war. Demzufolge durfte der Kläger keine unbezifferte Forderungsklage erheben, falls sein Anspruch zwischen den Parteien umstritten war, obwohl der Kläger ursprünglich für seine unbestimmten Ansprüche Wahlrecht zwischen der Teilklage oder der unbezifferten Forderungsklage hatte.[547] Demgemäß ist

543 Prütting/Gehrlein/Geisler, ZPOKomm, §253, Rn. 40; Musielak/Voit, ZPO Grundkurs, S. 43, Rn. 67; Zimmermann, Zivilprozessordnung Praxiskommentare, 9. Auflage, 2011, §253, Rn. 11; Pekcanitez/Atalay/Özekes, S. 456f.; Arslan/Yilmaz/Taspinar Ayvaz, S. 298; BSKommZPO/Spühler, Art. 85, Rn. 6; Pekcanitez, Belirsiz Alacak Davasi, S. 90.

544 Kulaksiz, S. 10; Habschied, Streitgegenstand im Zivilprozess, 1956, S. 275; Arslan/Yilmaz/Taspinar Ayvaz, S. 307.

545 Simil, S. 107; Tanriver, S. 574; Arslan/Yilmaz/Taspinar Ayvaz, S. 307.

546 Tanriver, S. 595; Simil, S. 108.

547 Simil, S. 108; Tanriver, S. 595; Yilmaz, Serh, S. 762.

der Anwendungsbereich der unbezifferten Forderungsklage begrenzter als der der Teilklage, da der Kläger nicht für die umstrittenen Streitgegenstände, sondern nur für die Streitgegenstände, deren Bezifferung dem Kläger zu Beginn des Prozesses unmöglich oder unzumutbar ist, eine unbezifferte Forderungsklage erheben darf.

Vor der Aufhebung des zweiten Absatzes war die Unterscheidung des unbestimmten und umstrittenen Charakters des Streitgegenstandes wesentlich, da diese beiden Voraussetzungen der Teilklage in der Rechtspraxis einige Anwendungsschwierigkeiten hätten verursachen können. Denn die Bestimmung des umstrittenen Charakters des Streitgegenstandes ist nicht einfach. Meistens wird erst nach der Klageerhebung durch die Gegenerklärung des Beklagten deutlich, dass der Streitgegenstand zwischen den Parteien umstritten ist. Aber dies wird auch dann klar, wenn der Beklagte nach der Mahnung, vor der Klageerhebung, die Rechtsstreitigkeit und den Streitgegenstand ablehnt. Demzufolge durfte der Kläger eine zulässige Teilklage erheben, wenn es durch die Ablehnung des Beklagten deutlich wurde, dass der Streitgegenstand umstritten war und wenn der Kläger deswegen bei der Teilklage kein Rechtsschutzinteresse hatte.[548]

Für die zulässige Teilklage musste damals nur der Streitgegenstand umstritten sein. Die Erhebung der Teilklage konnte also nicht zugelassen werden, wenn die Erfüllungszeit oder andere Bedingungen des Rechtsgeschäfts umstritten waren.[549]

Mit Blick auf die Bestimmung des unbestimmten Charakters des Streitgegenstandes war diese bei der Teilklage einfacher und es sprach so zugunsten der Anwendung der Teilklage, da der umstrittene Charakter des Streitgegenstandes vor oder nach der Klageerhebung, durch die Klageschrift und die Gegenerklärung der Parteien bestimmt werden kann. Außerdem hatte der Gesetzgeber mit der Regelung der unbezifferten Forderungsklage im türkischen Zivilprozessrecht dem Kläger bei Klagen auf Streitgegenstände, deren Bezifferung zu Beginn des Prozesses unmöglich oder unzumutbar, also unbestimmt ist, ein Wahlrecht zwischen der Teilklage und der unbezifferten Forderungsklage ermöglicht. Demzufolge wäre aber die Teilklage im Sinne ihrer Zulässigkeitsvoraussetzungen auf den „unbestimmten" Streitgegenstand nutzlos gewesen, da die unbezifferte Forderungsklage bei solchen Rechtsstreitigkeiten auf unmögliche oder unzumutbare Bezifferung der Betragshöhe vorteilhafter als die Teilklage wurde, da der Kläger seinen Anspruch bei der unbezifferten Forderungsklage ohne Verstoß

548 Akil, S. 73; Pekcanitez/Atalay/Özekes, S. 481ff.
549 Akil, S. 73.

gegen das Erweiterungsverbot nachträglich beziffern kann oder da die Verjährungsfrist bei der unbezifferten Forderungsklage mit der Erhebung der Klage für das Ganze des Anspruchs gehemmt wird. Deswegen machte diese Regelung der Zulässigkeitsvoraussetzungen der Teilklage über die Unbestimmtheit des Streitgegenstandes, die im Art. 109 Abs. 2 TürkZPO geregelt war, im Vergleich zur unbezifferten Forderungsklage die Teilklage nutzlos und verursachte auch Verwechslungen mit der unbezifferten Forderungsklage.[550]

Nach der Aufhebung des zweiten Absatzes von Art. 109 TürkZPO darf der Kläger auch im Sinne des Dispositionsgrundsatzes Teilklage erheben, wenn sein Anspruch teilbar ist und wenn er dabei ein schutzwürdiges Rechtsinteresse hat. Daraus folgt, dass der Streitgegenstand nicht unbestimmt oder umstritten sein muss. Da der Kläger eine Verfügungsbefugnis über seine Rechte hat, kann er sein Rechtsbegehren auch durch die Teilklage fordern. In diesem Sinne darf der Kläger auch auf die Forderungen, deren Bezifferung ihm zu Beginn des Prozesses unmöglich oder unzumutbar ist, Teilklage erheben. Bei solchen Klagefällen hat der Kläger also das Wahlrecht zwischen der Teil- und der unbezifferten Forderungsklage.[551] Da aber die unbezifferte Forderungsklage mit ihren Folgen im Vergleich zur Teilklage für den Kläger Vorteile mit sich bringt, ist die Erhebung der unbezifferten Forderungsklage für den Kläger vorteilhafter.[552] Demzufolge ist die Aufhebung des zweiten Absatzes von Art. 109 TürkZPO für die Rechtsklarheit und auch für die Rechtsanwendung angemessen.[553]

4. Zu den Folgen

Die unbezifferte Forderungsklage unterscheidet sich von der Teilklage auch in ihren Folgen. Wie oben dargestellt, ist der Hauptzweck des Klägers mit der Erhebung der unbezifferten Forderungsklage das Erlangen des Ganzen seines Rechtsbegehrens, obwohl er zu Beginn des Prozesses die Betragshöhe seines Rechtsbegehrens nicht beziffern kann. Deswegen entstehen die Folgen der unbezifferten Forderungsklage für das gesamte Rechtsbegehren des Klägers, bzw. für die Absicherung der materiellen Rechten und das Rechtsschutzinteresse des Klägers.[554] Im Gegensatz dazu entstehen die Folgen der Teilklage nur für den

550 Postacıoglu/Altay, S. 250, Rn. 483; Akil, S. 99; Yilmaz, Serh, S. 762; Tanriver, S. 595.

551 Tanriver, S. 595.

552 Tanriver, S. 595.

553 Pekcanitez/Pekcanitez, Pekcanitez Usul, S. 999; Dedeagac/Sanal, S. 483.

554 Simil, S. 111; Tanriver, S. 594; Pekcanitez, Belirsiz Alacak Davasi, S. 31, 35, 59; Baumann Wey, S. 139, Rn. 370.

bestimmten eingeklagten Teil des Rechtsbegehrens. In diesem Sinne unterscheiden sich die unbezifferte Forderugsklage und die Teilklage voneinander durch den Verwendungszweck auch bei den Folgen.

Diese Unterscheidung bei den Folgen der unbezifferten Forderungsklage und der Teilklage zeigt sich hauptsächlich bei der Hemmung der Verjährungsfrist für die Rechtsstreitigkeiten.[555] Da der Hauptzweck des Klägers bei der Erhebung der Teilklage und der Erhebung der unbezifferten Forderungsklage unterschiedlich ist, wird sich die Hemmung der Verjährungsfrist demgemäß nicht gleich darauf beziehen. Demzufolge wird die Verjährungsfrist für die Rechtsstreitigkeit der unbezifferten Forderungsklage mit der Klageerhebung für das Ganze der Rechtsstreitsache gehemmt[556], weil der Kläger mit der Erhebung der unbezifferten Forderungsklage die Einklage des Ganzen seines Rechtsbegehrens bezweckt[557], während die Verjährungsfrist bei der Teilklage nur für den eingeklagten Teil der Rechtsstreitigkeit gehemmt ist.[558] Demgemäß kann der Kläger den nicht eingeklagten Rest seines Rechtsbegehrens durch eine neue zusätzliche Klage oder durch die Billigung des Beklagten erst dann einklagen, wenn die Verjährungsfrist für diesen Rest, der nicht eingeklagt wurde, nicht verjährt ist, da die Verjährungsfrist bei Teilklagen für den nicht eingeklagten Rest des Anspruchs mit der Erhebung der Teilklage nicht gehemmt wird.[559] Demzufolge kann der Beklagte die Einrede der Verjährung vorbringen und die Erlangung des Restes des Anspruchs durch den Kläger verhindern, wenn die Verjährungsfrist des Restes des Anspruchs abgelaufen ist.[560]

---

555 Pekcanitez, Belirsiz Alacak Davasi, S. 58; Tanriver, S. 594; Yilmaz, Serh, S. 762.

556 Yilmaz, Serh, S. 757; Pekcanitez/Atalay/Özekes, S. 462; Meier, HAVE, S. 31; Loosli, S. 163ff.

557 Yilmaz, Serh, S. 762; Pekcanitez/Atalay/Özekes, S. 461f.; Pekcanitez, Belirsiz Alacak Davasi, S. 58, 71, 90; Baumann Wey, S. 231, Rn. 610; Tanriver, S. 594; Menges, S. 158; Loosli, S. 120.

558 Friedrich, Probleme der Teilklage, Diss., 1995, S. 150; Tanriver, S. 578; Kuru, S. 219; Kuru, Hukuk Muhakemeleri Usulü, Band 2, S. 1540; Prütting/Gehrlein/Geisler, ZPOKomm, §253, Rn. 52; Zimmermann, ZPO, §253, Rn. 13; Gehri/Jent-Sorensen/Sarbach/Mohs, Art. 86, Rn. 1; Meier, Zivilprozessrecht, S. 221; Yilmaz, Serh, S. 762; Akil, S. 288; BGH, NJW 2009, S. 1950f.; BGH, NJW 2002, S. 2167f.

559 Pekcanitez/Pekcanitez, Pekcanitez Usul, S. 1008; Pekcanitez, Belirsiz Alacak Davasi, S. 70f.; Prütting/Gehrlein/Geisler, ZPOKomm, §253, Rn. 52; Tanriver, S. 578; Yilmaz, Serh, S. 770; Pekcanitez, Belirsiz Alacak Davasi 2009, S. 513.

560 Pekcanitez/Pekcanitez, Pekcanitez Usul, S. 1008; Im türkischen Recht ist die Verjährungsfrist in der Regel gemäß Art. 154 TürkOR unterbrochen. Außerdem ist sie auch an dem Tag der Billigung des Beklagten oder auch der Verbesserung unterbrochen.

Der Unterschied zwischen der Teilklage und der unbezifferten Forderungsklage bei ihren Folgen gilt auch bei der Rechtshängigkeit und bei der Rechtskraft der Entscheidungen. Da der Kläger mit der unbezifferten Forderungsklage das Ganze seines Anspruchs einklagen möchte, kann der Beklagte Einrede der Rechtshängigkeit der Rechtsstreitigkeit vorbringen, wenn der Kläger während des Verfahrens der unbezifferten Forderungsklage eine zusätzliche Leistungsklage mit dem gleichen Anspruch erhebt. Der Beklagte kann auch Einrede der Rechtskraft der Endentscheidung für die Rechtsstreitigkeit vorbringen, wenn der Kläger mit dem gleichen Anspruch eine zusätzliche neue Klage erheben möchte, da das Gericht seine endgültige Entscheidung darüber schon festgesetzt hat.[561] Demzufolge muss dieser Antrag auf die Erhebung der zusätzlichen Klage mit dem gleichen Anspruch vom Gericht abgelehnt werden, da der Kläger die unbezifferte Forderungsklage, die als erste Klage erhoben worden ist, mit dem Zweck zum Erlangen des Ganzen seines Rechtsbegehrens erhebt.[562] Im Gegensatz zur unbezifferten Forderungsklage erstreckt sich die materiellrechtliche Rechtskraft bei der Teilklage nicht auf die anderen Teile des Anspruchs, sondern nur auf den eingeklagten Teil.[563] Dementsprechend kann der Beklagte keine Einrede der Rechtskraft oder Rechtshängigkeit vorbringen, wenn der Kläger die restlichen Teile seines Anspruchs einklagt[564], da der Kläger mit der erst eingeklagten Klage nur einen Teil seines Anspruchs eingeklagt hatte und dies nicht den Verzicht auf den Rest seines Anspruchs bedeutet.[565]

Die Unterscheidung zwischen der Teilklage und der unbezifferten Forderungsklage bezogen auf ihre Folgen erstreckt sich auch auf die Zinsberechnung und die Berechnung der Gerichtskosten und der Gebühren. Die Gerichtskosten und die Prozessgebühren werden in der Regel gemäß des eingeklagten Betrags der Rechtsstreitigkeit berechnet. Bei der unbezifferten Forderungsklage wird diese Berechnung anders als bei der Teilklage und den anderen Klagearten bestimmt, wenn die Betragshöhe des Anspruchs zu Beginn des Prozesses dem Kläger nicht bezifferbar ist, und da der Kläger nur mit dem vorläufigen Mindestwert die Klage erheben kann, obwohl der Kläger damit das Ganze seines

561 Menges, S. 45f; Loosli, S. 122; Tanriver, S. 593; Simil, S. 302.

562 Simil, S. 302; Tanriver, S. 578f.; Menges, S. 158; Loosli, S. 120; Elzer, S. 228; Meier, HAVE, S. 32.

563 Tanriver, S. 578; Meier, Zivilprozessrecht, S. 221; Nomer, S. 222; BGH, NJW 1997, S. 1990; BernerKommZPO/Markus, Art. 86, Rn. 10.

564 Baker&McKenzie/Courvoisier, Art. 86, Rn. 6; Pekcanitez/Atalay/Özekes, S. 484; Tanriver, S. 578f.

565 Akil, S. 190; Pekcanitez/Atalay/Özekes, S. 484; Pekcanitez, Belirsiz Alacak Davasi, S. 68.

Anspruchs zu erlangen bezweckt. Deswegen werden die Gerichtskosten und Prozessgebühren zu Beginn des Prozesses der unbezifferten Forderungsklage erst nach dem angegebenen vorläufigen Mindestwert berechnet.[566] Erst nachdem der Kläger in der Lage sein wird, die Betragshöhe des Ganzen seines Anspruchs zu beziffern, werden die Gerichtskosten und Prozessgebühren gemäß der neuen Betragshöhe des Anspruchs berechnet, damit der Kläger den Rest nachträglich zuzahlen kann.[567]

Bei der Teilklage ist aber die Berechnung von Gerichtskosten und Gebühren einfacher, da der Betrag des Anpruchs vom Kläger bereits am Anfang der Klage bzw. am Anfang der Teilklage bestimmt und beziffert ist. Bei der Teilklage wird nur ein Teil seines ganzen Anspruchs vom Kläger eingeklagt und die Betragshöhe dieses Teils ist ziffermäßig bestimmt. Demgemäß werden die Gerichtskosten und die Prozessgebühren nur für den Betrag des eingeklagten Teilanspruchs berechnet, da der Kläger bei der Teilklage nur diesen Teil seines Anpruchs einklagt.[568] Demzufolge betrifft die Ausnahme der Berechnung von Gerichtskosten und Prozessgebühren bei der unbezifferten Forderungklage die Teilklage nicht.

Eine weitere Unterscheidung zwischen der Teilklage und der unbezifferten Forderungsklage betrifft die Berechnung der Verzinsung. Wenn der Kläger bei der Erhebung der unbezifferten Forderungklage Zinsforderungen hat, muss der Betrag der Verzinsung ab dem Tag der Klageerhebung für das Ganze des Anspruchs berechnet werden, da der Kläger mit der unbezifferten Forderungsklage eigentlich das Ganze seines Anspruchs einklagt.[569] Im Gegensatz dazu werden die Zinsforderungen des Klägers auf den Rest seines Anspruchs, die er durch die Einwilligung des Beklagten oder durch die Verbesserung erhöht hat, ab dem Tag der Erhöhung der Betragshöhe des Anspruchs nur für den erhöhten Rest berechnet, sofern der Verzug des Schuldners/Beklagten schon vorher nicht zustande gekommen ist.[570]

---

566 Baker&McKenzie/Courvoisier, Art. 85, Rn. 6; Sutter-Somm/Hasenböhler/Leuenberger/Bopp/Bessenich, Art. 85, Rn. 18; Gehri/Jent-Sorensen/Sarbach/Mohs, Art. 85, Rn. 3.

567 Sutter-Somm/Hasenböhler/Leuenberger/Bopp/Bessenich, Art. 85, Rn. 19; Meier, Zivilprozessrecht, S. 224; Brunner/Gasser/Schwander/Füllemann, Art. 85, Rn. 3; Yilmaz, Serh, S. 757; Pekcanitez/Atalay/Özekes, S. 447, 456; Simil, S. 327ff.; Tanriver, S. 593.

568 Meier, Zivilprozessrecht, S. 221.

569 Simil, S. 346; Yilmaz, Serh, S. 762; Tanriver, S. 595; Pekcanitez, Belirsiz Alacak Davasi, S. 72.

570 Simil, S. 11; Tanriver, S. 578; Pekcanitez, Belirsiz Alacak Davasi, S. 72; Akil, S. 305f.

Wie oben dargestellt, unterscheiden sich die unbezifferte Forderungsklage und die Teilklage voneinander hauptsächlich in ihren Hauptzwecken, da der Kläger mit der Erhebung der unbezifferten Forderungsklage tatsächlich das Erlangen des Ganzes seines Rechtsbegehrens bezweckt, während der Kläger bei der Teilklage nur einen Teil seines Anspruchs einklagt. Bei der Teilklage ist die wichtigste Frage, wie der Kläger den Rest seines Anspruchs anfordern kann. Dabei kann der Kläger den Rest seines Anspruchs entweder im gleichen Verfahren der Teilklage durch die Einwilligung des Beklagten weiter beanspruchen oder durch eine zusätzliche neue Klage den Rest seines Anspruchs anfordern. Der Kläger braucht die Einwilligung des Beklagten oder, falls der Beklagte darin nicht einwilligen würde, muss der Kläger durch den Verbesserungsantrag versuchen, den Rest seines Anspruchs zu erlangen, damit er den Rest seines Anspruchs im gleichen Verfahren der Teilklage anfordern kann. Außerdem kann der Kläger den Rest seines Anspruchs auch durch eine zusätzliche Klage beanspruchen. Natürlich darf der Kläger nach den Dispositions- und Rechtsschutzgrundsätzen nicht gezwungen werden, auf seine Rechte zu verzichten oder seinen ganzen Anspruch in einem einzigen Verfahren zu erheben. Aber die Erhebung der zusätzlichen Klage mit dem Anspruch auf den Rest des Rechtsbegehrens könnte für das Gericht Arbeitslast, Zeitverschwendung und höhere Kosten verursachen, womit gegen die Prozessökonomie verstoßen würde. Demgemäß kann die unbezifferte Forderungsklage bei solchen Fällen für das Gericht und auch für die Parteien der Rechtsstreitigkeit vorteilhafter sein[571], da sie im Vergleich zur Teilklage besonders für den Kläger viele Vorteile besitzt, wie oben dargestellt, die Hemmung der Verjährung, die Berechnung von Zinsen und die nachträgliche Bezifferung des Anspruchs ohne Verstoß gegen das Erweiterungsverbot.[572] Natürlich kann man das Recht des Klägers auf die Klageerhebung mit dem Anspruch auf Erlangung seines Rechtsbegehrens nicht verhindern, falls die Klage nicht gegen Treu und Glauben verstößt. Aber wie oben dargestellt, hat die Regelung der Teilklage im türkischen Zivilprozessrecht neben der unbezifferten Forderungsklage kaum einen Anwendungsbereich und ist nicht prozessökonomisch. Auch in vielen anderen Aspekten ist die unbezifferte Forderungsklage vorteilhafter als die Teilklage. Aber im Sinne des Dispositionsgrundsatzes ist die Regelung der Teilklage natürlich rechtgemäß, mit der das Recht auf die Klageerhebung auf Teilanspruch dem Kläger anerkannt werden kann.

---

571 Pekcanitez, Belirsiz Alacak Davasi, S. 73.

572 Yilmaz, Serh, S. 762; Pekcanitez, Belirsiz Alacak Davasi, S. 70, 73; Tanriver, S. 595.

5. Ansichten der Literatur

Bis zu dem Inkrafttreten der neuen „Ordnung über die Änderung des Gesetzes über den Kassationshof und die türkische Zivilprozessordnung" mit der Nummer 6644 vom 1.4.2015, die den Art. 109 Abs. 2 TürkZPO aufgehoben hat, der für die zulässige Teilklage einen umstrittenen oder unbestimmten Anspruch erfordert, waren die unbezifferte Forderungsklage und ihre Unterschiede zur Teilklage umstritten. Aber nach dem Inkrafttreten der neuen Ordnung über die Änderung der TürkZPO und nach der Aufhebung des zweiten Absatzes des Art. 109 TürkZPO sind die Meinungsstreitigkeiten über diese Unterschiede beseitigt.[573] Nach der damaligen herrschenden Meinung unterscheiden sich die Teil- und die unbezifferte Forderungsklage Klagen voneinander.[574] Dementsprechend ist die unbezifferte Forderungsklage weder eine Teilklage noch eine Art der Teilklage, da die unbezifferte Forderungsklage sich schon seit der Klageerhebung mit ihren Folgen, Zwecken und Streitgegenständen von der Teilklage unterscheidet.[575] Dementsprechend gehört die unbezifferte Forderungsklage von ihrer Art und Weise zu der Leistungsklage[576], da der Kläger mit der Klageerhebung die Erreichung des Ganzen seines Anspruchs bezweckt, während der Kläger mit der Erhebung der Teilklage die Forderung eines Teils seines Anspruchs bezweckt, weswegen die Teilklage von ihrer Art und Weise auch als Teilleistungsklage angenommen wird.[577] Da der Kläger mit der Erhebung der unbezifferten Forderungsklage das Erlangen des Ganzen seines Anspruchs, dessen Bezifferung ihm zu Beginn des Prozesses unmöglich oder unzumutbar ist, bezweckt, beziehen sich die Folgen, wie die Hemmung der Verjährungsfrist etc., auf dies Ganze des Anspruchs. Auch deswegen kann die unbezifferte Forderungsklage nach der herrschenden Meinung nicht als Teilklage oder als eine Art der Teilklage angenommen werden.[578]

Es gibt in der türkischen Literatur aber auch die Mindermeinung, nach der die unbezifferte Forderungsklage eine Art der Teilklage ist, obwohl dies nicht überzeugend begründet wird.[579] Kuru vertritt die Ansicht, dass die unbezifferte

---

573 Pekcanitez/Pekcanitez, Pekcanitez Usul, S. 999; Dedeagac/Sanal, S. 483.

574 Pekcanitez/Atalay/Özekes, S. 488; Simil, S. 105; Tanriver, S. 595.

575 Simil, S. 105; Akil, S. 105; Menges, S. 46.

576 Budak, Belirsiz Alacak Davasi, Bankacilar Dergisi, Özel Sayi, 2013, S. 83; Pekcanitez/Atalay/Özekes, S. 444f.; Yilmaz, Serh, S. 741.

577 Akil, S. 105; Simil, S. 105; Arslan/Yilmaz/Taspinar Ayvaz, S. 297; Yargitay 9. HD. 24.10.2011, 47239/39125; Yilmaz, Serh, S. 752.

578 Akil, S. 105; Simil, S. 105.

579 Kuru/Budak, Hukuk Muhakemeleri Kanununun Getirdigi Baslica Yenilikler, Istanbul Barosu Dergisi, 2011/5, S. 12.

Forderugsklage eine Teilklage ist, die nur für unbestimmte Forderungen erhoben werden kann. Nach seiner Ansicht fordert der Kläger mit den beiden Klagearten seinen Teil seines Anspruchs und der einzige Unterschied zwischen den beiden Klagearten ist die Möglichkeit der nachträglichen Bezifferung ohne Verstoß gegen das Erweiterungsverbot bei der unbezifferten Forderungsklage, während der Kläger der Teilklage ohne Einwilligung des Beklagten oder ohne Verbesserungsantrag den Rest seines Anspruchs nicht anfordern kann.[580] Außerdem sollte einer anderen Ansicht nach die unbezifferte Forderungsklage ohne Erklärung als eine Teilleistungsklage angenommen werden.[581] Nach einer weiteren Ansicht hat aber der Kläger die Auswahl zwischen der Erhebung der Teilklage und der unbezifferten Forderungsklage, wenn der Anspruch unbestimmt, unbeziffert oder umstritten ist. Nach dieser Ansicht bezweckt der Kläger mit beiden Klagearten die Erreichung des Ganzen des Anspruchs[582], obwohl es in der Regelung schon klar ist, dass man mit der Teilklage nur einen Teil seines Anspruchs einklagen kann. Im Gegensatz dazu werden die Verjährungsfrist und die Zinsen dieser Ansicht nach nur für den eingeklagten Teil des Anspruchs gehemmt und berechnet[583], womit sich diese Ansicht in sich selber widerspricht.

Die Widersprüchlichkeit der oben genannten Ansicht und auch die anderen Ansichten, die die unbezifferte Forderungsklage als Teilklage oder als eine Art der Teilklage angenommen haben, und diese Verwechselung zwischen der Teil- und der unbezifferten Forderungsklage sind wegen des aufgehobenen Absatzes des Art. 109 TürkZPO entstanden, denn gemäß Art. 109 Abs. 2 TürkZPO konnte der Kläger die Teilklage erst dann erheben, wenn der Anspruch umstritten oder unbestimmt sowie auch unbeziffert ist. Diese Gesetzesregelung hätte viele Streitigkeiten in der Literatur und viele falsche und nicht gesetzesmäßige Ausübungen der Teil- und der unbezifferten Forderungsklage verursachen können. Da dieser Absatz des Art. 109 TürkZPO aufgehoben ist, soll die damalige herrschende Meinung der türkischen Literatur, nach der die unbezifferte Forderungsklage keine Teilklage, sondern ein Art der Leistungklage mit einige Ausnahmen ist, angenommen werden.

---

580 Kuru, S. 220, Fn. 37.
581 Musul, S. 129.
582 Cil/Kar, S. 28.
583 Cil/Kar, S. 29.

6. Stellungnahme

Wie oben dargestellt und auch gemäß des Gesetzesmotives vom Art. 107 TürkZPO unterscheidet sich die unbezifferte Forderungsklage in ihrer Natur, ihren Zwecken und Folgen von der Teilklage und kann damit nicht verwechselt werden, da mit der Erhebung der unbezifferten Forderungsklage hauptsächlich das Erlangen des Ganzen des Anspruchs, dessen Bezifferung dem Kläger zu Beginn des Prozesses unmöglich oder unzumutbar ist, bezweckt ist. Die unbezifferte Forderungsklage kann also deswegen nicht als Teilklage oder als eine Art davon angenommen werden, weil der Kläger, entgegen der unbezifferten Forderungsklage, mit der Teilklage nur einen Teil seines Anspruchs anfordert. Durch die Aufhebung des zweiten Absatzes vom Art. 109 TürkZPO werden die Verwechslung und die Meinungsstreitigkeit in der Lehre über die unbezifferte Forderungsklage und die Teilklage überwunden. Nun ist es nicht mehr erforderlich, dass der Anspruch der Rechtsstreitigkeit bei der Teilklage strittig oder unbestimmt sein muss, wobei das Erfordernis nach Unbestimmtheit des Anspruchs mit dem Erfordernis des anfänglichen unbezifferten Charakters des Anspruchs bei der unbezifferten Forderungsklage verwechselt wurde und daher Meinungsstreitigkeiten verursachte, ob man für solche Forderungen eine Teilklage oder eine unbezifferte Forderungsklage erheben sollte.

Obwohl die unbezifferte Forderungsklage weder in dem deutschen noch in dem schweizerischen Zivilprozessrecht mit der Teilklage verwechselbar anerkannt ist, konnte man sie im türkischen Zivilprozessrecht vor der Aufhebung des zweiten Absatzes des Art. 109 TürkZPO wegen des Wortlauts des Art. 109 Abs. 2 TürkZPO verwechseln. Dieser Absatz des Art. 109 TürkZPO ist am 1.4.2015 durch das Gesetz Nr. 6644 aufgehoben worden.[584] Demgemäß kann der Kläger mit der Erhebung der Teilklage einen Teil seines teilbaren Anspruchs erreichen. Demzufolge muss für die Zulässigkeit dieser Teilklage der Anspruch also nicht mehr umstritten oder unbestimmt sein, sondern es ist hinreichend, wenn der Anspruch teilbar ist und wenn der Kläger dabei ein Rechtsschutzinteresse hat.

Mit der Aufhebung des zweiten Absatzes von Art. 109 TürkZPO ist die Teilklage ähnlich wie die Regelung der Teilklage im schweizerischen Zivilprozessrecht und wie von der deutschen Literatur und Rechtsprechung anerkannt ist, festgesetzt. Dementsprechend kann ähnlich wie im Art. 86 SchweizZPO der

584 **Übersetzung des Art. 109 Abs. 2 TürkZPO:** Es kann nicht eingeklagt werden, wenn die Betragshöhe des Anspruchs zwischen den Parteien nicht umstritten oder nicht bestimmt ist. (**Aufgehoben**)

Kläger einen Teil seines Anspruchs einklagen, wenn der Anspruch teilbar ist.[585] Gemäß Art. 109 Abs. 3 TürkZPO bedeutet die Erhebung der Teilklage außerdem keinen Verzicht auf den Rest des nicht eingeklagten Anspruchs, sofern der Kläger den Verzicht auf den Rest seines Anspruchs nicht dargelegt hat. Dabei ist die Teilklage ähnlich wie in den schweizerischen und deutschen Zivilprozessrechten geregelt, und damit haben die Streitigkeiten in der Literatur über die Unterscheidung zwischen der Teil- und der unbezifferten Forderungklage ihren Sinn und Zweck verloren. Nun ist unstrittig, dass der Kläger nach dem Dispositionsgrundsatz auf alle seine teilbaren Ansprüche, ohne Bedürfnis nach umstrittenem oder unbestimmtem Charakter des Anspruchs, Teilklage erheben kann, während der Kläger nur dann die unbezifferte Forderungsklage erheben kann, wenn die Bezifferung ihm unmöglich oder unzumutbar ist.

Die damaligen Meinungsstreitigkeiten in der türkischen Literatur sind dargestellt. Demzufolge war damals wegen des zweiten Absatzes des Art. 109 TürkZPO die Unterscheidung zwischen der Teil- und der unbezifferten Forderungsklage umstritten und nach der Mindermeinung der Literatur musste die unbezifferte Forderungsklage als eine Art der Teilklage angenommen werden, obwohl der Grund dieser Ansicht nicht genau geklärt war.[586] Nach der Ansicht von Cil/Kar bezweckt aber der Kläger mit beiden Klagearten die Erlangung des Ganzen seines Anspruchs und so kann der Kläger weder die Teilklage noch die unbezifferte Forderungklage erheben, wenn der Anspruch nicht umstritten oder nicht unbeziffert sowie unbestimmt ist, obwohl das „umstritten zu sein" und „unbestimmt", sogar „unbeziffert zu sein" niemals vergleichbar und gleich sein können.[587]

Wie oben dargestellt, war dieser Unterschied zwischen diesen Klagearten wegen der Regelung des Art. 109 Abs. 2 TürkZPO so umstritten. Gemäß dieser Regelung musste der Anspruch umtritten oder unbestimmt sein, um eine zulässige Teilklage zu erheben, während die zulässige unbezifferte Forderungsklage zu Beginn des Prozesses eine dem Kläger unzumutbare oder unmögliche Bezifferung der Betragshöhe des Anspruchs erfordert.[588] Während der Geltung des zweiten Absatzes des Art. 109 TürkZPO hätte der unbezifferte Charakter des Anspruchs bei der unbezifferten Forderungsklage mit dem Erfordernis auf den unbestimmten Anspruch der Teilklage verwechselt werden können, da das

585 Art. 109 Abs. 1 TürkZPO; Art. 86 SchweizZPO; Musielak/Voit, Grundkurs ZPO, S. 375, Rn. 375; Zimmermann, ZPO, §253, Rn. 13.

586 Kuru/Budak, Yenilikler, S. 12; Musul, S. 129; Kuru, S. 220, Fn. 37.

587 Cil/Kar, S. 28.

588 Art. 107 Abs. 1 TurkZPO.

„unbeziffert zu sein" tatsächlich die Unbestimmtheit bedeutet. Demzufolge konnte damals und kann auch immer noch der Kläger entweder die Teilklage oder die unbezifferte Forderungsklage erheben, wenn die Bezifferung seines Anspruchs ihm zu Beginn des Prozesses unmöglich oder unzumutbar ist, er hat also dabei ein Wahlrecht. Es ist aber unmöglich, das Erfordernis auf den umstrittenen Charakter des Anspruchs gleichzusetzen mit der Unbestimmtheit des Anspruchs, worauf aber von der türkischen Lehre und von der türkischen Rechtsprechung nicht viel geachtet wird.[589] Da das „unbeziffert zu sein" unter dem „unbestimmt zu sein" verstanden werden kann, hätte das „unbeziffert zu sein" demzufolge als „umstritten" gedeutet werden können, was gar nicht gleich und vergleichbar ist. Diese Verwechslung hätte aber für die zweckmäßige Anwendung des Gesetzes gefährlich sein können, da für die Zulässigkeit der unbezifferten Forderungsklage kein umstrittener Anspruch, sondern die anfängliche Unmöglichkeit oder Unzumutbarkeit der Bezifferung der Betragshöhe des Anspruchs erforderlich ist. Wegen dieser Verwechslung werden diese Klagearten von einem Teil der türkischen Lehre als gleiche Klage bewertet. Aber so eine Bewertung würde auch die Folgen dieser beiden Klagearten missachten, obwohl sich diese Klagen voneinander besonders in ihren Folgen unterscheiden.

Nach der herrschenden Meinung, die vor der Aufhebung des zweiten Absatzes vom Art. 109 TürkZPO entstanden war, konnte die unbezifferte Forderungsklage nicht als eine Art der Teilklage angenommen werden, da der Kläger mit der Erhebung der unbezifferten Forderungsklage in der Regel das Erlangen des Ganzen seines Anspruchs bezweckt. Deswegen also unterscheidet sich der Gesetzeszweck der Regelung der unbezifferten Forderungsklage von der Teilklage. Dieser Ansicht nach hat der Kläger aber das Wahlrecht bzw die Entscheidungsfreiheit zwischen der Erhebung der Teilklage und der unbezifferten Forderungsklage, wenn der Anspruch unbestimmt, bzw. unbeziffert ist, obwohl die unbezifferte Forderungsklage im Sinne ihrer Folgen und ihres Anwendungsbereichs im Vergleich zur Teilklage für den Kläger vorteilhafter, einfacher und demzufolge auch prozessökonomischer ist.[590]

Wenn die damalige Regelung des zweiten Absatzes des Art. 109 TürkZPO nicht aufgehoben worden wäre, hätten die Meinungsstreitigkeiten über die Unterscheidung der Teil- und der unbezifferten Forderungsklage angemessen und nachvollziehbar sein können. Aber trotzdem hätte die unbezifferte

589 Cil/Kar, S. 28; Yargitay 9. H.D. T. 27.02.2012, E. 2012/1757, K. 2012/5742; Yargitay 9. H,D. T. 27.02.2012, E. 2012/1756, K. 2012/5741.

590 Simil, S. 105; Postacıoglu/Altay, S. 250, Rn. 483.

Forderungsklage niemals als eine Art der Teilklage angenommen werden können. Meines Erachtens hat sich die unbezifferte Forderungsklage auch damals in ihren Folgen und in ihrem Gesetzeszweck von der Teilklage unterschieden. Demgemäß hätte und hat der Kläger das Wahlrecht bzw. die Entscheidungsfreiheit zwischen der Teil- und der unbezifferten Forderungsklage, wenn sein Anspruch unbeziffert ist. Aber trotz dieses Wahlrechts bzw. dieser Entscheidungsfreiheit wäre der Anwendungsbereich der unbezifferten Forderungsklage zwar begrenzter, aber ihre Anwendung einfacher als die Teilklage, denn der Kläger hat bei der unbezifferten Forderungklage mehr Vorteile als bei der Teilklage, wie z.B. die Hemmung der Verjährungsfrist oder die Berechnung der Zinsen.

Die Aufhebung des zweiten Absatzes des Art. 109 TürkZPO ist sach- und rechtgemäß, da diese Regelung für den Anwendungsbereich der Teilklage restriktiv war und über die Unterscheidung zwischen der Teil- und der unbezifferten Forderungsklage unnötige Meinungsstreitigkeiten verursacht hat. So eine Regelung hätte den Verstoß gegenüber dem Dispositionsgrundsatz bei der Anwendung der Teilklage verursachen können, da der Kläger gemäß des Rechtsschutzprinzips und des Dispositionsgrundsatzes frei sein muss, über seine Rechte zu verfügen. Dementsprechend darf der Kläger einen Teil oder das Ganze seines Anspruchs einklagen, wenn er möchte. Diese Freiheit und dieser Grundsatz dürfen durch das Gesetz nicht verhindert werden.[591]

Die unbezifferte Forderungklage ist eine neue Klageart in der türkischen Zivilprozessordnung. Mit der Aufhebung des zweiten Absatzes von Art. 109 TürkZPO sind die Verwechslung zwischen der Teil- und unbezifferten Forderungsklage und auch die Meinungsstreitigkeiten darüber beendet worden. Damit sind die Anwendungshindernisse der Teilklage aufgehoben und die Grundsätze des Zivilprozessrechts bei der Anwendung der Teilklage verwirklicht worden. Außerdem ist es mit der Aufhebung dieses Absatzes deutlich geworden, dass die unbezifferte Forderungsklage eine eigenständige Klageart ist und nicht zu der Teilklage gehört. Demzufolge wird nun die unbezifferte Forderungklage ohne Meinungsstreitigkeiten angewendet.

D. Feststellungsklage

1. Allgemeines

Die Feststellungsklage ist in den türkischen, deutschen und schweizerischen Zivilprozessordnungen als eine eigenständige Klageart mit ähnlichem Inhalt

591 Musielak/Voit, Grundkurs ZPO, S. 69, Rn. 102.

geregelt. Demgemäß verlangt der Kläger mit der Feststellungsklage die gerichtliche Feststellung, ob das Rechtsverhältnis besteht oder nicht oder ob eine Urkunde echt oder unecht ist.[592] So unterscheidet sich die Feststellungsklage von Leistungs-, Gestaltungs- und Veränderungsklagen mit dem Zweck der Feststellung des Rechtsverhältnisses, da der Hauptzweck der Leistungsklage die Befriedigung des Anspruchs des Klägers und der Hauptzweck der Veränderungsklage die Veränderung der Rechtslage ist.[593]

Gemäß Art. 106 Abs. 2 TürkZPO[594] und §256 Abs. 1 ZPO muss der Kläger für eine zulässige Feststellungsklage sein Rechtsschutzinteresse an der Klageerhebung nachweisen. Wenn der Kläger an der Feststellung des Rechtsverhältnisses oder an der Bestimmung der Un- oder Echtheit der Urkunde kein schutzwürdiges Rechtsinteresse hat, dann muss die Klage vom Gericht von Amts wegen abgelehnt werden, da man in der Regel dasselbe Ziel auch durch die Leistungklage erreichen kann.[595]

Obwohl das Erfordernis des rechtlichen Interesses im Art. 88 SchweizZPO nicht explizit geregelt ist, ist die Anwesenheit des Rechtsschutzinteresses nach dem Art. 59 Abs. 2 lit. a SchweizZPO auch als eine Zulässigkeitsvoraussetzung der Feststellungsklage als Feststellungsinteresse anerkannt.[596] Dementsprechend

---

592 Art. 106 Abs. 1 TürkZPO; §256 Abs. 1 ZPO; Art. 88 SchweizZPO.

593 Musielak/Voit, Grundkurs ZPO, S. 40, Rn. 65; Pekcanitez/Pekcanitez, Pekcanitez Usul, S. 972; Pekcanitez/Atalay/Özekes, S. 435; BSKommZPO/Weber, Art. 88, Rn. 6; Baker& McKenzie/Schenker, Art. 88, Rn. 5; Musielak/Voit/Foerste, ZPOKomm, §256, Rn. 1; Tanriver, S. 567; Rosenberg/Schwab/Gottwald, §91, Rn. 4, S. 540; Schilken, S. 85, Rn. 184; Jauernig/Hess, S. 140, Rn. 5; Schreiber, S. 756; Guldener, S. 210.

594 **Übersetzung des Art. 106 TürkZPO:** (1) Durch die Feststellungsklage ist die Bestimmung des Bestehens oder Nichtbestehens eines Rechtes oder Rechtsverhältnisses oder die Anerkennung der Echtheit einer Urkunde oder ihrer Unechtheit angefordert. (2) Außer den gesetzlich geregelten Ausnahmefällen, muss der Kläger bei der Feststellungsklage gegenwärtiges Rechtsschutzinteresse haben. (3) Materielle/sachliche Ansprüche können alleine nicht der Streitgegenstand der Feststellungsklage sein.

595 Musielak/Voit, Grundkurs ZPO, S. 40f., Rn. 65; Pekcanitez/Pekcanitez, Pekcanitez Usul, S. 979; Pekcanitez/Atalay/Özekes, S. 438; Tanriver, S. 567; MünchKommZPO/Becker-Eberhard, §256, Rn. 5; Leuenberg/Uffer-Tobler, 2. Auflage, S. 165, Rn. 6.19; Prütting/Gehrlein/Geisler, ZPOKomm, §256, Rn. 19; Yilmaz, Serh, S. 734; Grunsky/Jacoby, S. 88, Rn. 285; Rosenberg/Schwab/Gottwald, §91, Rn. 23, S. 544; Schilken, S. 86, Rn. 186; BGH, NJW 2000, S. 1257; Henke, Die Feststellungsklage der ZPO-Grundfragen, JA 1987, S. 471f.; Schreiber, S. 756; Hanagasi, Davada Menfaat, 2009, S. 249.

596 BSKommZPO/Weber, Art. 88, Rn. 2, 9; Gehri/Jent-Sorensen/Sarbach/Mohs, Art. 88, Rn. 2.

muss der Kläger auch nach dem schweizerischen Zivilprozessrecht seine schutzwürdige Feststellungs- sowie sein Rechtsinteresse an der Erhebung der Feststellungsklage nachweisen, damit er ohne Forderung nach einer Leistung oder nach einer Veränderung nur seine Rechte und Pflichten kennen und bestimmen kann.[597] Auch im schweizerischen Zivilprozessrecht unterscheidet sich also die Feststellungsklage von den anderen Klagearten, da der Kläger damit keine Leistung oder Veränderung bezweckt.[598] Aber er muss sein schutzwürdiges Rechtsinteresse nachweisen, damit die Klage zulässig sein kann, da die Anwesenheit des Rechtsschutzinteresses während der Erhebung der Feststellungsklage von Amts wegen beachtet wird.[599]

Wie oben dargestellt, kann der Kläger sein Rechtsverhältnis, seine Rechte und Pflichten durch die Erhebung der Feststellungsklage gerichtlich feststellen lassen, wenn er dafür hinreichend und nachweisbares Rechtsschutzinteresse hat.[600] Mit dem Inkrafttreten der neuen TürkZPO und der neuen Regelung des Art. 107 TürkZPO kann man für seinen Anspruch, dessen Bezifferung dem Kläger zu Beginn des Prozesses unmöglich oder unzumutbar ist, keine reguläre Feststellungsklage gemäß Art. 106 TürkZPO erheben, da der Kläger mit dem Inkrafttreten des Art. 107 Abs. 3 TürkZPO sein schutzwürdiges Rechtsinteresse an der Feststellungsklage für die unbezifferten Forderungen verloren hat.[601] Durch das Inkrafttreten des Entwurfs der TürkZPO wird aber die Feststellungsklage für die unbezifferten Forderungen in dem dritten Absatz vom Art. 107 TürkZPO aufgehoben, was meines Erachtens für die Ausübung der unbezifferten Forderungsklage auch angemessen ist, weil diese Art der Feststellungsklage Verwechslungen zwischen der unbezifferten Forderungsklage, der Feststellungsklage und der Feststellungsklage für unbezifferten Forderungen verursachen könnte.

Im Art. 107 Abs. 3 TürkZPO hat der Gesetzgeber die Feststellungsklage nur für die unbezifferten Forderungen geregelt. Demgemäß kann der Kläger gemäß Art. 106 TürkZPO keine normale Feststellungsklage mehr erheben, da

597 Baker&McKenzie/Schenker, Art. 88, Rn. 4; Gehri/Jent-Sorensen/Sarbach/Mohs, Art. 88, Rn. 2; Leuenberg/Uffer-Tobler, 2. Auflage, S. 166, Rn. 6.19.

598 Baker&McKenzie/Schenker, Art. 88, Rn. 3f.; Gehri/Jent-Sorensen/Sarbach/Mohs, Art. 88, Rn. 2c.

599 Baker&McKenzie/Schenker, Art. 88, Rn. 5; Gehri/Jent-Sorensen/Sarbach/Mohs, Art. 88, Rn. 2c; Leuenberg/Uffer-Tobler, 2. Auflage, S. 165f., Rn. 6.19; Kuru/Budak, Tespit Davalari, S. 88; Guldener, 209f.

600 Henke, Feststellungsklage, S. 471; Hanagasi, S. 248f.

601 Tanriver, S. 596f.; Arslan/Yilmaz/Taspinar Ayvaz, S. 295; Simil, S. 119.

die Regelung des Art. 107 Abs. 3 TürkZPO eine besondere Regelung für die unbezifferten Forderungen ist und deswegen den Vorrang gegenüber der normalen Feststellungsklage einnehmen muss. Darüber hinaus, da die unbezifferte Forderungsklage eine besondere Art der Leistungsklage ist, darf man keine Feststellungsklage erheben, wenn man seinen Anspruch auch durch eine Leistungsklage anfordern kann.[602] Deswegen kann der Kläger für seine unbezifferten Forderungen keine normale Feststellungsklage gemäß Art. 106 TürkZPO erheben, da diese Klageart gemäß Art. 107 Abs. 3 TürkZPO als eine besondere Art der Feststellungsklage nur für unbezifferte Forderungen explizit geregelt ist. Dementsprechend kann die Feststellungsklage gemäß Art. 106 TürkZPO mit der Feststellungsklage für unbezifferte Forderungen gemäß Art. 107 Abs. 3 TürkZPO nicht verwechselt werden.[603]

Im Folgenden wird die Feststellungsklage im Sinne der unbezifferten Forderungsklage im türkischen Recht untersucht werden.

2. Feststellungsklage auf unbezifferte Forderungen

Wie oben dargestellt, muss der Kläger sein Rechtsschutzinteresse an der Feststellungsklage nachweisen, um eine zulässige Feststellungsklage zu erheben, ansonsten wird die Klage von Amts wegen abgewiesen[604], da man keine Feststellungsklage erheben darf, wenn man seinen Anspruch auch durch eine Leistungsklage auch erheben kann.[605]

Gemäß Art. 106 Abs. 2 TürkZPO kann man aber ohne Nachweis des Rechtsschutzinteresses sowie Feststellungsinteresses an der Feststellungsklage diese Klage erheben, wenn es im Gesetz ausnahmsweise geregelt ist. Demzufolge muss der Kläger sein spezifisches schutzwürdiges Rechtsinteresse an der Feststellungsklage nicht nachweisen, wenn die Erhebung davon bei bestimmten Fällen im

---

602 Tanriver, S. 596.

603 Yilmaz, Serh, S. 760; Pekcanitez/Pekcanitez, Pekcanitez Usul, S. 1076; Pekcanitez/Atalay/Özekes, S. 438.

604 Baker&McKenzie/Schenker, Art. 88, Rn. 5; Pekcanitez/Pekcanitez, Pekcanitez Usul, S. 976f.; Pekcanitez/Atalay/Özekes, S. 436; Tanriver, S. 567; Gehri/Jent-Sorensen/Sarbach/Mohs, Art. 88, Rn. 2c.

605 Pekcanitez/Atalay/Özekes, S. 438; Baker&McKenzie/Schenker, Art. 88, Rn. 4–6; Kuru, Hukuk Muhakemeleri Usulü, Band 2, S. 1437; Pekcanitez, Belirsiz Alacak Davasi, S. 77; Tanriver, S. 567; MünchKommZPO/Becker-Eberhard, §256, Rn. 5; Yilmaz, Serh, S. 734; Leuenberg/Uffer-Tobler, 2. Auflage, S. 165, Rn. 6.19; Prütting/Gehrlein/Geisler, ZPOKomm, §256, Rn. 10.

Gesetz besonders geregelt ist.[606] Demgemäß muss der Kläger sein Rechtsschutzinteresse an der Erhebung der Feststellungsklage auf unbezifferte Forderungen nicht nachweisen, da der Gesetzgeber die Feststellungsklage gemäß Art. 107 Abs. 3 TürkZPO besonders für unbezifferte Forderungen geregelt hat.[607]

Das Gesetzesmotiv des Art. 107 Abs. 3 TürkZPO ist folgendes; „die Feststellungsklage kann bei den Fällen, wobei man Teilleistungsklage sowie Teilklage erheben kann, auch erhoben werden und dabei ist es von Anfang her so anerkannt, als ob der Kläger daran Rechtsschutzinteresse hat.". Nach dem Gesetzesmotiv und dem Wortlaut des Art. 107 Abs. 3 TürkZPO könnte es so verstanden werden, als ob man statt einer Teilklage die Feststellungsklage erheben dürfe und demzufolge müsse der Kläger auch bei Feststellungsklagen gemäß Art. 106 TürkZPO für einen Teil des Ganzen seines Anspruchs kein spezifisches Rechtsschutzinteresse nachweisen.[608] Obwohl es von dem Wortlaut des Gesetzesmotivs so verstanden werden könnte, ist aber diese besondere Regelung der Feststellungsklage nicht unter der Regelung der Teilklage, sondern unter der Regelung der unbezifferten Forderungsklage gefasst. Daher müsste es so akzeptiert und verstanden werden, dass diese Feststellungsklage gemäß Art. 107 Abs. 3 TürkZPO besonders für die unbezifferten Forderungen geregelt ist und dementsprechend muss der dritte Absatz des Art. 107 TürkZPO zusammen mit den Zulässigkeitsvoraussetzungen der unbezifferten Forderungsklage gemäß Art. 107 Abs. 1 und 2 TürkZPO ausgelegt werden. Demzufolge wird die Feststellungsklage auf unbezifferte Forderungen gemäß Art. 107 Abs. 3 TürkZPO dem Kläger neben der unbezifferten Forderungsklage als eine alternative Klageart ermöglicht, wenn die Zulässigkeitsvoraussetzungen der unbezifferten Forderungsklage, wie die anfängliche Unmöglichkeit oder Unzumutbarkeit der Bezifferung des Anspruchs, gegeben sind.[609]

Dementsprechend wird der Kläger, ähnlich wie bei der Erhebung der unbezifferten Forderungsklage, auch bei der Erhebung der Feststellungsklage auf unbezifferte Forderungen gemäß Art. 107 Abs. 3 TürkZPO den Mindestbetrag seines Anspruchs, den er bis zur Klageerhebung bestimmen kann, in seiner Klageschrift dem Gericht als seinen Teilanspruch vorlegen und die Feststellung des

606 Kuru/Budak, Tespit Davalari, S. 88; Pekcanitez/Atalay/Özekes, S. 438.

607 Pekcanitez/Atalay/Özekes, S. 438; Yilmaz, Serh, S. 761; Simil, S. 119.

608 Pekcanitez, Belirsiz Alacak Davasi, S. 76; Pekcanitez/Atalay/Özekes, S. 438; Tanriver, S. 568.

609 Pekcanitez, Belirsiz Alacak Davasi, S. 78f.; Pekcanitez/Pekcanitez, Pekcanitez Usul, S. 1076f.; Pekcanitez/Atalay/Özekes, S. 438; Yilmaz, Serh, S. 760; Arslan/Yilmaz/Taspinar Ayvaz, S. 295.

Rests seines Anspruchs vom Gericht anfordern.[610] Auch bei dieser Klage wird dann der Kläger den Betrag des Rests seines Anspruchs nach dem Abschluss des Beweisverfahrens oder der Auskunftserteilung nachträglich bestimmen, damit das Gericht seine Feststellungsentscheidung auf den Rest des Anspruchs verwirklichen kann[611], wobei der Kläger das Wahlrecht zwischen der unbezifferten Forderungsklage und der Feststellungsklage auf unbezifferte Forderungen hat.[612]

Wie oben dargestellt und obwohl es gesetzlich nicht ausdrücklich geregelt ist, kann man nach dem Gesetzesmotiv des Art. 107 Abs. 3 TürkZPO die Teilklage zusammen mit der Feststellungsklage auf die unbezifferten Forderungen erheben, wenn die Verjährungsfrist sehr knapp ist. Demgemäß kann der Kläger für den Teil des Ganzen seines Anspruchs, den er bis zum Beginn des Prozesses bestimmen kann, Teilklage erheben und für den Rest seines Anspruchs, dessen Bezifferung dem Kläger zu Beginn des Prozesses unmöglich oder unzumutbar ist, vom Gericht die Feststellung anfordern. Auch bei solchen Fällen wird der Kläger ein Rechtsschutzinteresse an der Erhebung der Feststellungsklage haben, erstens, da die Erhebung der Feststellungsklage für unbezifferte Forderungen im Gesetzesmotiv des Art. 107 Abs. 3 TürkZPO schon akzeptiert ist, und zweitens, da bei solchen Fällen die Verjährungsfrist nur für den Teil, der durch die Teilklage eingeklagt ist, gehemmt wird, aber durch die Erhebung der Feststellungsklage die Verjährungsfrist für den nicht bezifferten Rest des Anspruchs auch gehemmt werden kann, damit das Rechtsschutzinteresse des Klägers beschützt werden kann.[613]

Bei solchen Klagen kann der Kläger seine Klage, ohne Verstoß gegen das Erweiterungsverbot, nicht zur unbezifferten Forderungsklage nachträglich übertragen, da der Kläger bei so einer Forderung die Übertragung seines Anspruchs auf eine Feststellung gegen die Anforderung der Leistung ändern würde, was die Änderung des Streitgegenstandes und des Anspruchs nach sich zieht. Daher darf der Kläger seine erhobene Feststellungsklage auf unbezifferte Forderungen nur mit der Einwilligung des Beklagten oder durch die Verbesserung zur unbezifferten Forderungsklage übertragen lassen.[614]

---

610 Pekcanitez, Belirsiz Alacak Davasi, S. 80; Pekcanitez/Atalay/Özekes, S. 464.

611 Pekcanitez, Belirsiz Alacak Davasi, S. 80; Pekcanitez/Pekcanitez, Pekcanitez Usul, S. 1077; Pekcanitez/Atalay/Özekes, S. 464.

612 Pekcanitez, Belirsiz Alacak Davasi, S. 80; Pekcanitez/Pekcanitez, Pekcanitez Usul, S. 1078; Pekcanitez/Atalay/Özekes, S. 464; Yilmaz, Serh, S. 760.

613 Pekcanitez, Belirsiz Alacak Davasi, S. 79; Simil, S. 129; Yargitay 9. H.D. T. 14.4.2018, E. 2015/15143, K. 2018/8924 (www.kazanci.com).

614 Pekcanitez, Belirsiz Alacak Davasi, S. 79; Pekcanitez/Atalay/Özekes, S. 464; Simil, S. 129.

Obwohl der Kläger bei der Feststellungsklage auf unbezifferte Forderungen mit der Teilklage im Vergleich zur unbezifferten Forderungsklage gemäß Art. 107 Abs. 1-2 TürkZPO kein richtiges Rechtsschutzinteresse hat, ist die Anwesenheit der Zulässigkeit solcher Klagen und die Anwesenheit des Rechtsschutzinteresses wegen der Regelung von Art. 107 Abs. 3 TürkZPO und des Gesetzesmotivs des Art. 107 Abs. 3 TürkZPO anerkannt. Bei der Hemmung der Verjährungsfrist bringen die beiden Klagearten dem Kläger gleiche Vorteile, denn auch bei der Feststellungsklage gemäß Art. 107 Abs. 3 TürkZPO ist die Verjährungsfrist für das Ganze des Anspruchs mit der Erhebung der Feststellungsklage gehemmt.[615] Die Feststellungsklage mit der Teilklage gemäß Art. 107 Abs. 3 TürkZPO hat aber im Vergleich zur unbezifferten Forderungsklage negative Folgen, da die Erhebung der Forderungsklage mit der Teilklage auf die unbezifferten Forderungen einen Verstoß gegen die Prozessökonomie verursacht. Demzufolge müsste der Kläger, der die Feststellungsklage auf seinen unbezifferten Anspruch mit der Teilklage erhoben hat, zwei Verfahren eröffnen und verfolgen, was man durch die Erhebung der unbezifferten Forderungsklage allein in einem Verfahren einfacher, schneller und prozessgünstiger erlangen kann. Außerdem kann der Kläger durch die Entscheidung auf die Feststellung des Rests des Anspruchs nur Verfolgung, ohne Vollstreckungmittel/oder außergerichtliches Mahnverfahren gegenüber dem Beklagten erhalten. Sollte der Beklagte dagegen Einspruch einlegen, dann müsste der Kläger noch eine Nichtigkeitsklage auf die Erhebung des Einspruchs erheben.[616]

Wenn also der Kläger seine unbezifferten Forderungen mit der Feststellungsklage zusammen mit der Teilklage gemäß Art. 107 Abs. 3 TürkZPO verfolgen möchte, dann muss er viele Klagen erheben, was nicht prozessökonomisch ist. Daher ist die unbezifferte Forderungsklage im Vergleich zur Feststellungsklage prozessgünstiger, einfacher, da der Kläger sein Recht schneller erlangen kann.[617] Demzufolge besitzt der Kläger bei der unbezifferten Forderungsklage mehr Rechtsschutzinteresse als bei der Feststellungsklage gemäß Art. 107 Abs. 3 TürkZPO. Aber da diese Klageart unter dem Art. 107 Abs. 3 TürkZPO gesetzlich geregelt ist, wird die Anwesenheit des Rechtsschutzinteresses in dem Art. 107 Abs. 3 TürkZPO im Sinne des Art. 106 Abs. 2 TürkZPO anerkannt.

615 Pekcanitez, Belirsiz Alacak Davasi, S. 80; Pekcanitez/Atalay/Özekes, S. 465.

616 Pekcanitez, Belirsiz Alacak Davasi, S. 80; Simil, S. 125; Loosli, S. 106; Pekcanitez/Pekcanitez, Pekcanitez Usul, S. 1077; Pekcanitez/Atalay/Özekes, S. 464; Yilmaz, Serh, S. 734.

617 Yilmaz, Serh, S. 734.

3. Stellungnahme

Nach der Regelung von Art. 107 Abs. 3 TürkZPO hat der Kläger das Wahlrecht zwischen der Erhebung der Feststellungsklage und der unbezifferten Forderungsklage für seinen Anspruch auf unbezifferte Forderungen. Demgemäß unterscheidet sich die Feststellungsklage auf unbezifferte Forderungen gemäß Art. 107 Abs. 3 TürkZPO von Feststellungsklagen gemäß Art. 106 TürkZPO. Dementsprechend kann der Kläger seine unbezifferten Forderungen entweder durch die unbezifferte Forderungsklage oder durch die Feststellungsklage gemäß Art. 107 Abs. 3 TürkZPO einklagen. In der Regel ist es so anerkannt, als ob man bei der Erhebung der Feststellungsklage kein Rechtsschutzinteresse haben darf, wenn man denselben Anspruch auch durch die Leistungsklage erreichen kann, da die Entscheidung über die Leistungsklage auch die Feststellung über den Anspruch besitzt.[618] Gemäß Art. 106 Abs. 2 TürkZPO wird das Rechtsschutzinteresse des Klägers an der Feststellungsklage auf die unbezifferten Forderungen nicht überprüft werden, da der Gesetzgeber diese Feststellungsklage im Art. 107 Abs. 3 TürkZPO besonders für die unbezifferten Forderungen gesetzlich geregelt hat und deswegen muss es so angenommen werden, als ob das Rechtsschutzinteresse daran entstanden ist. Also demzufolge ist die Feststellungsklage auf unbezifferte Forderungen im Sinne des Art. 106 Abs. 2 TürkZPO eine Ausnahme, die im Gesetz ausdrücklich geregelt ist.[619]

Die Regelung der Feststellungsklage auf unbezifferte Forderungen gemäß Art. 107 Abs. 3 TürkZPO wird von der türkischen Literatur streng kritisiert. Nach der herrschenden Meinung ist so eine Regelung für die unbezifferten Forderungen nicht notwendig, da man gemäß Art. 107 Abs. 1–2 TürkZPO seinen Anspruch auf die unbezifferten Forderungen mit einer unbezifferten Forderungsklage einfacher und schneller erreichen kann und deswegen kann man bei der Erhebung der Feststellungsklage im Vergleich zur unbezifferten Forderungsklage kein Rechtsschutzinteresse haben.[620]

Gemäß Art. 141 TürkVerG[621] muss man unnötige Prozesse vermeiden, um die Prozessökonomie zu verwirklichen. Demgemäß kann man keine Feststellungsklage erheben, wenn man seinen Anspruch auch durch eine Leistungsklage

---

618 Pekcanitez, Belirsiz Alacak Davasi, S. 77; Kuru, Hukuk Muhakemeleri Usulü, Bn. 2, S. 1437; Arslan/Yilmaz/Taspinar Ayvaz, S. 293; Tanriver, S. 566, 596.

619 Pekcanitez, Belirsiz Alacak Davasi, S. 76; Simil, S. 123; Tanriver, S. 568.

620 Pekcanitez, Belirsiz Alacak Davasi, S. 74; Budak, Belirsiz Alacak Davasi, S. 83; Simil, S. 123f.; Pekcanitez/Atalay/Özekes, S. 464; Tanriver, S. 596; Yilmaz, Serh, S. 761.

621 **Übersetzung des Art. 141 TürkVerG:** (1) Die Verhandlungen in den Gerichte stehen jedermann offen. Die nichtöffentliche Durchführung eines Teils einer Verhandlung oder einer ganzen Verhandlung kann nur in Fällen, in denen es wegen des

erreichen kann.[622] Außerdem ist die unbezifferte Forderungsklage demzufolge von dem türksichen Gesetzgeber als eine Art der Leistungsklage geregelt, durch die man das Ganze seines Anspruchs erreichen möchte, damit die Prozessökonomie auch verwirklicht werden kann, da der Kläger nur durch die Erhebung der unbezifferten Forderungklage ohne Erhebung weiterer zusätzlicher Klagen seinen Anspruch erreichen kann.[623] Dementsprechend würde nach dieser Ansicht kein Verstoß oder kein Hindernis gegenüber dem Rechtsschutzprinzip entstehen, falls diese Feststellungsklage auf unbezifferte Forderungen nicht geregelt wäre, da man mit der Erhebung der unbezifferten Forderungsklage die Möglichkeit hat, das Ganze seines Anspruchs nur mit einer Klage zu erreichen. Demgegenüber kann man aber durch die Feststellungsklage gemäß Art. 107 Abs. 3 TürkZPO das Ganze seines Anspruchs nicht so einfach erreichen, weil man nach der Entscheidung über die Feststellungsklage nur durch die Betreibung des gerichtlich nicht festgestellten Anspruchs sein Rechtsbegehren vom Beklagten anfordern darf, worauf der Beklagte Einspruch einlegen kann, wobei der Kläger dann Anfechtungsklage erheben kann, was eigentlich eine zusätzliche Klage und deswegen nicht prozessgünstig ist.[624]

Obwohl die Regelung der Feststellungsklage von der türksichen Literatur streng kritisiert ist, wird es von der herrschenden Meinung angenommen, dass die Feststellungsklage auf unbezifferte Forderungen gemäß Art. 107 Abs. 3 TürkZPO mit den ersten beiden Absätzen des Art. 107 TürkZPO zusammen ausgelegt werden müssen, da diese Klageart unter dem Art. 107 TürkZPO besonders für die unbezifferten Ansprüche geregelt ist.[625]

Meines Erachtens, ähnlich wie die herrschende Meinung, ist die Regelung der Feststellungsklage auf unbezifferte Forderungen nicht mehr notwendig, da der

---

Sittengesetzes oder der öffentlichen Sicherheit unbedingt erforderlich ist, beschlossen werden. (2) Für die Gerichtsverfahren gegen Minderjährige werden durch Gesetz besondere Vorschriften erlassen. (3) Jegliche Entscheidungen aller Gerichte werden zusammen mit den Gründen schriftlich abgefaßt. (4) Es ist die Aufgabe der Rechtsprechung, die Verfahren mit möglichst geringem Aufwand und möglichst rasch zu Ende zu führen. (Rumpft, S. 362)

622 Pekcanitez, Belirsiz Alacak Davasi, S. 76; Budak/Kuru, Tespit Davasi, S. 148; Yilmaz, Serh, S. 734; Pekcanitez/Atalay/Özekes, S. 438.

623 Simil, S. 125; Yilmaz, Serh, S. 734.

624 Pekcanitez, Belirsiz Alacak Davasi, S. 80; Simil, S. 125; Yilmaz, Serh, S. 761; Pekcanitez/Atalay/Özekes, S. 464.

625 Pekcanitez, Belirsiz Alacak Davasi, S. 76; Simil, S. 123f.; Yilmaz, Serh, S. 759f.; Pekcanitez/Atalay/Özekes, S. 464; Arslan/Yilmaz/Taspinar Ayvaz, S. 295.

Gesetzgeber im Art. 107 TürkZPO die unbezifferte Forderungsklage ausdrücklich und einfach ausübbar geregelt hat für das Erlangen von Ansprüchen, deren Betragshöhe vom Kläger zu Beginn des Prozesses nicht ziffermäßig bestimmt werden kann. Die Regelung der Feststellungsklage auf unbezifferte Forderungen hätte zweckmäßig sein können, falls die unbezifferte Forderungsklage gar nicht geregelt wäre. Aber nach der Regelung der unbezifferten Forderungsklage kann man das Ganze seines Anspruchs einfach und direkt allein mit dieser Klage anfordern und erreichen, was die unbezifferte Forderungsklage im Sinne des Art. 141 TürkVerfG günstig für die Prozessökonomie macht, da der Kläger seinen Anspruch nur durch eine Klage allein erreichen kann. Im Vergleich zur unbezifferten Forderungsklage ist die Feststellungsklage auf unbezifferte Forderungen nicht prozessökonomisch, da man mit der Entscheidung über die Feststellungsklage seinen Anspruch nicht direkt erreicht, da man mit dieser Entscheidung im Vergleich zur unbezifferten Forderungsklage nur das Recht auf Betreibung ohne Vollstreckungstitel bekommt, wogegen der Beklagte auch Einspruch einlegen kann.

Obwohl die Feststellungsklage auf unbezifferte Forderungen im deutschen Recht von der Literatur angenommen wird[626], ist sie für das türkische Zivilprozessrecht nicht notwendig. Im deutschen Recht kann die Feststellungsklage auf unbezifferte Forderungen anerkannt werden, da die unbezifferte Forderungsklage entgegen dem türkischen Zivilprozessrecht gesetzlich nicht geregelt ist. Wenn die unbezifferte Forderungsklage ähnlich wie im türkischen Recht auch im deutschen Recht gesetzlich geregelt wäre, wäre die Feststellungsklage auf unbezifferte Forderungen im deutschen Recht auch nicht notwendig gewesen. Meines Erachtens wird die Feststellungsklage auf unbezifferte Forderungen von der deutschen Literatur nicht als eine besondere Klageart wahrgenommen, sondern wird als ganz normale Feststellungsklage akzeptiert, da die unbezifferte Forderungsklage in der deutschen Zivilprozessordnung nicht geregelt ist, und damit der Kläger eine alternative Klagemöglichkeit hat, um seine Rechte zu verwirklichen.

Simil ist auch der Meinung, dass die Feststellungsklage auf unbezifferte Forderungen nicht notwendig ist. Aber anders als die herrschende Meinung der türkischen Literatur setzt er fest, dass die Feststellungsklage gemäß Art. 107 Abs. 3 TürkZPO mit der unbezifferten Forderungsklage nichts zu tun hat, sondern sie sei besonders für die Teilklage geregelt und deswegen müsse man diese Klageart mit der Teilklage zusammen bewerten.[627]

---

626 Blechschmidt, S. 45.
627 Simil, S. 124.

Meines Erachtens, entgegen der Ansicht von Simil, muss die Feststellungsklage zusammen mit der Regelung der unbezifferten Forderungsklage interpretiert werden, da der Gesetzgeber durch diese Feststellungsklage bezweckt, die möglichen Nachteile der Teilklage für die unbezifferten Ansprüche, die damals, vor der Aufhebung des zweiten Absatzes des Art. 109 TürkZPO auf unbestimmte und umstrittene Ansprüche auch erhoben werden konnte, zu verhindern und dem Kläger eine alternative Klageart zu ermöglichen. Denn vor der Aufhebung des zweiten Absatzes des Art. 109 TürkZPO durfte man auch Teilklage erheben, wenn der Anspruch unbestimmt, unbeziffert oder umstritten ist. Demgemäß hätte es viele Nachteile im Vergleich zur unbezifferten Forderungsklage haben können, da die Verjährungsfrist nur für den eingeklagten Teil des Anspruchs gehemmt ist und nicht für den Rest des Anspruchs, was eigentlich den Verlust der Rechte des Klägers und den Verstoß gegenüber dem Rechtsschutzinteresse hätte verursachen können. Aber nach der Aufhebung des zweiten Absatzes des Art. 109 TürkZPO hat diese Meinungsstreitigkeit der Literatur über den Zusammenhang zwischen der Feststellungsklage und der Teilklage gemäß Art. 107 Abs. 3 TürkZPO seine Bedeutung verloren, da man nach der Aufhebung des zweiten Absatzes des Art. 109 TürkZPO direkt Teilklage erheben kann, wenn der Anspruch teilbar ist.

Der vorherrschenden Meinung der türkische Literatur nach ist es zutreffend, dass die Feststellungsklage auf unbezifferte Forderungen im Sinne der unbezifferten Forderungsklage nicht notwendig ist, da man seinen unbezifferten Anspruch durch die unbezifferte Forderungsklage prozessgünstiger und auch schneller, sogar nur mit einer Klage erreichen kann. Die unbezifferte Forderungsklage ist im Allgemeinen eine Leistungsklage, wodurch der Kläger seinen Anspruch direkt nach der Entscheidung anfordern und erreichen kann. Der Gesetzgeber hat diese Klage mit dem Zweck der Absicherung der Prozessökonomie geregelt. Das heißt, dass der Kläger mit Hilfe der unbezifferten Forderungsklage, ohne unnötige Prozesskosten bezahlen zu müssen, direkt mit einer Klageerhebung das Ganze seines Anspruchs erreichen kann, womit der Kläger vom Beklagten seinen Anspruch direkt anfordern oder durch Vollstreckungsmittel erlangen kann, falls der Beklagte seine Pflicht nicht erfüllt. Im Gegensatz dazu kann der Kläger seine unbezifferte Forderung nicht so einfach erreichen, wenn er eine Feststellungsklage erhebt, denn durch diese Klage kann er nur eine Feststellungsentscheidung bekommen, mit der man vom Beklagten seinen Anspruch nicht direkt anfordern darf. Nach der Entscheidung über die Feststellungsklage auf unbezifferte Forderungen gemäß Art. 107 Abs. 3 TürkZPO muss der Kläger also noch eine zusätzliche Klage, bzw. eine Leistungsklage, erheben, damit er seinen Anspruch anfordern kann, was eigentlich entgegen der unbezifferten Forderungsklage einen Verstoß gegenüber der Prozessökonomie darstellt.[628]

Meines Erachtens hat die Feststellungsklage auf die unbezifferten Forderungen weder für den Kläger noch für die Prozessökonomie positive Wirkung auf das Erlangen des Anspruchs. Besonders nach der Aufhebung des zweiten Absatzes des Art. 109 TürkZPO hat diese mögliche Klageart auf die unbezifferten Forderungen ihre Bedeutung verloren. Wie es von der herrschenden Ansicht genannt ist, hätte die Regelung der Feststellungsklage Sinn haben können, falls die unbezifferte Forderungsklage nicht geregelt worden wäre. Da die unbezifferte Forderungsklage im Vergleich zur Feststellungsklage prozessgünstiger, einfacher, schneller und für dern Kläger vorteilhafter ist, damit der Kläger seinen Anspruch schneller erreichen kann, soll die Feststellungsklage gemäß Art. 107 Abs. 3 TürkZPO auf unbezifferte Forderungen aufgehoben werden, da es im Vergleich zur unbezifferten Forderungsklage keinen Vorteil mehr haben kann. Anscheinend haben aber die Kritiken der Lehre auf die Regelung der Feststellungsklage auf unbezifferte Forderungen ein Resultat erzielt. Gemäß des Entwurfs der TürkZPO wird der dritten Absatz vom Art. 107 TürkZPO aufgehoben. Nach dem Motiv des Entwurfs wird die Regelung vom Art. 107 Abs. 3 TürkZPO von der Lehre viel kritisiert und es ist unklar, ob die Feststellungsklage für die unbezifferten Forderungen im Sinne der Teilklage oder der unbezifferten Forderungsklage untersucht und ausgeübt werden sollte. Da diese Regelung vom Art. 107 Abs. 3 TürkZPO ungenau ist und Verwechslungen bei der Ausübung verursachen könnte, hat die Entwurfkomission entschieden, diesen Absatz vom Art. 107 TürkZPO aufzuheben

E. Gestaltungsklage

Die Gestaltungsklage ist in den türkischen und schweizerischen Zivilprozessordnungen gesetzlich geregelt.[629] Obwohl sie in der deutschen Zivilprozessordnung gesetzlich nicht geregelt ist, sind die Fälle, in denen die Gestaltungsklage vorkommt, im materiellen Recht geregelt.[630] Dementsprechend bezweckt der Kläger

---

628 Pekcanitez, Belirsiz Alacak Davasi, S. 74; Loosli, S. 106.

629 Art. 108 TürkZPO; Art. 87 SchweizZPO; **Übersetzung des Art. 108 TürkZPO**: Mit der Gestaltungsklage ist die Begründung, Änderung oder Aufhebung eines bestimmten Rechts oder Rechtsverhältnisses verlangt.

630 Schreiber, S. 757; Z.B. gemäß § 1564 BGB Scheidung der Ehe durch gerichtliche Entscheidung; gemäß § 315 BGB die Bestimmung der Leistung oder gemäß §§133 I, 161 II HGB die gesellschaftlichen Rechtsstreitigkeiten können als Gestaltungsklage

mit der Gestaltungsklage die Begründung, die Änderung oder die Aufhebung seines Rechtes oder Rechtsverhältnisses durch die gerichtliche Entscheidung.[631]

Die Gestaltungsklage stammt aus Gestaltungsrechten. Aber nicht alle dieser Gestaltungsrechte bedürfen gerichtlicher Durchsetzung, da sie auch durch wirksame Erklärung des Berechtigten gegenüber dem Betroffenen herbeigeführt werden können.[632] Im Gegensatz dazu müssen einige Gestaltungsrechte doch durch gerichtliche Durchsetzung herbeigeführt werden.[633] Dementsprechend muss der Berechtigte die Gestaltungsklage erheben, um sein Recht wirksam zu machen, wenn es im materiellen Recht gesetzlich so geregelt ist, dass es unbedingt gerichtlich geltend gemacht werden muss, damit die Gestaltungswirkung entstehen kann.[634] Demzufolge unterscheidet sich die Gestaltungsklage von Gestaltungsrechten und deswegen kann sie nach dem schweizerischen Zivilprozessrecht als Gestaltungsklagerecht benannt werden.[635]

Die Gestaltungsklage unterscheidet sich auch von der Leistungsklage, da die Gestaltungsklage nicht der Befriedigung des vom Kläger verlangten Anspruchs dient, sondern eher eine konstitutive Natur für die Rechtsfolgen hat.[636] Dementsprechend muss der Kläger eine zusätzliche Klage bzw. Leistungsklage erheben, wenn durch die Entscheidung auf die Gestaltungsklage ein Anspruch des

---

vorkommen; Musielak/Voit, Grundkurs ZPO, S. 42, Rn. 65; Schreiber, S. 757f.; Henke, Die Gestaltungsklage, S. 593; BSKommZPO/Weber, Art. 87, Rn. 1; Jauernig/Hess, S. 142, Rn. 16f; Schilken, S. 89, Rn. 191.

631 Henke, Die Gestaltungsklage, S. 596; BSKommZPO/Weber, Art. 87, Rn. 1; Schreiber, S. 757; Thomas/Putzo/Reichold, ZPOKomm, §253 Vorb, Rn. 5; Pekcanitez/Atalay/Özekes, S. 469; Baker&McKenzie/Schenker, Art. 87, Rn. 1; Sutter-Somm/Hasenböhler/Leuenberger/Bessenich/Bopp, Art. 87, Rn. 3; Oberhammer, KUKOZPO, Art. 87, Rn. 4; Jauernig/Hess, S. 142, Rn. 15; Schilken, S. 89, Rn. 192; Budak/Karaaslan, S. 129, Rn. 9.

632 Pekcanitez/Atalay/Özekes, S. 470; Schreiber, S. 381; Rosenberg/Schwab/Gottwald, §92, Rn. 4, S. 548.

633 Schreiber, S. 757; Musielak/Voit, Grundkurs ZPO, S. 42, Rn. 65; Sutter-Somm/Leuenberger/Hasenböhler/Bessenich/Bopp, Art. 87, Rn. 3; Baker&McKenzie/Schenker, Art. 87, Rn. 2; Guldener, S. 212; Budak/Karaaslan, S. 130, Rn. 14.

634 Sutter-Somm/Leuenberger/Hasenböhler/Bessenich/Bopp, Art. 87, Rn. 5; Guldener, S. 211f.; Baker&McKenzie/Schenker, Art. 87, Rn. 2; Pekcanitez/Atalay/Özekes, S. 469f.; Schreiber, S. 757.

635 BSKKommZPO/Weber, Art. 87, Rn. 1; Sutter-Somm/Hasenböhler/Leuenberger/Bessenich/Bopp, Art. 87, Rn. 3; Oberhammer, KUKOZPO, Art. 87, Rn. 1.

636 Thomas/Putzo/Reichold, §253 Vorb, Rn. 5; Postacıoglu/Altay, S. 263, Rn. 509; Schilken, S. 89, Rn. 192.

Klägers auf Tun, Unterlassung oder Dulden auch entsteht. Also in diesem Sinne wird dann die Gestaltungsklage zu der Leistungsklage subsidiär.[637]

Demzufolge unterscheidet sich die unbezifferte Forderungsklage von der Gestaltungsklage, da der Kläger durch die unbezifferte Forderungsklage das Erlangen des Ganzen seines Anspruchs bezweckt, weswegen die unbezifferte Forderungsklage als eine Art der Leistungsklage anerkannt ist. Der Zweck der unbezifferten Forderungsklage ist die Befriedigung des Anspruchs des Klägers, was durch Duldung, Tun oder Unterlassung verwirklicht werden soll. Der Hauptzweck der Gestaltungsklage ist aber ganz anders ausgerichtet. Mit der Gestaltungsklage bezweckt der Kläger die Begründung, die Änderung oder die Aufhebung seines Rechtsverhältnisses, was im materiellen Recht gesetzlich geregelt ist. Die Erfüllung der vertraglichen Schulden oder die Befriedigung des Anspruchs des Klägers, wie bei der unbezifferten Forderungsklage, sind in der Gestaltungsklage von der Natur und von dem Sinn und Zweck her ganz anders.

Zudem haben die Gestaltungsklagen mehr öffentlichrechtliche Folgen, da man durch die Gestaltungsklage die Begründung, die Änderung oder die Aufhebung seines Rechtsverhältnisses öffentlich machen will, also die Gestaltungswirkung bezweckt[638], was sich gegenüber jedermann, der mit dem Rechtsverhältnis zu tun hat, erstreckt.[639]

Demgemäß unterscheidet sich die unbezifferte Forderungsklage in ihrer Natur, ihrem Streitgegenstand, ihren Folgen und in ihrem Klagezweck streng von der Gestaltungsklage.

---

637 Postacıoglu/Altay, S. 263, Rn. 509; BSKommZPO/Weber, Art. 87, Rn. 5; Sutter-Somm/Hasenböhler/Leuenberger/Bessenich/Bopp, Art. 87, Rn. 4.

638 Postacıoglu/Altay, S. 260, Rn. 505; Schreiber, S. 757; Pekcanitez/Atalay/Özekes, S. 471; Oberhammer, KUKOZPO, Art. 87, Rn. 4.

639 Baker&McKenzie/Schenker, Art. 87, Rn. 5; Oberhammer, KUKOZPO, Art. 87, Rn. 5.

Teil 2 – Arten und Zulässigkeitsvoraussetzungen der unbezifferten Forderungsklage

§4 Voraussetzungen für die Zulässigkeit der unbezifferten Forderungsklage

A. Allgemeines

Im türkischen und schweizerischen Zivilprozessrecht ist die unbezifferte Forderungsklage mit ihren Zulässigkeitsvoraussetzungen gesetzlich geregelt. In beiden Zivilprozessrechten gilt als wichtigste und hauptsächliche Zulässigkeitsvoraussetzung der unbezifferten Forderungsklage die Unmöglichkeit oder Unzumutbarkeit der Bezifferung der Betragshöhe des Anspruchs durch den Kläger zu Beginn des Prozesses.[640] Obwohl die unbezifferte Forderungsklage im deutschen Zivilprozessrecht gesetzlich nicht geregelt ist, sind die Ausübung und die Zulässigkeit der unbezifferten Forderungsklage von der deutschen Rechtsprechung und auch von der deutschen Lehre anerkannt. Ähnlich wie im türkischen wie auch im schweizerischen Zivilprozessrecht ist die unbezifferte Forderungsklage auch im deutschen Recht erst dann zulässig, wenn die Bezifferung der Betragshöhe des Anspruchs dem Kläger unmöglich oder unzumutbar ist.[641]

Neben dieser oben genannten Zulässigkeitsvoraussetzung der unbezifferten Forderungsklage fordert der türkische Gesetzgeber gemäß Art. 107 Abs. 1 Nr. 2 TürkZPO und Art. 85 Abs. 1 SchweizZPO die genaue und substantiierte Angabe des Rechtsverhältnisses, also der Tatsachen und der Beweismittel dieses Rechtsverhältnisses, damit es dem Gericht klar und überzeugend vermittelt wird, dass der Kläger bei der Erhebung der unbezifferten Forderungsklage ein schutzwürdiges Rechtsinteresse hat und die Erhebung der unbezifferten Forderungsklage nicht gegen Treu und Glauben verstößt[642], da die Bezifferung dieser Betragshöhe des Anspruchs dem Kläger unmöglich oder unzumutbar ist.[643] Obwohl die genaue Angabe des Rechtsverhältnisses und seiner Tatsachen im deutschen Zivilprozessrecht gesetzlich nicht geregelt ist, wird die Angabe des Rechtsverhältnisses und seiner Tatsachen von der deutschen Rechtsprechung auch als eine

640 Art. 107 Abs. 1 TürkZPO; Art. 85 Abs. 1 SchweizZPO.

641 BGH, NJW 1967, S. 1421; BGH, NJW 1970, S. 281; Ubert, S. 21ff.; Stein/Jonas/Roth, §253, Rn. 45; Musielak/Voit/Foerste, §253, Rn. 34; MünchKommZPO/Becker-Eberhard, §253, Rn. 117.

642 Oberhammer, KUKOZPO, Art. 85, Rn. 6.

643 Pekcanitez/Pekcanitez, Pekcanitez Usul, S. 1027; Pekcanitez/Atalay/Özekes, S. 456f.; Simil, S. 207; Gut, S. 52, Rn. 124; Baker&McKenzie/Courvoisier, Art. 85, Rn. 3, 5.

Zulässigkeitsvoraussetzung der unbezifferten Forderungsklage anerkannt und verlangt.[644]

Zuletzt fordern die türkischen und schweizerischen Regelungen die Angabe des Mindestwertes des Anspruchs, damit die unbezifferte Forderungsklage als zulässig gilt.[645] Dieser Mindestwert ist der Wert, den der Kläger bisher auf Grund von Informationen, Tatsachen und Beweisen als Betragshöhe seines Anspruchs nicht verbindlich, aber ungefähr beziffern kann.[646] Im deutschen Recht und der Rechtsprechung war dieses Erfordernis der Angabe des Mindestwertes für die zulässige unbezifferte Forderungsklage umstritten und es gibt verschiedene Ansichten darüber, die im Folgenden untersucht werden.

Wie dargestellt, sind die wichtigsten und bestimmenden Zulässigkeitsvoraussetzungen der unbezifferten Forderungsklage in allen drei Rechtssystemen die Unmöglichkeit oder die Unzumutbarkeit der Bezifferung der Betragshöhe des Anspruchs für den Kläger. Dementsprechend muss dies von dem Kläger durch die Angabe der Tatsachen und der Beweismittel über das Rechtsverhältnis dem Gericht genau und gut substantiiert werden, damit dem Gericht bewiesen werden kann, dass die Bezifferung ihm zu Beginn des Prozesses tatsächlich unmöglich oder unzumutbar ist. Die Klage wird vom Gericht abgewiesen, wenn ohne Unmöglichkeit oder ohne Unzumutbarkeit es so gedeutet wird, als ob der Kläger dabei kein Rechtsschutzinteresse hat, denn dann darf man in der Regel keine zulässige Klage erheben.

B. Unmöglichkeit oder Unzumutbarkeit der Bezifferung der Betragshöhe des Anspruchs zu Beginn des Prozesses

1. Allgemeines

Die anfängliche Unmöglichkeit oder Unzumutbarkeit der Bezifferung der Betragshöhe des Anspruchs für den Kläger ist von den türkischen und schweizerischen Zivilprozessordnungen und auch von der deutschen Rechtsprechung als die Hauptzulässigkeitsvoraussetzung der unbezifferten Forderungsklage anerkannt und geregelt. Die Bestimmung und die Abgrenzung zwischen der

---

644 BGHZ 4, S. 138, BGH, NJW 1967, S. 1421; BGH, NJW 1970, S. 282; BHG, NJW 1982, S. 340; Prütting/Gehrlein/Geisler, ZPOKomm, §253, Rn. 40; Menges, S. 15; Wurm, S. 67; MünchKommZPO/Becker- Eberhard, §253, Rn. 121; Musielak/Voit/Foerste, §253, Rn. 34.

645 Art. 107 Abs. 1 TürkZPO; Art. 85 Abs. 1 SchweizZPO.

646 Pekcanitez, Belirsiz Alacak Davasi, S. 48; Simil, S. 262.

Unmöglichkeit und der Unzumutbarkeit der Bezifferung ist aber weder im türkischen noch im schweizerischen oder deutschen Zivilprozessrecht geregelt, da man diese Bestimmung und Unterscheidung für jedes einzelne Rechtsverhältnis besonders würdigen muss. Daher hätte die bestimmte und genaue Zuordnung der Unmöglichkeit und der Unzumutbarkeit im Gesetz nicht rechtmäßig sein können.[647]

Außerdem ist die Unterscheidung und die Abgrenzung zwischen der Unmöglichkeit und der Unzumutbarkeit der Bezifferung in der Lehre auch umstritten. Nach einigen Lehrmeinungen kann die Bezifferung der Betragshöhe des Anspruchs für den Kläger niemals unmöglich oder unzumutbar sein, da der Kläger immer in der Lage sei, seinen Anspruch ungefähr einzuschätzen und zu beziffern.[648] Eine andere Ansicht hält es dagegen für durchaus möglich, dass der Kläger bei der unbezifferten Forderungsklage glaubwürdig die Unmöglichkeit oder die Unzumutbarkeit der Bezifferung nachweisen kann, denn die vom Kläger eingeschätzte Bezifferung des Anspruchs könnte eine falsche Bezifferung und entsprechende Forderungen verursachen, was im Sinne des Rechtsschutzprinzips und der Prozesskosten zuungunsten des Klägers ausfallen würde, obwohl der Hauptzweck des Klägers mit der Klageerhebung die richtige oder annähernd richtige Bezifferung der Betragshöhe seines Anspruchs ist, um die Prozesskostenrisiken zu vermindern.[649] Außerdem kann die möglicherweise unrichtige Bezifferung des Anspruchs bei jeder Klage vorkommen und dies kann durch Verbesserung, durch die Einwilligung oder durch die Teilklage nachgebessert werden.

Aber diese unrichtige Bezifferung des Anspruchs bei anderen Klagearten kann nicht mit der Bezifferung des Anspruchs bei der unbezifferten Forderungsklage verwechselt oder verglichen werden, da der Kläger bei der unbezifferten Forderungsklage nur wegen der anfänglichen Unmöglichkeit oder Unzumutbarkeit seinen Anspruch nicht beziffern kann, weil er die notwendigen Informationen oder Beweismittel nicht besitzt.[650] Dieser Ansicht nach darf man vom Kläger, dem die Bezifferung zu Beginn des Prozesses unmöglich oder unzumutbar ist, auch nicht erwarten, dass er durch Einholung von Privatgutachten oder durch eigenverantwortliche Informationsbeschaffung die richtige Bezifferung des

647 Sutter-Somm/Hasenböhler/Leuenberger/Bopp/Bessenich, ZPOKomm, Art. 85, Rn. 11; Simil, S. 210; Baumann Wey, S. 164, Rn. 437; Gut, S. 47, Rn. 114.

648 Röhl, Der unbezifferte Klageantrag, ZZP 1972, S. 60; Blechschmidt, S. 38f.; Kern, S. 121; Ubert, S. 22.

649 Baumann Wey, S. 159f., Rn. 425; Meier, HAVE, S. 13.

650 Oberhammer, KUKOZPO, Art. 85, Rn. 4; Pekcanitez, Belirsiz Alacak Davasi, S. 45.

Anspruchs erwirkt, da dies dem Kläger große Anstrengung, einen übermäßigen Aufwand und hohe Prozesskosten verursachen könnte, was auch einen Verstoß gegen das Rechtsschutzinteresse und das Recht auf rechtliches Gehör verursachen könnte.[651] Daher dient die unbezifferte Forderungsklage dem Kläger, der zu Beginn des Prozesses nicht in der Lage ist, seinen Anspruch zu beziffern, als Möglichkeit der Anforderung und Absicherung seines Rechtsbegehrens. Die unbezifferte Forderungsklage sichert also das Rechtsschutzprinzip des Zivilprozessrechts.[652]

Gemäß Art. 107 Abs. 1 TürkZPO und Art. 85 Abs. 1 SchweizZPO müssen diese Unmöglichkeit und die Unzumutbarkeit der Bezifferung des Anspruchs aus der Perspektive des Klägers abgeleitet werden. Das heißt, dass es hinreichend wäre, wenn die Bezifferung des Anspruchs nur dem Kläger unmöglich oder unzumutbar ist, um eine zulässige unbezifferte Forderungsklage zu erheben, obwohl die Bezifferung dem Beklagten oder einem Dritten möglich sein könnte. Demzufolge kann der Kläger eine zulässige unbezifferte Forderungsklage erheben, wenn die Bezifferung ihm persönlich unmöglich oder unzumutbar ist, obwohl die Anderen in der Lage sind, die Betragshöhe zu beziffern.[653]

Natürlich spielt die Sorgfalt des Klägers bei der Ermittlung der notwendigen Informationen und Tatsachen eine entscheidende Rolle. Demzufolge kann die unbezifferte Forderungsklage vom Gericht als unzulässig abgewiesen werden, wenn der Kläger sich nicht mit Sorgfalt bemüht hat, die notwendigen Informationen zu erreichen. Also muss der Kläger dem Gericht beweisen und es davon überzeugen, dass ihm die Informationen und Beweismittel nicht zur Verfügung standen und dass es für ihn sehr anstrengend, mühsam und unerwartet war, diese Informationen zu ermitteln, obwohl er sich wirklich mit Sorgfalt bemüht hat.[654]

Klagen mit dem Anspruch auf bezifferte Forderungen dürfen nach den Vorschriften der unbezifferten Forderungsklage nicht zulässig erhoben werden, weil in solchen Fällen ein besonderes Missbrauchspotential entstehen würde.[655]

---

651 Baumann Wey, S. 164, Rn. 434; Oberhammer, KUKOZPO, Art. 85, Rn. 5; Pekcanitez, Belirsiz Alacak Davasi, S. 44f.; Ubert, S. 31; Kern, S. 101.

652 Baker&McKenzie/Courvoisier, Art. 85, Rn. 3.

653 Blechschmidt, S. 36; Simil, S. 217.

654 Baker&McKenzie/Courvoisier, Art. 85, Rn. 3; Oberhammer, KUKOZPO, Art. 85, Rn. 6; Simil, S. 214; BSKommZPO/Spühler, Art. 85, Rn. 6.

655 Oberhammer, KUKOZPO, Art. 85, Rn. 6; Baker&McKenzie/Couvoisier, Art. 85, Rn. 3.

Wie oben dargestellt, kann der Kläger nicht in der Lage sein, seinen Anspruch zu beziffern, weil er die notwendigen Informationen, Beweismittel oder Tatsachen nicht besitzt. Bei Klagen auf Schmerzensgeld oder Schadensersatz hat der Richter eine große Ermessensbefugnis oder ist für die Bezifferung des Schadens ein Sachverständigengutachten notwendig. Demzufolge wird die Bezifferung für den Kläger auch dabei unmöglich oder unzumutbar, wenn er nicht einschätzen kann, wie der Richter seine Ermessensbefugnis ausüben und den Betrag des Anspruchs festsetzen wird.

In der Ausübung und der vorherrschenden Meinung der Literatur nach können die Unmöglichkeit und die Unzumutbarkeit der Bezifferung voneinander unterschieden und abgegrenzt werden, obwohl sie einer anderen Ansicht nach im Sinne der unbezifferten Forderungsklage voneinander nicht ganz und bestimmt abgegrenzt werden können.[656] Im Folgenden werden diese Zulässigkeitsvoraussetzung der unbezifferten Forderungsklage und ihre Abgrenzung untersucht werden.

2. Unmöglichkeit der Bezifferung

a. Allgemeines

Wie oben dargestellt, sind die möglichen Fälle von Unmöglichkeit oder Unzumutbarkeit in den Zivilprozessordnungen nicht zugeordnet, da sie für jeden einzelnen Fall getrennt untersucht werden müssen. Außerdem könnte diese Zuordnung nicht durch die Zivilprozessordnungen verwirklicht werden, da so eine Bestimmung der unmöglichen oder unzumutbaren Natur der Bezifferung zu dem Fachgebiet des materiellen Rechts gehört, wobei die Unmöglichkeit sich nicht auf die Bezifferung des Rechtsbegehrens, sondern auf die Erbringung der vertraglich vereinbarten Leistung bezieht.[657] Demzufolge gibt es bestimmte Arten der Unmöglichkeit, die sich voneinander als subjektiv oder objektiv, rechtlich oder tatsächlich, vom Schuldner zu vertreten oder nicht, vollkommen oder teilweise, anfänglich oder dauernd unterscheiden.[658] In diesem Sinne werden diese Arten der Unmöglichkeit in türkischen und schweizerischen Rechtssystemen von den Gesetzen des materiellen Rechts geregelt. Im türkischen Recht z.B. ist die große Ermessensbefugnis des Richters gemäß Art. 50 Abs. 2 TürkZPO, Art 58 Abs. 2 TürkPatG für besondere Fälle geregelt. Außerdem ist die

---

656 Baumann Wey, S. 162, Rn. 432ff.; Pekcanitez/Pekcanitez, Pekcanitez Usul, S. 1029.

657 Baumann Wey, S. 161, R. 430; Simil, S. 210.

658 Baumann Wey, S. 161, Rn. 430.

Ermittlungspflicht der Unterlagen gegenüber der schadenden Partei gemäß Art 65 TürkMarkenG geregelt. Auch in dem schweizerischen materiellen Recht ist die Unmöglichkeit gemäß Art. 20 SchweizOR im Sinne der Nichtigkeit des Vertrags, gemäß Art. 97 SchweizOR im Sinne der Schadensersatzpflicht und auch gemäß Art. 102 SchweizOR im Sinne des Schuldenverzugs geregelt.[659]

Die Regelungen der Unmöglichkeit der Erbringung der Leistung, die von den Gesetzen des materiellen Rechts geregelt sind, können aber durch Auslegung der Unmöglichkeit der Bezifferung des Anspruchs im Sinne der unbezifferten Forderungsklage dienen und konkretisiert werden. Dementsprechend kann die Unmöglichkeit im Sinne der unbezifferten Forderungsklage in die Formen der subjektiven und objektiven, der rechtlichen und vorübergehenden Unmöglichkeiten unterteilt werden[660], wobei es möglich ist, dass nur eine Form oder alle Formen der Unmöglichkeit der Bezifferung zusammen in einem Fall vorkommen können.[661] Bei solchen Fällen muss man diese Unmöglichkeit im Sinne der Natur dieser Formen der Unmöglichkeit untersuchen.

b. Objektive Unmöglichkeit

Im türkischen, deutschen und schweizerischen Recht kommt die objektive Unmöglichkeit erst dann vor, wenn die Erfüllung der Leistung bzw. die Bezifferung des Anspruchs niemandem möglich ist. Für die objektive Unmöglichkeit muss also nicht nur der Kläger, sondern auch der Beklagte oder ein Dritter nicht in der Lage sein, die Betragshöhe des Anspruchs zu beziffern. Dementsprechend kann die objektive Unmöglichkeit in den Fällen entstehen, wenn die Tatsachen, die für die Bezifferung des Anspruchs notwendig sind, zu Beginn des Prozesses variabel oder unvollständig sind.[662]

Diese Form der Unmöglichkeit entsteht meistens bei Forderungen aus unerlaubten Handlungen. Die durch unerlaubte Handlungen entstandenen Schäden können weitere Folgen nach sich ziehen, deswegen kann der Kläger bei solchen Fällen die Betragshöhe des Schadens, also seines Anspruchs, nicht

---

659 Baumann Wey, S. 161, Rn. 430, Simil, S. 210.

660 Baumann Wey, S. 162, Rn. 430; Simil, S. 217.

661 Simil, S. 217.

662 Baumann Wey, S. 163, Rn. 433; Simil, S. 218; Ubert, S. 22; Pekcanitez, Belirsiz Alacak Davasi, S. 43; Menges, S. 128; Gerlach, Die prozessuale Behandlung von Schmerzensgeldansprüchen, VersR 2000, S. 529; Blechschmidt, S. 36; Yargitay HGK, T. 4.4.2018, E. 2015/22–469, K. 2018/666; Yargitay HGK, T. 7.3.2018, E. 2014/22–2350, K. 2018/439; Yargitay HGK, T. 28.3.2018, E. 2015/22–127, K. 2018/559.

beziffern. Da die Schäden sich weiter ausweiten, ist es jedem unmöglich sie endgültig zu beziffern.

Im deutschen Recht ist aber die Zulässigkeit der unbezifferten Forderungsklage im Sinne der Unmöglichkeit umstritten. Einer Meinung der deutschen Lehre nach besteht für den Kläger keine Unmöglichkeit bei der Bezifferung und Angabe des Streitgegenstandes, und deswegen dürfe der Kläger keine unbezifferte Forderungsklage erheben, sondern er sollte mit der Angabe der Tatsachen, die die Schäden verursachen, eine Feststellungsklage erheben.[663] Dieser Ansicht nach darf das Gericht gemäß dem Dispositionsgrundsatz den Betrag des Streitgegenstandes nicht anstatt des Klägers selber bestimmen. Außerdem könne die Feststellungsklage dem Rechtsschutzinteresse des Klägers dienen, da selbst das Gericht nicht in der Lage sein könne, bei solchen Fällen den Betrag des Schadens und Streitgegenstandes festzusetzen.[664]

Entgegen dieser Ansicht der deutschen Lehre wird von der türkischen und schweizerischen Literatur angenommen, dass die unbezifferte Forderungsklage auch in den Fällen erhoben werden kann, in denen die Schäden nicht ziffermäßig nachweisbar sind oder sich immer noch entwickeln, also noch nicht bestimmt voraussehbar sind, wenn die Bezifferung der Betragshöhe des Schadens bzw. des Anspruchs durch niemandem möglich, also objektiv unmöglich ist.[665]

c. *Subjektive Unmöglichkeit*

Im türkischen, deutschen und auch schweizerischen Recht unterscheidet sich die subjektive Unmöglichkeit von der objektiven Unmöglichkeit. Die subjektive Unmöglichkeit betrifft nur die Rolle des Klägers und sagt aus, dass die Bezifferung der Betragshöhe des Anspruchs zu Beginn des Prozesses nur dem Kläger unmöglich ist, obwohl dies für den Beklagten oder einen Dritten möglich und bezifferbar sein kann.[666]

Diese Form der subjektiven Unmöglichkeit kann vorkommen, wenn die Bezifferung des Anspruchs für den Kläger wegen der mangelhaften Informationen oder Unterlagen unmöglich ist. Wenn der Beklagte oder ein Dritter bei der subjektiven Unmöglichkeit die für die Bezifferung nötigen Informationen oder

663 Blechschmidt, S. 37f.; Menges, S. 128; Ubert, S. 23.

664 Menges, S. 128; Berg, Das Erfordernis der Bestimmtheit des Klageantrages bei der unbezifferten Leistungsklage, JR 1967, S. 85; Kern, S. 132f.

665 BSKommZPO/Spühler, Art. 85, Rn. 7; Simil, S. 218; Pekcanitez, Belirsiz Alacak Davasi, S. 43.

666 Baumann Wey, S. 163, Rn. 433; Simil, S. 220; Ubert, S. 24.

Unterlagen besitzt, kann der Kläger durch Beweisverfahren oder die Auskunftserteilung diese Unterlagen verlangen und erreichen, wodurch die Bezifferung des Anspruchs für den Kläger dann möglich wird (Art. 107 Abs. 2 TürkZPO; Art. 85 Abs. 2 SchweizZPO).[667]

Pekcanitez hat die subjektive Unmöglichkeit durch ein Beispiel erklärt. Dementsprechend ist die Bezifferung der Betragshöhe des Anspruchs bei Klagen auf Schadensersatz einfach, wenn z.B. der Schaden an einem völlig zerstörten, aber fabrikneuen Wagen entstanden ist, denn bei solchen Fällen könne keine Unmöglichkeit vorkommen. Aber seiner Ansicht nach ist die Bezifferung der Betragshöhe des Anspruchs z.B. bei teilweise beschädigten gebrauchten Wagen nicht so einfach, da man alleine die Verminderung des Wertes des Wagens wegen der Abnutzung im Gebrauch selber nicht bestimmen kann. Demzufolge akzeptiert Pekcanitez in dem zweiten Fall die subjektive Unmöglichkeit bei der Bezifferung der Betragshöhe des Anspruchs, da man für die Bestimmung der Minderung des Wertes für den Kläger eine professionelle Ansicht und Würdigung brauche, was die Bezifferung des Schadens für die Dritten möglich, aber dem Kläger unmöglich sowie subjektiv unmöglich mache.[668]

In der deutschen Lehre ist die subjektive Unmöglichkeit mit ähnlichen Beispielen von Ubert untersucht worden. Auch der Ansicht von Ubert nach können Schäden an einem zerstörten, fabrikneuen Wagen einfacher bestimmt werden.[669] Aber Ubert meint, dass die Bestimmung der Betragshöhe der teilweise entstandenen Schäden an einem PKW für den Kläger wirklich schwierig werden, aber nicht mit einer subjektiven Unmöglichkeit gerechtfertigt werden könne.[670]

Wie oben dargestellt, kann auch die subjektive Unmöglichkeit mit den anderen Arten der Unmöglichkeit zusammen vorkommen.[671] In diesem Sinne kann die subjektive Unmöglichkeit in dem Fall, den Pekcanitez und Ubert oben untersucht haben, zusammen mit den anderen Arten der Unmöglichkeit, wie auch mit der rechtlichen Unmöglichkeit, zusammen vorkommen. Wenn z.B. eine Sache im Sinne des Klägers objektiv unmöglich ist, dann ist sie dem Kläger tatsächlich auch subjektiv unmöglich. Meines Erachtens ist also die Bezifferung der Betragshöhe des Anspruchs für die Schäden, die z.B. an einem Gebrauchtwagen teilweise entstanden sind, dem Kläger nicht nur subjektiv unmöglich, denn der

---

667 Pekcanitez, Belirsiz Alacak Davasi, S. 44; Simil, S. 220.

668 Pekcanitez, Belirsiz Alacak Davasi, S. 45; Pekcanitez/Pekcanitez, Pekcanitez Usul, S. 1028; Pekcanitez/Atalay/Özekes, S. 447.

669 Ubert, S. 24.

670 Ubert, S. 25.

671 Simil, S. 220.

Kläger kann alleine nicht in der Lage sein, die Verminderung des Wertes des Wagens wegen der Benutzung und das Ausmaß der Schäden zu berechnen. Die richtige Bestimmung der Betragshöhe der Schäden muss durch Gutachten von einem Sachverständigen ermittelt werden. Aber wie schon erwähnt, kann man die Einholung des Privatgutachtens vom Kläger vor der Klageerhebung nicht erwarten.[672] Da der Kläger diese Schäden und ihren Betrag nicht selber bestimmen kann, aber da ein Dritter, z.B. ein Sachverständiger, dazu in der Lage ist ihn zu beziffern, gibt es in diesem Fall zwei verschiedene Unmöglichkeiten. Eine ist die subjektive Unmöglichkeit, da die Bezifferung nur für den Kläger unmöglich ist, die andere ist die rechtliche Unmöglichkeit, da die richtige Bezifferung ein Sachverständigengutachten erfordert.

d. Rechtliche Unmöglichkeit

Die rechtliche Unmöglichkeit kommt erst dann vor, wenn die Bezifferung der Betragshöhe des Anspruchs für den Kläger zu Beginn des Prozesses wegen dauernder rechtlicher Hindernisse unmöglich ist.[673]

Sie entsteht meistens bei Klagen mit dem Anspruch auf Schadensersatz. Da bei solchen Klagen der Richter eine große Ermessensbefugnis besitzt, kann der Kläger zu Beginn des Prozesses nicht einschätzen, wie hoch der Richter den Schaden ermessen und festsetzen wird.[674] Da die rechtliche Unmöglichkeit der Bezifferung des Anspruchs wegen des richterlichen Ermessens, also wegen der rechtlichen Gründe entsteht, wird in diesem Sinne die Unmöglichkeit der Bezifferung des Anspruchs, die für die Bezifferung des Anspruchs ein Sachverständigengutachten erfordert, auch als rechtliche Unmöglichkeit akzeptiert werden müssen. Die rechtliche Unmöglichkeit der Bezifferung des Anspruchs kann der Ansicht von Pekcanitez nach auch dann entstehen, wenn die Informationen oder Unterlagen, die für die Bezifferung notwendig sind, dem Beklagten oder einem Dritten gehören.[675] Meines Erachtens kann man aber alle Unmöglichkeiten wegen der mangelhaften Informationen oder Unterlagen, die dem Beklagten oder einem Dritten gehören, nicht als rechtliche Unmöglichkeit ansehen. Demzufolge kann die Unmöglichkeit der Bezifferung erst dann rechtlich sein, wenn

---

672 Pekcanitez/Atalay/Özekes, S. 447f.; Oberhammer, KUKOZPO, Art. 85, Rn. 5.

673 Ubert, S. 23; Menges, S. 128; Simil, S. 220.

674 Pekcanitez/Pekcanitez, Pekcanitez Usul, S. 1028; Pekcanitez, Belirsiz Alacak Davasi, S. 44; Menges, S. 129; Pekcanitez/Atalay/Özekes, S. 447; Simil, S. 220ff.

675 Pekcanitez/Pekcanitez, Pekcanitez Usul, S. 1028; Pekcanitez/Atalay/Özekes, S. 447; Pekcanitez, S. 44; Simil, S. 220.

dies wirklich gesetzlich entstanden ist. Demgemäß können die Unmöglichkeiten, die Sachverständigengutachten erfordern, erst dann als rechtliche Unmöglichkeiten angenommen werden, wenn dieses Erfordernis durch Gesetz, durch Rechtsprechung oder nach der richterlichen Entscheidung entstanden ist.

Obwohl die Entstehung der rechtlichen Unmöglichkeit bei Klagen auf Schadensersatz nach der herrschenden Meinung der türkischen Lehre akzeptiert ist, kann nach der herrschenden Meinung der deutschen Lehre kaum eine Unmöglichkeit der Bezifferung des Betrags bei Klagen auf Schadensersatz oder Schmerzensgeld entstehen.[676] Dementsprechend wird eine Unmöglichkeit der Bezifferung bei materiellen und immateriellen Schäden ausgeschlossen, denn dem Geschädigten kann es immer möglich sein, irgendeinen Schaden anzugeben und ihn zu beziffern[677] oder er kann die Bestimmung seines Schadens vom Gericht durch die Feststellungsklage anfordern, was sein Rechtsschutzbegehren vollkommen absichern kann.[678] Dieser Ansicht nach kann die Annahme der Zulässigkeit der Unmöglichkeit der Bezifferung nicht nur auf Klagen auf Schadensersatz oder Schmerzensgeld begrenzt werden. Wenn man die Unmöglichkeit der Bezifferung, bzw. die unbezifferte Forderungsklage für die Klagen um Schadensersatz oder Schmerzensgeld anerkennen würde, müsste man sie für jede Klageart annehmen, denn in jedem Verfahren könnten Umstände auftreten, die die Bestimmung und die Angabe der endgültigen und richtigen Betragshöhe des Anspruchs, verhindern können.[679]

Meines Erachtens, entgegen der vorherrschenden Meinung der deutschen Lehre, sollte die Unmöglichkeit der Bezifferung der Betragshöhe des Anspruchs, also die unbezifferte Forderungsklage, für die Klagen mit dem Anspruch auf immaterielle oder materielle Schäden angenommen werden. Wie es in der deutschen Literatur dargestellt ist, kann der Kläger bei jeder Klage auf Schadensersatz oder Schmerzensgeld den Betrag seines Anspruchs durch ungefähre Schätzung vorgeben. Damit muss aber der Kläger einige Verfahrensrisiken, wie z.B. ein Prozesskostenrisiko, auf sich nehmen. Im türkischen und schweizerischen Zivilprozessrecht hat der Gesetzgeber mit der unbezifferten Forderungsklage auch die Verminderung der Prozesskostenrisiken bezweckt.[680] Demgemäß ist der Zweck der türkischen und schweizerischen Regelungen

676 Ubert, S. 23f.; Blechschmidt, S. 38f.; Menges, S. 129.
677 Blechschmidt, S. 38f.; Ubert, S. 23ff.
678 Menges, S. 128.
679 Blechschmidt, S. 38; Ubert, S. 24.
680 Baumann Wey, S. 160, Rn. 425.

der unbezifferten Forderungsklage die Befreiung des Klägers von der Bezifferungspflicht und der Schutz des Klägers vor dem Prozesskostenrisiko, wenn er am Anfang des Prozesses nicht in der Lage ist, den Betrag seines Anspruchs „richtig" oder „annähernd richtig" zu beziffern.[681] Dementsprechend sollte die Unmöglichkeit der Bezifferung des Anspruchs, also die unbezifferte Forderungsklage, bei allen Klagen auf Schadensersatz und Schmerzensgeld angenommen werden. Obwohl der Gesetzgeber mit der Angabe des bestimmten bzw. bezifferten Klageantrags (Art. 119 TürkZPO; Art. 84 SchweizZPO, §253 ZPO) die Absicherung des Dispositionsgrundsatzes und die Bindung des Richters an den Anspruch des Klägers bezweckt hat, können der Dispositionsgrundsatz und die Gebundenheit des Richters an den Anspruch des Klägers auch durch die unbezifferte Forderungsklage gewährleistet werden, da der Käger bei der Erhebung der unbezifferten Forderungsklage den vorläufigen Mindestwert benennen und alle Tatsachen über seinen Anspruch dem Gericht einreichen muss, womit der Kläger mit der Angabe der Tatsachen und des Mindestwertes seinen Anspruch dem Gericht vorlegt und damit das Gericht daran bindet. Deswegen sollte die Umöglichkeit der Bezifferung sowie die unbezifferte Forderungklage bei Klagen auf Schadensersatz und Schmerzensgeld als zulässig angenommen werden, um das Rechtsschutzinteresse des Klägers abzusichern, denn das Gegenteil davon könnte den Rechtsverlust des Klägers oder Verfahrensrisiken für den Kläger verursachen.[682]

---

681 Baumann Wey, S. 159, Rn. 425.

682 Simil hat unter den Formen der Unmöglichkeit auch die vorübergehende Unmöglichket aufgezählt und angenommen(Simil, S. 221). Nach seiner Auffassung kommt die vorübergehende Unmöglichkeit bei den Fällen vor, wenn der Kläger den Betrag seines Anspruchs bei der Klageerhebung endgültig nicht, aber während des Verfahrens bestimmen kann, da er notwendigen Informationen und Unterlagen für seinen Anspruch nicht besitzt (Simil, S. 221). In diesem Sinne wird die Unmöglichkeit der Bezifferung des Anspruchs bei der unbezifferten Forderungsklage als vorübergehende Unmöglichkeit angenommen (Simil, S. 222). Meines Erachtens ist die Untersuchung dieser Art der Unmöglichkeit nicht notwendig. Denn alle Formen der Unmöglichkeit und selbst auch die Unzumubarkeit der Sache sind im Sinne der unbezifferten Forderungsklage vorübergehend und deswegen darf der Kläger entgegen von Art. 119 TürkZPO, §253 Abs. 2 lit. 2 ZPO und Art. 221 SchweizZPO mit dem vorläufigen Mindestwert eine unbezifferte Forderungsklage erheben und das Ganze seines Anspruchs anfordern, weil er ihn nachträglich beziffern wird. Deswegen wird die vorübergehende Unmöglichkeit in dieser Arbeit nicht untersucht.

3. Unzumutbarkeit der Bezifferung

Wie oben dargestellt, kann die unbezifferte Forderungsklage auch dann als zulässig angenommen werden, wenn die Bezifferung des Anspruchs dem Kläger zu Beginn des Prozesses unzumutbar ist.

Im türkischen, deutschen und schweizerischen Recht ist die Erhebung der unbezifferten Forderungsklage meist bei Klagen mit Ansprüchen auf Schadensersatz oder Schmerzensgeld erforderlich, da bei solchen Klagearten der Richter eine große Ermessensbefugnis besitzt oder für die richtige Bezifferung der Betragshöhe ein Sachverständigengutachten erforderlich ist. Damit ist der Kläger nicht in der Lage, den Betrag seines Anspruchs selber richtig oder annähernd richtig zu berechnen oder einzuschätzen.[683]

Wie oben dargestellt, ist die Zulässigkeit der unbezifferten Forderungsklage wegen der Unmöglichkeit der Bezifferung für den Kläger im deutschen Recht umstritten. Die Zulässigkeit der unbezifferten Forderungsklage ist in der deutschen Literatur umstritten, sowohl wegen der „Unzumutbarkeit" wie auch wegen der „Unmöglichkeit". Einer Ansicht der deutschen Lehre nach sollte die Zulässigkeit der unbezifferten Forderungsklage wegen der Unzumutbarkeit verneint werden[684], obwohl die unbezifferte Forderungsklage bei der Unzumutbarkeit der Bezifferung von der Rechtsprechung und der Lehre unterstützt wird.[685] Der Ansicht der Rechtsprechung und der Lehre im deutschen Recht nach ist die Zulässigkeit der unbezifferten Forderungsklage bei Klagen auf immaterielle und materielle Schäden (auf Schadensersatz und Schmerzensgeld) wegen der Unzumutbarkeit der Bezifferung für den Kläger anerkannt, da bei solchen Fällen der Kläger nicht in der Lage sein kann, die Entscheidung des Gerichts über die endgültige Höhe des Betrags des Anspruchs vorauszusehen.[686] Außerdem kann die Angabe der geschätzten Bezifferung des Anspruchs auf die Höhe des Schadens für den Kläger unverhältnismäßig große Gerichtskostenrisiken verursachen. Deshalb wird die Bezifferung der Betragshöhe des Anspruchs auf immateriellen und materiellen Schaden für den Kläger als

---

683 Pekacanitez, Belirsiz Alacak Davasi, S. 45; Menges, S. 134f.; Ubert, S. 26; Blechschmidt, S. 39; Oberhammer, KUKOZPO, Art. 85, Rn. 1; BSKommZPO/Spühler, Art. 85 SchweizZPO, Rn. 2.

684 Menges, S. 159; Ubert, S. 50.

685 Berg, S. 83; Koebel, Billigkeitsansprüche aus Schadenszufügung, NJW 1957, S. 1009; BGH, NJW 1967, S. 1421.

686 Pawlowski, Das Problematik des unbezifferten Klageantrages, NJW 1961, S. 341; Koebel, S. 1009; BGH, NJW 1967, S. 1420, Blechschmidt, S. 47f.

unzumutbar akzeptiert und dementsprechend muss die unbezifferte Forderungsklage zugelassen werden.[687]

Eine andere Ansicht sieht die Zulässigkeit der unbezifferten Forderungsklage wegen der Unzumutbarkeit der Bezifferung nicht als erforderlich an, wegen der Regelung des §92 Abs. 1 und 2 ZPO, die die Kostenverteilung regelt, wenn jede Partei teilweise obsiegt und teilweise unterliegt.[688] Es bestehe kein Bedürfnis nach einer unbezifferten Forderungsklage, da der Gesetzgeber mit der Regelung von §253 ZPO vom Kläger trotz der Risiken der Einschätzung der Höhe des Anspruchs einen bezifferten Klageantrag verlange aber auch für die Minderung der klägerischen Risiken die Regelung vom §92 Abs. 1 ZPO festgesetzt habe.[689]

Die Angabe des bezifferten Klageantrags bei bewertungsunsicheren Fällen kann natürlich hohe Prozesskosten verursachen, wenn der Kläger die Betragshöhe seines Anspruchs zu hoch beziffert. Hier ist das wichtigste Problem also die Kostenentscheidung, die als ungewisses Ergebnis der richterlichen Subsumtion der Schätzung entstehen kann und die den Kläger und den Beklagten in gleichem Maße betrifft.[690] Demzufolge also ist das Wichtigste die gerechte Kostenverteilung zwischen dem Kläger und dem Beklagten.[691] Dieser Ansicht nach kann die Zulässigkeit und die Anwendung der unbezifferten Forderungsklage dieses Problem nicht lösen, da die unbezifferte Forderungsklage nur das Kostenrisiko des Klägers vollständig verhindern kann, nicht aber des Beklagten, und solch eine einseitige Verhinderung des Kostenrisikos ist weder vom Gesetzgeber noch vom Zivilprozessrecht bezweckt und akzeptiert.[692] Nach dieser Ansicht also muss die gleichmäßige und gerechte Verteilung der Bewertungsrisiken für beide Parteien abgesichert werden. §92 Abs. 2 ZPO ist geeignet, die Kostenrisiken des Klägers auch bei bewertungsunsicheren Forderungen zu vermindern.[693] Obwohl die Vorschrift des §92 Abs. 2 ZPO von den Richtern und Anwälten in der Praxis häufig nicht beachtet und angewendet wird, kann das die Zulässigkeit der unbezifferten Forderungsklage nicht rechtfertigen.[694] Demgemäß muss der

687 Blechschmidt, S. 40, 44; Ubert, S. 26, 28; Menges, S. 135, Koebel, S. 1009.

688 Menges, S. 155; Ubert, S. 50; MünchKommZPO/Becker-Eberhard, §253, Rn. 128.

689 Menges, S. 138; Ubert, S. 36.

690 Röhl, S. 52; Menges, S. 138.

691 Prütting/Gehrlein/Schneider, ZPOKomm, §92, Rn. 4; MünchKommZPO/Schulz, §92, Rn. 15; Musielak/Voit/Flockenhaus, §92, Rn. 6; Röhl, S. 52; Gerstenberg, S. 1352, 1356ff; Menges, S. 139.

692 Menges, S. 139; MünchKommZPO/Schulz, §92, Rn. 22ff.

693 Menges, S. 140, 155; Ubert, S. 50; MünchKommZPO/Becker-Eberhard, §253, Rn. 128.

694 Ubert, S. 50; Menges, S. 155.

Kläger auch bei bewertungsunsicheren Fällen die Betragshöhe seines Anspruchs beziffern und angeben und seine möglichen Gerichtskostenrisiken müssen dann durch die Anwendung der Vorschrift des §92 ZPO gemindert werden.[695]

Der anderen entgegenstehenden Ansicht nach muss das Bedürfnis nach der Zulässigkeit der unbezifferten Forderungsklage besonders bei Klagen mit dem Anspruch auf deliktischen Schaden und auf Schmerzensgeld bejaht werden, da bei solchen Klagen der Kläger ein hohes Kostenrisiko besitzt, weil das Ermessen des Gerichts oder des Sachverständigen über die Betragshöhe ihm unzumutbar ist, da für die Bezifferung des Anspruchs bei Klagen auf deliktische Schaden meistens besondere Fachkenntnisse erforderlich sind. Dieser Ansicht nach können die Kostenrisiken des Klägers durch die Anwendung der Vorschrift des §92 Abs. 2 ZPO oder durch die Erhebung der Feststellungs- oder Teilklage nicht aufgehoben werden, und deshalb muss die unbezifferte Forderungsklage als zulässig anerkannt werden.[696] Dementsprechend kann die Zulässigkeit der unbezifferten Forderungsklage im Sinne der Vorschrift des §92 Abs. 2 ZPO nicht verneint werden, da diese Vorschrift von der Rechtsprechung und der Praxis nicht so oft ausgeübt wird.[697] Die Vorschrift des §92 ZPO kann für die Verneinung der Zulässigkeit der unbezifferten Forderungsklage deshalb kein Grund sein, denn nach dem Wortlaut der Regelung muss die vom Kläger angegebene bezifferte Betragshöhe des Anspruchs nicht einer bestimmten Größenordnung entsprechen, sondern sie muss sehr nah an die Urteilssumme kommen. Damit also die Vorschrift des § 92 ZPO das Kostenrisiko des Klägers aufheben kann, muss die vom Kläger bezifferte Betragshöhe des Anspruchs möglichst richtig, wie die Urteilssumme des Gerichts, sein und deshalb kann diese Vorschrift nicht ausreichen, die unbezifferte Forderungsklage abzulehnen.[698]

Auch die Teilklage kann für die Verneinung der unbezifferten Forderungsklage unzureichend sein, da gemäß §209 BGB die Klageerhebung die Verjährungsfrist nur für den Teil, der eingeklagt ist, hemmt. Deswegen wird dann für den Kläger die Gefahr der Verjährung des Restanspruchs, den er zu Beginn des Prozesses nicht beziffern kann, entstehen, was für ihn genauso riskant ist wie das Kostenrisiko.[699] Dieser Ansicht nach ist auch die Erhebung der Feststellungsklage für die Verneinung des Bedürfnisses nach der Zulassung der unbezifferten

695 Menges, S. 141; Ubert, S. 50.
696 Blechschmidt, S. 46.
697 Blechschmidt, S. 43.
698 Blechschmidt, S. 43.
699 Blechschmidt, S. 44.

Forderungsklage und für die Unzumutbarkeit der Bezifferung nicht genug, denn durch die Feststellungsklage kann der Kläger nur die Entscheidung auf die Feststellung erhalten, womit man keine Vollstreckung verlangen darf. Nach der Feststellungsklage muss der Kläger noch eine Leistungsklage erheben, um seinen Anspruch zu erlangen. In diesem Sinne kann die Erhebung der Feststellungsklage die Schwierigkeiten der unzumutbaren Bezifferung des Anspruchs und der deswegen entstandenen Kostenrisiken nicht vollständig beseitigen, denn trotz der Feststellungsentscheidung muss der Kläger die Leistungsklage erheben, was auch nicht prozessökonomisch ist. Deshalb kann der Kläger dieser Ansicht nach von Anfang an eine Leistungsklage mit unbezifferter Betragshöhe erheben und damit die Erhebung zweier verschiedener Klagen vermeiden.[700]

Entgegen dem deutschen Recht ist die Zulässigkiet der unbezifferten Forderungsklage wegen der Unzumutbarkeit der Bezifferung der Betragshöhe des Anspruchs für den Kläger in dem türkischen und schweizerischen Recht nicht umstritten, sondern wird von ihnen anerkannt (Art. 107 Abs. 1 TürkZPO; Art. 85 Abs. 1 SchweizZPO).

Obwohl die Zulässigkeit der unbezifferten Forderungsklage wegen der Unmöglichkeit oder der Unzumutbarkeit der Bezifferung des Anspruchs für den Kläger im schweizerischen Recht angenommen ist[701], ist allerdings die Grenze zwischen der Unzumutbarkeit und der Unmöglichkeit im schweizerischen Recht unscharf.[702] Demzufolge können diese beide Voraussetzungen der vorherrschenden Meinung nach gleich gesehen werden.[703]

Einer anderen Ansicht der Lehre nach kann man die Unzumutbarkeit von der Unmöglichkeit aber erst dann unterscheiden, wenn man die Betragshöhe des Anspruchs durch eine umsichtige Beweisaufnahme oder durch vorsorgliche Gutachten oder durch ein Verfahren auf Rechnungsauslegung oder Auskunftserteilung beziffern kann.[704] Das bedeutet, dass die Unzumutbarkeit der Bezifferung des Anspruchs in den Fällen zutreffen kann, wenn die objektive Festsetzung der Betragshöhe des Anspruchs für den Kläger ohne Annahme des

700 Blechschmidt, S. 45f.

701 BaumannWey, S. 162, Rn. 431; Gut, S. 47, Rn. 113.

702 Gut, S. 50, Rn. 119; Baumann Wey, S. 162, Rn. 432; Baker&McKenzie/Courvoisier, Art. 85, Rn. 2; Oberhammer, KUKOZPO, Art. 85, Rn. 4; BSKommZPO/Spühler, Art. 85, Rn. 5.

703 Gut, S. 49, Rn. 117; Leumann Liebster, S. 105; BGE 121 III 249, 251, E. 2.b; BGE 116 II 215, 219, E. 4.a; BGE 105 II 87, 89, E. I. 3.

704 Sutter-Somm/Hasenböhler/Leuenberger/Bopp/Bessenich, Art. 85, Rn. 13; Gut, S. 49, Rn. 117.

Privatgutachtens, das vom Gericht nur als Parteibehauptung angenommen und bewertet wird, undurchführbar ist, weil der Kläger nach dem Rechtsschutz nicht gezwungen werden darf, die vorsorgliche Beweisaufnahme etc. alleine zu verantworten.[705]

Einer anderen Ansicht der schweizerischen Lehre nach kann die Unterscheidung zwischen der Unzumutbarkeit und der Unmöglichkeit der Bezifferung auf einem Wertungsentscheid basieren, der mit Hilfe des Vertragrechts geklärt wird.[706] Dementsprechend kann eine Unzumutbarkeit, die der subjektiven Unmöglichkeit gleichgestellt werden kann, erst dann vorkommen, wenn im Bereich der vertraglichen Leistungsstörungen die Aufwendungen und der Wert der Leistung zueinander nicht in einem angemessenen Verhältnis zueinander stehen.[707] Demzufolge kann eine Bezifferung als unzumutbar anerkannt werden, falls für die Bezifferung ein Privatgutachten erforderlich ist, was für den Kläger einen übermäßigen Aufwand oder unverhältnismäßige Kosten verursacht.[708] Deswegen ist die Abgrenzung der Unzumutbarkeit der Bezifferung des Anspruchs von der Unmöglichkeit der Bezifferung ein Wertungsentscheid, denn es muss festgestellt werden, nach welchem Wert die Bezifferung als unzumutbar oder als unmöglich für den Kläger angenommen werden kann. Da es für diesen Wertungsentscheid keine feste Regel geben kann, kann nur die Bestimmung eines Spektrums von Wertungen, in dem die Werte für die Unmöglichkeit und für die Unzumutbarkeit liegen, eine konkrete Lösung für die Abgrenzung der Unzumutbarkeit von der Unmöglichkeit sein, weil man die beiden Voraussetzungen der unbezifferten Forderungsklage voneinander ansonsten von Anfang an nicht mit festen Regeln begrenzen kann.[709] Deshalb ist nach dieser Ansicht das Wichtigste und das Entscheidendste für die Zulässigkeit der unbezifferten Forderungsklage und für die Erfüllung ihrer Voraussetzungen, ob die Bezifferung des Anspruchs sich für den Kläger in diesem oben genannten Spektrum befindet oder nicht. Dementsprechend kann auf die Abgrenzung und die Unterscheidung zwischen der Unmöglichkeit und der Unzumutbarkeit für die Zulässigkeit der unbezifferten Forderungsklage verzichtet werden.[710]

---

705 Gut, S. 50, Rn. 119; Sutter-Somm/Hasenböhler/Leuenberger/Bopp/Bessenich, Art. 85, Rn. 13.

706 Baumann Wey, S. 164, Rn. 436.

707 Baumann Wey, S. 163, Rn. 434.

708 Baumann Wey, S. 164, Rn. 436.

709 Baumann Wey, S. 164, Rn. 436.

710 Baumann Wey, S. 164, Rn. 437.

Ähnlich wie im schweizerischen Recht ist die Zulässigkeit der unbezifferten Forderungsklage gemäß Art. 107 Abs. 1 TürkZPO anerkannt und ähnlich wie in den deutschen und schweizerischen Rechten kommt die unbezifferte Forderungklage auch im türkischen Recht bei Klagen auf immaterielle und materielle Schaden sehr oft vor, da die Betragshöhe des Anspruchs von diesen Klagen entweder durch die große Ermessensbefugnis des Richters, durch die Untersuchungen und Bestimmungen des Sachverständigengutachtens oder durch die vom Beklagten oder Dritten erhaltenen Beweismittel beziffert werden kann.[711] Entgegen den deutschen und schweizerischen Lehren ist die Abgrenzung und die Unterscheidung der Unzumutbarkeit der Bezifferung von der Unmöglichkeit in der türkischen Lehre nicht diskutiert worden. Im Sinne des schweizerischen Rechts hat eine Ansicht der türksichen Lehre akzeptiert, dass die Unmöglichkeit und die Unzumutbarkeit der Bezifferung im Sinne der unbezifferten Forderungsklage voneinander nicht ganz und endgültig begrenzt und unterschieden werden können.[712]

Obwohl von der türkischen Lehre angenommen wird, dass die unbezifferte Forderungsklage meist bei Klagen mit Ansprüchen auf immateriellen oder materiellen Schaden vorkommt, kann nach der herrschenden Meinung die unbezifferte Forderungsklage entgegen der Ansicht der deutschen Lehre[713] nicht nur wegen der hohen Prozesskostenrisiken zugelassen werden, da solche Risiken bei allen Klagearten für Kläger möglich sein können.[714] Demzufolge dürfen diese Prozesskostenrisiken kein Anlass der unbezifferten Forderungsklage sein, da die Zulässigkeitsvoraussetzungen der unbezifferten Forderungsklage gesetzlich ausführlich geregelt sind. Außderdem darf man diese sogenannten Risiken nicht mit den Zulässigkeitsvoraussetzungen der unbezifferten Forderungsklage vergleichen, da sie Folgen des Verfahrens sind.[715]

Nach der vorherrschenden Meinung der türksichen Lehre wird aber akzeptiert, dass die unbezifferte Forderungsklage meist bei den Klagen auf Schadensersatz oder Schmerzengeld zulässig ist, da bei solchen Klagen entweder das Gericht eine große Ermessensbefugnis hat oder ein Sachverständigengutachten für die Bezifferung der Betragshöhe des Anspruchs erforderlich ist. In den beiden Fällen also kann der Kläger nach der herrschenden Meinung der türkischen

711 Pekcanitez, Belirsiz Alacak Davasi, S. 45; Kuru/Budak, Yenilikler, S. 13.

712 Simil, S. 210; Sutter-Somm/Hasenböhler/Leuenberger/Bopp-Bessenich, Art. 85, Rn. 11; Baumann Wey, S. 174, Rn. 457.

713 Blechschmidt, S. 46; Koebel, S. 1009; Pawlowski, S. 344.

714 Pekcanitez, Belirsiz Alacak Davasi, S. 47; Simil, S. 222.

715 Simil, S. 223.

Lehre nicht in der Lage sein, die Betragshöhe des Anspruchs zu beziffern. Trotzdem kann jede Erfordernis des Sachverständigengutachtens die Zulässigkeit der unbezifferten Forderungsklage nicht rechtfertigen. Demgemäß kann die unbezifferte Forderungsklage wegen der Annahme des Sachverständigengutachten erst dann zulässig sein, wenn der Kläger die Betragshöhe seines Anspruchs ohne dieses Sachverständigengutachten nicht beziffern kann.[716]

Obwohl gemäß Art. 266 TürkZPO der Richter nur für das Sachwissen, das nicht rechtwissenschaftliches oder allgemeines Wissen, sondern besonderere Fachkenntnisse voraussetzt, Sachverständigengutachten einholen darf, kommt es in der türkischen Rechtspraxis sehr oft vor, dass der Richter sich auch für das ganz alltägliche Sachwissen, das er selbst aus seiner Lebenserfahrung oder wegen seines rechtswissenschaftlichen Wissens besitzt, auf Sachverständigengutachten bezieht.[717]

Nach dieser Alltagspraxis müssten aber alle Klagen als unbezifferte Forderungsklage angenommen werden, sobald Sachverständigengutachten für die Berechnung des Betrags des Anspruchs erforderlich sind.[718] Diese Problematik rund um die Sachverständigengutachten wird auch in den Darlegungen von Cil/Kar deutlich. Sie beschäftigen sich vor allen Dingen mit den Klagen zu Ansprüchen aus Arbeitsverhältnissen, die in der türkischen Lehre sehr umstritten sind. Nach Cil/Kar müssen die Klagen mit Ansprüchen aus Arbeitsverhältnissen als unbezifferte Forderungsklage angenommen werden, wenn der Arbeitnehmer als Kläger für seine Ansprüche auf die Kosten für Mehrarbeit oder auf sein monatliches Gehalt Klage erhebt. Nach dieser Ansicht kann der Arbeitnehmer bei solchen Fällen nicht in der Lage sein, seinen Anspruch zu beziffern, denn er kann den Betrag seiner Mehrarbeiten oder seiner Überstunden nicht selber berechnen. Deswegen kann die Betragshöhe des Anspruchs des Arbeitnehmers erst durch ein Sachverständigengutachten berechnet und beziffert werden.[719] Entgegen dieser Ansicht müssen nach der vorherrschenden Meinung in der türkischen Lehre die Klagen von Arbeitnehmern mit dem Anspruch auf ihre Kostenforderungen gegenüber den Arbeitsgebern nicht als unbezifferte Forderungsklagen, sondern als ganz normale Leistungsklagen angenommen werden, da dabei nur der Streitwert zwischen den Parteien strittig ist, was während des Verfahrens vom Gericht

716 Simil, S. 225.

717 Arslan, Bilirkisilik Uygulamasi ve Bu Uygulamaya Yargitayin Etkisi, YD 1989/1–4, S. 158.

718 Cil/Kar, S. 32.

719 Cil/Kar, S. 32; Budak, Belirsiz Alacak Davasi, S. 85; Yavas, Isci Alacaklari Yönünden Belirsiz Alacak Davasinin Uygulanabilirligi, Calisma ve Toplum, 2013/1, S. 375.

endgültig geklärt und entschieden wird.[720] Nach dieser Meinung dürfen also nicht alle Klagen wegen der Einbeziehung von Gutachten für die Berechnung von Forderungen als unbezifferte Forderungsklage akzeptiert werden, da diese Gutachten über die Berechnung auch für die Feststellung der strittigen Forderungen eingeholt werden können.[721] Dementsprechend kann die Klage erst dann als zulässige unbezifferte Forderungsklage angenommen werden, wenn der Kläger wirklich nicht in der Lage ist, seinen Anspruch zu beziffern, und er muss das auch gegenüber dem Gericht überzeugend nachweisen. Der Arbeitsnehmer kann also seine Forderung erst dann durch die Erhebung der unbezifferten Forderungsklage anfordern, wenn die Bezifferung des Betrags seines Anspruchs ihm wirklich unmöglich oder unzumutbar ist und wenn er dabei wirklich ein schutzwürdiges Rechtsinteresse hat.[722]

4. Stellungnahme

Wie oben dargelegt, wird die Unterscheidung zwischen der Unmöglichkeit und der Unzumutbarkeit der Bezifferung des Anspruchs für den Kläger im türkischen Recht, entgegen der deutschen und schweizerischen Lehre, nicht richtig und ausführlich diskutiert. Nur Simil hat im Sinne des schweizerischen Rechts anerkannt, dass diese beiden Voraussetzungen nicht voneinander unterschieden werden können und jeder Fall gesondert untersucht werden muss, da diese Unterscheidung zum Gebiet des materiellen Rechts gehört.[723] Außerdem hat sich die Mehrheit der türkischen Lehre nur damit begnügt zu sagen, in welchen Fällen der Kläger eine zulässige unbezifferte Forderungsklage erheben darf und in welchen Fällen die Bezifferung der Betragshöhe des Anspruchs dem Kläger unmöglich oder unzumutbar sein wird.[724]

Meines Erachtens ist es nicht möglich und auch nicht notwendig, dass diese beiden Voraussetzungen der unbezifferten Forderungsklage sich voneinander unterscheiden. Denn während die Bezifferung dem Kläger unmöglich ist, kann sie ihm auch unzumutbar sein. Es wird von drei Rechtssystemen und von ihren

---

720 Pekcanitez, Belirsiz Alacak Davasi, S. 46; Simil, S. 423.

721 Simil, S. 226; Yargitay HGK T. 4.4.2018, E. 2015/22–496, K. 2018/666; Yargitay HGK, T. 28.03.2018, E. 2015/22–127, K. 2018/559.

722 Yargitay HGK T. 4.4.2018, E. 2015/22–496, K. 2018/666; Yargitay HGK, T. 14.3.2018, E. 2015/22–186, K. 2018/479; Yargitay HGK, T. 7.3.2018, E. 2014/439, K. 2018/439; Yargitay HGK, T. 28.03.2018, E. 2015/22–127, K. 2018/559; Simil, S. 414.

723 Sutter-Somm/Hasenböhler/Leuenberger/Bopp/Bessenich, Art. 85, Rn. 11; Gut, S. 47, Rn. 114; Baumann Wey, S. 174, Rn. 457; Simil, S. 210.

724 Pekcanitez, Belirsiz Alacak Davasi, S. 43ff.

Lehren schon anerkannt, dass die unbezifferte Forderungsklage meist bei Klagen mit Ansprüchen auf Schadensersatz oder Schmerzensgeld vorkommt, da für die Bezifferung des Anspruchs entweder richterliches Ermessen oder ein Sachverständigengutachten erforderlich ist und ohne sie die Bezifferung des Anspruchs vom Kläger nicht erwartet werden kann. Demzufolge wird die Bezifferung des Anspruchs z.B. bei einer Klage auf Schadensersatz wegen unerlaubter Handlungen für den Kläger objektiv unmöglich, aber gleichzeitig auch unzumutbar, weil in so einem Fall niemand, weder der Kläger noch der Beklagte, in der Lage sein kann, die Schäden der unerlaubten Handlungen zu bestimmen und zu würdigen, da dafür spezielle Fachkentnisse des Sachverständigen oder des Richters erforderlich ist. Wie Baumann Wey für das schweizerische Recht dargestellt hat, kann die Unzumutbarkeit zusammen mit einer subjektiven Unmöglichkeit vorkommen.[725]

Ich stimme Baumann Wey zu, dass die beiden Voraussetzungen der unbezifferten Forderungsklage meistens zusammen kommen und es daher unmöglich ist, sie voneinander zu unterscheiden. Entgegen der Ansicht von Baumann Wey kann es aber kein Wertungsentscheid und kann die Bestimmung eines Spektrums keine Lösung sein, da diese Voraussetzungen für jeden einzelnen Fall getrennt gewürdigt und bestimmt werden müssen, um die gerechte Prozesshandlung und die zweckmäßige Ausübung der unbezifferten Forderungsklage zu sichern. Denn es ist ungewiss, nach welchen Maßstäben dieses Spektrum bestimmt werden soll und ob dieses Spektrum zu allen Fällen passt.

Entgegen den deutschen und schweizerischen Zivilprozessrechten gibt es in der türkischen Zivilprozessordnung keine Regelung über die Prozesskostenerteilung, was den Kläger und den Beklagten vor Bewertungsrisiken und Prozesskostenrisiken in gleichen Maßen und rechtmäßig schützt (§92 ZPO; Art. 107 SchweizZPO). Wegen dieser Vorschriften kann aber die Zulässigkeit der unbezifferten Forderungsklage nicht verneint werden, denn in der schweizerischen Zivilprozessordnung ist die unbezifferte Forderungsklage trotz dieser Regelung zusätzlich gesetzlich festgesetzt. Obwohl der schweizerische Gesetzgeber im Art. 107 Abs. 1 lit. a SchweizZPO geregelt hat, dass diese Vorschrift in den Fällen angewendet wird, in denen die Höhe des Anspruchs vom richterlichen Ermessen abhängig oder die Bezifferung des Anspruchs schwierig ist, hat er hier tatsächlich die Rechtsstreitigkeiten, die Bezifferung, deren Anspruch dem Kläger nicht unmöglich oder unzumutbar, sondern strittig ist, gemeint.[726] Wie

725 Baumann Wey, S. 164, Rn. 436.

726 Oberhammer, KUKOZPO, Art. 107, Rn. 2.

oben dargestellt, kann die unbezifferte Forderungsklage erst dann zulässig sein, wenn die Bezifferung dem Kläger unmöglich oder unzumutbar ist, nicht aber umstritten.

Da die unbezifferte Forderungsklage entgegen dem schweizerischen und türkischen Recht im deutschen Recht gesetzlich nicht geregelt ist, ist es deswegen schon verständlich, dass die Zulässigkeit der unbezifferten Forderungsklage wegen der Vorschrift §92 ZPO diskutiert wird. Einer Anregung der deutschen Lehre nach muss die unbezifferte Forderungsklage wegen der hohen Prozesskostenrisiken zugelassen werden. Da die deutsche Rechtsprechung und Lehre die unbezifferte Forderungsklage mit dieser Begründung und diesem Motiv zugelassen haben, ist die Verneinung der Zulässigkeit der unbezifferten Forderungsklage wegen §92 Abs. 2 Nr. 2 ZPO als Gegenmeinung entstanden.[727] Ähnlich wie Blechschmidt[728] ist meines Erachtens diese Vorschrift §92 Abs. 2 Nr. 2 ZPO für die Bestimmung und Bezifferung, die sehr nahe an die Urteilssumme kommen, anwendbar. Außerdem kann diese Vorschrift nicht als Grund für die Verneinung der unbezifferten Forderungsklage angenommen werden, sondern kann auch bei der unbezifferten Forderungsklage, besonders nach der nachträglichen Bezifferung des Anspruchs, angewendet werden.[729] Obwohl es so eine ähnliche Regelung in der türkischen Zivilprozessordnung nicht gibt, könnte sie auch in dem türkischen Recht für die Verneinung der Zulässigkeit der unbezifferten Forderungsklage keine Berechtigung haben, da es der herrschenden Meinung der türkischen Lehre nach anerkannt ist, dass die hohe Prozesskostengefahr für die Zulässigkeit der unbezifferten Forderungsklage kein Rechtfertigungsgrund sein kann.[730]

C. Bestimmung/Angabe des Rechtsverhältnisses

1. Allgemeines

Im türkischen Zivilprozessrecht sind die Angabe und die Bestimmung des Rechtsverhältnisses in der Klageschrift gemäß Art. 107 Abs. 1 TürkZPO als Zulässigkeitsvoraussetzungen der unbezifferten Forderungsklage festgesetzt. Demgemäß muss der Kläger alle Tatsachen und Beweismittel zu seinem Anspruch dem Gericht angeben, obwohl er seinen Klageantrag nicht ziffermäßig

727 Menges, S. 155; Ubert, S. 50.

728 Blechschmidt, S. 43f.

729 Thomas/Putzo/Hüßtege, Art. 92 ZPO, Rn. 8f.

730 Pekcanitez/Pekcanitez, Pekcanitez Usul, S. 1025.

bestimmen kann.[731] Entgegen dem türkischen Zivilprozessrecht ist diese Zulässigkeitsvoraussetzung der unbezifferten Forderungsklage in der schweizerischen Zivilprozessordnung nicht explizit geregelt. Dennoch wird von der schweizerischen Lehre und Rechtsprechung angenommen, dass der Kläger alle relevanten Tatsachen und seine Beweismittel dem Gericht weiterleiten soll, damit er dem Gericht substantiiert beweisen kann, dass er sich mit Sorgfalt bemüht hat, seinen Anspruch zu beziffern, aber nicht in der Lage ist, diesen mit den ihm zur Verfügung stehenden Informationen genau zu beziffern.[732] Auch im deutschen Zivilprozessrecht ist die Bestimmung des Rechtsverhältnisses in der Klageschrift der unbezifferten Forderungsklage nicht geregelt. Dementsprechend werden die Zulässigkeitsvoraussetzungen der unbezifferten Forderungsklage meist im Sinne der Vorschrift §253 ZPO untersucht. Demgemäß muss der Kläger nach §253 Abs. 2 Nr. 3 ZPO den Streitgegenstand, den Grund und den bezifferten Betrag seines Anspruchs in seiner Klageschrift genau angeben. Trotz dieser Vorschrift von §253 ZPO wird die Zulässigkeit der unbezifferten Forderungsklage auch im deutschen Recht anerkannt. Von der deutschen Lehre und der Rechtsprechung wird angenommen, dass man von den Voraussetzungen der Klageschrift abweichen darf, wenn der Kläger wegen der Unmöglichkeit oder Unzumutbarkeit nicht in der Lage ist, seinen Anspruch zu beziffern. In diesem Sinne wird die unbezifferte Forderungsklage auch im deutschen Recht erst dann zugelassen, wenn die Bezifferung der Betragshöhe des Anspruchs für den Kläger erst nach der Beweisaufnahme bzw. nach der Einholung des Sachverständigengutachtens oder durch das richterliche Ermessen möglich wird. Dafür muss aber der Kläger ähnlich wie im türkischen und schweizerischen Recht dem Gericht alle Tatsachen mit relevanten Unterlagen und Beweismitteln angeben.[733]

Ähnlich wie im deutschen Recht bezieht sich auch im türkischen Zivilprozessrecht die unbezifferte Forderungsklage auf die allgemeine Regelung der zulässigen Klageschrift. Gemäß Art. 119 Abs. 1 lit. d TürkZPO muss der Kläger den Wert des Streitgegenstandes in seiner Klageschrift genau bestimmen und gemäß Art. 119 Abs. 1 lit. ğ TürkZPO muss er seinen Klageantrag bestimmen. Obwohl der Satz (d) keinen von den obligatorischen Zulässigkeitsvoraussetzungen der Klageschrift ist, ist aber der Satz (ğ), der die Bestimmung des Klageantrags

731 Pekcanitez/Pekcanitez, Pekcanitez Usul, S. 1049; Pekcanitez/Atalay/Özekes, S. 456f.

732 Oberhammer, KUKOZPO, Art. 85, Rn. 6; Baker&McKenzie/Courvoisier, Art. 85, Rn. 3; BSKommZPO/Spühler, Art. 85, Rn. 6; Baumann Wey, S. 173, Rn. 455.

733 Thomas/Putzo/Reichold, §253 ZPO, Rn. 12; BGH, NJW 1967, S. 1420; BGH, NJW 1982, 340; BGH, MDR 1964, S. 831.

erfordert, für die Zulässigkeit der Klageschrift obligatorisch. Demzufolge räumt der Richter gemäß Art. 119 Abs. 2 TürkZPO dem Kläger eine Woche Frist ein, was gemäß Art. 94 TürkZPO[734] die endgültige Frist ist, falls der Kläger in seiner Klageschrift den Betrag seines Anspruchs nicht bestimmt angegeben hat. Damit kann der Kläger seinen Antrag genau bestimmen, um eine zulässige Klage durch zulässige Klageschrift zu erheben. Ansonsten wird die Klage gemäß Art. 119 Abs. 2 TürkZPO so gesehen, als ob sie nie erhoben worden ist.

Entgegen der Regelung des Art. 119 Abs. 1 lit. d und ğ TürkZPO hat der Gesetzgeber die unbezifferte Forderungsklage als eine Ausnahme geregelt. Wegen ihres besonderen Charakters wird es nicht erwartet, dass der Anspruch ziffermäßig in der Klageschrift angegeben wird, aber das heißt nicht, dass die unbezifferte Forderungsklage von den anderen Zulässigkeitsvoraussetzungen der zulässigen Klageschrift im Art. 119 TürkZPO befreit ist. Die Bestimmung und die Angabe des Rechtsverhältnisses der unbezifferten Forderungsklage ist eine davon. Dementsprechend muss der Kläger gemäß Art. 107 Abs. 1 TürkZPO und Art. 119 Abs. 1 lit. e und f TürkZPO alle relevanten Tatsachen, Unterlagen und Beweismittel über den Streitgegenstand, bzw. das Rechtsverhältnis genau und substantiiert dem Gericht einreichen. Dadurch hat der türkische Gesetzgeber den Beibringungs- bzw. Verhandlungsgrundsatz, der einer der Verfahrensgrundsätze ist, im Sinne der Zulässigkeit der Klage festgesetzt (Art. 25 TürkZPO; Art 55 SchweizZPO).

Gemäß Art. 25 TürkZPO und Art. 55 SchweizZPO darf der Richter von sich aus keine Tatsachen, Unterlagen oder Beweismittel untersuchen. Die Parteien müssen die Tatsachen und Beweismittel, die ihre Begehren stützen, dem Gericht eigenverantwortlich einreichen. Auch im deutschen Zivilprozessrecht steht der Verhandlungsgrundsatz im Zusammenhang mit dem Dispositionsgrundsatz.[735] Dementsprechend müssen die Tatsachen und Beweismittel, über die das Gericht entscheiden soll, von den Parteien dem Gericht für den Prozess vorgelegt

---

734 **Übersetzung des Art. 94 TürkZPO:** (1) Gesetzliche Fristen sind endgültig/nicht erstreckt werden. (2) Der Richter kann entscheiden, dass die von ihm eingeräumte Frist endgültig ist. Falls die gerichtliche Frist nicht endgültig ist, dann darf die Partei, die diese Frist verpasst hat, vom Gericht noch eine zusätzliche Frist anfordern. Diese zusätzliche Frist wird dann aber endgültig und es darf nicht nochmal Frist eingeräumt werden. (3) Falls die Partei ihre Handlung in der endgültigen Frist nicht erfüllt, dann verliert sie ihr Recht auf diese Handlung.

735 Musielak/Voit, Grundkurs ZPO, S. 70, Rn. 104; Thomas/Putzo/Seiler, Einleitung I, Rn. 5; MünchKommZPO/Rauscher, Einleitung, Rn. 329; Tanriver, S. 355; Yilmaz, Serh, S. 275.

werden.[736] Im türkischen Recht hat der Gesetzgeber den Verhandlungsgrundsatz neben dem Art. 119 Abs. 1 lit. e und f TürkZPO und Art. 25 TürkZPO auch im Art. 194 Abs. 1 und 2 TürkZPO geregelt. Der Gesetzgeber hat den Verhandlungsgrundsatz in vielen Artikeln deswegen ausdrücklich geregelt, weil im türkischen Zivilprozessrecht ähnlich wie in den deutschen und schweizerischen Zivilprozessrechten die Verhandlungs-bzw. auch Dispositionsgrundsätze die Parteifreiheit und Parteiverantwortung absichern.[737] Dementsprechend darf das Gericht nur die Tatsachen, die von den Parteien eingebracht worden sind, bei seiner Entscheidung berücksichtigen und es darf nicht von sich aus Tatsachen untersuchen.[738]

Gemäß diesen allgemeinen Grundsätzen des Zivilprozessrechts sind bei der Erhebung der unbezifferten Forderungsklage die Angabe und die Bestimmung des Rechtsverhältnisses besonders wichtig, da der Kläger dadurch dem Gericht beweisen kann, dass die Bezifferung des Betrags seines Anspruchs für ihn unmöglich oder unzumutbar ist, denn das Gericht kann nur durch die vorgelegten Tatsachen und Beweismittel verstehen, dass der Kläger an der Erhebung der unbezifferten Forderungsklage ein schutzwürdiges Rechtsinteresse hat.[739]

Die Angabe des Rechtsverhältnisses spielt auch bei dem Erweiterungsverbot bei der unbezifferten Forderungklage eine bestimmende Rolle. Wie dargestellt, kann man bei der unbezifferten Forderungsklage den Betrag seines Anspruchs nach der Beweiserhebung ohne Verstoß gegenüber dem Erweiterungsverbot nachträglich bestimmen. Durch die genaue Angabe des Rechtverhältnisses der unbezifferten Forderungsklage wird der mögliche Missbrauch der nachträglichen Bezifferung verhindert, denn die nachträgliche Bezifferung des Anspruchs bezieht sich nur auf die Bezifferung des Betrags des Anspruchs ohne Verstoß gegenüber dem Erweiterungsverbot. Das heißt aber nicht, dass der Kläger damit auch neue Tatsachen oder Beweismittel nachträglich beibringen darf.

---

736 Prütting/Gehrlein/Prütting, ZPOKomm, Einleitung, Rn. 28; MünchKommZPO/Rauscher, Einleitung, Rn. 328; Musielak/Voit/Musielak, ZPOKomm, Einleitung, Rn. 37; Thomas/Putzo/Seiler, Einleitung I, Rn. 2; Musielak/Voit, Grundkurs ZPO, S. 70, Rn. 104; Pekcanitez/Atalay/Özekes, S. 362.

737 Pekcanitez/Atalay/Özekes, S. 362; Musielak/Voit, Grundkurs ZPO, S. 70, Rn. 104.

738 Pekcanitez/Atalay/Özekes, S. 362f.; Prütting/Gehrlein/Prütting, ZPOKomm, Einleitung, Rn. 28; Thomas/Putzo/Seiler, Einleitung I, Rn. 2; MünchKommZPO/Rauscher, Einleitung, Rn. 332; Musielak/Voit/Musielak, ZPOKomm, Einleitung, Rn. 37; Yilmaz, Serh, S. 274; Tanriver, S. 354f.

739 Pekcanitez/Atalay/Özekes, S. 457; Simil, S. 242; Oberhammer, KUKOZPO, Art. 85, Rn. 6.

Dementsprechend wird der mögliche Missbrauch der nachträglichen Bezifferung bei der unbezifferten Forderungsklage durch diese Zulässigkeitsvoraussetzung auf die Angabe des Rechtsverhältnisses beseitigt.[740]

Der vorherrschenden Meinung der türkischen Lehre nach müssen die Bestimmung und die Angabe des Rechtsverhältnisses der unbezifferten Forderungsklage zusammen mit der Angabe aller relevanten Tatsachen, Unterlagen und ihrer Beweismittel verstanden werden, damit das Gericht überzeugt werden kann, dass die Bezifferung dem Kläger wirklich unmöglich oder unzumutbar ist.[741]

Der herrschenden Meinung der türkischen, deutschen und schweizerischen Lehren nach und auch nach der Anwendung der Regelungen der unbezifferten Forderungsklage muss unter der Bestimmung des Rechtsverhältnisses gemäß Art. 107 Abs. 1 TürkZPO die Beibringung oder Einführung der Tatsachen, Unterlagen und Beweismittel für das Gericht verstanden werden.[742] Wenn die Angabe des Rechtsverhältnisses bei der unbezifferten Forderungsklage nur so verstanden würde, würde sie auch zu dem Wortlaut des Art. 119 Abs. 1 lit. e und f TürkZPO, wo die allgemeinen Zulässigkeitsvoraussetzungen der Klageschrift geregelt sind, passen. In diesem Sinne sollte es eigentlich keinen Unterschied zwischen der unbezifferten Forderungsklage und der Leistungsklage geben. Aber wenn diese Voraussetzung der unbezifferten Forderungsklage und der Leistungsklage im Sinne des Art. 119 Abs. 2 TürkZPO untersucht wird, dann wird der Hauptunterschied deutlich. Gemäß Art. 119 Abs. 2 Nr. 1 TürkZPO räumt der Richter den Parteien eine zusätzliche Frist ein, um die fehlerhaften Voraussetzungen der Klageschrift zu beseitigen. Dabei hat aber der Gesetzgeber die Sätze e und f des ersten Absatzes ausgeschlossen. Das heißt, dass die Abgabe aller Tatsachen, Unterlagen und Beweismittel bei der Erhebung einer gewöhnlichen Leistungsklage keine obligatorische Zulässigkeitsvoraussetzung ist. Im Gegensatz dazu ist aber die Angabe der Tatsachen sowie die Bestimmung des Rechtsverhältnisses

---

740 Pekcanitez/Atalay/Özekes, S. 457.

741 Pekcanitez/Atalay/Özekes, S. 457ff.; Pekcanitez, Belirsiz Alacak Davasi, S. 49; Simil, S. 241.

742 Pekcanitez/Atalay/Özekes, S. 457; Pekcanitez, Belirsiz Alacak Davasi, S. 49; Ubert, S. 52; Oberhammer, KUKOZPO, Art. 85, Rn. 6; Baker&McKenzie/Courvoisier, Art. 85, Rn. 3; BSKommZPO/Spühler, Art. 85, Rn. 6; Im deutschen Recht ist das Rechtsverhältnis, was im türkischen Zivilprozessrecht so benannt ist, als Klagegrund benannt, unter dem man alle Tatsachen, die einen Lebenssachverhalt ausfüllen, versteht, Prütting/Gehrlein/Geisler, ZPOKomm, §253, Rn. 25; Thomas/Putzo/Reichold, §253, Rn. 10.

bei der Erhebung der unbezifferten Forderungsklage als eine von den obligatorischen Zulässigkeitsvoraussetzungen festgesetzt, da der Kläger bei der Erhebung der unbezifferten Forderungsklage dem Gericht beweisen muss, dass er dabei ein Rechtsschutzinteresse hat. Er muss also dem Gericht beweisen und es überzeugen, dass die Bezifferung seines Anspruchs ihm unzumutbar oder unmöglich ist.[743] Andernfalls kann das Gericht die Klage abweisen, wenn der Kläger sein Rechtsschutzinteresse an der Erhebung der unbezifferten Forderungsklage nicht beweisen kann.[744] Im Unterschied zur unbezifferten Forderungsklage werden die Angabe der Tatsachen und Beweismittel sowie das Rechtsverhältnis gemäß Art. 119 Abs. 2 TürkZPO nicht als obligatorische Voraussetzungen der zulässigen Klageschrift bei den anderen Klagearten geregelt. Natürlich soll der Kläger gemäß Art. 119 Abs. 1 lit. e und f und gemäß Art. 194 TürkZPO die Tatsachen und Beweismittel dem Gericht einreichen, um sein Rechtsbegehren zu erlangen. Aber nach den Verhandlungs- und Dispositionsgrundsätzen hat der Kläger eine Verfügungsbefugnis über seine Rechte, wonach er selber entscheidet, inwieweit er seine Rechtsbegehren anfordern wird, woran das Gericht auch gebunden ist. Entgegen der unbezifferten Forderungsklage wird also die Klage nicht abgewiesen, falls der Kläger dem Gericht nicht alle Tatsachen und Beweismittel einreichen würde, worin sich die unbezifferte Forderungsklage von den gewöhnlichen Klagen unterscheidet.[745]

Gemäß Art. 107 Abs. 1 TürkZPO und Art. 85 Abs. 1 SchweizZPO ist die Angabe des Rechtsverhältnisses bei der Erhebung der unbezifferten Forderungsklage als eine der obligatorischen Zulässigkeitsvoraussetzungen der unbezifferten Forderungsklage geregelt. Natürlich ist diese Angabe der Tatsachen und Beweismittel gemäß Art. 119 Abs. 1 lit. e und f TürkZPO für die Klageschrift und für das Verfahren auch sehr wichtig, aber nicht obligatorisch wie bei der unbezifferten Forderungsklage. Meines Erachtens wäre es für die Ausübung der unbezifferten Forderungsklage besser und deutlicher, falls der türkische Gesetzgeber diese Voraussetzung als „die Angabe der möglichen Tatsachen und Beweismittel“ anstatt „der Bestimmung des Rechtsverhältnisses“ geregelt hätte. Aber trotzdem ändert dieser Wortlaut die Bedeutung und die obligatorische und bestimmende Rolle dieser Voraussetzung für die Zulässigkeit der unbezifferten Forderungsklage nicht.

743 Simil, S. 244; Oberhammer, KUKOZPO, Art. 85, Rn. 6.
744 Simil, S. 244.
745 Ubert, S. 53; Simil, S. 239.

2. Folgen der fehler- und mangelhaften Bestimmung des Rechtsverhältnisses

Der türkische Gesetzgeber hat im Art. 107 TürkZPO die Rechtsfolgen des Fehlens der Angabe des Rechtsverhältnisses bei der unbezifferten Forderungsklage nicht ausdrücklich geregelt. Auch im schweizerischen und deutschen Zivilprozessrecht sind diese Rechtsfolgen nicht explizit festgesetzt. Deswegen kann man die Rechtsfolgen des Fehlens der Angabe des Rechtsverhältnisses bei der unbezifferten Forderungsklage durch die Auslegung der allgemeinen Regelung der zulässigen Klageschrift erreichen.

Wie dargestellt, sind die Bestimmung des Rechtsverhältnisses sowie die Angabe der Tatsachen und Beweismittel obligatorische Zulässigkeitsvoraussetzungen der unbezifferten Forderungsklage, womit der Kläger auch sein schutzwürdiges Rechtsinteresse beweisen kann. Nach einer der Ansichten in der türkischen Lehre müsste die unbezifferte Forderungsklage vom Gericht ohne Angabe der zusätzlichen Frist abgewiesen werden, wenn der Kläger in seiner Klageschrift das Rechtsverhältnis bzw. die relevanten Tatsachen, Unterlagen und Beweismittel nie oder ungenügend angegeben hat, weil das schutzwürdige Rechtsinteresse des Klägers an der Erhebung der unbezifferten Forderungsklage nicht bestimmt wird.[746] Simil hat diese Ansicht mit der Darstellung von Umar unterstützt. Dieser Ansicht nach kann der Richter die Klage im Allgemeinen ohne Angabe der zusätzlichen Frist abweisen, wenn der Kläger nur seinen Anspruch und seine Forderung in seiner Klageschrift, ohne sorgfältige substantiierte Begründung, eingeklagt hat.[747] Umar hat seine Ansicht mit den Entscheidungen von Neuchatel begründet. Aber diese Ansicht bezieht sich nicht auf die unbezifferte Forderungsklage, die im türkischen Zivilprozessrecht als eine Ausnahme der Leistungsklage geregelt ist, sondern generell auf die allgemeinen anderen Klagearten, welche zu dem Anwendungsbereich des Art. 119 TürkZPO gehören. Da der Gesetzgeber im Art. 119 Abs. 2 TürkZPO für das Fehlen der Angabe der Tatsachen keine zusätzliche Frist festgesetzt hat, wird es im türkischen Recht so akzeptiert, dass diese Angabe nicht obligatorisch ist. Das heißt aber nicht, dass der Richter dafür gar keine zusätzliche Frist geben darf. In der türkischen Lehre gibt es auch Ansichten, nach der der Richter auch bei solchen Fällen dem Kläger eine zusätzliche Frist geben darf.[748]

---

746 Pekcanitez/Pekcanitez, Pekcanitez Usul, S. 1064; Simil, S. 247; Yargitay HGK, T. 4.4.2018, E. 2015/22–496, K. 2018/666; Yargitay HGK, T. 28.3.2018, E. 2015/22–127, K. 2018/559.

747 Simil, S. 247.

748 Kuru/Arslan/Yilmaz, 22. Auflage, S. 300.

Meines Erachtens kann der Ansicht von Simil über die unbezifferte Forderungsklage gefolgt werden, aber nicht seinem Rechtsfertigungsgrund. Das Gericht muss die unbezifferte Forderungsklage ohne Angabe der zusätzlichen Frist abweisen, da der Kläger gemäß Art. 107 Abs. 1 TürkZPO, ähnlich wie im schweizerischen und deutschen Recht, das Rechtsverhältnis bzw. die relevanten Tatsachen und Beweismittel dem Gericht einreichen muss, damit er das Gericht überzeugen und ihm beweisen kann, dass er bei der Erhebung der unbezifferten Forderungsklage das Rechtsschutzinteresse hat, weil er nicht in der Lage ist und sein kann, die Betragshöhe seines Anspruchs zu beziffern. Weil die Angabe der Tatsachen und des Rechtsverhältnisses bei der unbezifferten Forderungsklage so wichtig ist, hat der Gesetzgeber diese Voraussetzung als eine von den obligatorischen Zulässigkeitsvoraussetzungen dieser besonderen Art der Leistungsklage geregelt und deswegen darf das Gericht dem Kläger für die nachträgliche Angabe der Tatsachen und des Rechtsverhältnisses keine zusätzliche Frist einräumen, falls der Kläger sich darum nie bemüht und gar keine Tatsachen und Unterlagen sowie auch kein Rechtsverhältnis angegeben hätte.[749]

Im Gegensatz zu dem Fehlen der Angabe des Rechtsverhältnisses bei der unbezifferten Forderungsklage kann aber der Richter dem Kläger eine zusätzliche Frist einräumen, falls die Tatsachen und das Rechsverhältnis dem Gericht nicht klar, verständlich und hinreichend sind, obwohl der Kläger in seiner Klageschrift das Rechtsverhältnis und die relevanten Tatsachen beigebracht hat. Gemäß Art. 31 TürkZPO hat der Richter eine Aufklärungspflicht, wenn es zur Aufklärung der ungenügenden Angaben zu den geltend gemachten Tatsachen und Beweismitteln erforderlich ist. In diesem Sinne darf der Richter dem Kläger eine zusätzliche Frist einräumen, damit der Kläger seine Klagevorbringungen ergänzen, aufklären und dem Gericht beweisen kann, dass er bei der Erhebung der unbezifferten Forderungsklage ein Rechtsschutzinteresse hat, weil er nicht in der Lage ist, die Betragshöhe seines Anspruchs zu beziffern.[750] Demzufolge unterscheidet sich das Fehlen der Angabe des Rechtsverhältnisses von der ungenügenden Angabe des Rechtsverhältnisses, da der Kläger bei der ungenügenden Angabe des Rechtsverhältnisses sich bemüht und versucht, das Rechtsverhältnis und die Tatsachen dem Gericht einzureichen, dies aber nicht klar oder ausführlich machen konnte. Deswegen kann das Gericht nicht überzeugt werden, ob der Kläger bei der Erhebung der unbezifferten Forderungsklage ein schutzwürdiges Rechtsinteresse hat. Da die Anwesenheit des Rechtsschutzinteresses des Klägers

749 Simil, S. 245; Oberhammer, KUKOZPO, Art. 85, Rn. 6.
750 Simil, S. 246.

für das Gericht noch nicht klar ist, obwohl der Kläger die Tatsachen dem Gericht eingereicht hat, muss das Gericht dem Kläger im Sinne seiner Aufklärungspflicht gemäß Art. 31 TürkZPO eine zusätzliche Frist einräumen, damit der Kläger in dieser Frist die Tatsachen, Unterlagen, also das Rechtsverhältnis, vollständig und ausführlich angeben kann, um das Gericht von seinem Rechtsschutzinteresse zu überzeugen. Der Unterschied der ungenügenden Angaben des Rechtsverhältnisses zum Fehlen der Angabe des Rechtsverhätnisses liegt darin, dass der Kläger bei dem Fehlen der Angabe des Rechtsverhältnisses gar keine Informationen, Unterlagen, Tatsachen oder Beweismittel eingeführt hat. Er versucht dabei also gar nicht das Rechtsverhältnis zu bestimmen, obwohl dies gemäß Art. 107 Abs. 1 TürkZPO als eine obligatorische Zulässigkeitsvoraussetzung der unbezifferten Forderungsklage geregelt ist und deswegen muss der Richter bei solchen Fällen dem Kläger keine zusätzliche Frist einräumen. Bei der ungenügenden Angabe des Rechtsverhältnisses aber versucht der Kläger zumindest das Rechtsverhältnis zu bestimmen, was auch zu dem Prinzip von „Treu und Glauben" passt. Wenn er diese Angabe nicht erfolgreich erfüllen kann, muss das Gericht ihm gemäß Art. 31 TürkZPO eine zusätzliche Frist einräumen, damit er sein Rechtsschutzinteresse beweisen kann.[751]

Demzufolge nimmt das Gericht die unbezifferte Forderungsklage als zulässig an und führt das Verfahren weiter, wenn der Kläger in dieser Frist das Rechtsverhältnis, die Tatsachen, die Unterlagen und die Beweismittel genügend und ausführlich einführen kann, also wenn er dem Gericht sein Rechtsschutzinteresse an der unbezifferten Forderungsklage beweisen kann.[752] Falls der Kläger das Rechtsverhältnis und die Tatsachen in dieser Frist nicht angeben würde, müsste seine Klage vom Gericht abgewiesen werden, was aber nachher von dem Kläger mit der ausführlichen und genügenden Angabe des Rechtsverhältnisses, der Tatsachen und der Beweismittel als eine neue unbezifferte Forderungsklage erhoben werden darf.[753]

D. Angabe eines Mindestwertes

1. Allgemeines

Im türkischen und schweizerischen Recht muss der Kläger in seiner Klageschrift einen Mindestwert, der als vorläufige Betragshöhe des Anspruchs sowie

---

751 Simil, S. 246.
752 Simil, S. 246.
753 Simil, S. 246.

des Streitgegenstandes gilt, angeben, wenn er eine zulässige unbezifferte Forderungsklage erheben möchte (Art. 107 Abs. 1 TürkZPO; Art. 85 Abs. 1 Nr. 2 SchweizZPO).

Wie oben dargestellt, bezweckt der Kläger mit der Erhebung der unbezifferten Forderungsklage hauptsächlich das Erlangen des Ganzen seines Anspruchs, obwohl er zu Beginn des Prozesses nicht in der Lage sein kann, die Betragshöhe sowie den Wert seines Anspruchs zu beziffern, was die wichtigste Zulässigkeitsvoraussetzung der unbezifferten Forderungklage ist. Die Hauptvoraussetzung der unbezifferten Forderungsklage ist die Unmöglichkeit oder Unzumutbarkeit der Bezifferung der Betragshöhe für den Kläger, denn dies ist dem Kläger erst nach dem Abschluss der Auskunftserteilung oder des Beweisverfahrens möglich. Trotz dieser anfänglichen Unmöglichkeit der Bezifferung muss aber der Kläger in seiner Klageschrift einen Mindestwert seines Anspruchs angeben, da er nur die obere Grenze seines Anspruchs nicht beziffern, aber durch die Angabe der Tatsachen und Beweismittel, die er gemäß des Verhandlungsgrundsatzes auch im Sinne von Treu und Glauben grundsätzlich untersuchen, substantiieren und dem Gericht einreichen soll, einen ungefähren Wert seines Anspruchs bestimmen kann. Natürlich behält sich der Kläger sein Recht auf die nachträgliche Bezifferung seines Anspruchs vor.[754]

Jedes Rechtssystem hat seine eigene Begründung für die Angabe des Mindestwertes bei der Erhebung der unbezifferten Forderungsklage. Da die unbezifferte Forderungsklage in den türkischen und schweizerischen Zivilprozessordnungen gesetzlich geregelt ist, ist diese Angabe des Mindestwertes des Anspruchs in den Rechtssystemen der Türkei und der Schweiz und von ihren Lehren ohne große Meinungsstreitigkeiten meist anerkannt worden.[755] Dementsprechend darf der Kläger weder im türkischen noch im schweizerischen Recht ohne Angabe des Mindestwertes seines Anspruchs eine unbezifferte Forderungsklage erheben.[756]

Im Gegensatz dazu ist die Anerkennung dieser Voraussetzung der unbezifferten Forderungsklage in der deutschen Lehre umstritten und es sind darüber verschiedene Ansichten entstanden. Die Ursache dieses Unterschieds zwischen dem deutschen Zivilprozessrecht einerseits und dem schweizerischen und türkischen Zivilprozessrecht andererseits kann deswegen entstanden sein, da die unbezifferte

---

754 Pekcanitez/Atalay/Özekes, S. 455f.; Pekcanitez, Belirsiz Alacak Davasi, S. 48; Gut, S. 53, Rn. 126.

755 Simil, S. 249; Yilmaz, Serh, S. 757; Gut, S. 52, Rn. 125.

756 Pekcanitez/Atalay/Özekes, S. 455f.; Baumann Wey, S. 175, Rn. 459; Simil. S. 249; Gut, S. 52, Rn. 125; Pekcanitez, Belirsiz Alacak Davasi, S. 47.

Forderungsklage in der deutschen Zivilprozessordnung noch nicht so verbindlich gesetzlich geregelt ist wie in den türkischen und schweizerischen Zivilprozessordnungen.

Die Begründung der Angabe des Mindestwertes nach jedem Rechtsystem, darüber entstandene Ansichten der Lehre und die Berechnung des Mindestwertes werden im Folgenden untersucht werden.

a. im türkischen Recht

Der türkische Gesetzgeber hat die Angabe des Mindestwertes im Art. 107 Abs. 1 TürkZPO als eine der obligatorischen Voraussetzungen der zulässigen unbezifferten Forderungsklage festgesetzt. Obwohl die Bezifferung des ganzen Anspruchs bei der Erhebung der unbezifferten Forderungsklage für den Kläger unmöglich oder unzumutbar ist, fordert der türkische Gesetzgeber diese Angabe von dem Kläger im Sinne der allgemeinen Regelungen der türkischen Zivilprozessordnung, sowie der Dispositions- und Verhandlungsgrundsätze und der türkischen Gebührenordnung.

Im türkischen Zivilprozessrecht sind die Voraussetzungen der zulässigen Klageschrift im Art. 119 TürkZPO grundsätzlich geregelt. Dementsprechend muss der Wert des Anspruchs gemäß Art. 119 Abs. 1 lit. d TürkZPO in der Klageschrift angegeben werden. Im Sinne des Art. 119 Abs. 2 TürkZPO ist die Angabe des Wertes des Anspruchs nicht obligatorisch festgesetzt. Aber gemäß Art. 16 Abs. 3 TürkGebührO ist die Angabe des Wertes des Anspruchs obligatorisch geregelt, ein Fehlen muss die Abweisung der Klageschrift durch das Gericht verursachen. Demgemäß konnte der türkische Gesetzgeber die unbezifferte Forderungsklage von den allgemeinen Regelungen der zulässigen Klageschrift im türkischen Zivilprozessrecht nicht ganz befreit halten und hat die Angabe des vorläufigen Mindestwertes erfordert, damit die anderen prozessrechtlichen Voraussetzungen und die Folgen der zulässigen Klageschrift zustandekommen können, weil in dem allgemeinen Zivilprozessrecht der Wert des Anspruchs für die Bestimmung der Gebühren, der Bevorschussung und für die Erlangung von Sicherungsmaßregeln eine wichtige Rolle spielt, was bei der unbezifferten Forderungsklage auch wichtig ist.[757]

Die Angabe des Mindestwertes wird von der türkischen Lehre als eine von den obligatorischen Zulässigkeitsvoraussetzungen der unbezifferten Forderungsklage anerkannt. Nach der herrschenden Ansicht der türkischen Lehre ist nur

757 Pekcanitez/Pekcanitez, Pekcanitez Usul, S. 1044f.; Pekcanitez/Atalay/Özekes, S. 455f.; Pekcanitez, Belirsiz Alacak Davasi, S. 48.

der Wortlaut der Regelung über die Angabe des Mindestwertes unklar. Dieser Ansicht nach ist der Wortlaut des „Mindestwertes“ unklar und kann Missverständnisse und Missbrauch bei Bestimmung verursachen.[758] Denn es ist möglich, aus dem Wortlaut des „Mindestwertes“ den „geringsten Betrag“ zu deuten, was dann dazu führt, dass die Gebühren, Bevorschussungen oder Sicherungsmaßregeln falsch bestimmt werden können.[759] Im Gegensatz zu dieser Deutung hat aber der Gesetzgeber mit der Angabe des Mindestwertes den Wert gemeint, den der Kläger zu Beginn des Prozesses durch die Tatsachen und Unterlagen selber bestimmen kann. Also hier meinte der Gesetzgeber den Wert, den der Kläger in der Lage ist zu bestimmen.[760]

Außerdem kann der Kläger wegen des Wortlauts der Regelung den Mindestwert in seiner Klageschrift absichtlich sehr niedrig angeben, damit er von den hohen Gerichtskosten und Gebühren befreit werden kann oder dafür nicht zu viel bezahlen muss. Solche Fälle widersprechen dem Grundsatz von Treu und Glauben.[761] Wenn es von den Tatsachen, Unterlagen und Beweismitteln dem Gericht verständlich ist, dass der Kläger absichtlich den Mindestwert niedriger bestimmt hat, dann soll der Richter wegen dem Widerspruch gegen Treu und Glauben gemäß Art. 30 TürkGebührO vom Kläger die Bestimmung des richtigen und vollständigen Mindestwertes und die Zahlung von fehlenden Gebühren und Gerichtskosten verlangen.[762] Deswegen ist Simil der Meinung, dass der Wortlaut der Regelung über den Mindestwert vom Gesetzgeber besser und klarer formuliert werden soll, damit es jedem verständlich sein kann, dass der Mindestwert der Betrag sein soll, den der Kläger bis zum Beginn des Prozesses durch die Tatsachen und Unterlagen bestimmen kann.[763]

Im Gegensatz zu Simil vertritt Kilicoglu die Meinung, dass der Kläger den Mindestwert absichtlich niedriger bestimmen und angeben darf, damit er von den Gebühren befreit sein kann.[764]

---

758 Pekcanitez, Belirsiz Alacak Davasi, S. 48; Pekcanitez/Atalay/Özekes, S. 455f.; Simil, S. 261.

759 Pekcanitez, Belirsiz Alacak Davasi, S. 48; Pekcanitez/Atalay/Özekes, S. 455f.; Simil, S. 262.

760 Pekcanitez, Belirsiz Alacak Davasi, S. 48; Pekcanitez/Atlay/Özekes, S. 455f.; Simil, S. 261f.; Yargitay 10. HD., 1.3.2012, E. 2010/9799, K. 2012/3613.

761 Pekcanitez/Pekcanitez, Pekcanitez Usul, S. 1045; Pekcanitez, Belirsiz Alacak Davasi, S. 49; Pekcanitez/Atalay/Özekes, S. 456.; Simil, S. 261f.

762 Pekcanitez/Pekcanitez, Pekcanitez Usul, S. 1045; Pekcanitez, Belirsiz Alacak Davasi, S. 49; Simil, S. 262.

763 Simil, S. 261.

764 Kilicoglu, S. 866.

Obwohl der Kläger die untere Grenze seines Anspruchs in seiner Klageschrift als den vorläufigen Mindestwert angeben muss, kann aber diese untere Grenze des Anspruchs, entgegen dem schweizerischen Recht, vom Gericht gemäß Art. 26 Abs. 1 lit. 2 TürkZPO unterschritten werden, wenn das Gericht den wahren Betrag des Anspruchs anders festsetzt.[765]

Die Angabe des Mindestwertes im türkischen Recht ist auch für den Beklagten und für sein Belange sehr wichtig. Denn nach dem Betrag des Mindestwertes kann der Beklagte ungefähr einschätzen, was der Kläger von ihm fordern und was er ungefähr verlieren und wie er sich dagegen verteidigen kann. Dieser Ansicht der Lehre des türksichen Zivilprozessrechts nach spielt die Angabe des Mindestwertes auch bei dem Zustandekommen des Schlichtungsvertrages oder bei der Annahme der Klage durch den Beklagten eine entscheidende Rolle.[766]

b. im deutschen Recht

Im Gegensatz zu dem türkischen und schweizerischen Zivilprozessrecht ist die unbezifferte Forderungsklage im deutschen Recht ähnlich wie in den türkischen und schweizerischen Rechtssystemen gesetzlich nicht geregelt. Trotzdem musste sie aber zunächst von der Rechtsprechung und dann von der deutschen Lehre anerkannt werden, da die Bezifferung des Anspruchs dem Kläger überhaupt nicht möglich oder zumutbar sein kann, wenn die ziffermäßige Festsetzung des Anspruchs richterliches Ermessen oder Sachverständigengutachten erfordert.[767]

Obwohl die Notwendigkeit der unbezifferten Forderungsklage und ihre Anwesenheit in der Rechtspraxis im Allgemeinen angenommen ist, werden ihre Zulässigkeitsvoraussetzungen diskutiert. Diese Diskussion leitet sich hauptsächlich von der Regelung §253 Abs. 2 Nr. 2 ZPO ab, wo der Gesetzgeber für eine zulässige Klageschrift einen bestimmten, bzw. bezifferten Klageantrag verlangt. Diese Regelung hätte aber bei Zahlungsklagen, die das richterliche Ermessen oder ein Sachverständigengutachten erfordern, dem Kläger wichtige Risiken verursachen können, weil der Kläger den Betrag seines Anspruchs dann durch Einschätzung beziffern musste, um eine zulässige Klage zu erheben. Bei solchen Fällen kann der Kläger seinen Anspruch sehr hoch oder sehr niedrig einschätzen und beziffern, was Prozesskostennachteile oder zusätzliche Klageerhebung nach sich ziehen kann.[768]

765 Pekcanitez, Belirsiz Alacak Davasi, S. 49; Simil, S. 267.

766 Simil, S. 267.

767 BGH, NJW 1970, S. 281; Menges, S. 9; Wurm, S. 66; Mertins, Der unbezifferte Klageantrag und kein Ende?, VersR 2006, S. 47; Zöller/Greger, §253, Rn. 14.

768 Menges, S. 10; Wurm, S. 66; Mertins, S. 47.

In diesem Sinne hat das Reichsgericht die unbezifferte Forderungsklage ohne Angabe des bezifferten Anspruchs zugelassen, wenn die Bezifferung der Betragshöhe des Anspruchs dem Kläger unmöglich oder unzumutbar ist, weil sie die Feststellung durch das richterliche Ermessen oder ein Sachverständigengutachten erfordert. Nach der Ansicht des Reichsgerichts also würde es für die Zulässigkeit der unbezifferten Forderungsklage ausreichen, wenn der Kläger alle Tatsachen und Beweismittel dem Gericht einreichen würde, damit das Gericht die Höhe des Betrags des Anspruchs angemessen festsetzen könnte.[769] Für längere Zeit hat der BGH diese Rechtsprechung des Reichsgerichts akzeptiert und weitergeführt und die unbezifferten Forderungsklagen auf materiellen und immateriellen Schadensersatz ohne Angabe der bezifferten Betragshöhe des Anspruchs zugelassen, wenn der Kläger genügende Tatsachen für die Bezifferung des Anspruchs eingereicht hatte.[770]

Im Jahr 1966 hat aber der BGH seine Rechtsprechung geändert und für die Zulässigkeit der unbezifferten Forderungsklage die Angabe der ungefähren Größenordnung des Betrags des Anspruchs verlangt, was in der Lehre umstritten war.[771] Der BGH hat diese Rechtsprechung vom Urteil aus dem Jahr 1966 zunächst übernommen und die Angabe der Größenordnung als die Zulässigkeitsvoraussetzung der unbezifferten Forderungsklage verlangt, um das Bestimmtheitsgebot im Sinne des §253 Abs. 2 Nr. 2 ZPO abzusichern.[772] Nachdem die Angabe der ungefähren Größenordnung von der Rechtsprechung als Zulässigkeitsvoraussetzung für die unbezifferte Forderungsklage angenommen wurde, hat der BGH durch seine Entscheidung im Jahr 1977 dem Gericht einen Spielraum von höchstens ungefähr 20% nach beiden Richtungen der vom Kläger angegebenen Größenordnung gegeben, womit der Richter seine Feststellung auf die Betragshöhe des Anspruchs höchstens in diesem Umfang überschreiten darf.[773]

Später hat aber der BGH seine Rechtsprechung geändert und in seiner Entscheidung im Jahr 1996 beschlossen, dass der Richter bei der Festsetzung des Betrags des Anspruchs auf Schmerzensgeld gemäß §308 ZPO an die Angaben

---

769 RGZ, 140, S. 213–215; RGZ, 21, S. 387.

770 BGHZ 4, S. 141f.; VerS, 1952, S. 102; NJW 1967, S. 1421; NJW 1969, S. 1428; BGHZ 45, S. 93.

771 BGHZ 45, S. 93; BGH, NJW 1966, S. 780; BGH, NJW 1982, S. 340; BGH, NJW 1984, S. 1809; Menges, S. 9f.

772 BGH, VerS 1974, S. 1182f.; BGH, VerS 1975, S. 856f.; BGH, VerS 1977, S. 861f.; BGH, NJW 1982, S. 340; BGH, NJW 1970, S. 282.

773 BGH, VerS, 1977, S. 861; Dunz, Der unbezifferten Leistungsantrag, NJW 1984, S. 1734ff.; Pawlowski, S. 341; Menges, S. 10.

eines Mindestwertes oder der Größenordnung nach oben nicht gebunden ist. Damit gibt es für die Festsetzung des Richters nach oben keine Grenze.[774]

Trotz dieses Urteils vom Jahr 1996 wird die Angabe der Größenordnung als Zulässigkeitsvoraussetzung der unbezifferten Forderungsklage akzeptiert, da der Bundesgerichtshof sie als eine wichtige Hilfe für die Bestimmung des Betrags des Anspruchs gesehen hat.[775] Obwohl der BGH an seiner bisherigen Rechtsprechung über das Erfordernis nach der Größenordnung festgehalten hat, hat er aber erst mit der Entscheidung vom 2.2.1999 akzeptiert, dass die Angabe der Größenordnung nicht mehr als Zulässigkeitsvoraussetzung der unbezifferten Forderungsklage verlangt werden muss.[776] Nach dieser Rechtsprechung kann die unbezifferte Forderungsklage auch ohne Angabe der Größenordnung zulässig sein, aber dann darf der Kläger gegen die Festsetzung des Gerichts keine Rechtsmittel einlegen. Wenn der Kläger also die Rechtsmitteleinlegung für sich offen halten möchte, muss er im Sinne des §253 Abs. 2 Nr. 2 ZPO die Größenordnung oder den Betrag angeben.[777]

Nach der herrschenden Meinung der deutschen Literatur wird die Zulässigkeit der unbezifferten Forderungsklage akzeptiert und bejaht[778], da die Leistungsklage oder Feststellungsklage den geschädigten Kläger nicht hinreichend schützen würde.[779] Im Gegensatz zur letzten Rechtsprechung des Bundesgerichtshofs vom Jahr 1999 ist aber die Angabe der Größenordnung nach der herrschenden Ansicht der Lehre für die Zulässigkeit der unbezifferten Forderungsklage im Sinne vom §253 Abs. 2 Nr. 2 ZPO erforderlich.[780] Der große Teil der deutschen Literatur hat die Angabe der Größenordnung als Zulässigkeitsvoraussetzung der unbezifferten Forderungsklagen angenommen. Es wird allerdings noch kritisch gesehen, dass das Erfordernis nach der Angabe der Größenordnung andere Probleme verursachen könnte, da es unklar und nicht geregelt ist, wie und in welcher Weise diese Größenordnung für das Gericht verbindlich im Sinne des §308 Abs. 1 ZPO werden würde.[781]

---

774 BHG, NJW 1996, S. 2425; Menges, S. 11.

775 Menges, S. 11; BGHZ 132, 341ff.

776 BGH, NJW 1999, S. 1339f.

777 BGH, NJW 1999, S. 1340; Menges, S. 12; Berg, S. 83–85.

778 Butzer, S. 540; Röhl, S. 59f.; Baumbach/Lauterbach/Albers/Hartmann, §253, Rn49ff.; Zöller/Greger, §253, Rn. 14.

779 Wurm, S. 66.

780 Röttger, S. 368f.; Musielak/Voit/Musielak, ZPOKomm, §308, Rn. 16; MünchKomm-ZPO/Musielak, §308, Rn. 16; Pawlowski, S. 342ff.; Geigel/Kolb, Der Haftpflichtprozess, S. 1278, §39, Rn. 4; Baumbach/Lauterbach/Albers/Hartmann, §253, Rn. 57.

781 Röttger, S. 368; Musielak/Voit/Musielak, ZPOKomm, §308, Rn. 17; Butzer, S. 539; Dunz, Der unbezifferte Leistungsantrag, NJW 1984 S. 1736; Berg, S. 84.

Als Folge dieser Meinungsstreitigkeit über die Verbindlichkeit der Größenordnung für das Gericht sind drei Theorien in der deutschen Literatur entstanden, die Grenzenlostheorie, die Spielraumtheorie und die Bindungstheorie.

Nach der Grenzenlostheorie ist die unbezifferte Forderungsklage zulässig, wenn das Gericht die Größenordnung nach oben hin überschreitet. Das heißt also, dass das Gericht den Mindestbetrag der Größenordnung nicht unterschreiten darf, aber bei seinem Ermessen nach oben nicht gebunden ist und dass dies nicht gegen den §308 ZPO verstößt.[782]

Nach der Spielraumtheorie, die der BGH in seiner Rechtsprechung vom Jahr 1977 angenommen hat, kann das Gericht bei seinem Ermessen des Schmerzensgelds nicht ganz frei agieren, sondern muss an die Größenordnung nach unten und auch nach oben in einer bestimmten Bandbreite gebunden sein.[783] Der Ansicht nach, die diese Theorie verteidigt, kann die Rechtssicherheit durch die Spielraumtheorie erlangt werden, denn einerseits verwirklicht sie das Bestimmtheitserfordernis vom §253 Abs. 2 Nr. 2 ZPO, andererseits kann der Kläger mit Hilfe dieser Theorie die Angabe der genauen Bezifferung des Anspruchs vermeiden.[784] Von der Rechtsprechung und auch von der Lehre wird dieser Spielraum der Größenordnung für das richterliche Ermessen mit höchstens 20% in beide Richtungen der angegebenen Größenordnung begrenzt.[785] Nach dieser Ansicht kann man einen befriedigenden Kompromiss zwischen dem Kläger und dem Beklagten über ihre entgegenstehenden Interesse absichern, denn der Beklagte kann begünstigt sein, wenn das Gericht den Spielraum unterhalb der vom Kläger angegebenen Größenordnung benutzt. Außerdem kann dann der Beklagte einschätzen, zu welcher Summe er höchstens verurteilt werden kann, was auch der Rechtssicherheit dient.[786]

Nach der Bindungstheorie ist das Gericht an die vom Kläger angegebene Größenordnung auch nach oben gebunden. Also das Gericht darf den Betrag des Anspruchs nicht oberhalb der Größenordnung festsetzen.[787] Dieser Ansicht nach

---

782 Musielak/Voit/Musielak, ZPOKomm, §308 ZPO, Rn. 17; Baumbach/Lauterbach/Albers/Hartmann, ZPOKomm, 75. Auflage, §308, Rn. 5; MünchKommZPO/Musielak, §308 ZPO, Rn. 16; Röttger, S. 368; Zöller/Greger, §253, Rn. 14.

783 Dunz, Der unbezifferte Leistungsantrag; NJW 1984, S. 1736; Butzler, S. 542; Wurm, S. 70.

784 Wurm, S. 70.

785 OLG Karlsruhe, Die Justiz 1990, S. 331; BGH, 21.6.1977, VerR, 1977, S. 861; Butzer, S. 541f.

786 Butzer, S. 541.

787 Gerstenberg, S. 1356; Röttger, S. 369.

kann das Rechtsschutzinterese des Beklagten an der Rechtsstreitigkeit durch die Gebundenheit des Gerichts an die Größenordnung besser gesichert werden.[788] Demzufolge können die Grenzlostheorie und die Spielraumtheorie die Erfordernisse und den Gesetzeszweck nach §308 Abs. 1 ZPO nicht absichern. Um den Beklagten schützen und auch die Rechtsklarheit verwirklichen zu können, muss die Obergrenze der Größenordnung auch bei der unbezifferten Forderungsklage bestimmt sein, die das Gericht im Sinne der Bindungswirkung des §308 Abs. 1 ZPO nicht überschreiten darf.[789]

c. *im schweizerischen Recht*

Gemäß Art. 85 Abs. 1 Nr. 2 SchweizZPO muss der Kläger auch im schweizerischen Recht einen Mindestwert angeben, der als der vorläufige Betrag des Anspruchs akzeptiert wird. Im schweizerischen Zivilprozessrecht ist die Angabe des Mindestwertes bei der Erhebung der unbezifferten Forderungsklage besonders erforderlich, weil einige vom Betrag des Streitgegenstandes abhängige Verfahrensfragen ohne diese Angabe des Mindestwertes nicht beantwortet werden können.[790]

Anders als im türkischen Recht wird im schweizerischen Zivilprozessrecht die sachliche Zuständigkeit und die Verfahrensart der unbezifferten Forderungsklage durch die Angabe des Mindestwertes bestimmt. Demzufolge werden auch die Höhe des Vorschusses für Kosten und die Höhe der Sicherungsmaßregeln im Sinne des Mindestwertes festgesetzt.[791]

Gemäß Art. 85 Abs. 2 Nr. 2 SchweizZPO bleibt das Gericht, das gemäß des Mindestwertes als zuständig angerufen wird, zuständig, auch wenn die nachträgliche Bezifferung des Streitwertes die Grenze der sachlichen Zuständigkeit übersteigt. Das heißt, dass der Mindestwert bei der unbezifferten Forderungsklage für das ganze Verfahren bestimmend ist, denn nach diesem Wert sind die sachliche Zuständigkeit und die Verfahrensart mit dem Eintritt der Rechtshängigkeit bestimmt und fixiert.[792] Nach der herrschenden Meinung des schweizerischen

788 Röttger, S. 369; Berg, S. 84.

789 Röttger, S. 369.

790 Baumann Wey, S. 176, Rn. 464.

791 Baumann Wey, S. 178, Rn. 467; Sutter-Somm/Hasenböhler/Leuenberger/Bopp/Bessenich, ZPOKomm, Art. 85, Rn. 18; Oberhammer, KUKOZPO, Art. 85, Rn. 8; Baker&McKenzie/Courvoisier, Art. 85, Rn. 6; BSKommZPO/Spühler, Art. 85, Rn. 2; Meier, HAVE, S. 28; Gut, S. 53, Rn. 126; Sutter-Somm/Hasenböhler/Leuenberger/Bopp/Bessenich, Art. 85, Rn. 18; BernerKommZPO/Markus, Art. 85, Rn. 20.

792 Baumann Wey, S. 178, Rn. 468; Meier, HAVE, S. 28; Gut, S. 231f., Rn. 493; Sutter-Somm/Hasenböhler/Leuenberger/Bopp/Bessenich, Art. 85, Rn. 18; BSKommZPO/

Rechts verwirklicht die Regelung der Angabe des Mindestwertes die Prozessökonomie. Falls die Regelungen vom Art. 85 Abs. 2 Nr. 2 SchweizZPO den Mindestwert nicht als maßgebend festgesetzt hätten, könnte dies bei dem Anrufen des sachlich zuständigen Gerichts Verzögerungen oder Mehraufwand verursachen, da die endgültige Bezifferung des Anspruchs später während des Verfahrens bestimmt wird.[793]

Die Gebühren, die Prozesskosten und die Sicherungsmaßregeln werden zu Beginn des Prozesses auch nach dem Mindestwert berechnet, nach der nachträglichen Bezifferung muss aber der Kläger, ähnlich wie im türkischen Recht, die Differenz auch bezahlen.[794]

Im schweizerischen Recht wird die Angabe des Mindestwertes als für den Beklagten behilflich angenommen, denn durch den Mindestwert kann der Beklagte ungefähr verstehen, was der Kläger von ihm fordert, wie viel er bezahlen sollte und wie er sich verteidigen kann. Es kann damit gesagt werden, dass die Angabe des Mindestwertes bei der Erhebung der unbezifferten Forderungsklage das Recht auf rechtliches Gehör auch dem Beklagten garantiert.[795]

Ähnlich wie in der türkischen Zivilprozessordnung sind die Kriterien der Bestimmung dieses Mindestwertes auch in der schweizerischen Zivilprozessordnung nicht festgesetzt und es ist fraglich, ob der Kläger bei der Bestimmung des Mindestwertes frei ist. In der Regel kann der Kläger nach dem Dispositionsgrundsatz seinen Anspruch und seinen Betrag frei bestimmen. Im Sinne der unbezifferten Forderungsklage soll der Kläger nach der herrschenden Meinung der schweizerischen Lehre bei der Bestimmung des Betrags des Mindestwertes auch frei sein, denn der Kläger kann wegen des vorübergehenden Informationsmangels von der Pflicht der Bezifferung seines Anspruchs befreit werden, damit er von den hohen Kostenrisiken auch befreit wird.[796] Aber nach dieser Ansicht kann die Regelung des Art. 91 Abs. 2 SchweizZPO, die die vermögensrechtlichen Rechtsstreitigkeiten geregelt hat, die nicht auf Zahlung eines Geldbetrags ausgerichtet sind, bei der Bestimmung des Mindestwertes der unbezifferten

---

Spühler, Art. 85 Rn. 10; Oberhammer, KUKOZPO, Art. 85, Rn. 8; BernerKommZPO/Markus, Art. 85, Rn. 20.

793 Baumann Wey, S. 178, Rn. 468.

794 Baumann Wey, 179, Rn. 469; Meier, HAVE, S. 28; Gut, S. 232, Rn. 495; Sutter-Somm/Hasenböhler/Leuenberger/Bopp/Bessenich, Art. 85, Rn. 18.

795 Baumann Wey, S. 181, Rn. 474; BSKommZPO/Spühler, Art. 85, Rn. 8; Oberhammer, KUKOZPO, Art. 85, Rn. 7; BernerKommZPO/Markus, Art. 85, Rn. 21.

796 Baumann Wey, S. 182, Rn. 477; Gut, S. 53, Rn. 127.

Forderungsklage analog angewendet werden.[797] Demgemäß kann das Gericht von sich aus einen vorläufigen Mindestwert festsetzen, wenn es klar ist, dass der Kläger den Mindestwert absichtlich falsch angegeben hat, damit er weniger Gebühren, Prozesskosten oder Sicherungsmaßregeln bezahlt.[798] Diese zu niedrige Festlegung des Mindestwertes kann im schweizerischen Recht die falsche Bestimmung der Verfahrensart und auch des sachlich zuständigen Gerichts nach sich ziehen. Außerdem kann es auch Nachteile für den Beklagten verursachen.[799] Deswegen kann der Kläger in der Bestimmung des Mindestwertes der unbezifferten Forderungsklage erst dann frei sein, wenn er sich nach Treu und Glauben benehmen und in diesem Sinne den Mindestwert sowie die Untergrenze seines Anspruchs bestimmen wird.[800]

2. Folgen der Angabe des Mindestwertes

a. Allgemeines

Wie schon dargestellt, bezweckt der Kläger mit der Erhebung der unbezifferten Forderungsklage das Erlangen des Ganzen seines Anspruchs, obwohl er zu Beginn des Prozesses nicht in der Lage ist, den Betrag seines Anspruchs zu beziffern. Dementsprechend ist der Mindestwert, der gemäß Art. 107 Abs. 1 TürkZPO und Art. 85 Abs. 1 Nr. 2 SchweizZPO bei der Erhebung der unbezifferten Forderungsklage als vorläufiger Streitwert angegeben werden muss, nicht der ganze Betrag, den der Kläger erhalten möchte[801], sondern es ist der vorläufige Betrag des Anspruchs, wonach die obligatorischen anfänglichen Verfahrensfragen beantwortet werden können.[802] Demzufolge spielt im türkischen und schweizerischen Zivilprozessrecht der Mindestwert bei der Bestimmung von Gebühren eine bestimmende Rolle, denn die Gebühren müssen während der Klageerhebung gemäß des Streitwertes bezahlt werden.[803] Der Mindestwert

---

797 Sutter-Somm/Hasenböhler/Leuenberger/Bopp/Bessenich, ZPOKomm, Art. 85, Rn. 18f; Baumann Wey, S. 182, Rn. 478; S. 185, Rn. 483; Gut, S. 233, S. 496f.

798 Baumann Wey, S. 182f., Rn. 478; Sutter-Somm/Hasenböhler/Leuenberger/Bopp/Bessenich, ZPOKomm, Art. 85, Rn. 19; Gut, S. 233, Rn. 496f.

799 Baumann Wey, S. 183, Rn. 478; Gut, S. 233, Rn. 497.

800 Baumann Wey, S. 192, Rn. 502; Meier, HAVE, S. 27.

801 Meier, HAVE, S. 27f.; Gut, S. 229, Rn. 489.

802 Baumann Wey, S. 176, Rn. 464; Meier, HAVE, S: 28; Gut, S. 229, Rn. 489.

803 Im türkischen Recht müssen die Gebühren für eine Benachrichtigung oder die Gebühren für die Entscheidungen während der Klagerhebung im Betrag von einem Viertel des Streitgegenstandes bezahlt werden (Art. 28 TürkGebührO); Pelcanitez/Pekcanitez, Pekcanitez Usul, S. 1044f.; Pekcanitez/Atalay/Özekes, S. 981f.; Pekcanitez, Belirsiz Alacak Davasi, S. 42.

ist auch bei dem dinglichen Arrest und den Sicherungsmaßregeln sehr wichtig, denn ähnlich wie die Berechnung von Gebühren müssen die Sicherungsmaßregeln und der dingliche Arrest auch bei der Klageerhebung nach dem Streitwert bestimmt werden.[804] Demzufolge können sie bei der unbezifferten Forderungsklage nur nach dem Mindestwert berechnet werden.[805]

Für die Bestimmung des sachlich zuständigen Gerichts ist der Mindestwert im schweizerischen Zivilprozessrecht sehr wichtig, anders als im türkischen Zivilprozessrecht.[806] Denn gemäß Art. 4 Abs. 2 SchweizZPO bestimmt der Streitwert die sachliche Zuständigkeit des Gerichts. Der schweizerische Gesetzgeber hat im Art. 85 Abs. 1. Nr. 2 und Abs. 2 Nr. 2 SchweizZPO festgesetzt, dass die sachliche Zuständigkeit nach dem Mindestwert bestimmt und diese Zuständigkeit nach der nachträglichen Bezifferung des Anspruchs nicht geändert wird. Durch den Mindestwert hat also der Gesetzgeber das sachlich zuständige Gericht festgelegt, auch wenn der nachträglich bezifferte Betrag des Anspruchs den Wert dieses zuständigen Gerichts übersteigt.[807] In diesem Sinne spielt der Mindestwert im türkischen Recht für die Bestimmung des sachlich zuständigen Gerichts keine Rolle, weil gemäß Art. 2 Abs. 1 TürkZPO das Gericht der ersten Instanz ohne Beachtung des Streitwertes bei Klagen auf Eigentum oder auf Personenrecht das sachlich zuständige Gericht ist. Deshalb spielt der Mindestwert bei der unbezifferten Forderungsklage entgegen dem schweizerischen Recht für die Bestimmung des sachlich zuständigen Gerichts keine Rolle.[808]

Die Angabe des Mindestwertes liegt auch im Interesse des Beklagten.[809] Denn dadurch kann der Beklagte in der Lage sein, einzuschätzen, wie viel der Kläger von ihm anfordert, welche Prozesskosten er haben kann und wie er sich vor dieser Forderung des Klägers verteidigen kann.[810] Demzufolge ist die Angabe des Mindestwertes auch für den Beklagten sehr wichtig, weil das Recht auf rechtliches Gehör für den Beklagten durch diese Angabe des Mindestwertes abgesichert wird.[811]

Der Mindestwert ist nicht der endgültige Streitwert des Anspruchs, den der Kläger erlangen möchte. Gemäß Art. 107 Abs. 2 TürkZPO und Art. 85 Abs. 2

---

804 Pekcanitez/Atalay/Özekes, S. 1048ff.; Gut, S. 232, Rn. 495.
805 Simil, S. 268; Gut, S. 232, Rn. 495.
806 Baumann Wey, S. 175, Rn. 461, S. 178, Rn. 468; Meier, HAVE, S. 28; Gut, S. 231, Rn. 493.
807 Baumann Wey, S. 178, Rn. 468; Meier, HAVE, S. 28; Gut, S. 231f., Rn. 493.
808 Simil, S. 273.
809 Baumann Wey, S. 181, Rn. 474; Simil, S. 267.
810 Baumann Wey, S. 181, Rn. 474; Simil, S. 267.
811 Baumann Wey, S. 181, Rn. 474.

Nr. 1 SchweizZPO darf der Kläger den Betrag seiner Forderung nachträglich beziffern, wenn er dazu in der Lage ist. Demgemäß darf der Kläger nach der Auskunftserteilung oder dem Beweisverfahren die Betragshöhe seines Anspruchs neu beziffern, wodurch der Mindestwert keinen Einfluss auf die Klage mehr haben wird. Diese nachträgliche Bezifferung ist deswegen sehr wichtig, da der Kläger ohne Einwilligung des Beklagten oder ohne Schlichtungsvertrag den Betrag seines Anspruchs nachträglich erhöhen darf.

Im türkischen Zivilprozessrecht ist das Erweiterungsverbot der Klage sehr wichtig. Dabei liegt die Besonderheit der unbezifferten Forderungsklage, dass der Kläger nach dem Beweisverfahren oder der Auskunftserteilung den Betrag seines Anspruchs nachträglich, ohne Verstoß gegen das Erweiterungsverbot, erhöhen darf (Art. 107 Abs. 2 TürkZPO). Durch die nachträgliche Bezifferung wird der Mindestwert nicht mehr wirksam, und der Richter ist im Sinne des Art. 26 TürkZPO und des Art. 58 SchweizZPO daran gebunden, was das Ganze des Rechtsbegehrens des Klägers ist und was der Kläger mit der Klageerhebung erlangen möchte.[812]

Einer Ansicht im schweizerischen Zivilprozessrecht nach wird der Mindestwert als Untergrenze des Anspruchs, den der Kläger einklagen möchte, anerkannt, sobald der Kläger diese Untergrenze seines Anspruchs nicht absichtlich, entgegen von Treu und Glauben, niedriger als er ihn einschätzen sollte bestimmt hat (Art. 91 Abs. 2 SchweizZPO).[813] Nach der Ansicht der Lehre des schweizerischen Zivilprozessrechts sollte der Mindestwert als die untere Grenze des Anspruchs angenommen werden, da der Kläger diesen Betrag selber bestimmt hat, was er dem Dispositionsgrundsatz folgend machen soll.[814] Einer anderen Ansicht der schweizerischen Lehre nach hat aber dieser Mindestwert keine Bindungsfunktion für das Gericht. Das heißt, dass das Gericht bei unbezifferten Forderungsklagen den Mindestwert nicht nur überschreiten, sondern auch unterschreiten darf.[815]

b. Folgen der mangel- und fehlerhaften Angabe des Mindestwertes

Wie schon dargestellt, muss der Kläger bei der Erhebung der unbezifferten Forderungsklage gemäß Art. 107 Abs. 1 TürkZPO, Art. 16 Abs. 3 TürkGebührO und

---

812 Simil, S. 267.

813 Meier, HAVE, S. 27; Baumann Wey, S. 180, Rn. 472.

814 Baumann Wey, S. 180, Rn. 472; S. 192, Rn. 501, Meier, HAVE, S. 27f.; Zürcher, S. 507.

815 Gut, S. 230, Rn. 491; Sutter-Somm/Hasenböhler/Leuenberger/Bopp/Bessenich, Art. 85, Rn. 17; Oberhammer, KUKOZPO, Art. 85, Rn. 7.

auch gemäß Art. 85 Abs. 1 Nr. 2 SchweizZPO den Mindestwert angeben, der bis zur nachträglichen Bezifferung des Anspruchs als der vorläufige Streitwert gilt. Gemäß Art. 16 Abs. 3 TürkGebührO verlangt das Gericht bei der mangelhaften Angabe des Streitwertes vom Kläger die Angabe des Streitwertes, und falls der Kläger trotz der Nachfrage des Gerichts den Wert seines Anspruchs nicht angibt, dann muss die Klage vom Gericht abgewiesen werden. Demgemäß wird der Mindestwert bei der unbezifferten Forderungsklage vom Gericht verlangt, falls der Kläger den Mindestwert in seiner Klageschrift nicht angegeben hat.[816]

Nach der vorherrschenden Ansicht der türkischen und schweizerischen Lehre muss die Richtigkeit des Mindestwertes vom Gericht im Sinne von Treu und Glauben überprüft werden.[817] Im türkischen Zivilprozessrecht hat die Lehre diese Überprüfung des Mindestwertes durch die Absicherung von Treu und Glauben gerechtfertigt. Die Parteien müssen also gemäß Art. 29 Abs. 1 TürkZPO[818] verhandeln. Demzufolge hat die Lehre angenommen, dass das Gericht bei der Erhebung der unbezifferten Forderungsklage selbst untersuchen muss, ob der Kläger den Mindestwert im Sinne von Treu und Glauben bestimmt hat oder ob er den Mindestwert in seiner Klageschrift absichtlich unrichtig angegeben hat, damit er sich von hohen Prozesskosten befreien kann.[819] Wenn das Gericht feststellt, dass der Mindestwert absichtlich unrichtig angegeben wurde, dann muss das Gericht die richtige Angabe des Mindestwertes vom Kläger verlangen.[820]

Ähnlich wie im türkischen Recht wird von der herrschenden Ansicht der schweizerischen Lehre akzeptiert, dass die Richtigkeit des Mindestwertes vom Gericht überprüft wird, wenn es offensichtlich ist, dass der Mindestwert unrichtig angegeben ist. Nach dieser Ansicht setzt das Gericht den Mindestwert selber fest, falls es bestimmt hat, dass der Kläger den Mindestwert offensichtlich unrichtig angegeben hat.[821] Diese Ansicht des schweizerischen Zivilprozessrechts wird von der Lehre mit der analogen Anwendung des Art. 91 Abs. 2 SchweizZPO gerechtfertigt, also für vermögensrechtliche Rechtsstreitigkeiten, die aber

816 Simil, S. 266.

817 Pekcanitez/Atalay/Özekes, S. 456; Baumann Wey, S. 182, Rn. 478; Simil, S. 263.

818 **Übersetzung des Art. 29 TürkZPO**: (1) Die Parteien müssen nach Treu und Glauben handeln. (2) Die Parteien haben ihre Erklärungen über die tatsächlichen Umstände der Wahrheit gemäß abzugeben.

819 Pekcanitez/Atalay/Özekes, S. 456.

820 Pekcanitez/Pekcanitez, Pekcanitez Usul, S. 1045; Simil, S. 263f.

821 Meier, HAVE, S. 28f.; Baumann Wey, S. 182, Rn. 478; Sutter-Somm/Hasenböhler/Leuenberger/Bopp/Bessenich, Art. 85, Rn. 18.

nicht auf Bezahlung eines Geldbetrags ausgerichtet sind.[822] Gemäß Art. 91 Abs. 2 SchweizZPO setzt das Gericht fest, wenn die Angaben der Prozessparteien offensichtlich unrichtig sind oder wenn sie sich darüber nicht einigen können. Demzufolge kann das Gericht nach dieser Ansicht den Mindestwert sowie den vorläufigen Streitwert von sich aus festsetzen, falls der Mindestwert offensichtlich unrichtig ist.[823] Nach dieser Ansicht kann der falsche und zu niedrige Mindestwert eine falsche und auch sehr geringe Berechnung des Kostenvorschusses und der Sicherungsmaßregeln verursachen. Deswegen soll das Gericht den Mindestwert selber festsetzen, falls er offensichtlich unrichtig festgelegt wurde, damit die daran gebundenen Folgen auch richtig festgesetzt werden können.[824]

Anders als im schweizerischen Zivilprozessrecht darf aber das Gericht im türkischen Recht den Mindestwert der unbezifferten Forderungsklage nicht selber festsetzen, wenn der Mindestwert nicht angegeben ist. Gemäß Art. 16 Abs. 3 und Art. 30 TürkGebührO verlangt das Gericht vom Kläger die richtige Bestimmung des Mindestwertes und die Bezahlung von daran gebundenen Prozesskosten, und es gibt ihm eine bestimmte Frist, damit er den richtigen Betrag angeben kann. Wenn der Kläger in dieser Frist den richtigen Mindestwert in seiner Klageschrift nicht angibt und daran gebundene zusätzliche Kosten nicht bezahlt, dann muss das Gericht die Klage abweisen.[825] Im türkischen Zivilprozessrecht untersucht das Gericht also ähnlich wie im schweizerischen Recht die Richtigkeit des Mindestwertes von sich aus, aber anders als im schweizerischen Recht darf das Gericht den Mindestwert nicht sofort selber festsetzen.

Wie dargestellt, spielt der Mindestwert der unbezifferten Forderungsklage im türkischen Zivilprozessrecht, entgegen dem schweizerischen Recht, bei der Bestimmung des sachlich zuständigen Gerichts keine Rolle. Deshalb wird die fehlerhafte Angabe des Mindestwertes dabei nicht wichtig. Aber im schweizerischen Recht ist die Angabe des Mindestwertes bestimmend für die Verfahrensart und das sachlich zuständige Gericht. Trotz dieser bestimmenden Rolle des Mindestwertes verursacht aber die falsche Angabe bei der Verfahrensart und dem sachlich zuständigen Gericht keine großen und direkten Nachteile für den Beklagten und für das Gericht. Da aber die falsche Angabe des Mindestwertes

822 Baumann Wey, S. 182, Rn. 478; Meier, HAVE, S. 28f.; Sutter-Somm/Hasenböhler/Leuenberger/Bopp/Bessenich, Art. 85, Rn. 18.

823 Baumann Wey, S. 182f., Rn. 478; Meier, HAVE, S. 28f.; Sutter-Somm/Hasenböhler/Leuenberger/Bopp/Bessenich, Art. 85, Rn. 18.

824 Baumann Wey, S. 182f., Rn. 478; Meier, HAVE, S. 28f.; Sutter-Somm/Hasenböhler/Leuenberger/Bopp/Bessenich, Art. 85, Rn. 18.

825 Simil, S. 265f.; Pekcanitez/Pekcanitez, Pekcanitez Usul, S. 1045.

bei der Bestimmung von Kostenvorschuss und Sicherheit eine wichtige Rolle spielt, darf das Gericht deswegen den Mindestwert selber festsetzen.[826]

3. Stellungnahme

Wie oben untersucht, werden die Notwendigkeit und die Zulässigkeit der unbezifferten Forderungsklage im türkischen, schweizerischen und auch im deutschen Zivilprozessrecht anerkannt.

In den türkischen und schweizerischen Zivilprozessordnungen gilt die Angabe des Mindestwertes gesetzlich als eine der Zulässigkeitsvoraussetzungen der unbezifferten Forderungsklage. Obwohl diese Angabe des Mindestwertes von den Gesetzgebern der beiden Rechtssysteme unterschiedlich begründet wird, ist das damit bezweckte Ziel in den beiden Zivilprozessordnungen ähnlich, denn weder der türkische noch der schweizerische Gesetzgeber möchten gegen die allgemeinen Prinzipien des Zivilprozessrechts, wie Rechtsschutz, Treu und Glauben und Dispositionsgrundsatz verstoßen.

Meines Erachtens ist die gesetzliche Festsetzung der Angabe des Mindestwertes als eine der Zulässigkeitsvoraussetzungen der unbezifferten Forderungsklage überzeugend, weil damit die Grundsätze des Zivilprozessrechts abgesichert werden können. In diesem Sinne, wie man sich in allen drei Rechtssystemen einig ist, verwirklicht die Angabe des Mindestwertes den Schutz des Beklagten, womit der Beklagte ungefähr einschätzen kann, wie viel der Kläger von ihm beanspruchen kann. Wie oben dargestellt, dient die unbezifferte Forderungsklage mit ihrem Ausnahmecharakter auch dem Rechtsschutz des Klägers, dem zu Beginn des Prozesses die Bezifferung seines Anspruchs unmöglich oder unzumutbar ist. Aber diese Schutzfunktion der unbezifferten Forderungsklage darf keine Nachteile und keine Gefahr für den Beklagten verursachen. Dementsprechend dient die Angabe des Mindestwertes bei der unbezifferten Forderungsklage einer gerechten Absicherung des Rechtsschutzes beider Prozessparteien der Rechtsstreitigkeit.

Außerdem dient die Angabe des Mindestwertes bei der unbezifferten Forderungsklage der Verwirklichung des Dispositionsgrundsatzes. Die unbezifferte Forderungsklage kann erst so verstanden werden, als ob der Dispositionsgrundsatz dabei nicht garantiert werden könne, da die Unmöglichkeit der Bezifferung eine der wichtigsten Zulässigkeitsvoraussetzungen ist. Aber erst durch die Angabe des Mindestwertes bei der Klageerhebung und danach mit der nachträglichen Bezifferung haben die Gesetzgeber im schweizerischen und türkischen

826 Baumann Wey, S. 183, Rn. 478.

Recht doch bezweckt, den Dispositionsgrundsatz abzusichern, woran der Richter bei seiner endgültigen Feststellung und Entscheidung auch gebunden ist.

In den türkischen, deutschen und schweizerischen Zivilprozessrechten wird es akzeptiert, dass die Angaben des Klägers über die Tatsachen, die Unterlagen und die Beweismittel vom Gericht nach Treu und Glauben untersucht werden müssen, damit es klar sein kann, ob der Kläger bei der Erhebung der unbezifferten Forderungsklage ein schutzwürdiges Rechtsinteresse hat. Falls der Kläger kein Rechtsschutzinteresse hat und sich gegen Treu und Glauben verhalten hat, um weniger Prozesskosten zu bezahlen, dann darf der Richter die Klage abweisen. In diesem Sinne muss der Kläger den Mindestwert nach der herrschenden Meinung in dem türkischen und schweizerischen Recht gemäß den dem Gericht angegebenen Tatsachen, die er erreichen kann, bestimmen. Erst wenn es nach der richterlichen Untersuchung klar wird, dass der Kläger den Mindestwert entgegen Treu und Glauben absichtlich falsch und zu niedrig, bestimmt hat, dann kann der Richter den Mindestwert entweder selber oder durch eine Rückfrage beim Kläger neu festsetzen.

Bei der Untersuchung der Richtigkeit des Mindestwertes und bei den Folgen davon gibt es Unterschiede zwischen dem türkischen und dem schweizerischen Zivilprozessrecht. Im Sinne des Art. 30 TürkGebührO muss der Richter die richtige Bestimmung vom Kläger verlangen, wenn es aus den Tatsachen und Unterlagen deutlich wird, dass der Kläger den Mindestwert absichtlich falsch angegeben hat. Falls der Kläger die richtige Bestimmung und die Angabe des Mindestwertes trotz der Nachfrage des Gerichts nicht erfüllen wird, dann darf das Gericht die Klage abweisen. Anders als im türkischen Recht kann der Richter im schweizerischen Recht den Mindestwert der unbezifferten Forderungsklage selber bestimmen, wenn es anhand der Tatsachen deutlich wird, dass der Kläger den Mindestwert absichtlich gegen Treu und Glauben falsch angegeben hat.

Meines Erachtens nach kann die richterliche Nachfrage den Kläger wegen der neuen und richtigen Bestimmung des Mindestwertes begünstigen, denn der Kläger wird dann den Mindestwert selber bestimmen, falls er ihn falsch angegeben hat, und damit wird der Dispositionsgrundsatz auch bei der unbezifferten Forderungsklage zu Beginn des Prozesses verwirklicht. Durch die richterliche Untersuchung des Mindestwertes also werden Treu und Glauben und durch die Nachfrage auch der Dispositionsgrundsatz abgesichert.

Außerdem ist der Mindestwert der unbezifferten Forderungsklage im schweizerischen Recht für die Bestimmung des sachlich zuständigen Gerichts entscheidend. Auch im deutschen Recht sollte die Angabe des Mindestwertes bei der Bestimmung des zuständigen Gerichts entscheidend sein, denn im deutschen

Recht wird es durch den Wert des Anspruchs bestimmt, ob die Klage vor dem Landesgericht oder dem Bundesgericht geführt werden muss.

In den türkischen und schweizerischen Regelungen der unbezifferten Forderungsklage ist es nicht klar festgesetzt, wie der Kläger den Mindestwert bestimmen muss und ob er bei der Bestimmung frei ist. Nach der herrschenden Meinung der türkischen und schweizerischen Rechtsprechung und der Lehre kann der Kläger dabei nicht ganz frei sein. Er muss den Mindestwert im Sinne der Tatsachen und der Unterlagen bestimmen. Das türkische Schrifttum hat diese Unklarheit der Regelung über die Angabe des Mindestwertes kritisiert und fordert, dass diese gesetzliche Regelung deutlicher verbessert werden muss.

Meines Erachtens muss der Kläger den Mindestwert im Sinne der Tatsachen und Beweismittel bestimmen, ansonsten könnte es gegen Treu und Glauben verstoßen, wenn der Kläger bei dieser Bestimmung als frei angenommen wird. Eine deutliche Regelung über die Angabe des Mindestwertes und dessen Bestimmung, die die Bestimmung des Mindestwertes ausdrücklich nach den Tatsachen und Beweismitteln regelt, wäre natürlich besser und einfacher. Ohne diese klare Regelung ist es im Sinne der Prozessgrundsätze und auch der anderen allgemeinen Regelungen in den türkischen und schweizerischen Zivilprozessordnungen sowie auch in der Rechtsprechung und der Lehre nachvollziehbar, wenn der Kläger bei der Bestimmung des Mindestwertes nicht ganz frei sein darf. Denn einerseits könnte solch eine ihm zugestandene Freiheit den Rechtsschutz des Beklagten abschaffen, andererseits – da der Kläger bei der zulässigen unbezifferten Forderungsklage ein schutzwürdiges Rechtsinteresse haben und dies dem Gericht beweisen muss – darf er bei der Angabe des Mindestwertes nicht frei sein, sondern muss den Mindestwert nach den Tatsachen und Beweismitteln bestimmen.

Obwohl die unbezifferte Forderungsklage von dem deutschen Zivilprozessrecht grundsätzlich anerkannt wird, ist sie aber in der Lehre umstritten. In der deutschen Lehre und auch der Rechtsprechung gibt es Meinungsunterschiede und daraus entstandene Meinungsstreitigkeiten besonders über die Angabe des Mindestwertes. Es ist umstritten, ob der Kläger den Mindestwert angeben muss, ob dieser Mindestwert das Gericht binden wird und ob die Prozesskosten nach dem Mindestwert bestimmt werden, etc.

Im deutschen Zivilprozessrecht ist es durchaus gebräuchlich, die unbezifferte Forderungsklage trotz der Forderung der Regelung §253 Abs. 2 Nr. 2 ZPO als zulässig anzusehen, da die Bezifferung des Anspruchs bei bestimmten Fällen, wie die Klagen auf Schadensersatz oder Schmerzensgeld, für den Kläger unmöglich oder unzumutbar sein kann. Falls die unbezifferte Forderungsklage nicht anerkannt wäre, müsste dann der Kläger den Betrag seines Anspruchs durch

Einschätzen bestimmen, was aber dann sehr riskant sein würde, da die Bezifferung zu hoch oder zu niedrig sein könnte.

Da die Zulässigkeitsvoraussetzungen der unbezifferten Forderungsklage in dem deutschen Zivilprozessrecht gesetzlich nicht geregelt sind, gibt es besonders über die Angabe des Mindestwertes Meinungsstreitigkeiten. Nach einigen Ansichten müsste der Kläger keinen Mindestwert angeben, um eine zulässige unbezifferte Forderungsklage zu erheben. Nach den anderen Ansichten müsste der Kläger nicht nur einen Mindestwert, sondern eine Größenordnung angeben, woran das Gericht ganz oder teilweise gebunden ist.

Die Angabe des Mindestwertes ist wegen des §253 Abs. 2 Nr. 2 ZPO sehr umstritten, wobei die Angabe des Klageantrags für die zulässige Klageschrift erforderlich ist. Die Rechtsprechung und auch die Lehre haben versucht, einen Kompromiss zu finden, damit die unbezifferte Forderungsklage nicht gegen die allgemeinen Regelungen der ZPO, wie §253 Abs. 2 Nr. 2 ZPO, verstößt.

Die Angabe der Größenordnung und die Bindung daran können aber keine Lösung sein, denn so eine Angabe der Größenordnung verstößt gegen den Sinn und Zweck der unbezifferten Forderungsklage, weil der Kläger sie deswegen erheben möchte, da er nicht in der Lage ist, seinen Anspruch zu beziffern.

Der Zulässigkeit der unbezifferten Forderungsklage ohne Angabe des Mindestwertes kann aber auch nicht gefolgt werden, denn nach den Grundsätzen des Zivilprozessrechts, also nach der Rechtsicherheit und dem Rechtsschutzprinzip, müssen nicht nur die Rechte einer Partei, sondern beider Prozessparteien geschützt werden. Dementsprechend wäre die unbezifferte Forderungsklage ohne Angabe des Mindestwertes für den Beklagten nicht schutzwürdig, da er nicht einschätzen kann, wie viel der Kläger von ihm ungefähr fordern könnte und wie er sich verteidigen muss. Außerdem kann die Anwendung ohne Angabe des Mindestwertes Probleme bei der Berechnung der Prozesskosten und kostenrechtliche Probleme nach sich ziehen.

Meines Erachtens müsste die unbezifferte Forderungsklage zusammen mit der Stufenklage gemäß §254 ZPO für die Klagen auf Schadensersatz oder Schmerzensgeld gesetzlich geregelt werden, so wie dies von der Lehre und von der Rechtsprechung schon akzeptiert wird. Die oben genannten Meinungsstreitigkeiten und Unterschiede sind deswegen entstanden, weil die unbezifferte Forderungsklage in der deutschen ZPO gesetzlich nicht geregelt ist. Demzufolge könnte eine sinnvolle gesetzliche Regelung lauten: (1) die klagende Partei kann für ihre Forderung ohne bezifferten Klageantrag Klage erheben, es sei denn, die Bezifferung ihres Anspruchs wäre ihr zu Beginn des Prozesses unmöglich oder unzumutbar. Die klagende Partei muss in ihrer Klageschrift eine nach den Tatsachen bestimmten Größenordnung bzw. einen Mindestwert angeben, woran das Gericht nach oben nicht gebunden wird. (2) Die bestimmte Angabe der von der klagenden Partei beanspruchten Leistungen kann bis zu der Abgabe der Rechnung oder des Vermögensverzeichnisses oder einer eidesstattlichen Versicherung vorbehalten werden, sofern die Bezifferung der Leistung an diese gebunden ist. In diesem Sinne wäre es für das deutsche Recht und für seine Rechtsausübung auch besser, wenn die unbezifferte Forderungsklage nicht mehr als Gewohnheitsrecht anerkannt würde, sondern gesetzlich zusammen mit der Stufenklage deutlich geregelt wäre.

Zusammenfassend ist die Regelung zur Angabe des Mindestwertes als Zulässigkeitsvoraussetzung der unbezifferten Forderungsklage angemessen und auch notwendig, da die Grundsätze des Zivilprozesses dadurch abgesichert werden können, denn durch die Angabe des Mindestwertes steht die unbezifferte Forderungsklage auch in Verbindung mit den ganz allgemeinen Regelungen des Zivilprozessrechts.

E. Nachträgliche Bezifferung des Anspruchs

1. Allgemeines

Gemäß Art. 107 Abs. 2 TürkZPO und Art. 85 Abs. 2 Nr. 1 SchweizZPO ist die nachträgliche Bezifferung bei der unbezifferten Forderungsklage in den türkischen und schweizerischen Zivilprozessordnungen gesetzlich geregelt. Demnach kann der Kläger seinen Anspruch nachträglich beziffern, sobald er nach dem Beweisverfahren oder der Auskunftserteilung dazu in der Lage ist.

Wie bereits festgestellt, ist die unbezifferte Forderungsklage eine Leistungsklage mit der Ausnahme, mit der der Kläger bezweckt, das Ganze seines Anspruchs zu erlangen. Diese sogenannte Ausnahme der unbezifferten Forderungsklage verstößt aber nicht gegen die allgemeinen Regelungen der zulässigen Klageschrift gemäß Art. 119 TürkZPO, §253 Abs. 2 Nr. 2 ZPO, Art. 221 Abs. 1 lit. c SchweizZPO, da durch die nachträgliche Bezifferung des Anspruchs bei der unbezifferten Forderungsklage diese Ausnahme und der mögliche Verstoß gegen die allgemeinen Regelungen der zulässigen Klageschrift beseitigt werden, womit die unbezifferte Forderungsklage eine ganz normale Leistungsklage wird[827] und wobei der Kläger das Ganze seines Anspruchs nach dem Dispositionsgrundsatz selber bestimmen kann.[828]

827 Baumann Wey, S. 193; Gut, S. 234, Rn. 498; Oberhammer, KUKOZPO, Art. 85, Rn. 7; BernerKommZPO/Markus, Art. 85, Rn. 23.

828 Simil, S. 274; Oberhammer, KUKOZPO, Art. 85, Rn. 9; BSKommZPO/Spühler, Art. 85, Rn. 11.

Nach der nachträglichen Bezifferung wird der Richter gemäß Art. 26 Abs. 1 TürkZPO und Art. 58 Abs. 2 SchweizZPO an den neuen Betrag des Anspruchs gebunden sein. Dementsprechend werden die Forderung und das Rechtsbegehren des Klägers also durch die nachträgliche Bezifferung genau präzisiert und fixiert.[829] Natürlich ist dem Kläger nach den Dispositions- und Verhandlungsgrundsätzen erlaubt, frei darin zu sein, seinen Anspruch nachträglich nicht neu zu beziffern, obwohl es deutlich ist, dass nach dem Beweisverfahren oder der Auskunftserteilung ein neuer Betrag fest steht. Demzufolge wird der vorläufige Mindestwert als der endgültige Streitwert des Anspruchs angenommen, woran der Richter auch gebunden sein wird, falls der Kläger seinen Anspruch nachträglich nicht beziffern würde.[830]

Die nachträgliche Bezifferung des Anspruchs bei der unbezifferten Forderungsklage spielt im türkischen Recht bei der Ausübung des Erweiterungsverbots im Sinne der unbezifferten Forderungsklage eine bestimmende Rolle. Die Erweiterung der Klage kann durch die Angabe von neuen Ansprüchen sowie auch durch die Angabe von neuen Tatsachen oder Beweismitteln stattfinden. Auch die Änderung des Anspruchs oder der Tatsachen wird unter der Erweiterung der Klage untersucht.[831] Im türkischen Zivilprozessrecht ist die Erweiterung der Klage verboten. Gemäß Art. 141 TürkZPO darf der Kläger seinen Anspruch, abgesehen von den gesetzlich geregelten und erlaubten Fällen, nach der Angabe der Replik nicht ändern oder erweitern. Mit dem Erweiterungsverbot hat der Gesetzgeber die Verwirklichung der Sorgfalt des Klägers erzwungen, damit der Kläger bei der Klageerhebung oder bei seiner Replik vorsichtiger entscheiden und seinen Anspruch und die Tatsachen achtsamer bestimmen und einreichen wird. Ansonsten müsste er wegen dieses Verbots eine neue Klage erheben, falls er seinen Anspruch und die daran gebundenen Tatsachen nicht richtig bestimmt hätte.[832] Das Erweiterungsverbot

---

829 Baumann Wey, S. 193, Rn. 509; Simil, S. 274.

830 Pekcanitez/Pekcanaitez, Pekcanitez Usul, S. 1052; Pekcanitez/Atalay/Özekes, S. 459; Pekcanitez, Belirsiz Alacak Davasi, S. 52; Simil, S. 274; Oberhammer, KUKOZPO, Art. 85, Rn. 9; **Gegenmeinung von Spühler**; Spühler ist der Meinung, dass die Klage nicht einzutreten hat, wenn die nachträgliche Bezifferung trotz der richterlichen Fragen auf Aufklärung nicht angegeben wird. Dieser Meinung nach ist die nachträgliche Bezifferung eine der Zulässigkeitsvoraussetzungen der unbezifferten Forderungsklage und deswegen führt ihr Fehlen die Klage zur Abweisung. BSKommZPO/Spühler, Art. 85, Rn. 11.

831 Pekcanitez/Pekcanaitez, Pekcanitez Usul, S. 1050f.; Simil, S. 276; Pekcanitez/Atalay/Özekes, S. 554.

832 Pekcanitez/Atalay/Özekes, S. 554.

des Gesetzgebers ist also als ein Instrument für die Absicherung der Prozessökonomie geregelt. Die Regelung von Art. 141 TürkZPO gilt auch für den Beklagten. Demgemäß darf auch der Beklagte seine Verteidigung oder seinen Gegenanspruch nach der Angabe seiner Gegenerklärung nicht ändern oder erweitern. Im türkischen Zivilprozessrecht dürfen also die Parteien gemäß Art. 141 Abs. 1 Nr. 3 TürkZPO bei den schriftlichen Verfahren nach dem Abschluss der Vorprüfung keine neuen Ansprüche oder neue Tatsachen einreichen. Bei dem vereinfachten Verfahren darf der Kläger gemäß Art. 319 TürkZPO nach der Klageerhebung überhaupt keine neuen Tatsachen oder Ansprüche einreichen. Bei der Ausübung des Erweiterungverbots der Klage gibt es aber im Falle der unbezifferten Forderungsklage eine Ausnahme. Gemäß Art. 107 Abs. 2 TürkZPO darf der Kläger seinen Anspruch nachträglich ohne Verstoß gegenüber dem Erweiterungsverbot beziffern. Der Gesetzgeber hat diese Ausnahme des Erweiterungsverbots deswegen festgesetzt, da der Kläger bei der unbezifferten Forderungsklage zu Beginn der Klage nicht in der Lage sein kann, seinen Anspruch zu beziffern, was ja eine der Hauptvoraussetzungen der Zulässigkeit der unbezifferten Forderungsklage ist.[833]

Die Regelung des Art. 107 Abs. 2 TürkZPO bedeutet aber nicht, dass der Kläger von dem Erweiterungsverbot ganz befreit ist. Gemäß Art. 107 Abs. 2 TürkZPO kann der Kläger nur den Betrag seines Anspruchs nachträglich beziffern und da der Kläger von der Natur der unbezifferten Forderungsklage nicht in der Lage ist, die Betragshöhe seines Anspruchs zu beziffern, ist diese nachträgliche Bezifferung des Anspruchs bei der unbezifferten Forderungsklage kein Verstoß gegen das Erweiterungsverbot, weil der Kläger der unbezifferten Forderungsklage durch die nachträgliche Bezifferung seinen Anspruch nicht ändert oder erweitert, sondern die Betragshöhe davon bestimmt. Falls also der Kläger bei der unbezifferten Forderungskage einen anderen Anspruch oder neben seinem ersten Anspruch noch eine zusätzliche Forderung verlangen würde, dann wäre ein Verstoß gegen das Erweiterungsverbot entstanden.[834]

Außerdem muss der Kläger gemäß Art. 107 Abs. 1 TürkZPO alle Tatsachen und Beweismittel über seinen Anspruch in seiner Klageschrift angeben, was auch ein Zeichen für die Ausübung des Erweiterungsverbots bei der unbezifferten Forderungsklage ist. Gemäß Art. 107 Abs. 2 TürkZPO darf der Kläger seinen Anspruch nur einmal nachträglich beziffern. Falls er seinen Anspruch nachträglich nicht oder falsch beziffern würde, dann dürfte er ihn nur im Sinne des Erweiterungsverbots durch die Einwilligung des Beklagten oder durch die

---

833 Gesetzesmotiv Art. 107 TürkZPO.

834 Üstündag, Iddia ve Müdafaanin Degistirilmesi Yasagi, 1967, S. 153.

Verbesserung beziffern.[835] Dabei wird das Erweiterungsverbot gelten, da es dann die Fahrlässigkeit und der Fehler des Klägers sind, weil er bei der nachträglichen Bezifferung nicht mit Sorgfalt vorgegangen ist.[836]

Im türkischen Zivilprozessrecht hat der Gesetzgeber die nachträgliche Bezifferung bei der unbezifferten Forderungsklage als „die Möglichkeit der Erhöhung des Anspruchs" geregelt. Nach der Ansicht von Simil ist dieser Wortlaut für die Ausübung der nachträglichen Bezifferung nicht angemessen und kann im Sinne des Erweiterungsverbots Missverständnisse verursachen, da die Erhöhung des Anspruchs als die Erweiterung des Anspruchs verstanden werden könnte, obwohl es im Gesetzesmotiv klar ist, dass der Gesetzgeber nicht die Erhöhung des Anspruchs, sondern die nachträgliche Bezifferung des bestimmten Anspruchs bzw. Streitgegenstandes bezweckt hat. Deswegen meint Simil, dass der Wortlaut des Art. 107 Abs. 2 TürkZPO ähnlich wie des Art. 85 Abs. 2 SchweizZPO als „Bezifferung der Betragshöhe des Anspruchs" geändert werden soll.[837] Der Ansicht von Simil nach wird dann die Regelung des Art. 107 Abs. 2 TürkZPO über die Befreiung vom Erweiterungsverbot bei der unbezifferten Forderungsklage nicht notwendig, wenn der Wortlaut der Erhöhung des Anspruchs bzw. die nachträgliche Bezifferung als die Bezifferung der Betragshöhe des Anspruchs verbessert würde, denn es wird dann deutlich, dass der Kläger seinen Anspruch nicht ändert oder erweitert, sondern dass er nur seine Betragshöhe bestimmt.[838]

Meines Erachtens ist die Ansicht von Simil überzeugend und der Wortlaut des Art. 107 Abs. 2 TürkZPO über die nachträgliche Bezifferung sollte korrigiert werden, damit es keine Missverständnisse im Sinne des Erweiterungsverbots verursachen würde. Falls der Wortlaut aber korrigiert würde, würde die Regelung über die Anwendung des Erweiterungsverbots bei der unbezifferten Forderungsklage trotzdem beibehalten, da diese Regelung und die daran gebundene Ausnahme, meines Erachtens, die Voraussetzungen und den besonderen Charakter der unbezifferten Forderungsklage ausdrückt, ihren Zweck klarer und detaillierter vermittelt. Natürlich wäre es angemessener, wenn der Wortlaut des Art. 107 Abs. 2 TürkZPO über die nachträgliche Bezifferung anstatt „der Erhöhung des Anspruchs" als „die Bezifferung der Betragshöhe des Anspruchs" sprachlich konkreter gefasst werden könnte. Aber auch ohne diese sprachliche

835 Pekcanitez, Belirsiz Alacak Davasi, S. 53; Kiraz, S. 23; Simil, S. 277; Gesetzesmotiv Art. 107 TürkZPO.

836 Gesetzesmotiv Art. 107 Abs. 2 TürkZPO.

837 Simil, S. 279.

838 Simil, S. 279.

Verbesserung wird als Zweck des Gesetzgebers mit der Regelung des Art. 107 Abs. 2 TürkZPO über die Anwendung des Erweiterungsverbots zusammen mit dem Art. 107 Abs. 1 TürkZPO schon klar, dass hier die nachträgliche Bezifferung der unbezifferten Forderungen gemeint ist. Deswegen wäre so eine Verbesserung meines Erachtens vorteilhaft, aber nicht zwangsläufig notwendig.

Obwohl die nachträgliche Bezifferung bei der unbezifferten Forderungsklage vom schweizerischen Gesetzgeber auch als eine Zulässigkeitsvoraussetzung geregelt ist, hat er diese Voraussetzung im Sinne des Erweiterungsverbots auch nicht untersucht. Meines Erachtens wäre so eine Untersuchung für das schweizerische Recht nicht notwendig, da es im schweizerischen Recht klar ist, dass der Kläger mit der unbezifferten Forderungsklage das Ganze seines Anspruchs erlangen möchte. Auch im Wortlaut des Art. 85 Abs. 2 Nr. 1 SchweizZPO ist es sprachlich eindeutig, dass der Kläger seinen Anspruch nicht „bestimmen", sondern nur „beziffern" wird. Deswegen ist es also im schweizerischen Recht klar, dass der Kläger durch die unbezifferte Forderungsklage keine neuen Ansprüche oder Tatsachen einreichen wird.

Außerdem wird aber die nachträgliche Bezifferung bei der unbezifferten Forderungsklage, ähnlich wie im türkischen Recht, als Absicherung der Verwirklichung des Dispositionsgrundsatzes und auch des Rechts auf rechtliches Gehör des Beklagten angesehen.[839] Gemäß Art. 85 Abs. 2 Nr. 2 SchweizZPO ist das sachlich zuständige Gericht immer noch zuständig, falls der Streitwert durch die nachträgliche Bezifferung die sachliche Zuständigkeit überschreiten würde. Mit dieser Regelung hat der schweizerische Gesetzgeber noch bezweckt die Prozessökonomie abzusichern. Obwohl es in der schweizerischen Zivilprozessordnung gesetzlich nicht geregelt ist, ob die Verfahrensart nach der unbezifferten Forderungsklage geändert wird, wird es in der schweizerischen Lehre so angenommen, dass die Verfahrensart ähnlich wie das sachlich zuständige Gericht sich nach der nachträglichen Bezifferung des Anspruchs bei der unbezifferten Forderungsklage nicht ändern wird.[840]

Wie bereits dargestellt, ist die unbezifferte Forderungsklage im deutschen Recht gesetzlich nicht wie im türkischen und schweizerischen Recht geregelt, obwohl sie seit langem von der deutschen Rechtsprechung und der Lehre anerkannt ist. Dementsprechend ist auch die nachträgliche Bezifferung des

839 Oberhammer, KUKOZPO, Art. 85, Rn. 15f.; Gehri/Jent-Sorensen/Sarbach/Mohs, Art. 85, Rn. 4; BSKommZPO/Spühler, Art. 85, Rn. 11; Baumann Wey, S. 194, Rn. 510.

840 Gehri/Jent-Sorensen/Sarbach/Mohs, Art. 85, Rn. 4; Oberhammer, KUKOZPO, Art. 85, Rn. 8.

Anspruchs bei der unbezifferten Forderungsklage im deutschen Recht nicht geregelt. Sie ist aber in der deutschen Lehre oder Rechtsprechung auch kaum umstritten, da die unbezifferte Forderungsklage nicht nur bei den Klagen, deren Bezifferung von dem Abschluss des Beweisverfahrens oder der Auskunftserteilung abhängig ist, von dem deutschen Recht als zulässig angenommen wird, sondern auch bei Ermessensklagen, wobei die Festsetzung des Anspruchs an das richterlichen Ermessen gebunden ist. Wie oben untersucht, gibt es verschiedene Ansichten, ob der Kläger bei der Erhebung der unbezifferten Forderungsklage die Größenordnung angeben muss, ob diese Größenordnung den Richter bei seiner Entscheidung binden wird und falls dies bejaht ist, inwiefern. Unter diesen Umständen kann man von der deutschen Rechtslehre nicht erwarten, die nachträgliche Bezifferung bei der unbezifferten Forderungsklage anzunehmen, da es von der deutschen Rechtsprechung und von der deutschen Lehre angenommen wird, dass die unbezifferte Forderungsklage auch bei Ermessensklagen zulässig ist, obwohl der Kläger auch später nicht in der Lage sein kann, seinen Anspruch zu beziffern, da die Höhe des Anspruchs vom Gericht selber ermessen und festgesetzt wird.

Entgegen dem türkischen Recht ist das Erweiterungsverbot der Klage im deutschen Zivilprozessrecht in dem §264 ZPO geregelt. Im Sinne des §264 ZPO wird es also bei der unbezifferten Forderungsklage nicht als Klageänderung angenommen, wenn der Kläger ohne Änderung des Klagegrundes seinen Antrag nachträglich beziffert oder erhöht oder neue Tatsachen hereinführt, die sich auf den Klagegrund, der zu dem Anspruch führt, bezieht.[841] Obwohl die nachträgliche Bezifferung bei der unbezifferten Forderungsklage im deutschen Recht nicht ausdrücklich erforderlich ist, ist es schon von dem Reichsgericht und von der Lehre akzeptiert, dass die Umwandlung der Klage von einer unbezifferten Forderungsklage zu einer Leistungsklage keine Klageänderung sein wird.[842] Dementsprechend wird die nachträgliche Bezifferung des Anspruchs bei dem unbezifferten Anspruch ein Übergang zu einer bezifferten Leistungsklage sein und in diesem Sinne wird sie nicht als Klageänderung gesehen, wenn die Bezifferung zu den die Klage begründenden Tatsachen als angemessen angesehen wird.[843]

Das heißt, dass die nachträgliche Bezifferung des Anspruchs bei der unbezifferten Forderungsklage auch im deutschen Recht, in dem die nachträgliche

841 Blechschmidt, S. 61.

842 RGZ 23, 416, 420; RGZ 171, 203.

843 Blechschmidt, S. 61.

Bezifferung des Anspruchs nicht als Zulässigkeitsvoraussetzung angenommen ist, keine Klageänderung verursacht.

2. Zeitpunkt der nachträglichen Bezifferung

Gemäß Art. 107 Abs. 2 TürkZPO und Art. 85 Abs. 2 Nr. 1 SchweizZPO ist die nachträgliche Bezifferung als eine der Zulässigkeitsvoraussetzungen der unbezifferten Forderungsklage geregelt, womit der Gesetzgeber auch den Zeitpunkt der Bezifferung festgesetzt hat. Demzufolge soll der Kläger seinen Anspruch nachträglich beziffern, sobald er dafür nach dem Abschluss des Beweisverfahrens oder der Auskunftserteilung in der Lage ist. Eigentlich ist hier der Zeitpunkt der Bezifferung geregelt, denn sie muss nach dem Abschluss des Beweisverfahrens oder nach der Auskunftserteilung, also nach dem Ausfall der Behinderung, die dem Kläger die anfängliche Bezifferung des Anspruchs nicht ermöglicht, verwirklicht sein.[844]

Im Sinne der gesetzlichen Regelung des Zeitpunkts der nachträglichen Bezifferung kann dieser genaue Zeitpunkt erst von der Klageschrift und durch die vom Kläger hereingeführten Forderungen und Tatsachen bestimmt werden. Dementsprechend muss der Zeitpunkt der nachträglichen Bezifferung der unbezifferten Forderungsklage bei jeder Klage einzeln untersucht werden.[845]

Der Ansicht der Lehre des schweizerischen Zivilprozessrechts nach soll die nachträgliche Bezifferung des Anspruchs „so früh wie möglich" stattfinden, da die Forderung gemäß Art. 85 Abs. 2 Nr. 1 SchweizZPO beziffert werden muss, sobald dies dem Kläger möglich ist. Nach dieser Ansicht also hat der Gesetzgeber mit dem Adverb „sobald" eine möglichst frühe Bezifferung bezweckt[846], da die frühe Bezifferung des Anspruchs für die Absicherung des Dispositionsgrundsatzes für den Kläger und des Rechts auf rechtliches Gehör für den Beklagten eine entscheidende Rolle spielt.[847]

In den Vorschriften der Art. 107 Abs. 2 TürkZPO und Art. 85 Abs. 2 Nr. 1 SchweizZPO sind zwei mögliche Konstellationen des Zeitpunktes der nachträglichen Bezifferung benannt. Eine davon ist der Abschluss des Beweisverfahrens. Im türkischen Zivilprozessrecht müssen die Parteien alle Tatsachen und Beweismittel für ihre Ansprüche oder Gegenansprüche ausführlich konkretisieren

---

844 Baumann Wey, S. 194, Rn. 511; ZR 60, 1961, Nr. 84; Loosli, S. 68f.

845 Simil, S. 280.

846 Gehri/Jent-Sorensen/Sarbach/Mohs, Art. 85, Rn. 4; Baumann Wey, S. 194, Rn. 510; BernerKommZPO/Markus, Art. 85, Rn. 1.

847 Baumann Wey, S. 194, Rn. 510.

(Art. 119 Abs. 1 lit. e TürkZPO; Art. 129 Abs. 1 lit. d TürkZPO[848]; Art. 194 Abs. 1 TürkZPO) und gemäß Art. 198 TürkZPO[849] wird der Richter die Tatsachen und die Beweismittel der Parteien, abgesehen von den gesetzlich geregelten Ausnahmen, objektiv untersuchen und bewerten. Dementsprechend kann der Kläger nach der Konkretisierung von Beweismitteln durch den Beklagten oder nach ihren gerichtlichen Untersuchungen seinen Anspruch beziffern. Im türkischen Recht wird diese Bezifferung meistens durch das Sachverständigengutachten ermöglicht.[850] Dabei darf der Kläger seinen Anspruch nach dem endgültigen Sachverständigengutachten nur einmal ohne Verstoß gegen das Erweiterungsverbot beziffern, das heißt, er darf seinen Anspruch nicht nach jedem Sachverständigengutachten neu beziffern.[851] Dementsprechend soll der Kläger der unbezifferten Forderungsklage seinen Anspruch beziffern, wenn das Sachverständigengutachten als endgültig rechtskräftig akzeptiert ist oder wenn der Richter kein neues Sachverständigengutachten verlangt.[852]

Gemäß Art. 231 SchweizZPO untersucht das Gericht die Beweismittel und gemäß Art. 232 Abs. 1 SchweizZPO können die Parteien nach dieser Untersuchung über das Ergebnis der Untersuchung ihre Stellungnahmen mündlich oder schriftlich abgeben. Danach kann das Gericht seine Entscheidung über die Rechtsstreitigkeit treffen. Demgemäß soll der Kläger der unbezifferten Forderungsklage nach dem Abschluss des Beweisverfahrens seinen Anspruch spätestens in seinem Schlussvortrag mit seiner Stellungnahme über das Ergebnis des Beweisverfahrens beziffern.[853] Auch im schweizerischen Recht ist es akzeptiert, dass die Bezifferung des Anspruchs die Pflicht des Klägers ist[854] und dass der Kläger genug Zeit haben soll, um das Ergebnis des Beweisverfahrens und die Beweismittel zu untersuchen, um seine eigene Stellungnahme vorzubereiten und um seinen Anspruch zu beziffern.[855] Im schweizerischen Recht wird die Angabe der Stellungnahmen der Parteien mit Blick auf die Schlussvorträge untersucht.

848 **Übersetzung des Art. 129 Abs. 1 S. d TürkZPO**: Die beklagte Partei hat in ihrer Klageantwort alle Tatsachen über ihre Verteidigung deutlich und ausführlich in der Reihenfolge darzulegen.

849 **Übersetzung des Art. 198 TürkZPO**: Unter Vorbehalt der gesetzlichen Ausnahmen bildet sich das Gericht seine Überzeugung nach freier Würdigung der Beweise.

850 Pekcanitez/Pekcanaitez, Pekcanitez Usul, S. 1051f.; Pekcanitez/Atalay/Özekes, S. 458.

851 Pekcanitez/Pekcanaitez, Pekcanitez Usul, S. 1051f.; Pekcanitez/Atalay/Özekes, S. 458.

852 Simil, S. 284.

853 Baumann Wey, S. 196, Rn. 514.

854 Baumann Wey, S. 196, Rn. 515.

855 Baumann Wey, S. 197, Rn. 516.

Dementsprechend müssen die Stellungnahmen der Parteien zeitlich nacheinander folgen, damit der Beklagte in der Lage sein kann, seinen Vortrag gegen die Bezifferung des Klägers vorzubereiten und dafür sollte ihm eine genügende Frist eingeräumt werden.[856] Damit wird im schweizerischen Recht bezweckt das Recht auf rechtliches Gehör des Beklagten abzusichern.[857] Auch im schweizerischen Zivilprozessrecht kann diese Klarheit der Beweismittel und des Beweisverfahrens durch das Sachverständigengutachten verwirklicht werden. Demzufolge wird die Bezifferung der unbezifferten Forderungsklage, die das Sachverständigengutachten erfordert, auch nach dem Abschluss des Beweisverfahrens verwirklicht.[858]

Gemäß Art. 107 Abs. 2 TürkZPO und Art. 85 Abs. 2 Nr. 1 SchweizZPO kann der Kläger seinen Anspruch bei einer unbezifferten Forderungsklage nach der Auskunftserteilung nachträglich beziffern, wobei der Beklagte oder ein Dritter die in ihrem Besitz befindlichen Informationen dem Gericht erteilen müssen.[859] Bei solchen Klagen reicht der Kläger dem Gericht zwei unterschiedliche Forderungen ein. Die erste Forderung des Klägers betrifft die Erteilung der Informationen, die der Kläger für die Bezifferung seines Anspruchs benötigt, und die andere Forderung betrifft das Erlangen des Ganzen seines Anspruchs. Dementsprechend kann der Kläger erst dann in der Lage sein, seinen Anspruch nachträglich zu beziffern, sobald der Beklagte die benötigten Informationen erteilt. Also bei solchen Klagen kann der Zeitpunkt der Bezifferung des Anspruchs erst nach der Erteilung der vom Beklagten oder von einem Dritten erhaltenen Informationen entstehen.[860] Diese Klagen sind in dem schweizerischen und auch im deutschen Zivilprozessrecht als Stufenklage benannt, da der Kläger zwei verschiedene Forderungen hat, eine davon als Hilfe für die Absicherung der Hauptforderung, des Erlangens des Ganzen seines Anspruchs.[861]

---

856 Meier, HAVE, S. 31; Bauman Wey, S. 197, Rn. 517.

857 Baumann Wey, S. 197, Rn. 517.

858 Meier, HAVE, S. 17.

859 Pekcanitez/Atalay/Özekes, S. 458; Meier, HAVE, S. 16; Oberhammer, KUKOZPO, Art. 85, Rn. 13; Baker&McKenzie/Courvoisier, Art. 85, Rn. 9.

860 Pekcanitez/Pekcanaitez, Pekcanitez Usul, S. 1051; Pekcanitez/Atalay/Özekes, S. 458; Baumann Wey, S. 198, Rn. 520; Simil, S. 281; Meier, HAVE, S. 16; Baker&McKenzie/Courvoisier, Art. 85, Rn. 9; Oberhammer, KUKOZPO, Art. 85, Rn. 13f.; Brunner/Gasser/Schwander/Füllemann, Art. 85, Rn. 4.

861 Baumann Wey, S. 198, Rn. 520; Sutter-Somm/Hasenböhler/Leuenberger/Bopp/Bessenich, Art. 85, Rn. 9f.; Oberhammer, KUKOZPO, Art. 85, Rn. 13f.

Der Zeitpunkt der Bezifferung bei Stufenklagen ändert sich aber im Sinne des Zeitpunktes der Erteilung der Informationen.[862] Dementsprechend kann der Kläger seinen Anspruch so schnell wie möglich beziffern, wenn der Beklagte oder ein Dritter die verlangten Informationen dem Gericht rechtzeitig und freiwillig angibt.[863] Gemäß Art. 219 TürkZPO müssen die Parteien die von der Gegenpartei verlangten Informationen dem Gericht einreichen. Auch im schweizerischen Zivilprozessrecht sind die Parteien und Dritten gemäß Art. 160 Abs. 1 lit. b SchweizZPO verpflichtet, bei der Beweiserhebung die Urkunden, also Informationen, herausgeben. Demgemäß müssen die Beklagten oder Dritten der unbezifferten Forderungsklage die für die Bezifferung des Anspruchs benötigten und geforderten Informationen dem Gericht im Sinne der Mitwirkungspflicht der Parteien erteilen, wonach der Kläger seinen Anspruch nachträglich beziffern kann. Demzufolge folgt der Zeitpunkt der nachträglichen Bezifferung bei Stufenklagen erst nach der Erteilung der Informationen.[864]

Natürlich ist es aber möglich, dass der Beklagte oder ein Dritter seine Pflicht auf die Erteilung der Informationen verweigert. In solchen Fällen wird das Gericht gemäß Art. 220 TürkZPO[865] und Art. 164 SchweizZPO den Beklagten verurteilen, die benötigten und geforderten Informationen in einer bestimmten Frist einzureichen. Im Sinne der unbezifferten Forderungsklage ist es fraglich, wie der Kläger seinen Anspruch beziffern kann, falls der Beklagte oder ein Dritter die verlangten Informationen trotz der Verurteilung des Gerichts nicht einreichen würde. Gemäß Art. 220 Abs. 2 TürkZPO kann der Beklagte den Eid leisten, dass er diese Informationen nicht besitzt oder dass er sie mit Sorgfalt gesucht, aber nicht gefunden hat und nicht weiß, wo sie sind. Falls der Beklagte die Eidleistung nicht verwirklicht oder ohne Rechtfertigungsgrund die Informationen

862 Simil, S. 281.

863 Baumann Wey, S. 198, Rn. 521; Simil, S. 281.

864 Simil, S. 281; Baumann Wey, S. 199, Rn. 523.

865 **Übersetzung des Art. 220 TürkZPO:** (1) Das Gericht räumt für die Einreichung der für den Beweis der Tatsachen erforderlichen Unterlagen eine bestimmte Frist ein, sobald die Anforderung nach diesen Unterlagen vom Gericht als angemessen entschieden ist und seine Anwesenheit dem Gericht durch stillschweigende oder persönliche Anerkennung der Gegenpartei oder durch amtliche Eintragungen verständlich ist. (2) Die Vereidigung wird der Gegenpartei, die bestreitet, dass die angeforderten Unterlagen sich in ihrem Besitz befinden, obwohl sie mit Sorgfalt geforscht ha, vom Gericht angeordnet. (3) Das Gericht nimmt die Erklärungen der die Unterlagen anfordernden Partei an, falls die mit der Einreichung der Unterlagen berechtigte Gegenpartei die Unterlagen fristgerecht nicht angibt, darüber keine angemessene Rechtfertigung geltend macht oder die Vereidigung nicht erfüllt.

nicht erteilt, dann kann das Gericht gemäß Art. 220 Abs. 3 TürkZPO die Angaben des Klägers akzeptieren.[866] Diese Regelung des letzten Absatzes des Art. 220 TürkZPO kann aber bei der unbezifferten Forderungsklage nicht ausgeführt werden, da der Kläger bei der unbezifferten Forderungsklage die Informationen selber nicht kennt und deswegen darüber keine Angaben einreichen kann. Demzufolge wird es im türkischen Recht angenommen, dass der Kläger der unbezifferten Forderungsklage seinen Anspruch nach der Untersuchung der anderen Beweismittel und Informationen und nach dem Verhör der Parteien nachträglich beziffern kann.[867] Ähnlich wie im türkischen Recht ist es im schweizerischen Zivilprozessrecht auch nicht klar, wie man seinen Anspruch nachträglich beziffern kann, wenn der Beklagte trotz der gerichtlichen Verurteilung die notwendigen Informationen nicht erteilt. Einer Ansicht nach hat der Kläger gemäß Art. 343 SchweizZPO die Möglichkeit auf die Vollstreckung von Zwangsmaßnahmen oder er kann seinen geschuldeten Anspruch gemäß Art. 345 Abs. 1 lit. b SchweizZPO in der Form einer Geldleistung anfordern.[868] Nach dieser Ansicht kann die Verweigerung des Beklagten auf die Erteilung der Unterlagen unter der Regelung von Art. 164 SchweizZPO auch untersucht werden, also die Verweigerung des Beklagten kann bei der Beweiswürdigung untersucht werden.[869] Nach der herrschenden Ansicht der schweizerischen Lehre kann aber der Kläger seinen Anspruch irgendwie beziffern und die erste Stufe einfach überspringen. Falls es dem Kläger unmöglich oder unzumutbar ist, seinen Anspruch ohne diese verlangten Informationen zu beziffern, dann kann er gemäß Art. 85 Abs. 2 Nr. 1 SchweizZPO bis zum Ende des Beweisverfahrens warten und dann seinen Anspruch beziffern.[870]

In diesem Fall ist es aber fraglich, ob das Gericht von dem Kläger die nachträgliche Bezifferung seines Anspruchs verlangen darf. Weder in der türkischen noch in der schweizerischen Zivilprozessordnung ist es geregelt, ob der Richter vom Kläger nach der Auskunftserteilung oder dem Beweisverfahren die nachträgliche Bezifferung verlangen darf und dem Kläger dafür eine bestimmte Frist einsetzen soll.

Obwohl es im schweizerischen Zivilprozessrecht auch nicht gesetzlich geregelt ist, wird es von der schweizerischen Lehre akzeptiert, dass das Gericht vom

---

866 Erdönmez, Medeni Usul Hukukunda Belgelerin Ibrazi Mecburiyeti, 2. Auflage, 2014, S. 57.

867 Simil, S. 282.

868 Baumann Wey, S. 199, Rn. 523.

869 Baker&McKenzie/Courvoisier, Art. 85, Rn. 10; Baumann Wey, S. 199, Rn. 523.

870 Baumann Wey, S. 200, Rn. 523; Baker&McKenzie/Courvoisier, Art. 85, Rn. 10.

Kläger im Sinne seiner Fragepflicht gemäß Art. 56 SchweizZPO die nachträgliche Bezifferung verlangen und dafür eine bestimmte Frist einsetzen kann, falls der Kläger nach der Auskunftserteilung oder dem Beweisverfahren seine Pflicht auf die nachträgliche Bezifferung seines Anspruchs nicht erfüllt.[871] Dieser Ansicht nach kann das Gericht die nachträgliche Bezifferung vom Kläger einerseits unter der Erfüllung seiner Fragepflicht gemäß Art. 54 SchweizZPO verlangen, aber auch andererseits kann das Gericht sie im Sinne seiner prozessleitenden Pflicht gemäß Art. 124 Abs. 1 SchweizZPO verlangen, damit die Verfügungen, die für die Vorbereitung und für die Durchführung des Verfahrens notwendig sind, eingereicht werden können.[872]

Obwohl die schweizerische Lehre hierüber im Konsens steht, ist es aber im türkischen Zivilprozessrecht immer noch umstritten, ob das Gericht von dem Kläger der unbezifferten Forderungsklage nach der Auskunftserteilung oder dem Beweisverfahren die nachträgliche Bezifferung verlangen darf. Pekcanitez ist der Meinung, dass der Richter dem Kläger keinen Hinweis auf die Angabe der nachträglichen Bezifferung geben oder dem Kläger keine Frist für die nachträgliche Bezifferung einräumen darf.[873] Dieser Ansicht nach darf der Richter von dem Kläger trotz seiner Frage- und Aufklärungspflicht die nachträgliche Bezifferung nicht verlangen.[874] Obwohl Pekcanitez seine Ansicht nicht ausführlich begründet, wertet er die gerichtliche Frage nach der nachträglichen Bezifferung als einen Verstoß gegen die Grenzen der Frage- und Aufklärungspflicht, da die nachträgliche Bezifferung gemäß Art. 107 Abs. 2 TürkZPO als eine Pflicht des Klägers geregelt ist.[875]

Im Gegensatz zu dieser Ansicht vertreten aber Yilmaz und Simil die Ansicht, dass der Richter dem Kläger eine bestimmte Frist für die nachträgliche Bezifferung einräumen soll[876], da der Richter besser als der Kläger bestimmen kann, wann die nachträgliche Bezifferung richtig verwirklicht werden kann.[877] Dieser

871 BSKommZPO/Spühler, Art. 85, Rn. 11; Oberhammer, KUKOZPO, Art. 85, Rn. 9; Baker&McKenzie/Courvoisier, Art. 85, Rn. 8; Meier, HAVE, S. 30; Baumann Wey, S. 196, Rn. 515; Zürcher, S. 506.

872 BSKommZPO/Spühler, Art. 85, Rn. 11; Sutter-Somm/Hasenböhler/Leuenberger/Bopp/Bessenich, ZPOKomm, Art. 85, Rn. 15; Baumann Wey, S. 196, Rn. 515.

873 Pekcanitez/Pekcanitez, Pekcanitez Usul, S. 1052; Pekcanitez, Belirsiz Alacak Davasi, S. 52; Pekcanitez/Atalay/Özekes, S. 459.

874 Pekcanitez/Atalay/Özekes, S. 459; Pekcanitez/Pekcanitez, Pekcanitez Usul, S. 1052; Karaaslan, S. 132.

875 Pekcanitez/Pekcanitez, Pekcanitez Usul, S. 1052; Karaaslan, S. 132.

876 Yilmaz, Serh, S. 758; Simil, S. 285.

877 Simil, S. 285.

Ansicht nach werden das Verlangen des Gerichts auf die nachträgliche Bezifferung und seine Fristeinräumung für die zeitliche Bestimmung der nachträglichen Bezifferung der unbezifferten Forderungen besser und sicherer vom Gericht bestimmt. Außerdem verursachen die Fristeinräumung und das Verlangen auf die nachträgliche Bezifferung nach dieser Ansicht keinen Verstoß gegen die Grenzen der Frage- und Aufklärungspflicht des Gerichts, da diese Fristeinräumung oder das richterliche Bestehen auf der nachträglichen Bezifferung kein richterlicher Hinweis oder keine richterliche Hilfe für den Kläger sein können.[878] Dementsprechend soll dem Kläger eine bestimmte Frist eingeräumt werden, damit der Richter sach- und rechtgemäße Entscheidungen treffen kann, was eine seiner Hauptaufgaben ist.[879] Demzufolge soll aber der Richter dem Kläger eine angemessene Frist einräumen, damit der Kläger die relevanten Unterlagen und Beweismittel richtig untersuchen kann.[880] Diese Frist soll für jeden Fall individuell verschieden eingeräumt werden, da jede Rechtsstreitigkeit ihre eigene Natur hat. Deswegen spielt die Bestimmung der Frist für die nachträgliche Bezifferung bei der Verwirklichung des Zwecks der unbezifferten Forderungsklage eine entscheidende Rolle, da der Kläger bei einigen Klagearten mehr Zeit brauchen kann, wenn er nach der Auskunftserteilung oder dem Beweisverfahren die fachlichen oder besonderen Informationen der notwendigen Unterlagen untersuchen muss, um die Betragshöhe seines Anspruchs richtig zu beziffern. Demzufolge könnte er die Höhe seines Anspruchs nicht richtig beziffern, wenn er in einer kurzen Frist ohne ausführliche Untersuchung der Unterlagen die Betragshöhe seines Anspruchs dem Gericht angeben müsste, was eigentlich einen Verstoß gegen den Gesetzeszweck der unbezifferten Forderungsklage verursachen würde, da der Kläger die Betragshöhe seines Anspruchs geringer bestimmen kann, die er danach nur mit der Einwilligung des Beklagten oder durch die Verbesserung erhöhen kann, was die Prozessökonomie nicht absichert.[881] Deswegen soll der Richter dem Kläger eine angemessene und endgültige Frist für die nachträgliche Bezifferung seines Anspruchs einräumen, damit der Kläger die Betragshöhe seines Anspruchs richtig beziffern kann, was aber auch der Absicherung der Prozessökonomie dient.[882]

Meines Erachtens ist die Ansicht von Simil und Yilmaz überzeugend und so sollte der Richter von dem Kläger im Sinne seiner Frage- und Aufklärungspflicht

878 Simil, S. 286.
879 Simil, S. 287; Yilmaz, Serh, S. 758.
880 Simil, S. 288.
881 Simil, S. 286.
882 Simil, S. 288.

die nachträgliche Bezifferung verlangen und ihm eine angemessene Frist dafür einsetzen, wenn der Kläger die nachträgliche Bezifferung seines Anspruchs nach der Auskunftserteilung oder dem Beweisverfahren nicht angibt. Wie oben dargestellt, dient diese richterliche Anforderung der nachträglichen Bezifferung und die Einräumung der angemessenen Frist dem Gesetzeszweck der unbezifferten Forderungsklage, da der Richter besser verstehen und besser bestimmen kann, in welchem Zeitpunkt genau der Kläger nach der Auskunftserteilung oder dem Beweisverfahren in der Lage sein wird, seinen Anspruch nachträglich zu beziffern.

Gemäß Art. 31 TürkZPO und Art. 56 SchweizZPO kann das Gericht den Parteien Fragen stellen, von den Parteien Erklärungen oder Beweise verlangen, wenn die parteilichen Vorbringungen unklar, unbestimmt oder widersprüchlich sind. Damit hat der Gesetzgeber die Absicherung der materiellen Gerechtigkeit und sach- und rechtsgemäße Gerichtsentscheidungen bezweckt.[883] Auch im schweizerischen Zivilprozessrecht dient die Fragepflicht des Richters der Absicherung des Prozessgrundsatzes des rechtlichen Gehörs.[884] Demzufolge wird es im schweizerischen Zivilprozessrecht angenommen, dass die Ausübung der richterlichen Fragepflicht für die nachträgliche Bezifferung bei der unbezifferten Forderungsklage einerseits den Dispositionsgrundsatz und andererseits auch das Recht auf rechtliches Gehör der Parteien sichert.[885]

Auch Pekcanitez/Atalay/Özekes haben im Sinne der Frage- und Aufklärungspflicht des Richters angenommen, dass der Richter gemäß Art. 31 TürkZPO den Kläger fragen soll, was für einen Anspruch er an den Beklagten hat, falls es nicht klar ist, was genau der Kläger vom Beklagten anfordert[886], obwohl Pekcanitez die richterliche Anforderung und Fristeinräumung für die nachträgliche Bezifferung bei der unbezifferten Forderungklage abgelehnt hat.[887]

Dementsprechend entsteht kein gesetzlicher Verstoß, wenn der Richter von dem Kläger die nachträgliche Bezifferung verlangt und ihm eine bestimmte Frist dafür einräumt. Ganz im Gegenteil dient es der Verwirklichung des Gesetzeszwecks der unbezifferten Forderungsklage, bzw. der Absicherung der Prozessökonomie und der Prozessgrundsätze bei der unbezifferten Forderungsklage,

883 Pekcanitez/Atalay/Özekes, S. 373; Yargitay 23. HD., 27.02.2012, 638/1424.

884 Baker&McKenzie/Affentranger, Art. 56, Rn. 3.

885 Gehri/Jent-Sorensen/Sarbach/Mohs, Art. 85, Rn. 4; Oberhammer, KUKOZPO, Art. 85, Rn. 16.

886 Pekcanitez/Atalay/Özekes, S. 374.

887 Pekcanitez, Belirsiz Alacak Davasi, S. 52; Pekcanitez/Pekcanitez, Pekcanitez Usul, S. 1052; Pekcanitez/Atalay/Özekes, S. 459.

denn der Kläger kann die Unterlagen und Beweismittel sorgfältig und rechtzeitig gut untersuchen und seinen Anspruch dann richtig beziffern, wenn der Richter von ihm die nachträgliche Bezifferung in einer angemessenen Frist anfordert. Da der Kläger dadurch die Höhe seines Anspruchs richtig oder ungefähr richtig beziffern kann, wird er anschließend keine Verbesserung oder keine Einwilligung des Beklagten brauchen, um das Ganze seines Anspruchs zu erlangen, was eigentlich den Hauptzweck der unbezifferten Forderungsklage, die Prozessökonomie und die Rechtssicherheit, absichert.

Deswegen wäre es gut, wenn die türkische Lehre, ähnlich wie die schweizerische Lehre anerkannt, dass der Richter von dem Kläger in einer angemessenen Frist die nachträglichen Bezifferung anfordern kann, was eigentlich keinen Verstoß gegen die gesetzlichen Grenzen der Frage- und Aufklärungspflicht des Richters verursacht. Natürlich wäre es noch besser und sinnvoller, wenn der Gesetzgeber, ähnlich wie Yilmaz festgestellt hat, in der Regelung der unbezifferten Forderungsklage die richterliche Forderung auf die nachträgliche Bezifferung auch ermöglichen würde.[888] In diesem Sinne hat die Entwurfskommission der TürkZPO im Art. 5 Entwurf der TürkZPO nach den Ansichten der türkischen Lehre für Art. 107 Abs. 2 TürkZPO, eine zweiwöchige Frist nach dem Abschluss des Beweisverfahrens oder der Auskunftserteilung eingeräumt, in der der Kläger seinen Anspruch ohne Verstoß gegen das Erweiterungsverbot nachträglich beziffern kann. Die Kommission hat damit bezweckt, die Schwierigkeiten bei der Ausübung der unbezifferten Forderungsklage und seiner nachträglichen Bezifferung aufzuheben, da das Gericht den Zeitpunkt der nachträglichen Bezifferung nach der Auskunftserteilung oder dem Beweisverfahren besser als der Kläger festsetzen kann, was der Ausübung der unbezifferten Forderungsklage und auch dem daran gebundenen Rechtsschutz besser dienen kann.

3. Folgen der nachträglichen Bezifferung

Wie oben klargestellt, verursacht die nachträgliche Bezifferung im türkischen und auch im schweizerischen Recht keine Klageänderung. Trotzdem hat sie aber ihre eigenen Folgen bei der unbezifferten Forderungsklage für den Kläger, den Beklagten und das Gericht.

Eine der wichtigsten Folgen ist die Mitteilung der nachträglichen Bezifferung an den Beklagten und die ihm eingeräumte Frist, damit er seine Stellungnahme

888 Yilmaz, Serh, S. 758.

gegen die nachträgliche Bezifferung des Klägers vorbereiten kann.[889] Durch die Mitteilung der nachträglichen Bezifferung an den Beklagten kann dieser genau wissen, was der Kläger von ihm verlangt und durch die Fristeinräumung kann sich der Beklagte gegen die nachträgliche Bezifferung verteidigen.[890] Nach der Mitteilung der nachträglichen Bezifferung darf der Beklagte nur dem nachträglich bezifferten Teil des Anspruchs widersprechen und in seiner Stellungnahme keine neuen Beweismittel oder keine neuen Tatsachen in die Klage hineinführen[891], denn dies wäre dann ein Verstoß gegen den Art. 145 TürkZPO und ein Verstoß gegen das Erweiterungsverbot der Klage.[892] Da der Kläger durch die Angabe der nachträglichen Bezifferung keinen neuen Anspruch oder keine neuen Tatsachen angibt, sondern nur die Höhe seines Anspruchs bestimmt, darf der Beklagte auch deswegen keine neue Tatsachen oder Beweismittel in die Klage einführen, die er am Anfang der Klage nicht angegeben hat.[893] Außerdem wird dadurch auch das Recht auf rechtliches Gehör des Beklagten abgesichert.[894]

Die andere Folge der nachträglichen Bezifferung bei der unbezifferten Forderungsklage ist die Gebundenheit des Richters an die neue Betragshöhe des Anspruchs nach der Angabe der nachträglichen Bezifferung[895], weil der Kläger dadurch das Ganze seines Anspruchs bestimmt, woran der Richter in der Regel gemäß Art. 26 Abs. 1 Nr. 1 TürkZPO gebunden sein muss. Dennoch ist diese Bindung des Richters nicht als absolut anzusehen. Gemäß Art. 26 Abs. 1 Nr. 3 TürkZPO kann der Richter den vom Kläger geforderten Betrag geringer als den nachträglich bezifferten Anspruch, sowie auch geringer als den vorläufigen Mindestwert festsetzen, und zwar kann er sogar den ganzen Anspruch abweisen, wenn die Tatsachen und Beweismittel das erfordern. Aber in jedem Fall muss der Richter die nachträgliche Bezifferung berücksichtigen.[896]

Die nachträgliche Bezifferung hat auch Folgen für die Prozesskosten und die Prozessgebühren. Dementsprechend muss der Kläger nach der nachträglichen Bezifferung die zusätzlichen Prozesskosten und Prozessgebühren gemäß Art. 30 TürkGebührO dem Gericht nachträglich bezahlen, da die Prozesskosten und

---

889 Meier, HAVE, S. 31; Pekcanitez, Belirsiz Alacak Davasi, S. 53.
890 Pekcanitez, Belirsiz Alacak Davasi, S. 53; Gehri/Jent-Sorensen/Sarbach/Mohs, Art. 85, Rn. 4.
891 Pekcanitez, Belirsiz Alacak Davasi, S. 53; Pekcanitez/Atalay/Özekes, S. 460.
892 Pekcanitez, Belirsiz Alacak Davasi, S. 53; Pekcanitez/Atalay/Özekes, S. 460.
893 Simil, S. 293.
894 Simil, S. 292; Gehri/Jent-Sorensen/Sarbach/Mohs, Art. 85, Rn. 4.
895 Simil, S. 294.
896 Simil, S. 294.

Gebühren, die dem Gericht im Sinne des vorläufigen Mindestwertes bezahlt worden sind, nicht gleich wie die Prozesskosten und Gebühren im Sinne der nachträglich bezifferten Betragshöhe sein können, weil der Kläger gemäß Art. 107 Abs. 2 TürkZPO mit der nachträglichen Bezifferung den Betrag seines Anspruchs erhöhen wird.[897] Im türkischen Recht ist es umstritten, ob das Verfahren vom Gericht abgewiesen werden muss, wenn der Kläger im Sinne der nachträglichen Bezifferung den fehlenden Wert der Prozesskosten und der Gebühren in der vom Gericht für die nachträgliche Bezifferung eingeräumten Frist, gemäß Art. 30 TürkGebührO nicht bezahlen würde. Pekcanitez vertritt die Ansicht, dass die Klage vom Gericht gemäß Art. 30 TürkGebührO abgewiesen wird, wenn der Kläger den fehlenden Betrag an Prozesskosten und Gebühren nicht bezahlt und es wird dann so angenommen, als ob die Klage gar nicht erhoben worden ist, wenn der Kläger den fehlenden Betrag innerhalb eines Monats nach der Klageabweisung nicht bezahlt. Pekcanitez hat die Ausübung der ganzen Regelung des Art. 30 TürkGebührO auf die unbezifferte Forderungsklage übertragen.[898] Im Gegensatz zu Pekcanitez vertritt Simil die Meinung, dass der Kläger den nach der nachträglichen Bezifferung fehlenden Betrag der Prozesskosten und Gebühren gemäß Art. 30 TürkGebührO in der vom Gericht für die nachträgliche Bezifferung eingeräumten Frist bezahlen muss und falls er diesen Betrag in dieser Frist nicht bezahlen würde, dann würde das Verfahren nicht abgewiesen, sondern der vorläufige Mindestwert als der endgültige Betrag des Anspruchs anerkannt und das Gericht sollte das Verfahren nach diesem Wert weiter führen.[899]

Meines Erachtens trifft die Ansicht von Simil den Sinn und Zweck der unbezifferten Forderungsklage sach- und gesetzgemäßer als Pekcanitez. Denn wenn man die Ansicht von Pekcanitez für die unbezifferte Forderungsklage anerkennt, dann übersieht man den Ausnahmecharakter der unbezifferten Forderungsklage.

Wie oben dargestellt, ist die unbezifferte Forderungsklage eine Leistungsklage mit vielen Ausnahmen. Deswegen kann man die Regelung des Art. 30 TürkGebührO auf die unbezifferte Forderungsklage nicht übertragen ohne ihre Ausnahmen zu beachten. Bei der Erhebung der unbezifferten Forderungsklage muss der Kläger einen vorläufigen Mindestwert seines Anspruchs, wie viel er bis dahin bestimmen kann, angeben und er muss auch die Prozesskosten und Gebühren

897 Pekcanitez, Belirsiz Alacak Davasi, S. 57; Simil, S. 291, 328.
898 Pekcanitez, Belirsiz Alacak Davasi, S. 57.
899 Simil, S. 328.

im Sinne dieses Wertes bezahlen, um eine wirksame Klage zu erheben. Nach der Auskunftserteilung oder dem Beweisverfahren kann der Kläger den endgültigen Betrag seines Anspruchs nochmal bestimmen, was eigentlich eine der wichtigsten Ausnahmen der unbezifferten Forderungsklage ist. Dementsprechend kann die ganze unbezifferte Forderungsklage wegen der Ausübung des Art. 30 TürkGebührO nicht abgewiesen werden, da der Kläger bei der Klageerhebung die notwendigen Gebühren und Kosten bezahlt hat und die Klage mit dem vorläufigen Mindestwert in diesem Sinne als wirksam anerkannt ist. Deswegen wäre es hinreichend, den vorläufigen Mindestwert als endgültigen Wert des Anspruchs anzunehmen und die Klage so weiterzuführen, auch wenn der Kläger den fehlenden Wert der Prozesskosten und Gebühren nicht zuzahlen wird.

Im türkischen Recht wird unter der nachträglichen Bezifferung immer die Erhöhung des Betrags des Anspruchs verstanden, was eigentlich zu der Rechtspraxis und zu dem Sinn und Zweck der unbezifferten Forderungsklage besser passt. Im Gegensatz dazu wird es aber in dem schweizerischen Zivilprozessrecht angenommen, dass die Über- und auch die Unterschreitung des Mindestwertes durch die nachträgliche Bezifferung möglich ist.[900] Demzufolge können die Sicherungsmaßnahmen für die Parteientschädigung nachträglich gemäß Art. 100 Abs. 2 SchweizZPO erhöht oder herabgesetzt werden, die gemäß Art. 99 Abs. 1 SchweizZPO vom Kläger geleistet werden müssen.[901] Ähnlich wie im türkischen Recht kann sich die nachträgliche Bezifferung auf den Gerichtskostenvorschuss beziehen. Dementsprechend kann das Gericht den weiteren Vorschuss vom Kläger verlangen, wenn der im Sinne des vorläufigen Mindestwertes bezahlte Vorschuss nach der nachträglichen Bezifferung nicht genug sein wird.[902]

Anders als im türkischen Zivilprozessrecht ist es in der schweizerischen Zivilprozessordnung gemäß Art. 85 Abs. 2 Nr. 2 SchweizZPO so geregelt, dass das angerufene Gericht weiter zuständig bleiben wird, obwohl der nachträglich bezifferte Wert des Anspruchs den Streitwert der sachlichen Zuständigkeit übersteigt. Im schweizerischen Zivilprozessrecht ist die örtliche Zuständigkeit des Gerichts gemäß Art. 64 Abs. 1 lit. b SchweizZPO mit dem Anfang der Rechtshängigkeit gesichert. In diesem Sinne ist auch die sachliche Zuständigkeit des Gerichts bei

900 Baumann Wey, S. 202, Rn. 529.

901 Baumann Wey, S. 202, Rn. 529.

902 Sutter-Somm/Hasenböhler/Leuenberger/Bopp/Bessenich, Art. 85, Rn. 19; Baker&McKenzie/Kuster, Art. 98, Rn. 7; Baker&McKenzie/Courvoisier, Art. 85, Rn. 10; Baumann Wey, S. 202, Rn. 529.

der unbezifferten Forderungsklage gemäß Art. 85 Abs. 2 Nr. 2 SchweizZPO ausnahmsweise mit dem Anfang der Rechtshängigkeit gesichert.[903]

Wie oben festgestellt, ist es im schweizerischen Recht möglich, dass der nachträglich bezifferte Betrag des Anspruchs den vorläufigen Mindestwert über- aber auch unterschreiten kann.[904] Auch in der schweizerischen Literatur wird es akzeptiert, dass die Überschreitung des vorläufigen Mindestwertes nach der nachträglichen Beziffferung bei der unbezifferten Forderungsklage gemäß Art. 227 Abs. 1 und 2 SchweizZPO keine Klageänderung verursachen wird[905], da die nachträgliche Bezifferung des Anspruchs bei der unbezifferten Forderungsklage weder eine Änderung des Anspruchs noch ein neuer Anspruch ist. Mit der nachträglichen Bezifferung bleibt der Anspruch gleich, aber seine Betragshöhe wird nachträglich bestimmt.[906] Obwohl die Überschreitung des Mindestwertes keine Klageänderung verursacht, entsteht aber die Klagebeschränkung gemäß Art. 227 Abs. 3 SchweizZPO, wenn die Betragshöhe des Anspruchs nach der unbezifferten Forderungsklage den vorläufigen Mindestwert unterschreitet. Auch wenn so eine Klagebeschränkung wegen der Unterschreitung des vorläufigen Mindestwertes vorkommt, dann bleibt aber das angerufene Gericht im Sinne des Art. 227 Abs. 3 SchweizZPO trotz der Klagebeschränkung sachlich zuständig.[907]

Es ist aber im schweizerischen Zivilprozessrecht gesetzlich nicht geregelt, ob die Änderung der Verfahrensart nach der nachträglichen Bezifferung wegen der Über- oder Unterschreitung des Mindestwertes entstehen wird oder nicht, was von dem BGE und von der Lehre als Gesetzeslücke gesehen wird.[908] Der herrschenden Ansicht der schweizerischen Lehre nach verursacht aber die nachträgliche Bezifferung auch bei der Verfahrensart keine Änderung.[909] Die Lehre hat ihre Ansicht mit der Absicherung der Prozessökonomie gerechtfertigt. Auch bei der Klageänderung gemäß Art. 227 Abs. 1 Nr. 1 SchweizZPO und bei der Widerklage gemäß Art. 224 Abs. 1 SchweizZPO ist die Änderung der Verfahrensart

---

903 Baumann Wey, S. 231, Rn. 612; S. 201, Rn. 527.

904 Baumann Wey, S. 200, Rn. 526; BernerKommZPO/Markus, Art. 85, Rn. 23.

905 Baker&McKenzie/Courvoisier, Art. 85, Rn. 11; Baumann Wey, S. 200, Rn. 526; BSKommZPO/Spühler, Art. 85, Rn. 10; Oberhammer, KUKOZPO, Art. 85, Rn. 14; BernerKommZPO/Markus, Art. 85, Rn. 23.

906 Pekcanitez/Pekcanaitez, Pekcanitez Usul, S. 1049.

907 Baumann Wey, S. 202, Rn. 528.

908 BGE 135 V 113, 116, E.2.4; Baumann Wey, S. 201, Rn. 527.

909 Baumann Wey, S. 201, Rn. 527; Brunner/Gasser/Schwander/Füllemann, Art. 85, Rn. 3.

nicht geregelt, da die Änderungen der Verfahrensart Verzögerungen und Schwierigkeiten verursachen können, was eigentlich gegen die Prozessökonomie verstößt. Deswegen wird es in der schweizerischen Lehre so akzeptiert, dass die nachträgliche Bezifferung des Anspruchs die Verfahrensart nicht ändern wird, damit eine von den Hauptzwecken der unbezifferten Forderungsklage, also die Prozessökonomie, abgesichert werden kann.[910]

4. Folgen der Säumnis des Klägers mit der nachträglichen Bezifferung

a. Anerkennung des Mindestwertes als endgültiger Streitwert

Wie oben untersucht und festgestellt, gehört die Bezifferung des Anspruchs sowie auch die nachträgliche Bezifferung des Anspruchs bei der unbezifferten Forderungsklage im Sinne des Dispositionsgrundsatzes zu den Pflichten des Klägers.[911] Dementsprechend muss der Kläger seinen Anspruch bei der unbezifferten Forderungsklage selber nachträglich beziffern, wenn er dafür nach der Auskunftserteilung oder dem Beweisverfahren in der Lage ist.[912] Es ist aber möglich, dass der Kläger trotz der richterlichen Nachfrage diese Pflicht nicht erfüllt, denn nach den Dispositions- und Verfahrensgrundsätzen ist der Kläger frei darin, den Betrag seines Anspruchs zu erhöhen oder nicht.[913]

Im türkischen Zivilprozessrecht sowie auch im schweizerischen Zivilprozessrecht ist es umstritten, ob der vorläufige Mindestwert als der endgültige Streitwert der unbezifferten Forderungsklage angenommen wird oder ob die ganze Klage vom Gericht abgewiesen wird, falls der Kläger seinen Anspruch nach der Auskunftserteilung oder dem Beweisverfahren nachträglich nicht beziffert. Einer Ansicht nach kann die Klage nach der richterlichen Aufforderung abgewiesen werden, falls der Kläger den Betrag seines Anspruchs nachträglich nicht beziffern und sogar nicht erhöhen würde. Diese Ansicht wird mit dem Rechtsschutzinteresse gerechtfertigt. Dementsprechend kann der Kläger kein Rechtsschutzinteresse haben, wenn er den Betrag seines Anspruchs nach der Auskunftserteilung oder dem Beweisverfahren nicht erhöht und die unbezifferte

910 Baumann Wey, S. 201, Rn. 527.

911 Baumann Wey, S. 258, Rn. 669; Oberhammer, KUKOZPO, Art. 85, Rn. 9; Gehri/Jent-Sorensen/Sarbach/Mohs, Art. 85, Rn. 4; BSKommZPO/Spühler, Art. 85, Rn. 11.

912 Baumann Wey, S. 258, Rn. 669; Gehri/Jent-Sorensen/Sarbach/Mohs, Art. 85, Rn. 4; BSKommZPO/Spühler, Art. 85, Rn. 11.

913 Simil, S. 295.

Forderungsklage nicht zu einer normalen Forderungsklage, bzw. Leistungsklage umwandelt.[914]

Der herrschenden Ansicht der türkischen Lehre nach muss aber der vorläufige Mindestwert bei der unbezifferten Forderungsklage als endgültiger Streitwert der Rechtsstreitigkeit angenommen werden, falls der Kläger seinen Anspruch nachträglich nicht beziffert, da der Kläger auch bei dem Erlangen des vorläufigen Mindestwertes ein Rechtsschutzinteresse haben wird.[915]

Auch im schweizerischen Zivilprozessrecht ist dieses Thema umstritten. Dementsprechend vertritt Loosli die Meinung, dass die ganze Klage vom Gericht abgewiesen werden muss, wenn der Kläger seinen Anspruch nachträglich nicht beziffert, da der Beklagte im Sinne der nachträglichen Bezifferung seine Stellungnahme vorbereiten wird.[916] Der anderen Ansicht der schweizerischen Lehre nach wird der vorläufige Mindestwert der unbezifferten Forderungsklage als endgültiger Streitwert der Klage anerkannt, sobald der Kläger seinen Anspruch nicht fristgerecht beziffert.[917] Baumann Wey hat ihre Ansicht über die Endgültigkeit des vorläufigen Mindestwertes mit dem Säumnis gemäß Art. 147 Abs. 1 und 2 SchweizZPO gerechtfertigt. Demzufolge ist die Partei gemäß Art. 147 Abs. 1 SchweizZPO säumig, wenn sie eine Prozesshandlung nicht fristgerecht verwirklicht und gemäß Art. 147 Abs. 2 SchweizZPO wird das Verfahren ohne die versäumte Prozesshandlung weitergeführt. Dementsprechend wird der vorläufige Mindestbetrag als Folge des Säumnisses als endgültiger Streitwert der Rechtsstreitigkeit anerkannt, wenn der Kläger seinen Anspruch auch nach dem Beweisverfahren oder der Auskunftserteilung trotz der richterlichen Nachfrage nachträglich nicht beziffert.[918] Dieser Ansicht nach muss der vorläufige Mindestwert als endgültiger Streitwert anerkannt werden, da der Kläger auch mit der Angabe des Mindestwertes sein Recht im Sinne des Dispositionsgrundsatzes genutzt hat.[919] Dementsprechend kann der Mindestwert auch der endgültige

914 Dedeagac, 6100 Sayili Hukuk Muhakemesi Kanununun Getirdikleri, Ankara Barosu, 2011, S. 120.

915 Pekcanitez, Belirsiz Alacak Davasi, S. 48; Simil, S. 295.

916 Loosli, S. 140f.; Ähnlich wie Loosli ist Spühler auch der Meinung, dass die Klage abgewiesen werden muss, falls der Kläger trotz der richterlichen Nachfrage seinen Anspruch nachträglich nicht beziffern würde. BSKommZPO/Spühler, Art. 85, Rn. 11; Brunner/Gasser/Schwander/Füllemann, Art. 85, Rn. 3; Gehri/Jent-Sorensen/Sarbach/Mohs, Art. 85, Rn. 4.

917 Oberhammer, KUKOZPO, Art. 85, Rn. 9; Baumann Wey, S. 258, Rn. 668ff.

918 Baumann Wey, S. 258, Rn. 669f.

919 Baumann Wey, S. 258, Rn. 669.

Streitwert sein, wenn der Kläger die Möglichkeit auf das Erlangen des höheren Streitwertes nicht nutzt.[920]

Meines Erachtens muss der vorläufige Mindestwert als der endgültige Streitwert der unbezifferten Forderungsklage anerkannt werden, falls der Kläger seinen Anspruch trotz der richterlichen Nachfrage nachträglich nicht beziffert. Wie es im schweizerischen Recht gerechtfertigt ist, kann die Klage nicht abgewiesen werden, wenn der Kläger seinen Anspruch nachträglich nicht beziffert, da er zu Beginn des Prozesses durch die Angabe des Mindestwertes sein Recht auf den Dispositionsgrundsatz genutzt und bestimmt hatte, wie viel er mindestens von dem Beklagten anfordern möchte. Dementsprechend muss der Kläger darin frei sein, sein Recht auf die Erhöhung des Betrags seines Anspruchs im Sinne des Dispositionsgrundsatzes zu nutzen oder nicht. Falls er dieses Recht nicht nutzen sollte, kann dies aber nicht bedeuten, dass das ganze Verfahren abgewiesen werden muss, denn zu Beginn des Prozesses hat er alle Zulässigkeitsvoraussetzungen einer Klage erfüllt. Auch weil so eine Abweisung einen Verstoß gegen den Rechtsschutz und das Rechtsschutzinteresse auf den Mindestwert verursachen wird, sollte der Mindestwert als der endgültige Streitwert der unbezifferten Forderungsklage anerkannt werden, wenn der Kläger seinen Anspruch nachträglich nicht beziffert.

b. Bezifferung des Streitwertes nach der Anerkennung des Mindestwertes

Wie oben festgestellt, kann der Kläger der unbezifferten Forderungsklage den Betrag seines Anspruchs nach der Auskunftserteilung oder dem Beweisverfahren ohne Verstoß gegen das Klageerweiterungsverbot beziffern sowie auch erhöhen (Art. 107 Abs. 2 TürkZPO). Diese Ausnahme der unbezifferten Forderungsklage gilt aber nur, bis der Kläger seinen Anspruch von sich aus oder in der vom Gericht eingeräumten Frist beziffert. Nach der nachträglichen Bezifferung des Anspruchs durch den Kläger oder nach der Anerkennung des vorläufigen Mindestwertes als endgültigem Streitwert darf der Kläger seinen Anspruch ohne Verstoß gegen das Erweiterungsverbot nicht noch einmal beziffern. Im Allgemeinen kann aber dieses Erweiterungsverbot ausnahmsweise durch die Einwilligung des Beklagten oder durch die Verbesserung überwunden werden.[921]

Dementsprechend darf der Kläger seinen Anspruch nach der Klageanerkennung des Beklagten noch einmal beziffern, wenn der Kläger seinen Anspruch

---

920 Baumann Wey, S. 258, Rn. 669; Oberhammer, KUKOZPO, Art. 85, Rn. 9.

921 Pekcanitez/Atalay/Özekes, S. 616.

zuvor fehlerhaft oder kaum beziffert hat.[922] Hier spielt die offene und ausdrückliche Anerkennung des Beklagten eine bestimmende Rolle, denn gemäß Art. 141 TürkZPO dürfen die Parteien die Klage und ihre Ansprüche erst dann erweitern, wenn ihre Anerkennung offen und ausdrücklich ist. Dementsprechend wird die neue Forderung des Klägers auf den bisher nicht bezifferten Rest des Anspruchs vom Gericht abgewiesen, wenn die Anerkennung des Beklagten darauf nicht offen und ausdrücklich ist. Das Gericht trifft in diesem Fall seine Entscheidung im Sinne des alten Betrags des Anspruchs.[923] Die Anerkennung des Beklagten begünstigt den Kläger, denn dieser muss nun keine Zusatzkosten oder Gebühren bezahlen, während er bei der Erweiterung der Klage durch die Verbesserung gemäß Art. 178 TürkZPO[924] dem Gericht zusätzliche Kosten und Gebühren bezahlen muss.[925]

Die Klage kann auch durch die Verbesserung erweitert werden, auch wenn der Beklagte die nachträgliche Anforderung des Klägers auf die Erhöhung des Anspruchs nicht anerkennt.[926] Gemäß Art. 176 TürkZPO[927] ermöglicht die Verbesserung den Parteien die Veränderung ihrer prozessualen Handlungen, die sie wegen des Erweiterungsverbots im Verfahren nicht machen dürfen.[928] Die Verbesserung der Klage ist aber eigentlich nicht prozessökonomisch. Erstens muss die Partei, die ihre eigenen Prozesshandlungen ändern möchte, gemäß Art. 178 Abs. 1 TürkZPO die Prozesskosten, die wegen der Verbesserung nicht mehr wirksam sind, und den vom Gericht festgesetzten Sicherheitsbetrag für die möglichen oder entstandenen Schäden der Gegenpartei in einer Woche bezahlen.[929] Bei der Zahlung des Betrags der Sicherung wird nicht betrachtet, ob die Partei die Verbesserung mit Treu und Glauben oder fahrlässig machen möchte.

---

922 Simil, S. 296.

923 Simil, 296.

924 **Übersetzung des Art. 178 TürkZPO**: (1) Die verbesserte Partei muss den vom Gericht festgesetzten Sicherungsbetrag in einer Woche einzahlen, damit die Prozesskosten der wegen der Verbesserung unwirksamen Handlungen und die möglichen Schäden der Gegenpartei abgesichert werden können. Andernfalls wird die Verbesserung unwirksam. (2) Nach der Festsetzung des Schadens der Gegenpartei wird der Unterschied des Betrags der Sicherung zugezahlt oder zurückgezahlt.

925 Simil, S. 296.

926 Simil, S. 296.

927 **Übersetzung des Art. 176 TürkZPO**: (1) Jede Prozesspartei kann ihre Verfahrenshandlungen ganz oder teilweise verbessern. (2) Die Parteien können in dem gleichen Verfahren nur einmal für die Verbesserung beantragen.

928 Pekcanitez/Atalay/Özekes, S. 616.

929 Pekcanitez/Atalay/Özekes, S. 627.

Sie muss diesen Betrag bezahlen, da sie diese Verbesserung anfordert. Falls sie diesen Sicherungsbetrag nicht bezahlen würde, wird die Verbesserung gemäß Art. 178 Abs. 1 Nr. 2 TürkZPO unwirksam und abgewiesen.[930] Außerdem ist die Verbesserung auch im Sinne des Gerichts nicht prozessökonomisch, denn das Gericht muss die neuen oder geänderten Prozesshandlungen noch einmal prüfen, obwohl es vorher die alten Prozesshandlungen der Parteien schon geprüft hat. Das heißt, dass die Verbesserung einen höheren Aufwand für das Gericht verursacht, was gegen die Prozessökonomie verstößt.

Dabei spielt die unbezifferte Forderungsklage eine wichtige Rolle, da der Kläger, besonders nach dem Sachverständigengutachten, ohne Anerkennung des Beklagten oder ohne Verbesserung des Betrags seinen Anspruch nachträglich beziffern, sogar auch erhöhen darf.[931] Trotzdem kann aber der Kläger der unbezifferten Forderungsklage die Verbesserung seines Anspruchs anfordern, falls er den Betrag seines Anspruchs nach dem Abschluss der Auskunftserteilung oder des Beweisverfahrens nachträglich nicht fristgerecht beziffert hätte und falls er nachher, nachdem der vorläufige Streitwert als der endgültige Streitwert anerkannt ist, seinen Anspruch nachträglich beziffern möchte. Dann muss der Kläger erst durch die Verbesserung den Betrag seines Anspruchs erhöhen, falls er auch keine Anerkennung des Beklagten bekommen konnte.[932] Demgemäß kann der Kläger den Betrag seines Anspruchs durch die Verbesserung erst dann erhöhen, nachdem er den Sicherungsbetrag gemäß Art. 178 Abs. 1 TürkZPO bezahlt hat.[933] Im türkischen Recht wird so eine Verbesserung bei der unbezifferten Forderungsklage, die darauf abzielt, nur den Betrag des Anspruchs zu ändern, als Teilverbesserung anerkannt, da diese Verbesserung die Klage und ihren Gegenstand nicht ändert, sondern nur einen weiteren Teil der erhobenen Klage berührt.[934]

Meines Erachtens muss die Bezifferung des Anspruchs nach der Anerkennung des Mindestwertes als endgültigem Streitwert auch als Teilverbesserung anerkannt werden, denn nach dem Gesetzeszweck der unbezifferten Forderungsklage ist sie die Leistungsklage und die nachträgliche Bezifferung des Anspruchs soll keine Klageänderung verursachen, da der Hauptzweck des Klägers von Anfang an das Erlangen des Ganzen seines Anspruchs ist. Demzufolge

930 Simil, S. 297.

931 Pekcanitez/Atalay/Özekes, S. 617; Simil, S. 297.

932 Pekcanitez, Belirsiz Alacak Davasi, S. 56; Simil, S. 298.

933 Pekcanitez, Belirsiz Alacak Davasi, S. 56f.; Simil, S. 298.

934 Simil, S. 298.

soll auch die durch die Verbesserung erhöhte Bezifferung des Anspruchs nicht als neue Klage angenommen werden.

Im Gegensatz zu dem türkischen Zivilprozessrecht ist die Anerkennung des Beklagten im Sinne der unbezifferten Forderungsklage im schweizerischen Zivilprozessrecht anders geregelt, was im folgenden Abschnitt ausführlicher untersucht wird. Demzufolge ist die Wiederherstellung des Betrags des Anspruchs nach der Anerkennung des Mindestwertes als dem endgültigen Streitwert durch die Anerkennung des Beklagten unmöglich, da im schweizerischen Zivilprozessrecht gemäß Art. 241 Abs. 1 und 2 SchweiZPO die Anerkennung oder der Rückzug Wirkung auf die rechtskräftige Entscheidung haben, das heißt also die Anerkennung beendet im schweizerischen Recht das Verfahren ohne Entscheid.[935] Dies bedeutet, dass die Anerkennung der Wiederherstellung des Anspruchs des Klägers im schweizerischen Recht nicht ähnlich wie im türkischen Recht geregelt ist, denn im türkischen Recht versteht man unter der Anerkennung des Beklagten bei der unbezifferten Forderungsklage die Einwilligung des Beklagten, damit der Kläger den Betrag seines Anspruchs nachträglich noch einmal erhöhen darf. Im Gegensatz dazu kann die Anerkennung des Beklagten bei der unbezifferten Forderungsklage im schweizerischen Recht erst dann vorkommen, wenn der Anspruch während der Anerkennung noch nicht genau beziffert ist.[936] Im schweizerischen Recht kann der Beklagte also auch dann anerkennen, wenn der vorläufige Mindestwert noch nicht als endgültiger Streitwert anerkannt werden kann, weil er noch unbestimmt oder ungenau ist. Aber selbst die Wiederherstellung des Anspruchs wird gemäß Art. 148 SchweizZPO bei der unbezifferten Forderungsklage abgelehnt, da der Kläger trotz der richterlichen Anforderung zur nachträglichen Bezifferung seinen Anspruch nicht beziffert, also seine Pflicht nicht rechtzeitig erfüllt hat.[937]

Die Zulässigkeitsvoraussetzungen der unbezifferten Forderungsklage werden von der deutschen Lehre und Rechtsprechung anders als die türkischen und schweizerischen Regelungen der unbezifferten Forderungsklage anerkannt. Demgemäß ist die nachträgliche Bezifferung des Betrags des Anspruchs durch den Kläger im deutschen Recht nicht erforderlich. Auch die Angabe des Mindestwertes bei der Klageerhebung der unbezifferten Forderungsklage im deutschen Recht wird nicht als Zulässigkeitsvoraussetzung angenommen, da es umstritten ist, ob der Kläger eine Größenordnung bestimmen soll, oder ob die

935 Baumann Wey, S. 259, Rn. 671.
936 Baumann Wey, S. 259, Rn. 672f.
937 Baumann Wey, S. 258, Rn. 670.

unbezifferte Forderungsklage auch ohne Angabe der Größenordnung zulässig sein kann. Demzufolge kann es im deutschen Recht kein Thema sein, ob der Mindestwert als endgültiger Streitwert angenommen werden kann oder nicht, da im deutschen Recht für die Zulässigkeit der unbezifferten Forderungsklage weder der Mindestwert noch die nachträgliche Bezifferung als Zulässigkeitsvoraussetzung angefordert wird. Demzufolge wird die Anerkennung des Beklagten oder das Säumnis im Fall der unbezifferten Forderungsklage im deutschen Recht anders als im türkischen Recht akzeptiert.

Gemäß §307 Abs. 1 ZPO ist die Anerkennung die Erklärung einer der Parteien, dass die Prozesshandlung oder -handlungen der Gegenpartei richtig sind. Durch die Anerkennung erklärt und bestätigt also der Beklagte dem Gericht, dass die Ansprüche des Klägers ganz oder zum Teil richtig sind[938], womit die Rechtsstreitigkeit und das Verfahren am schnellsten und einfachsten beendet werden können.[939] Ähnlich wie im schweizerischen Recht wird die Anerkennung auch im deutschen Recht im Sinne der unbezifferten Forderungsklage nicht als Anerkennung der Anforderung des Klägers auf die Erhöhung des Restes des nicht bezifferten Teils des Anspruchs verstanden, sondern als die Parteihandlung, die die Rechtsstreitigkeit beenden kann. Selbst bei der unbezifferten Forderungsklage ist die Anerkennung des Beklagten im deutschen Recht zulässig und möglich. Aber sie wird nur als eine die Klage beendende Parteihandlung anerkannt. Das heißt, dass die Zulässigkeit der Anerkennung im deutschen Recht im Sinne der Wiederherstellung des nachträglich nicht bezifferten Betrags des Anspruchs nicht möglich ist, da die nachträgliche Bezifferung des Anspruchs bei der unbezifferten Forderungsklage nicht geregelt und erforderlich ist. Die Anerkennung wird aber im folgenden Abschnitt als eine die Klage beendende Parteihandlung untersucht werden.

Ähnlich wie im türkischen Recht wird die Verbesserung auch im deutschen Recht im Sinne der unbezifferten Forderungsklage schon als möglich angesehen.[940] Diese Möglichkeit der Verbesserung ist anders als im türkischen Recht, da der Kläger im türkischen Recht einen vorläufigen Mindestwert angeben muss, während er im deutschen Recht eine Größenordnung bestimmen kann. Demzufolge ist die Verbesserung von Mängeln des unbezifferten Antrags im deutschen Recht erst dann möglich, wenn der Kläger keine klare Vorstellung von der Höhe des Betrags seines Anspruchs hat und er kann dies entweder durch die

938 Kern, S. 47; Thomas/Putzo/Reichold, §307 ZPO, Rn. 1; Mertins, S. 48; Menges, S. 59f.
939 Ubert, S. 58.
940 Wurm, S. 69.

stillschweigende Hinnahme der Festsetzung des Gerichts oder durch die Berufung erreichen[941], was gar nicht vergleichbar mit der türkischen Ausübung ist.

Obwohl die Verbesserung bei der unbezifferten Forderungsklage im deutschen Recht anders als im türkischen Recht ausgeübt wird, gibt es doch Gemeinsamkeiten. Dementsprechend wird im deutschen Recht auch die nachträgliche Bezifferung des Anspruchs, ähnlich wie im türkischen Recht, nicht als Klageänderung angenommen, wenn diese Bezifferung im Sinne der angegebenen Tatsachen angemessen ist.[942] Gemäß §263 ZPO kann die Klageänderung erst dann eintreten, wenn die Änderung des Klagegrundes oder des Streitgegenstandes bei der erhobenen Klage vom Beklagten bewilligt und vom Gericht für sachdienlich erklärt wird.[943] Demzufolge und auch gemäß § 264 ZPO wird keine Klageänderung eintreten, wenn die Verfahrensart nicht verändert wird oder wenn keine neuen Tatsachen vorgebracht werden. Demgemäß wird die nachträgliche Bezifferung des Klägers bei der unbezifferten Forderungsklage auch im deutschen Zivilprozessrecht nicht als Klageänderung angenommen, da der Kläger seinen Anspruch durch die nachträgliche Bezifferung bei der unbezifferten Forderungsklage nicht ändert oder nicht neu feststellt. Vielmehr setzt er den Betrag seines Anspruchs fest, der zu den zu Beginn des Prozesses angegebenen Klage begründenden Tatsachen in einem angemessen Verhältnis steht.[944] Gemäß §264 Abs. 2 ZPO wird die Angabe von neuen Tatsachen, die aber die schon zu Beginn des Prozesses angegebenen Tatsachen ergänzen, nicht als Grund der Klageänderung angenommen. Dementsprechend werden auch die Informationen, die nachträglich nach dem Abschluss der Auskunftserteilung oder des Beweisverfahrens noch einfließen, nicht als Grund der Klageänderung angenommen, denn sie ergänzen eigentlich die angegebenen Tatsachen, damit der Betrag des Anspruchs angemessen beziffert werden kann.[945]

c. *Folgen für den nicht bezifferten und nicht angeforderten Rest des Streitwertes*

Wie oben festgestellt, muss der Kläger den Betrag seines Anspruchs bei der unbezifferten Forderungsklage nach dem Abschluss des Beweisverfahrens oder der Auskunftserteilung im Sinne des Dispositionsgrundsatzes selber beziffern.

941 Wurm, S. 69.
942 Kern, S. 45f.; Blechschmidt, S. 61.
943 Thomas/Putzo/Reichold, §263 ZPO, Rn. 1ff.
944 Blechschmidt, S. 61; Kern, S. 46; RGZ 23, 416, 420; RGZ 171, 203.
945 Blechschmidt, S. 62.

Falls der Kläger seinen Anspruch nachträglich nicht beziffert, bedeutet dies aber nicht, dass der Kläger auf den Rest seines Anspruchs verzichtet, denn gemäß Art. 309 Abs. 3 TürkZPO[946] muss die Verzichtserklärung offen und ausführlich sein. Dementsprechend wird aber eine mögliche neue Klage mit dem Anspruch auf den Rest des Streitgegenstandes vom Gericht abgewiesen, da dies gemäß Art. 114 Abs. 1 Nr. 1 TürkZPO notwendig wird, wenn sie in einer anderen Klage rechtshängig oder die Gerichtsentscheidung darüber rechtskräftig geworden ist. Dementsprechend wird also die zweite Klage mit dem Anspruch auf den Rest des Streitgegenstandes vom Gericht wegen der rechtskräftigen Entscheidung abgewiesen, wenn das Gericht über die unbezifferte Forderungsklage, deren Streitgegenstand nachträglich nicht beziffert worden ist, eine rechtskräftige Entscheidung getroffen hat. Die neue Klage muss aber auch wegen der Rechtshängigkeit abgewiesen werden, wenn das Verfahren über die unbezifferte Forderungsklage immer noch nicht zum Beschluss gekommen ist und wenn das Gericht darüber keinen endgültigen Entscheid getroffen hat.[947]

In beiden Fällen muss also die zweite Klage mit dem Anspruch auf den Rest des Streitgegenstandes abgewiesen werden, denn der Hauptzweck des Klägers mit der Erhebung der unbezifferten Forderungsklage ist das Erlangen des Ganzen seines Rechtsbegehrens[948] und da der Rest des Streitgegenstandes zu dem Ganzen des Rechtsbegehrens des Klägers gehört und da der Kläger seinen gleichen Anspruch nicht zweimal verlangen darf, muss dann die zweite Klage entweder wegen der Rechtshängigkeit oder wegen des rechtskräftiges Entscheids des Gerichts abgewiesen werden.

---

946 **Übersetzung des Art. 309 TürkZPO**: (1) Verzicht und Anerkenntnis werden durch den Antrag oder während des Verfahrens mündlich geltend gemacht. (2) Für die Wirksamkeit des Verzichts und des Anerkenntnisses ist keine Einwilligung der Gegenpartei erforderlich. (3) Bei dem Teilverzicht oder Teilanerkenntnis muss der verzichtete oder anerkannte Teil in dem Antrag deutlich angegeben werden. (4) Verzicht und Anerkenntnis müssen bedingungslos sein.

947 Menges, S. 158; Simil, S. 299; Loosli, S. 120f.

948 Simil, S. 300.

§5 Arten der unbezifferten Forderungsklage

A. Allgemeines

Gemäß Art. 107 Abs. 2 TürkZPO und gemäß Art. 85 Abs. 2 SchweizZPO kann die unbezifferte Forderungsklage in zwei Konstellationen vorkommen. Eine davon ist die unbezifferte Forderungsklage, deren nachträgliche Bezifferung erst nach dem Beweisverfahren möglich ist, die andere ist die unbezifferte Forderungsklage, deren nachträgliche Bezifferung nach der Auskunftserteilung möglich ist. Obwohl es gesetzlich nicht geregelt ist, wird von der türkischen, deutschen und auch schweizerischen Lehre und von ihrer Rechtsprechung angenommen, dass die unbezifferte Forderungsklage sich auch als reine Ermessensklage zeigen kann, wobei die Höhe des Rechtsbegehrens durch das richterliche Ermessen bestimmt sein wird.[949] So unterscheiden sich unter dem Oberbegriff der unbezifferten Forderungsklage drei verschiedenen Klagetypen[950], was im Folgenden untersucht wird.

B. Nachträglich zu beziffernde Forderungsklage

1. Bezifferung nach dem Beweisverfahren

Gemäß Art. 107 Abs. 2 TürkZPO und Art. 85 Abs. 2 SchweizZPO ist es dem Klager möglich unbezifferte Forderungsklage zu erheben, wenn ihm die endgültige Bezifferung der Betragshöhe seines Anspruchs erst nach dem Abschluss des Beweisverfahrens möglich ist. Das heißt, dass der Kläger die Höhe seines endgültigen Anspruchs bei der unbezifferten Forderungsklage erst nachträglich beziffern kann.[951]

Während der Gesetzgeber im schweizerischen Zivilprozessrecht die nachträgliche Bezifferung der unbezifferten Forderungsklage nach dem Abschluss des

---

949 Oberhammer, KUKOZPO, Art. 85, Rn. 10; Sutter-Somm/Hasenböhler/Leuenberger/Bopp/Bessenich, ZPOKomm, Art. 85, Rn. 3; Meier, HAVE, S. 15; Rosenberg/Schwab/Gottwald, §96, S. 572, Rn. 39ff.; Simil, S. 149; BGE 131 III 243 E.5, 116 II 215 E. 4.; Budak, Belirsiz Alacak Davasi, S. 83f.

950 Meier, HAVE, S. 15; Sutter-Somm/Hasenböhler/Leuenberger/Bopp/Bessenich, ZPO-Komm, Art. 85, Rn. 3.

951 Leuenberger/Uffer-Tobler, 2. Auflage, S. 162, Rn. 6.10; Spühler/Dolge/Gehri, S. 132, §33, Rn. 64; Brunner/Gasser/Schwander/Füllemann, Art. 85, Rn. 3; Pekcanitez/Atalay/Özekes, S. 458.

Beweisverfahrens ermöglicht, hat der türkische Gesetzgeber die nachträgliche Bezifferung „nach dem Abschluss der Untersuchung“ festgelegt, was in dieser Arbeit bisher als „nach dem Abschluss des Beweisverfahrens“ angenommen und benannt ist. Diese Regelung des türkischen Gesetzgebers wird von der türkischen Lehre streng kritisiert. Dieser Kritik nach sollte man unter dem Abschluss der Untersuchung den Abschluss des Beweisverfahrens verstehen und diese Regelung der unbezifferten Forderungsklage sollte im türkischen Recht ähnlich wie in der schweizerischen Zivilprozessordnung verstanden werden[952], weil der Abschluss der Untersuchung der Beweise, die für die Bezifferung des Anspruchs erforderlich sind, für die nachträgliche Bezifferung bei der unbezifferten Forderungsklage hinreichend ist. Deswegen könnte es das Verfahren sinnlos verlängern, wenn der Kläger für die nachträgliche Bezifferung bis zum Ende der Untersuchung der gesamten Beweismittel, die mit der Bezifferung der Betragshöhe des Anspruchs nichts zu tun haben, warten müsste.[953] Meines Erachtens ist es im türkischen Recht auch im Sinne der Prozessökonomie und des Rechtsschutzinteresses der Parteien schon deutlich, dass der Gesetzgeber unter dem „Abschluss der Untersuchung“ bei der unbezifferten Forderungsklage den Abschluss des Beweisverfahrens, der für die Bezifferung des Anspruchs erforderlich ist, gemeint hat. Daher heißt es auch in dieser Arbeit nicht „Abschluss der Untersuchung“, sondern „Abschluss des Beweisverfahrens“.

Diese Art der unbezifferten Forderungsklage kann im türkischen und auch im schweizerischen Recht meistens in Fällen von Schadensersatz, Schmerzensgeld oder unerlaubten Handlungen vorkommen, bei denen der Kläger den Betrag des Schadens nicht genau beziffern kann.[954] Bei solchen Fällen ist der Kläger nicht in der Lage, den Betrag seines Schadens sowie den Betrag seines Anspruchs zu beziffern, da er notwendige und relevante Informationen für die Bezifferung des Betrags des Schadens nicht kennt.[955] Deswegen ist die Bezifferung der Betragshöhe des Schadens sowie des Anspruchs bei solchen Fällen von dem Beweisverfahren abhängig, nach dessen Abschluss erst der Kläger seinen Anspruch nachträglich beziffern kann.[956]

---

952 Simil, S. 202.

953 Simil, S. 203.

954 BSKommZPO/Spühler, Art. 85 SchweizZPO, Rn. 2; Leuenberger/Uffer-Tobler, 2. Auflage, S. 162, Rn. 6.10; Simil, S. 203; Budak, Belirsiz Alacak Davasi, S. 84.

955 Meier, HAVE, S. 17.

956 Leuenberger/Uffer-Tobler, 2. Auflage, S. 162, Rn. 6.10; Baker&McKenzie/Courvoisier, Art. 85, Rn. 8; Sutter-Somm/Hasenböhler/Leuenberger/Bopp/Bessenich, ZPOKomm, Art. 85, Rn. 9; Pekcanitez/Atalay/Özekes, S. 458.

Bei dieser Art der unbezifferten Forderungsklage, also während des Beweisverfahrens, ist meistens ein Sachverständigengutachten erforderlich, damit die Beweismittel und Informationen über die Rechtsstreitigkeit von einem Fachmann sachgemäß untersucht werden können.[957] Dementsprechend kann der Kläger erst nach der Untersuchung und Bestimmung des Sachverständigengutachtens den Betrag seines Anspruchs endgültig beziffern.[958] Aber wie oben dargestellt, muss dem Kläger nach dem Beweisverfahren eine bestimmte Frist zugestanden werden, damit der Kläger die durch das Beweisverfahren erhaltene Information untersuchen und den Betrag seines Anspruchs selber bestimmen kann.[959]

In der türkischen und schweizerischen Lehre wird diese Art der unbezifferten Forderungsklage im Sinne des Klägers als vorteilhaft gesehen, denn nach dem Rechtsschutzprinzip wäre es nicht in Ordnung, vom Kläger zu erwarten, dass er selber umfangreiche Untersuchungen von Beweismitteln anstoßen oder selbst ausführen würde, was auch teurere Privatgutachten erfordert, damit er den Betrag seines Anspruchs bestimmen könnte. Dies würde einen Verstoß gegen die Prozessgrundsätze verursachen.[960] Daher dient die Regelung dieser Art der unbezifferten Forderungsklage dem Rechtsschutzinteresse des Klägers.[961]

Außerdem dient diese Art der unbezifferten Forderungsklage neben dem Rechtsschutzinteresse des Klägers auch der Prozessökonomie. Durch die Möglichkeit der nachträglichen Bezifferung nach dem Abschluss des Beweisverfahrens muss der Kläger seinen Anspruch zu Beginn des Prozesses nicht zu hoch einklagen und dann die hohen Prozesskosten bezahlen oder er muss auch nicht wegen der Angst vor hohen Prozesskosten seinen Anspruch zu niedrig bestimmen, was dazu führen könnte, dass der Kläger nachher zusätzliche Klage erheben könnte, um den Rest seines Anspruchs zu erlangen.[962] Deswegen ist die Regelung der unbezifferten Forderungsklage mit der nachträglichen Bezifferung nach dem Abschluss des Beweisverfahrens für die Absicherung des Rechtsschutzinteresses des Klägers und der Prozessökonomie sehr wichtig und vorteilhaft. Obwohl diese Art der unbezifferten Forderungsklage gemäß Art. 85 Abs. 2 SchweizZPO und Art. 107 Abs. 2 TürkZPO ausdrücklich geregelt ist und obwohl dies nach der herrschenden Ansicht der schweizerischen und türkischen Lehren als nützlich

957 Meier, HAVE, S. 17; Pekcanitez/Atalay/Özekes, S. 458; Tanriver, S. 592.
958 Meier, HAVE, S. 17; Simil, S. 203f.; Tanriver, S. 592.
959 Baker&McKenzie/Courvoisier, Art. 85, Rn. 8.
960 Leuenberger/Uffer-Tobler, 2. Auflage, S. 162, Rn. 6.10.
961 Simil, S. 204.
962 Leuenberger/Uffer-Tobler, 2. Auflage, S. 162, Rn. 6.10.

und den Prozessgrundsätzen dienlich gesehen wird, gibt es nach einer Ansicht der schweizerischen Lehre kein Bedürfnis nach dieser Art der unbezifferten Forderungsklage, da es möglich sei, den Betrag des Anspruchs z.B. bei einer Haftpflichtklage zu Beginn des Prozesses mehr oder weniger festzusetzen.[963] Meier sieht die unbezifferte Forderungsklage mit der nachträglichen Bezifferung nach dem Abschluss des Beweisverfahrens auch im Sinne der gerichtlichen Vergleichsverhandlung taktisch als nicht sinnvoll an.[964] Trotz dieser abweichenden Meinung ist aber die Anwendung dieser Art der unbezifferten Forderungsklage vom Gesetzgeber und auch von der herrschenden Meinung der schweizerischen Lehre mit den oben genannten Begründungen anerkannt.[965]

2. Bezifferung nach der Auskunftserteilung (die Stufenklage)

Diese Art der unbezifferten Forderungsklage ist gemäß Art. 107 Abs. 2 TürkZPO und auch gemäß Art. 85 Abs. 2 SchweizZPO gesetzlich implizit geregelt. Dementsprechend kann der Kläger die unbezifferte Forderungsklage erheben, wenn er wegen des Fehlens der Unterlagen oder Informationen, die im Besitz des Beklagten oder eines Dritten sind, nicht in der Lage ist, seinen Anspruch zu beziffern.[966] Demzufolge kann der Kläger seinen Anspruch erst dann nachträglich beziffern, wenn sein Informationsanpruch durch die Auskunftserteilung erfüllt worden ist.[967]

---

963 Meier, HAVE, S. 18.

964 Meier, HAVE, S. 18.

965 Leuenberger/Uffer-Tobler, 2. Auflage, S. 162, Rn. 6.10; Baker&McKenzie/Courvoisier, Art. 85, Rn. 8; Sutter-Somm/Hasenböhler/Leuenberger/Bopp/Bessenich, ZPOKomm, Art. 85, Rn. 9; **Die Lage im deutschen Recht:** Während die unbezifferte Forderungsklage von der deutschen Rechtsprechung und der Lehre im Sinne von Ermessensklagen und Stufenklagen als eine Ausnahme von §253 Abs. Nr. 2 ZPO akzeptiert wird, ist die Möglichkeit der zulässigen Klageerhebung der unbezifferten Forderungsklage mit der nachträglichen Bezifferung nach dem Beweisverfahren im deutschen Recht nicht anerkannt. Dies findet aber auch keinen Niederschlag in der Lehre.

966 Loosli, S. 7; Sutter-Somm/Hasenböhler/Leuenberger/Bopp/Bessenich, ZPOKomm, Art. 85, Rn. 9; Meier, HAVE, S. 15; Pekcanitez/Atalay/Özekes, S. 458; Pekcanitez, Belirsiz Alacak Davasi, S. 51; BSKommZPO/Spühler, Art. 85, Rn. 13; Baker&McKenzie/Courvoisier, Art. 85, Rn. 4; Budak, Belirsiz Alacak Davasi, S. 84; Pekcanitez, Belirsiz Alacak Davasi 2009, S. 528; Gasser/Rickli, KUKOZPO, Art. 85, Rn. 5; Leumann Liebster, S. 40.

967 Pekcanitez, Belirsiz Alacak Davasi, S. 51; Pekcanitez/Atalay/Özekes, S. 458; Meier, HAVE, S. 16; Simil, S. 176.

Während die gesetzlichen Regelungen der unbezifferten Forderungsklage in den türkischen und schweizerischen Zivilprozessordnungen die nachträgliche Bezifferung des Anspruchs bei der unbezifferten Forderungsklage nur nach dem Abschluss des Beweisverfahrens und der Auskunftserteilung ermöglichen, wird es im schweizerischen Recht von der Rechtsprechung und auch von der Lehre angenommen, dass man unter der Auskunftserteilung die Stufenklage verstehen soll, was im Gesetz implizit geregelt ist.[968]

Bei dieser Art der unbezifferten Forderungsklage gibt der Kläger in einem Verfahren zwei Ansprüche an. Dabei ist die vom Beklagten angeforderte Leistung der Hauptanspruch, deren Betragshöhe wegen des Informationendefizits nicht beziffert werden kann. Der Informationsanspruch, mit dem der Kläger die ihm fehlenden Informationen anfordert, wird als materiellrechtlicher Hilfsanspruch gesehen, da der Kläger durch diesen Hilfsanspruch in der Lage sein kann, seinen Hauptanspruch der unbezifferten Forderungsklage zu beziffern.[969] Da die Bezifferung des Hauptanspruchs der unbezifferten Forderungsklage an die durch Auskunftserteilung erhaltenen Informationen sowie an den Hilfsanspruch gebunden ist, findet hier eine Stufung zwischen den Ansprüchen der Klage statt und deswegen ist diese Klage als Stufenklage benannt worden.[970] Demzufolge wird das Gericht über den Hilfsanspruch entscheiden und erst nach seiner Erfüllung bzw. nach dem Abschluss der Auskunftserteilung wird es dem Kläger eine bestimmte Frist einräumen, damit dieser den Betrag seines Hauptanspruchs beziffern kann.[971] Natürlich müssen erst die Zulässigkeitsvoraussetzungen der unbezifferten Forderungsklage gemäß Art. 85 SchweizZPO erfüllt werden, damit die Stufenklage auch als zulässig erhoben werden kann.[972] Außerdem muss der Kläger seine materiellrechtlichen Informationsansprüche genau

---

968 Oberhammer, KUKOZPO, Art. 85, Rn. 12; Gehri/Jent-Sorensen/Sarbach/Mohs, Art. 85, Rn. 6; BSKommZPO/Spühler, Art. 85, Rn. 13; BGE 123 III 140, 142 E. 2.b; BGE 116 II 215 E 4a; BGE 140 III 409 E. 4.3; Botschaft ZPO, 7287.

969 Gehri/Jent-Sorensen/Sarbach/Mohs, Art. 85, Rn. 6; BGE 140 III 409 E.4.3; Botschaft ZPO 7287; Sutter-Somm/Hasenböhler/Leuenberger/Bopp/Bessenich, ZPOKomm, Art. 85, Rn. 9f.; Leuenberger/Uffer-Tobler, 2. Auflage, S. 163, Rn. 6.12; Meier, HAVE, S. 16; BSKommZPO/Spühler, Art. 85, Rn. 14; Baker&McKenzie/Courvoisier, Art. 85, Rn. 4; Oberhammer, KUKOZPO, Art. 85, Rn. 13.

970 Sutter-Somm/Hasenböhler/Leuenberger/Bopp/Bessenich, Art. 85, Rn. 9; Oberhammer, KUKOZPO, Art. 85, Rn. 13; Gasser/Rickli, KUKOZPO, Art. 85, Rn. 5.

971 Meier, HAVE, S. 16; Oberhammer, KUKOZPO, Art. 85, Rn. 14; BSKommZPO/Spühler, Art. 85, Rn. 15.

972 Oberhammer, KUKOZPO, Art. 85, Rn. 13; BSKommZPO/Spühler, Art. 85, Rn. 14.

darlegen, was die erste Stufe der Stufenklage als die Anforderung eines normalen zivilrechtlichen Leistungsanspruchs auf Informationen darstellt.[973] Demzufolge wird die Stufenklage im schweizerischen Recht wegen ihrer zweiten Stufe gemäß Art. 85 SchweizZPO als unbezifferte Forderungsklage angenommen, womit der Kläger Anspruch auf die Leistung erhebt, deren Betrag sich aus der durch die erste Stufe erhaltenen Informationen ergibt.[974]

Einer Meinung der schweizerischen Lehre nach soll die Stufenklage im Sinne der Regeln der objektiven Klagehäufung angewendet werden.[975] Gemäß Art. 93 SchweizZPO versteht man unter der objektiven Klagehäufung mehrere vom Kläger gegenüber demselben Beklagten gleichzeitig erhobene Rechtsbegehren.[976] Demzufolge wird es im schweizerischen Recht so gesehen, dass die Regeln der objektiven Klagehäufung bei der Stufenklage beachtet werden sollen, weil der Informationsanspruch sowie der Auskunftsanspruch eine Hilfsfunktion für den Hauptanspruch hat und keine wirtschaftliche Bedeutung besitzt, was die Stufenklage zu einer besonderen Art der objektiven Klagehäufung macht.[977]

In diesem Sinne wird es von der schweizerischen Lehre diskutiert, ob das Gericht mit Endentscheid über den Hauptanspruch der Stufenklage entscheiden soll, wenn das Gericht die erste Stufe bzw. den Informationsanspruch des Klägers abweisen muss. Nach der herrschenden Meinung soll das Gericht mit dem Endentscheid über den Hauptanspruch entscheiden, wenn das Gericht den Informationsanspruch abgewiesen hat, weil die Entscheidung über den Hauptanspruch mit dem ersten Entscheid auch hinfällig wird[978], weil es keine Stufenklage mehr gäbe, wenn die erste Stufe vom Gericht abgewiesen würde.[979] Nach dieser Ansicht sollte dem Kläger Gelegenheit gegeben werden, damit er seinen

973 Oberhammer, KUKOZPO, Art. 85, Rn. 13; BSKommZPO/Spühler, Art. 85, Rn. 14; Gasser/Rickli, KUKOZPO, Art. 85, Rn. 5.

974 Oberhammer, KUKOZPO, Art. 85, Rn. 13; BSKommZPO/Spühler, Art. 85, Rn. 14; BernerKommZPO/Markus, Art. 85, Rn. 16; Leumann Liebster, S. 41.

975 BSKommZPO/Spühler, Art, 85, Rn. 13; Gehri/Jent-Sorensen/Sarbach/Mohs, Art. 85, Rn. 7; Sutter-Somm/Hasenböhler/Leuenberger/Bopp/Bessenich, ZPOKomm, Art. 85, Rn. 14–20; Oberhammer, KUKOZPO, Art. 85, Rn. 15; BernerKommZPO/Markus, Art. 85, Rn. 17; Leumann Liebster, S. 98.

976 Baker&McKenzie/Marais, Art. 93, Rn. 4; BSKommZPO/Rüegg, Art. 93, Rn. 5.

977 Sutter-Somm/Hasenböhler/Leuenberger/Bopp/Besenich, ZPOKomm, Art. 85, Rn. 21; Gehri/Jent-Sorensen/Sarbach/Mohs, Art. 85, Rn. 7; Leumann Liebster, S. 242; BernerKommZPO/Markus, Art. 85, Rn. 17.

978 Leumann Liebster, S. 175; BSKommZPO/Spühler, Art. 85, Rn. 17; BernerKommZPO/Markus, Art. 85, Rn. 17.

979 BSKommZPO/Spühler, Art. 85, Rn. 17.

Hauptanspruch beziffern kann, denn es wird dem Kläger immer noch möglich sein, durch andere Wege zumindest auch teilweise zu beziffern, obwohl sein Informationsanspruch abgewiesen wurde. Wenn dem Kläger diese Gelegenheit ermöglicht wird, wird auch kein Verstoß gegen das rechtliche Gehör des Klägers entstehen.[980] Eine andere Ansicht betont, dass der Hauptanspruch des Klägers bei der Stufenklage, bzw. bei der unbezifferten Forderungsklage, unabhängig von dem Informationsanspruch ist, da der Informationsanspruch nur ein Hilfsmittel sei. Diese Ansicht wird mit der objektiven Klagehäufung begründet. Demzufolge könnte die Abweisung der ersten Stufe sowie des Informationsanspruchs kein Grund für die Abweisung des Hauptanspruchs sein.[981] Deshalb sollte dem Kläger die Gelegenheit ermöglicht werden, seinen Anspruch nach der Abweisung des Informationsanspruchs zu beziffern. Dieser Ansicht nach wird also ein Verstoß gegen das Recht auf rechtliches Gehör entstehen, wenn das Gericht die Endentscheidung über den Hauptanspruch ohne Hinweis für den Kläger über die Abweisung des Informationsanspruchs treffen würde. Deswegen sollte das Gericht, dieser Ansicht nach, es dem Kläger ermöglichen, dass er seinen Hauptanspruch durch andere Substantiierungsmittel beziffern kann.[982]

Eigentlich bieten beide Ansichten die gleiche Lösung an, in den die Gelegenheit auf die Bezifferung seines Hauptanspruchs durch andere Substantiierungsmittel dem Kläger nach der Abweisung des Informationenanspruchs gegeben werden soll, damit keine Verletzung des Rechts auf rechtliches Gehör entsteht.[983]

Meines Erachtens kann der Begründung von Oberhammer und Bopp/Bessenich im Sinne der objektiven Klagehäufung gefolgt werden, denn gemäß Art. 93 SchweizZPO bestehen die Ansprüche, die von dem Kläger gegenüber demselben Beklagten eingeklagt werden, unabhängig voneinander.[984] Wie von der herrschenden Meinung der schweizerischen Lehre ebenfalls anerkannt, ist der Informationsanspruch das Hilfsmittel des Hauptanspruchs bei der unbezifferten Forderungsklage, was die Stufenklage zu einer besonderen Art der objektiven Klagehäufung macht. Demzufolge kann die Abweisung des Informationsanspruchs keinen Endentscheid über den Hauptanspruch nach sich ziehen.[985] Es

980 BSKommZPO/Spühler, Art. 85, Rn. 17.

981 Oberhammer, KUKOZPO, Art. 85, Rn. 15; Sutter-Somm/Hasenböhler/Leuenberger/Bopp/Bessenich, Art. 85, Rn. 21.

982 Oberhammer, KUKOZPO, Art. 85, Rn. 15; Sutter-Somm/Hasenböhler/Leuenberger/Bopp/Bessenich, Art. 85, Rn. 21.

983 Oberhammer, KUKOZPO, Art. 85, Rn. 15; BSKommZPO/Spühler, Art. 85, Rn. 17.

984 Baker&McKenzie/Marais, Art. 93, Rn. 4.

985 BGH, NJW 2000, S. 1646f.

ist unklar, wieso Spühler die Abweisung des Informationsanspruchs für die Endentscheidung des Hauptanspruchs als einen Rechtfertigungsgrund anerkannt hat, obwohl er die Regeln der objektiven Klagehäufung für die Stufenklage anerkannt hat[986] und obwohl er die gleiche Lösung für den Hauptanspruch nach der Abweisung des Informationsanspruchs angeboten hat.[987] Dementsprechend darf die Abweisung des Informationsanspruchs im Sinne des Rechts auf rechtliches Gehör keine negative Wirkung auf den Hauptanspruch haben, da dieser Informationsanspruch nur ein Hilfsmittel für die Absicherung und Verwirklichung des Hauptanspruchs ist. Wenn es aber so angenommen wird, dass die Regeln der objektiven Klagehäufung bei der Stufenklage auch gelten, dann darf die Abweisung keine Endentscheidung des Hauptanspruchs verursachen, da die beiden Ansprüche im Sinne der objektiven Klagehäufung unabhängig voneinander bestehen müssen.[988] Außerdem kann man nicht sagen, dass der Kläger durch die Abweisung des Informationsanspruchs kein Rechtsschutzinteresse auf die Stufenklage mehr hat[989], denn die Stufenklage ist im schweizerischen Zivilprozessrecht als eine Art der unbezifferten Forderungsklage angenommen. Wie oben dargestellt, ist der Hauptzweck des Klägers bei der unbezifferten Forderungsklage das Erlangen des Ganzen seines Anspruchs. Demzufolge kann der Kläger durch die Abweisung des Informationsanspruchs sein Rechtsschutzinteresse auf den Hauptanspruch nicht verlieren, da er vom Beklagten keine Erfüllung seines Anspruchs bekommen hat. Deswegen würde die Endentscheidung des Hauptanspruchs wegen der Abweisung des Informationsanspruchs einen Verstoß gegen das Recht auf rechtliches Gehör und den Rechtsschutz des Klägers verursachen. Deswegen, wie Oberhammer und Spühler empfohlen haben, sollte dem Kläger die Möglichkeit gegeben werden, dass er die Abweisung erfährt und danach seinen Anspruch durch andere Wege beziffern kann.

Im Gegensatz zu der schweizerischen Zivilprozessordnung ist die Stufenklage in den deutschen Zivilprozessordnung gesetzlich und ausdrücklich geregelt. Dementsprechend gemäß §254 ZPO ist die Stufenklage die Klage, bei der die vom Kläger beanspruchten Leistungen vorbehalten werden können, bis der Beklagte die Rechnungslegung oder Vorlegung eines Vermögensverzeichnisses und die Abgabe einer eidesstattlichen Versicherung, die mit der Klage verbunden ist, verwirklicht hat. Obwohl es in der deutschen Lehre umstritten ist, ob

986 BSKommZPO/Spühler, Art. 85, Rn. 13.
987 BSKommZPO/Spühler, Art. 85, Rn. 17.
988 Baker&McKenzie/Marais, Art. 93, Rn. 4.
989 BSKommZPO/Spühler, Art. 85, Rn. 17.

man durch die Stufenklage die Zulässigkeit der unbezifferten Forderungsklage im deutschen Recht ableiten kann, wird die unbezifferte Forderungsklage als Ausnahme zu §253 Abs. 2 Nr. 2 ZPO durch die Stufenklage in ihrer letzten Stufe als zulässig gesehen.[990] Ähnlich wie im schweizerischen Zivilprozessrecht wird die Stufenklage auch im deutschen Recht als eine besondere Form der objektiven Klagehäufung (§260 ZPO) angenommen, wobei mehrere selbstständige Ansprüche von demselben Kläger stufenweise in einer Klage eingeklagt werden.[991] Ähnlich wie im schweizerischen Recht muss erst der Antrag auf Rechnungslegung oder die Vorlage eines Vermögensverzeichnisses oder die Erteilung einer Auskunft eingereicht werden. Anders als im schweizerischen Recht kann diese Abgabe der eidesstattlichen Versicherung durch den Beklagten als die zweite Stufe der Stufenklage erforderlich werden, wenn die vom Beklagten erteilte Auskunft vom Kläger oder vom Gericht verweigert werden.[992] Als letzte Stufe, also nach der Beschaffung der Auskunft oder wenn es notwendig ist, nach der Abgabe der eidesstattlichen Versicherung, muss der Kläger seinen Leistungsanspruch bestimmen bzw. beziffern. Wenn dies nicht erfolgt, verursacht dies die Unzulässigkeit der Klage.[993] Auch im deutschen Recht wird die erste Stufe der Stufenklage, bei der der Kläger den Auskunftsanspruch hat, als ein Hilfsmittel

---

990 Thomas/Putzo/Reichold, §254 ZPO, Rn. 1; Prütting/Gehrlein/Geisler, ZPOKomm, §254 ZPO, Rn. 1; Rosenberg/Schwab/Gottwald, §96, S. 570, Rn. 30; MünchKomm-ZPO/Becker-Eberhard, §254, Rn. 1; Musielak/Voit/Foerste, ZPOKomm, §254, Rn. 1; Lüke, S. 138, Rn. 143; Wieczorek/Schütze/Assmann, Zivilprozessordnung und Nebengesetze Großkommentar, Band 4, 4. Auflage, 2013, §254, Rn. 3.

991 Prütting/Gehrlein/Geisler, ZPOKomm, §254 ZPO, Rn. 1; Musielak/Voit/Foerste, ZPOKomm, §254 ZPO, Rn. 1ff.; Thomas/Putzo/Reichold, §254 ZPO, Rn. 1; Rosenberg/Schwab/Gottwald, §96, S. 570f., Rn. 30ff.; Schäuble, Die Stufenklage gemäß §254 ZPO, S. 507; MünchKommZPO/Becker-Eberhard, §254, Rn. 6; Wieczorek/Schütze/Assmann, ZPOKomm, §254, Rn. 5; Lüke, Die Stufenklage, JuS 1995, S. 144.

992 Sie kann deswegen verweigert werden, wenn die vom Beklagten beschafften Informationen nicht mit der erforderlichen Sorgfalt vorbereitet worden sind. Dann kann der Kläger gemäß §§259 Abs. II 260 Abs. II BGB die Abgabe der eidesstattlichen Versicherung fordern. Prütting/Gehrlein/Geisler, ZPOKomm, §254 ZPO, Rn. 11; BGHZ 10, S. 386, NJW 1954, S. 70; MünchKommZPO/Becker-Eberhard, §254, Rn. 22, Wieczorek/Schütze/Assmann, ZPOKomm, §254, Rn. 40ff.; Lüke, Die Stufenklage, S. 144.

993 Thomas/Putzo/Reichold, §254 ZPO, Rn. 4; Rosenberg/Schwab/Gottwald, §96, S. 571, Rn. 32; MünchKomm/ZPOBecker-Eberhard, §254, Rn. 9, 23 Wieczorek/Schütze/Assmann, ZPOKomm, §254, Rn. 53; BGH, NJW 2000, S. 1646.

für die Bezifferung des Zahlungsantrags angenommen.[994] Durch die letzte Stufe der Stufenklage, also wenn der Kläger nach dem Erhalt der Auskünfte seinen Leistungsantrag bestimmt bezeichnen, bzw. beziffern muss, ist die Anforderung des §253 Abs. 2 Nr. 2 ZPO auf den bestimmten Antrag ausnahmsweise überwunden. Damit kann die Forderungsklage in diesem Sinne auch als Ausnahme des §253 Abs. 2 Nr. 2 ZPO zulässig angenommen werden, denn durch die Stufenklage ist es schon möglich geworden, die Bezifferung der Leistung zu einem späteren Zeitpunkt sowie in der dritten Stufe zu erledigen, wenn der Kläger dafür bestimmte Auskünfte begehrt, die er nicht besitzt.[995]

Im Gegensatz zu der herrschenden Meinung kann aber die Stufenklage gemäß §254 ZPO nicht als Argument für die Zulässigkeit der unbezifferten Forderungsklage angenommen werden[996], da die Stufenklage eine Ausnahme der Leistungsklage ist, wobei das Zahlungsbegehren in der Regel beziffert werden muss. Die Begründung der unbezifferten Forderungsklage durch die Stufenklage wird abgelehnt, weil die unbezifferte Forderungsklage dieser Ansicht nach mit dem Anspruch auf Zahlung des Schadensersatzes oder des Schmerzensgeldes verbunden ist, was kein Streitgegenstand der Stufenklage sein kann, da die Bezifferung bei der Stufenklage nach der Rechnungslegung möglich ist und damit der Kläger bei der Stufenklage endlich einen bezifferten Antrag vorlegt, wonach das Gericht über einen bezifferten Antrag sein Endurteil beschließt.[997]

Im Gegensatz zum schweizerischen und zum deutschen Rechten ist die Stufenklage im türkischen Recht weder von dem Gesetzgeber noch von der türkischen Lehre anerkannt und geregelt. Die Funktion und die Zulässigkeit der Stufenklage im türkischen Recht ist aber im Sinne der unbezifferten Forderungsklage umstritten. Dementsprechend ist die Stufenklage im Sinne der unbezifferten Forderungsklage zulässig, da das Gericht dabei über die Ansprüche erst nacheinander bzw. stufenmäßig entscheiden wird. Dieser Ansicht nach wird also das Gericht erst über den Anspruch auf die Auskunftserteilung entscheiden und erst nach der Erfüllung der Auskunftserteilung wird das Gericht dem Kläger eine bestimmte Frist einräumen, damit der Kläger seinen Anspruch

994 Prütting/Gehrlein/Geisler, ZPOKomm, §254 ZPO, Rn. 1; Thomas/Putzo/Reichold, ZPOKomm, §254 ZPO, Rn. 2; Musielak/Voit/Foerste, ZPOKomm, §254 ZPO, Rn. 1; Lüke, Die Stufenklage, S. 145.

995 Prütting/Gehrlein/Geisler, ZPOKomm, §254 ZPO, Rn. 1; Musielak/Voit/Foerste, ZPOKomm, §254 ZPO, Rn. 1; Rosenberg/Schwab/Gottwald, §96, S. 570, Rn. 30; Lüke, S. 138, Rn. 143.

996 Blechschmidt, S. 19; Kern, S. 100.

997 Blechschmidt, S. 19; Kern, S. 99f.

endgültig beziffern kann und schließlich wird das Gericht über den Anspruch auf die begehrte Leistung, bzw. den Hauptanspruch entscheiden.[998] Diese Ansicht anerkennt die Stufenklage ähnlich wie im schweizerischen Recht, damit man unter der Stufenklage die unbezifferte Forderungsklage verstehen soll, deren Anspruch nach dem Abschluss der Auskunftserteilung nachträglich beziffert und bestimmt wird.

Im Gegensatz zu dieser Ansicht vertritt Simil die Meinung, dass die Stufenklage nicht als besondere Form der objektiven Klagehäufung angenommen werden kann, da die Ansprüche bei der objektiven Klagehäufung selbstständige und voneinander unabhängige Ansprüche sein müssen, für die der Kläger einzelne, getrennte Klage erheben kann. Demzufolge lehnt er die Stufenklage als eine besondere Form der objektiven Klagehäufung ab, da der Auskunftsanspruch bei der Stufenklage nur ein Hilfsmittel für den Haupt- bzw. Leistungsanspruch ist, was die Zulässigkeit der objektiven Klagehäufung nicht rechtfertigen kann.[999] Dementsprechend kann man dieser Ansicht nach im türkischen Recht mit dem Anspruch auf die Auskunftserteilung alleine keine selbstständige Klage erheben, weil der Kläger bei dem Auskunftsanspruch erst dann ein Rechtsschutzinteresse haben kann, wenn dieser Anspruch im Zusammenhang mit einem anderen Anspruch steht. Dementsprechend kann hier mit so einem Anspruch auf die Auskunftserteilung keine objektive Klagehäufung entstehen, und da die Regelung der unbezifferten Forderungsklage das Rechtsschutzinteresse des Klägers besser erfüllt, kann der Stufenklage nach dieser Ansicht nicht mehr gefolgt werden.[1000]

Einer anderen Ansicht der türkischen Lehre nach kann die unbezifferte Forderungsklage in der Regel bei den Klagen mit dem Anspruch auf Schadensersatz oder Schmerzensgeld vorkommen, wobei die Unmöglichkeit oder Unzumutbarkeit der Bezifferung objektiv ist, die Bezifferung des Anspruchs also für beide Parteien unmöglich oder unzumutbar ist.[1001] Demzufolge kann die Klage, deren Betragshöhe der Kläger wegen der vom Beklagten oder Dritten erhaltenen Informationen nicht beziffern kann, wegen der subjektiven Unmöglichkeit als die unbezifferte Forderungsklage angenommen. Aber da die Stufenklage im türkischen Recht gesetzlich nicht geregelt ist, werden in diesem Sinne die Klagen im

998 Pekcanitez, Belirsiz Alacak Davasi, S. 51; Pekcanitez/Atalay/Özekes, S. 458f.

999 Simil, S. 183f.

1000 Simil, S. 183.

1001 Özkaya-Feredenci, Alman ve Isvicre Hukukundaki Kademeli Dava ile 6100 sayili HMK'ya göre Belirsiz Alacak Davasinin Karsilastirilmasi, MÜHF-HAD, C. 18, S. 1, 356, 377; Pekcanitez, Belirsiz Alacak Davasi, S. 43.

türkischen Recht, deren Bezifferung wegen des Informationsdefizits dem Kläger subjektiv unmöglich ist, ausnahmsweise unter der unbezifferten Forderungsklage untersucht, damit der Rechtsschutz und auch die Rechtssicherheit des Klägers abgesichert werden können. Trotzdem ist aber die gesetzliche Regelung der Stufenklage dieser Ansicht nach besonders für die subjektiv unmöglichen Rechtsbegehren für die sachgemäße Rechtsausübung erforderlich.[1002]

Meines Erachtens ist die Stufenklage im Sinne der unbezifferten Forderungsklage von der türkischen Lehre nicht richtig interpretiert worden. Es kann der Ansicht nicht gefolgt werden, die die Stufenklage nur für die subjektive Unmöglichkeit als zulässig anerkennt, da für die Zulässigkeit der Stufenklage im Sinne der unbezifferten Forderungsklage auch die objektive Unmöglichkeit der Bezifferung als erforderlich anerkannt ist. Denn selbst die gesetzliche Regelung des Art. 107 Abs. 2 TürkZPO hat festgesetzt, dass der Kläger seinen Anspruch nachträglich beziffern kann, wenn er dazu nach dem Abschluss der Auskunftserteilung in der Lage ist. Dementsprechend ist es selbst von dem Wortlaut des Gesetzes her deutlich, dass die Unmöglichkeit wegen des Informationsdefizits vorkommen kann und nicht nur objektiv sein muss. Daher kann der Kläger gemäß Art. 107 TürkZPO die unbezifferte Forderungsklage erheben, wenn die Bezifferung seines Anspruchs wegen der fehlenden Informationen, die im Besitz des Beklagten oder eines Dritten sind, unmöglich bzw. auch subjektiv unmöglich ist.

Auch der Ansicht von Simil über die Stufenklage kann nicht gefolgt werden, denn im deutschen wie auch im schweizerischen Recht wird es ausdrücklich erwähnt, dass die Stufenklage eine besondere Form der objektiven Klagehäufung ist.[1003] Dementsprechend ist die Stufenklage eine besondere, objektive Klagehäufung, obwohl der Auskunfts(Informations-) anspruch ein Hilfsmittel für den Hauptanspruch ist und der Kläger alleine dabei kein Rechtsschutzinteresse haben kann.

Meines Erachtens wird die Stufenklage mit Blick auf die unbezifferte Forderungsklage von der türkischen Lehre nicht richtig verstanden. In dem schweizerischen Zivilprozessrecht wird die Stufenklage bei der unbezifferten Forderungsklage für die Forderungen anerkannt, deren Bezifferung wegen des

---

1002 Özkaya-Feredenci, S. 377.

1003 Prütting/Gehrlein/Geisler, ZPOKomm, §254, Rn. 1; Musielak/Voit/Foerste, ZPOKomm, §254, Rn. 1ff.; MünchKommZPO/Becker-Eberhard, §254, Rn. 6; Wieczorek/Schütze/Assmann, ZPOKomm, §254, Rn. 5; Sutter-Somm/Hasenböhler/Leuenberger/Bopp/Bessenich, Art. 85, Rn. 21; Gehri/Jent-Sorensen/Sarbach/Mohs, Art. 85, Rn. 7; Baker&McKenzie/Courvoisier, Art. 85, Rn. 4.

Informationsdefizits für den Kläger unmöglich ist. Also ist die Stufenklage unter diesen Voraussetzungen eine unbezifferte Forderungsklage, deren nachträgliche Bezifferung nach dem Abschluss der Auskunftserteilung verwirklicht wird (Art. 85 Abs. 2 SchweizZPO). Von der schweizerischen Lehre wird diese Art der unbezifferten Forderungsklage als Stufenklage benannt, da der Kläger an denselben Beklagten verschiedene und unabhängige Ansprüche hat, von denen einer für die Erfüllung des anderen Anspruchs bestimmend und behilflich sein wird. Wegen dieser Hilfsfunktion dieses Anspruchs sind diese Ansprüche nacheinander bzw. stufenmäßig erfüllt. Meines Erachtens ist es also nur eine Meinungsstreitigkeit über die Terminologie.

Die unbezifferte Forderungsklage mit der nachträglichen Bezifferung nach dem Abschluss der Auskunftserteilung ist in den türkischen und schweizerischen Zivilprozessordnungen gesetzlich geregelt, während die Stufenklage in der deutschen Zivilprozessordnung gesetzlich geregelt ist. Demgemäß kann der Kläger seinen Anspruch nach der Erfüllung seines Auskunftsanspruchs nachträglich beziffern.

Diese gesetzlich geregelte Art der unbezifferten Forderungsklage kann also nicht einfach abgelehnt werden, weil sie dabei nicht alle Zulässigkeitsvoraussetzungen der objektiven Klagehäufung besitzt oder weil das Informationsdefizit dabei eine subjektive Unmöglichkeit verursacht. Diese Art der unbezifferten Forderungsklage ist gemäß Art. 107 Abs. 2 TürkZPO und gemäß Art. 85 Abs. 2 SchweizZPO implizit, aber auch gesetzlich geregelt. Demzufolge ist das Wichtigste hier die Anwendung der nachträglichen Bezifferung des Anspruchs nach dem Abschluss der Auskunftserteilung. Selbst wenn diese Art als Stufenklage benannt ist, erfordert sie die Zulässigkeitsvoraussetzungen der unbezifferten Forderungsklage gemäß Art. 107 Abs. 1 TürkZPO und Art. 85 Abs. 1 SchweizZPO. Sie kann als „Stufenklage" oder als die „unbezifferte Forderungsklage mit der nachträglichen Bezifferung nach dem Abschluss der Auskunftserteilung" benannt werden. Entscheidend sind die gesetzliche Regelung und die richtige Anwendung der unbezifferten Forderungsklage, damit der Kläger seinen Anspruch einfacher, prozessökonomischer und gerechter erreichen kann.

Meines Erachtens kann diese Art der unbezifferten Forderungsklage als Stufenklage anerkannt oder benannt werden, da der Kläger für die nachträgliche Bezifferung Informationen braucht, damit er seinen Hauptanspruch erreichen kann. Da der Kläger für das Erlangen seines Hauptanspruchs zunächst die Informationen braucht und da das Gericht zunächst über den Anspruch auf die Erteilung der Informationen und danach über den Leistungsanspruch des Klägers entscheiden wird, kann man hier diese Art der unbezifferten Forderungsklage als Stufenklage benennen. Die Hauptsache ist die Erfüllung der

Zulässigkeitsvoraussetzungen der unbezifferten Forderungsklage, sowie die anfängliche Unmöglichkeit oder Unzumutbarkeit der Bezifferung des Anspruchs für den Kläger und das schutzwürdige Rechtsinteresse des Klägers an der unbezifferten Forderungsklage.

C. Die reine Ermessensklage

In dem türkischen und schweizerischen Zivilprozessrecht ist der Stand der unbezifferten Forderungsklage bei Klagen, die das richterliche Ermessen benötigen, bzw. bei Ermessensklagen, weder im Art. 107 TürkZPO noch im Art. 85 SchweizZPO geregelt. Wie oben erwähnt, sind die Stufenklage und die Klagen, deren Bezifferung erst nach dem Abschluss des Beweisverfahrens für den Kläger möglich oder zumutbar sein kann, gemäß Art. 107 Abs. 2 TürkZPO und Art. 85 Abs. 2 SchweizZPO als zulässige unbezifferte Forderungsklage anerkannt. In den beiden Rechtssystemen ist es also gar nicht gesetzlich festgesetzt, ob die reinen Ermessensklagen als zulässige unbezifferte Forderungsklagen erhoben werden können, obwohl ihre Bezifferung dem Kläger nicht nur zu Beginn des Prozesses, sondern bis zu dem Zeitpunkt der richterlichen Entscheidung unmöglich oder unzumutbar bleibt.[1004]

Bezogen auf das schweizerische Zivilprozessrecht ist die Zulässigkeit der reinen Ermessensklage im Sinne der unbezifferten Forderungsklage umstritten. Auch selbst nach der bundesgerichtlichen Rechtsprechung des schweizerischen Zivilprozessrechts kann die reine Ermessensklage erst dann als die zulässige unbezifferte Forderungsklage anerkannt werden, wenn das Bedürfnis auf das richterliche Ermessen nur bei der Sachverhaltsfeststellung vorkommt.[1005] Dieser Rechtsprechung nach ist die Erhebung der bezifferten Forderungsklage den Kantonen nicht verboten, wenn das richterliche Ermessen nicht bei der Sachverhaltsfeststellung, sondern bei der Bestimmung der Rechtsfolge benötigt wird, da dabei nur das durch das Ermessen bedingte Prozessrisiko für den Kläger vorliegen können.[1006] Hier hat das Bundesgericht die Erhebung der bezifferten Forderungsklage bei Klagen, deren Rechtsfolge das richterliche Ermessen erfordert, ermöglicht, da für den Kläger wegen der Regelung über die Prozesskosten keine großen Risiken entstehen können, falls der Kläger das richterliche Ermessen auf

1004 Gut, S. 185, Rn. 397; Gehri/Jent-Sorensen/Sarbach/Mohs, Art. 85, Rn. 5; Baker&McKenzie/Courvoisier, Art. 85, Rn. 5; BernerKommZPO/Markus, Art. 85, Rn. 8.

1005 BGE 131 III 243, 246f., E. 5.1 und 5.2.

1006 BGE 131 III 243, 246, E.5.1.

Rechtsfolge zu hoch oder zu niedrig einschätzt, denn durch die Kostenverteilung gemäß Art. 107 Abs. 1 SchweizZPO können die möglichen Schwierigkeiten, Risiken oder Nachteile der geschätzten Bezifferung der richterlich ermessenen Rechtsfolgen beseitigt werden.[1007] Nach der bundesgerichtlichen Rechtsprechung im schweizerischen Recht hat der Kläger also bei der Erhebung der unbezifferten Forderungsklage, die bei seiner Rechtsfolge richterliches Ermessen benötigt, kein schutzwürdiges Rechtsinteresse, da der Kläger dabei die Rechtsfolge selber, ohne Prozesskostenrisiken, ungefähr einschätzen kann, was von der schweizerischen Lehre auch streng kritisiert wird.[1008]

Im Sinne dieser Rechtsprechung des schweizerischen Bundesgerichts ist die Zulässigkeit der unbezifferten Forderungsklage bei der reinen Ermessensklage in der schweizerischen Lehre umstritten. Eine der Ansichten der schweizerischen Lehre folgt der Rechtsprechung des Bundesgerichts. Dieser Ansicht nach kann die unbezifferte Forderungsklage bei den Fällen erhoben werden, bei denen das materielle Recht dem Richter, wie im Art. 73 Abs. 2 SchweizPatG und Art. 42 Abs. 2 SchweizOR, Ermessensbefugnis einräumt, da hier das Ermessen des Richters sich nicht auf die Rechtsfolge bezieht, sondern auf den Sachverhalt, da der Kläger den Sachverhalt selber nicht ermessen und einschätzen kann.[1009] Nach dieser Ansicht ist also die Bezifferung des Anspruchs bei Klagen gemäß Art. 42 Abs. 2 SchweizZPO für den Kläger überhaupt nicht möglich, weil der Kläger nicht in der Lage sein kann, seinen Schaden ziffermäßig nachzuweisen.[1010] Hier unterscheidet sich die Ermessensklage nach Art. 42 Abs. 2 SchweizOR von der unbezifferten Forderungsklage, da die Unmöglichkeit oder Unzumutbarkeit der Bezifferung des Anspruchs bei der unbezifferten Forderungsklage gemäß Art. 85 Abs. 1 SchweizZPO nur bis zu dem Zeitpunkt des Abschlusses der Auskunftserteilung oder des Beweisverfahrens dauert.[1011]

Im Gegensatz zu diesen Lehrmeinungen wie auch im Gegensatz zur bundesgerichtlichen Rechtsprechung sollte die unbezifferte Forderungsklage nach einer anderen Ansicht der Lehre generell als zulässig angenommen werden, auch wenn

---

1007 BGE 131 III 243, 247 E, 5.2.

1008 Meier, HAVE, S. 21.

1009 BGE 131 III 243, E. 5.1; Baker&McKenzie/Courvoisier, Art. 85, Rn. 5; Leuenberger/Uffer-Tobler, 2. Auflage, S. 164, Rn. 6.15; Gehri/Jent-Sorensen/Sarbach/Mohs, Art. 85, Rn. 5a.

1010 BGE 105 II 87, 89; Baker&McKenzie/Courvoisier, Art. 85, Rn. 5; Oberhammer, KUKOZPO, Art. 85, Rn. 10; BSKommZPO/Spühler, Art. 85, Rn. 12.

1011 Baker&McKenzie/Courvoisier, Art. 85, Rn. 5; Gehri/Jent-Sorensen/Sarbach/Mohs, Art. 85, Rn. 5a.

das richterliche Ermessen bei der Bezifferung der Rechtsfolge vorkommt.[1012] Nach dieser Ansicht ist die bestimmende und wichtigste Voraussetzung der unbezifferten Forderungsklage die anfängliche Unmöglichkeit oder Unzumutbarkeit der Bezifferung des Anspruchs, obwohl der Kläger nach Treu und Glauben mit Sorgfalt versucht hat, seinen Anspruch zu beziffern. Dementsprechend muss es dem Kläger genauso unmöglich oder unzumutbar sein, wenn für die Rechtsfolge das richterliche Ermessen erforderlich ist, denn auch hier kann die Bezifferung erst nach den Ermessensentscheidungen bzw. richterlichen Endentscheidungen für den Kläger möglich sein, und deswegen sollte es zwischen den Klagen, die bei ihren Rechtsfolgen das richterliche Ermessen benötigen und den Klagen, die bei ihrer Sachverhaltsfeststellung das richterliche Ermessen erfordern, keinen Unterschied geben. Demzufolge muss die unbezifferte Forderungsklage bei all diesen Ermessensklagen als zulässig angenommen werden.[1013] Außerdem ist die unbezifferte Forderungsklage bei Ermessensklagen auf Rechtsfolge durch die bundesgerichtliche Rechtsprechung nicht direkt verboten, sondern der Bundesgerichtshof hat den Kantonen ermöglicht, für die Fälle, deren Rechtsfolge richterliches Ermessen benötigen, eine zulässige bezifferte Forderungsklage zu erheben. Schließt man sich diesem Urteil an, so kann diese Rechtsprechung kein Rechtfertigungsgrund sein, die Ausschließung der unbezifferten Forderungsklage in solchen Fällen als zulässig anzunehmen.[1014] Außerdem kann man von dem Wortlaut des Art. 85 Abs. 2 SchweizZPO die Ablehnung und die Unzulässigkeit der unbezifferten Forderungsklage bei Ermessensklagen auf Rechtsfolge auch nicht ableiten, denn gemäß Art. 85 Abs. 2 SchweizZPO sind die bundesgerichtlich anerkannten Fälle als die Arten der unbezifferten Forderungsklage angenommen, aber das heißt nicht, dass die unbezifferte Forderungsklage bei reinen Ermessensklagen auf Rechtsfolge verboten werden müsste. Denn nach dieser Ansicht sollte die nachträgliche Bezifferung gemäß Art. 85 Abs. 2 SchweizZPO so verstanden werden, dass diese erst dann notwendig sein wird oder dass der Kläger erst dann seinen Anspruch nachträglich beziffern muss, sobald ihm dies nachher möglich ist.[1015] Dieser Ansicht nach schließt also die Angabe der

1012 Gut, S. 188, Rn. 405; Brunner/Gasser/Schwander/Füllemann, Art. 85, Rn. 8; Meier, HAVE, S. 23; Loosli, S. 62ff.; BSKommORI/Portmann/Rudolph, Art. 1–529 OR, 6. Auflage, 2015, Art. 336a, Rn. 5.

1013 Brunner/Gasser/Schwander/Füllemann, Art. 85, Rn. 8; Meier, HAVE, S. 21; Gut, S. 188, Rn. 404.

1014 Brunner/Gasser/Schwander/Füllemann, Art. 85, Rn. 8; Gut, S. 188, Rn. 404.

1015 Meier, HAVE, S. 21f.; Brunner/Gasser/Schwander/Füllemann, Art. 85, Rn. 8; Gut, S. 188, Rn. 404; Sutter-Somm, S. 131, Rn. 535.

nachträglichen Bezifferung gemäß Art. 85 Abs. 2 SchweizZPO die zulässige unbezifferte Forderungsklage bei Ermessensklagen auf Rechtsfolge auch nicht aus, denn diese Regelung verlangt die nachträgliche Bezifferung erst dann, wenn sie dem Kläger möglich ist, das heißt, dass der Kläger die zulässige unbezifferte Forderungsklage bei Ermessensklage auf Rechtsfolge, wie im Art. 336a Abs. 2 SchweizOR oder Art. 47 SchweizOR auch erheben kann, obwohl er bis zum Zeitpunkt des richterlichen Ermessensentscheids seinen Anspruch nicht nachträglich beziffern kann.

Obwohl die Zulässigkeit der unbezifferten Forderungsklage bei Ermessensklagen in der schweizerischen Lehre und Rechtsprechung umstritten ist, sind sich aber die Lehre und die Rechtsprechung einig darin, dass der Kläger bei der Ermessensklage im Sinne des Art. 85 Abs. 1 SchweizZPO den Mindestwert seines Anspruchs in seiner Klageschrift angeben muss, um eine zulässige Forderungsklage zu erheben, was das sachlich zuständige Gericht und die Verfahrensart bestimmen wird.[1016]

Neben der Angabe des Mindestwertes hat der Kläger bei den Ermessensklagen nach der herrschenden Meinung auch die Substantiierungspflicht. Demgemäß muss der Kläger alle Tatsachen und Beweismittel, die die Bestimmung und Einschätzung des Schadens erleichtern können, dem Gericht einreichen.[1017]

Im Gegensatz zu dem umstrittenen Stand der Ermessensklage als der unbezifferten Forderungsklage ist die nachträgliche Bezifferung dabei in der schweizerischen Rechtsprechung und der Lehre nicht umstritten. Nach der bundesgerichtlichen Rechtsprechung ist der Kläger im Sinne des Art. 42 Abs. 2 SchweizOR von der genauen Angabe der Betragshöhe entbunden, wenn die Betragshöhe des Schadens ihm ziffermäßig nicht nachweisbar ist. Nach dieser Ansicht kann aber die genaue Bezifferung des Schadens von dem Kläger verlangt werden, wenn die Aufwände bei der Bezifferung der Betragshöhe des Schadens bzw. des Anspruchs durch das Beweisverfahren beseitigt sind.[1018]

Die schweizerische Lehre folgt der Rechtsprechung des Bundesgerichts. Nach dieser vorherrschenden Meinung kann das Gericht, das die materiellrechtliche

1016 Brunner/Gasser/Schwander/Füllemann, Art. 85, Rn. 7, 9; Oberhammer, KUKOZPO, Art. 85, Rn. 10; Leuenberger/Uffer-Tobler, 2. Auflage, S. 164, Rn. 6.14; Gehri/Jent-Sorensen/Sarbach/Mohs, Art. 85, Rn. 5c; BGE 112 Ib 334 E.1; Gut, S. 193, Rn. 413; Sutter-Somm, S. 131, Rn. 535.

1017 BGE 133 III 462 E.4.4.2; BGE 98 II 34 E.2; Leuenberger/Uffer-Tobler, 2. Auflage, S. 164, Rn. 6.14; Gehri/Jent-Sorensen/Sarbach/Mohs, Art. 85, Rn. 5b; Brunner/Gasser/Schwander/Füllemann, Art. 85, Rn. 9; Zürcher, S. 507.

1018 BGE 113 II 323, 343, E.9.c.; BGEr 4A. 125/2012, 16.7.2012, E. 4.2.

Ermessensbefugnis besitzt, von dem Kläger im Sinne des Art. 85 Abs. 2 SchweizZPO die nachträgliche Bezifferung erst dann anfordern, wenn die Bezifferung für den Kläger durch die aus dem Beweisverfahren erhaltenen Informationen möglich ist. Danach kann das Gericht seine Ermessensbefugnis bei der Feststellung der Betragshöhe des Schadens erst dann ohne Anforderung auf die nachträgliche Bezifferung des Klägers nutzen, wenn die Bezifferung der Schadenshöhe auch nach dem Beweisverfahren weiter unmöglich oder unzumutbar ist.[1019] Dieser vorherrschenden Ansicht nach muss also der Kläger seinen Anspruch bzw. die Höhe seines Schadens nachträglich nicht beziffern, wenn es ihm nach dem Beweisverfahren noch unmöglich oder unzumutbar ist. Aber das Gericht kann vom Kläger die nachträgliche Bezifferung anfordern, wenn ihm die Bezifferung der Schadenshöhe später möglich wird.

Einer anderen, aber in gleicher Richtung der vorherrschenden Meinung stehenden Ansicht nach, die auch die Ermessensklagen auf Rechtsfolge als die unbezifferte Forderungsklage anerkennt, kann die nachträgliche Bezifferung vom Kläger nicht angefordert werden. Dieser Ansicht nach kann die Bezifferung des Anspruchs dem Kläger selbst auch nach dem Beweisverfahren immer noch nicht möglich oder zumutbar sein, da die Tatbestandselemente trotz des Beweisverfahrens oder der Rechnungsauslegung nicht vollständig bestimmbar sein können.[1020] So kann die nachträgliche Bezifferung der Betragshöhe des Anspruchs für den Kläger erst mit dem gerichtlichen Entscheid, bzw. mit dem Ermessensentscheid möglich oder zumutbar sein, und demzufolge kann die nachträgliche Bezifferung weder bei Ermessensklagen auf Sachverhaltsfeststellung noch bei Rechtsfolgeermessensklagen notwendig und rechtgemäß sein.[1021] Diese Ansicht unterstützt auch, dass die nachträgliche Bezifferung gemäß Art. 85 Abs. 2 SchweizZPO im Allgemeinen so verstanden werden sollte, als ob sie nur dann erforderlich und vom Kläger angefordert werden kann, wenn sie dem Kläger wirklich möglich ist.[1022] Außerdem ist es nach dieser Ansicht auch nicht möglich, das gerichtliche Sachverhaltsermessen gemäß Art. 42 Abs. 2

1019 Sutter-Somm, S. 131, Rn. 538; Gut, S, 194f., Rn. 415, 417; Sutter-Somm/Hasenböhler/Leuenberger/Bopp/Bessenich, ZPOKomm, Art. 85, Rn. 8; Gehri/Jent-Sorensen/Sarbach/Mohs, Art. 85, Rn. 5b; Brunner/Gasser/Schwander/Füllemann, Art. 85, Rn. 9.

1020 Meier, HAVE, S. 21; Brunner/Gasser/Schwander/Füllemann, Art. 85, Rn. 8; Gut, S. 197, Rn. 420f.; Baker&McKenzie/Courvoisier, Art. 85, Rn. 7.

1021 Meier, HAVE, S. 21; Brunner/Gasser/Schwander/Füllemann, Art. 85, Rn. 8; Gut, S. 195f., Rn. 418.

1022 Meier, HAVE, S. 22; Brunner/Gasser/Schwander/Füllemann, Art. 85, Rn. 8; Gut, S. 195, Rn. 418.

SchweizOR und die nachträgliche Bezifferung der Betragshöhe des Anspruchs im Sinne vom Art. 85 Abs. 2 SchweizZPO miteinander zu kombinieren, denn gemäß Art 85 Abs. 2 SchweizZPO wird die nachträgliche Bezifferung des Anspruchs erst dann vom Kläger angefordert, sobald sie dem Kläger möglich oder zumutbar wird. Da bei der Ermessensklage die nachträgliche Bezifferung dem Kläger nach dem Beweisverfahren noch nicht, sondern erst nach der Gerichtsentscheidung möglich sein kann, kann die nachträgliche Bezifferung dabei nicht erwartet werden.[1023]

Im deutschen Recht wird es überwiegend angenommen, dass neben der Stufenklage auch die Ermessensklage, die gerichtliche Schadensschätzung (§287 ZPO)[1024] oder billiges Ermessen wie beim Schmerzensgeld (§253 BGB) erfordert, zu dem Anwendungsbereich der unbezifferten Forderungsklage gehört. Dementsprechend können die unbezifferten Klageanträge bzw. Forderungsklagen, trotz der Regelung von §253 Abs. 2 Nr. 2 ZPO ausnahmsweise zulässig sein, wenn die Bezifferung des Klageantrags dem Kläger nicht möglich oder nicht zumutbar ist und wenn die bezifferte Feststellung der Forderung gerichtliches Ermessen oder gerichtliche Schadensschätzung erfordert.[1025] Der BGH ist dabei der Entscheidung des Reichsgerichts gefolgt und hat diese übernommen.[1026] Diese Rechtsprechung des BGH wird überwiegend von der deutschen Lehre unterstützt. Der Ansicht der Lehre nach kann die unbezifferte Forderungsklage zulässig sein, wenn die Festsetzung der Betragshöhe einen gerichtlichen Ermessensentscheid, wie in den Fällen von §287 ZPO, §§253 Abs. 2 oder 651f Abs. 2 BGB benötigt.[1027] Dieser Ansicht nach können die Klagen ohne bezifferte Anträge zulässig sein,

1023 BGER 4A. 125/2012 vom 16. Juli 2012, E.4.2.; Gut, S. 195, Rn. 418; Baker&McKenzie/Courvoisier, Art. 85, Rn. 7. Meier, HAVE, S. 21; Gut, S. 197, Rn. 420; Loosli, S. 64.

1024 **Die Gegenmeinung:** Einer anderen Ansicht nach trifft aber das Gericht im Sinne des §287 ZPO keinen Ermessensentscheid, weil diese Vorschrift dem Gericht keine Wahlbefugnis zwischen mehreren Beträgen ermöglicht (Stickelbrock, S. 138, 250f.) Wie es im Folgenden untersucht wird, entsteht dieser Meinungsunterschied meines Erachtens deswegen, weil der BGH die alte Formel des Reichsgerichts ohne Beachtung der heutigen Bedürfnisse übernommen hat.

1025 BGH, NJW 1952, S. 382; BGH, NJW 1966, S. 780; BGH, NJW 1969, S. 1427f.; BGH, NJW 1970, S. 281f.; BGH VersR 1967, S. 684; BGH, NJW 1967, S. 1421; Kern, S. 100; Baumbach/LauterbachAlbers/Hartmann, §253, Rn. 50, 86; Wieczorek/Schütze/Assmann, §253, Rn. 99f.

1026 RGZ 140, 211, 213.

1027 Prütting/Gehrlein/Geisler, ZPOKomm, § 253, Rn. 40; Musielak/Voit/Foerste, ZPOKomm, §253, Rn. 35; Schilken, S. 104, Rn. 213; Rosenberg/Schwab/Gottwald, §96, S. 572, Rn. 39; Stein/Jonas/Roth, §253, Rn. 45ff.; MünchKommZPO/

wenn für die Bezifferung des Antrags das Ermessen des Gerichts erforderlich ist, da bei solchen Fällen die Festsetzung der Betragshöhe des Anspruchs dem Kläger unmöglich oder unzumutbar ist. Aber auch bei solchen Fällen müssen die Rechte des Klägers, wie das Recht auf rechtliches Gehör oder auf Rechtsschutz, abgesichert werden. Es darf aber auch nicht zugelassen werden, dass der Klageanspruch dem Beklagten unklar bleibt. Demgemäß können die Klagen ohne bezifferte Anträge, dieser Ansicht nach, erst dann als zulässig gelten, wenn der Kläger die ausreichenden Tatsachen, die für die Festsetzung der Betragshöhe notwendig sind und eine ungefähre Größenordnung des Anspruchs, was im deutschen Recht umstritten ist, soweit wie möglich angibt.[1028]

Diese Ansicht der bundesgerichtlichen Rechtsprechung und auch der sie unterstützenden Lehre wird aber von der deutschen Lehre teilweise kritisiert, da der BGH die alte Entscheidung des Reichsgerichts ohne Begründung und auch ohne Überprüfung nach den heutigen Erfordernissen einfach übernommen hat.[1029] Dieser Kritik nach sollte der BGH genau begründen, warum die Bezifferung des Anspruchs, bzw. des Klageantrags, bei Klagen, die das richterliche Ermessen erfordern, nicht in Frage kommen kann und ob und wann die Bezifferung für den Kläger als unmöglich oder unzumutbar angenommen werden sollte.[1030]

Im deutschen Recht ist es aber auch umstritten, ob das Gericht bei solchen Klagen einen echten Ermessensentscheid besitzt, der die Festsetzung der Betragshöhe des Anspruchs ermöglicht oder ob diese Fälle unter dem unbestimmten Rechtsbegriff untersucht werden müssen. Dieser Kritik nach kann das Gericht bei solchen Fällen im rechtstechnischen Sinne keinen Ermessenssentscheid treffen[1031], da das Ermessen im rechtstechnischen Sinne erst dann vorkommt, wenn eine Norm über die Rechtsfolgen begründet wird und diese Norm dem Gericht eine Auswahl zwischen verschiedenen Handlungen als Rechtsfolge ermöglicht.[1032] Dementsprechend kann der Ermessensentscheid bei den Klagen

Becker-Eberhard, §253 ZPO, Rn. 119ff.; Baumbach/Lauterbach/Albers/Hartmann, §253, Rn. 86; Wieczorek/Schütze/Assmann, §253, Rn. 99f.

1028 Prütting/Gehrlein/Geisler, ZPOKomm, §253, Rn. 40; Stein/Jonas/Roth, §253, Rn. 45; Baumbach/Lauterbach/Albers/Hartmann, §253, Rn. 86.

1029 Menges, S. 127.

1030 Menges, S. 127.

1031 Ubert, S. 12; Menges, S. 78.

1032 Ubert, S. 12; Blechschmidt, S. 25; Stickelbrock, Inhalt und Grenzen richterlichen Ermessens im Zivilprozess, 2002, S. 245, 406 und 414; Hufen, Ermessen und unbestimmter Rechtsbegriff, ZJS, 5/2010, S. 603.

mit Schmerzensgeldanspruch, wie die billige Entschädigung gemäß §253 Abs. 2 BGB oder wie die angemessene Entschädigung gemäß §651f Abs. 2 BGB nicht erforderlich sein, denn bei solchen Klagen gibt es nur ein richtiges Ergebnis, das gerichtlicher Auslegung bedarf.[1033] Anders als im schweizerischen Recht ist es also im deutschen Recht umstritten, ob das Gericht in den Fällen, in denen der Kläger entgegen §253 Abs. 2 Nr. 2 ZPO mit dem unbezifferten Klageantrag eine zulässige Klage erheben darf, den Ermessensentscheid trifft oder die die Klage begründenden Tatsachen unter den unbestimmten Rechtsbegriff subsumiert. Nach der Ansicht der Lehre, die die Rechtsprechung des BGH kritisiert, subsumiert das Gericht in den Fällen gemäß §§253 Abs. 2, 651f Abs. 2, 315, 319 BGB und § 287 ZPO die klagebegründenden Tatsachen im Sinne des unbestimmten Rechtsbegriffs, denn für solche Fällen hat das Gesetz nicht mehrere Entscheidungen als richtig anerkannt und dem Gericht eine Auswahl ermöglicht, sondern bei solchen Fällen gibt es nur eine richtige Entscheidung, wie die billige Entschädigung oder die angemessene Entschädigung, was durch die Untersuchung von Tatsachen und durch ihre Auslegung vom Gericht bestimmt werden kann.[1034] Demzufolge unterstützt diese Ansicht auch, dass die Schwierigkeiten bei der Bezifferung des Anspruchs für den Kläger keine Unmöglichkeit der Bezifferung, sondern eine Unzumutbarkeit der Bezifferung verursachen können, weil es im Sinne der Auslegung des unbestimmten Rechtsbegriffs nur eine richtige Entscheidung gibt, deren Bezifferung dem Kläger eigentlich möglich ist[1035], da die Unmöglichkeit der Bezifferung des Anspruchs für den Kläger erst dann vorkommen kann, wenn der Schaden, für den Ersatz begehrt wird, sich noch weiter entwickelt, weswegen der Kläger diese Betragshöhe nicht festsetzen kann.[1036]

Dieser Ansicht nach trifft das Gericht auch im Sinne des §287 ZPO keinen Ermessensentscheid, denn diese Vorschrift ermöglicht dem Gericht keine Wahlbefugnis zwischen mehreren Beträgen.[1037] Daher ist diese Vorschrift eher eine beweisrechtliche Vorschrift, die die Beweiserleichterung für den Kläger absichert, wenn der Kläger nicht in der Lage ist, seinen Schaden, für den er noch

---

1033 Stickelbrock, S. 251 und 261f.; Prütting/Wegen/Weinreich/Stürner, Bürgerliches Gesetzbuch Kommentar, 13. Auflage, 2018, §315, Rn. 11; Menges, S. 78; Hufen, S. 606.

1034 Stickelbrock, S. 138, 250f.; Prütting/Wegen/Weinreich/Stürner, BGBKomm, §315, Rn. 11; Zöller/Greger, §253n Rn. 14.

1035 Menges, S. 129f.

1036 Menges, S. 134.

1037 Stickelbrock, S. 262.

Ersatz fordert, zur vollen Überzeugung des Gerichts nachzuweisen, denn durch §287 Abs. 1 Nr. 1 ZPO werden die Anforderungen an die richterliche Überzeugungsbildung erleichtert.[1038]

Im deutschen Recht gibt es über die Zulässigkeit der unbezifferten Forderungsklage im Sinne der reinen Ermessensklage sprachliche Differenzen. Die Rechtsprechung des BGH wird deswegen kritisiert, weil sie die alte Formel des Reichsgerichts wiederholt hatte, was zu der heutigen Bedeutung und dem Bedürfnis nicht passt. Das Reichsgericht und auch der BGH haben „Ermessen“ für die Festsetzung der Schadenshöhe durch die Ausübung des richterlichen Ermessens gesetzt, womit sie nach dem heutigen rechtstechnischen Sinn die richterliche Auslegung der Rechtsfolge beabsichtigt haben. Deswegen sollte der BGH die alte Formulierung des Reichsgerichts nicht mehr übernehmen und seine Rechtsprechung nach heutigen Bedürfnissen ausformulieren und anpassen lassen[1039], denn bei der Festsetzung des Schmerzensgeldes hat das Gericht nach dem heutigen rechtstechnischen Sinne keine Freiheit bei der Bestimmung der verschiedenen Rechtsfolgemöglichkeiten. Vielmehr muss das Gericht dabei die billige, bzw. angemessene Entschädigung für jeden einzelnen Fall bestimmen, was keine Auswahl zwischen verschiedenen Rechtsfolgen darstellt, sondern eine vollständiger Auslegung bedürftige Rechtsfolge, also die Auslegung des unbestimmten Rechtsbegriffs betrifft.[1040]

Trotz dieser Meinungsstreitigkeit in der deutschen Lehre wird aber die reine Ermessensklage im Sinne der unbezifferten Forderungsklage von der Lehre überwiegend als zulässig anerkannt[1041] und ist entgegen der Angabe der Größenordnung bei der unbezifferten Forderungsklage im deutschen Recht nicht so umstritten.

Ähnlich wie im schweizerischen Recht wird die reine Ermessensklage auch von der türkischen Lehre als eine Art der unbezifferten Forderungsklage anerkannt, obwohl sie im Art. 107 Abs. 2 TürkZPO gesetzlich nicht festgesetzt ist.[1042] Diese Anerkennung wird davon abgeleitet, dass die Bezifferung der

---

1038 Stickelbrock, S. 233. 384f.; Menges, S. 77; Kern, 101; Musielak/Voit/Foerste, ZPO-Komm, §287, Rn. 6.

1039 Stickelbrock, S. 414; Blechschmidt, S. 33f.; Menges, S. 131.

1040 Blechschmidt, S. 25; Kern, S. 115.

1041 Kern, S. 100; Baumbach/Lauterbach/Albers/Hartmann, §253, Rn. 86, Wurm, S. 67.

1042 Pekcanitez, Belirsiz Alacak Davasi, S. 45; Pekcanitez/Atalay/Özekes, S. 447; Kiraz, S. 21; Simil, S. 167; Postacıoglu/Altay, S. 252, Rn. 485; Aktepe-Artik, Hukuk Muhakemeleri Kanunu`nun yürürlüge girmesiyle medeni Yargilama Hukukunda Neler Degisiyor?, Istanbul Ticaret Üniversitesi Sosyal Bilimler Dergisi, 2011/20, S. 160; **Gegenmeinung:** Budak vertritt die Ansicht, dass die reine Ermessensklage als

Betragshöhe des Anspruchs für den Kläger nicht möglich oder zumutbar sein kann bei für die Bestimmung der Betragshöhe des Anspruchs des richterlichen Ermessens bedürftiger Klagen auf Schmerzensgeld und auf Schadensersatz, da die Betragshöhe des Anspruchs bei solchen Klagen erst durch die Endentscheidung, bzw. durch den Ermessensentscheid des Richters festgesetzt und bestimmt werden kann.[1043]

Ähnlich wie im schweizerischen und deutschen Recht kommt auch im türkischen Recht die unbezifferte Forderungsklage meistens bei den Schadensersatz- und Schmerzensgeldklagen vor, da der Kläger bei solchen Klagen nicht in der Lage sein kann, die Betragshöhe seines Anspruchs selber zu beziffern, weil er entweder Informationen oder Auskünfte von dem Beklagten, einem Dritten oder dem Sachverständigen braucht oder weil er vorher nicht einschätzen kann, wie hoch der Richter die Betragshöhe des Anspruchs ermessen wird.

Im Sinne der Regelung der unbezifferten Forderungsklage gemäß Art. 107 Abs. 1 TürkZPO kann aber die reine Ermessensklage meistens bei Schmerzensgeldklagen vorkommen. Dabei kann der Kläger nicht in der Lage sein einzuschätzen, wie hoch der Richter den Betrag seines Anspruchs, bzw. des Schmerzensgeldes, festsetzen wird, da das Gericht bei Schmerzensgeldklagen großen Entscheidungspielraum hat.[1044] Deswegen ist es angenommen, dass die unbezifferte Forderungsklage bei diesen Klagen als Ermessensklage vorkommen kann, weil das Ermessen des Gerichts dem Kläger nicht möglich oder zumutbar sein kann.[1045] Demzufolge darf der Kläger gemäß Art. 56 und 58 TürkOR[1046] die

---

unbezifferte Forderungsklage nicht erhoben werden kann und das richterliche Ermessen nicht als Grund für die Unmöglichkeit oder Unzumutbarkeit der Bezifferung angenommen werden kann. Der Kläger muss seine Klage mit einem angemessenen Betrag seiner Forderung erheben, und er wird dabei einzuschätzen wissen, wie der Richter nach dessen Lebenserfahrung ermessen wird. Budak, Belirsiz Alacak Davasi, S. 84; Budak/Karaaslan, S. 136, Rn. 38.

1043 Kiraz, S. 21; Oguzman/Öz, Borclar Hukuku Genel Hükümler, Cilt 2, 11. Auflage, 2014, S. 67; Simil, S. 167; Aktepe- Artik, S. 160.

1044 Eren, Borclar Hukuku Genel Hükümler, 17. Auflage, 2014, S. 796; Oguzman/Öz, Band 2, S. 84.

1045 Pekcanitez, Belirsiz Alacak Davasi, S. 82; Kiraz, S. 21; Postacıoglu/Altay, S. 252, Rn. 485.

1046 **Übersetzung des Art. 56 TürkOR:** 1-Bei Körperverletzung eines Menschen kann der Richter unter Würdigung der besonderen Umständen dem Verletzten eine angemessene Geldsumme als Schmerzensgeld zusprechen. 2- Bei schweren Körperverletzung oder der Tötung eines Menschen kann eine angemessene Geldsumme als Schmerzensgeld für die Angehörigen des Getöteten oder des Verletzten festgesetzt werden.

unbezifferte Forderungsklage, bzw. die reine Ermessensklage, mit dem Anspruch auf Schmerzensgeld erheben. Dementsprechend kann der Richter bei Körperverletzung unter Würdigung der besonderen Umständen gemäß Art. 56 Abs. 1 TürkOR dem Verletzten, sowie dem Geschädigten, eine angemessene Geldsumme als Schmerzensgeld festsetzen. Gemäß Art. 56 TürkOR wird das Gericht jeden einzelnen Fall nach seinen individuellen Eigenschaften und Besonderheiten würdigen. Der Richter wird also bei der Bestimmung des Schmerzensgeldes besondere Umstände für jeden einzelnen Fall berücksichtigen. Dabei wird er auch unter den Maßnahmen gemäß Art. 51 und 52 TürkOR[1047] und nach seiner allgemeinen Lebens- und Berufserfahrung in der ihm ermöglichten Ermessensbefugnis den Betrag des Schmerzensgeldes als Geldsumme festsetzen.[1048]

Gemäß Art. 58 TürkOR kann das Gericht das Schmerzensgeld als Geldsumme festsetzen, wenn jemand in seiner Persönlichkeit widerrechtlich verletzt worden ist.[1049] Demgemäß kann der Geschädigte Schmerzensgeld anfordern, wenn seine Persönlichkeit verletzt ist. Auch bei solchen Klagen wird der Richter bei der Bestimmung des Betrags des Schmerzensgeldes die besonderen Umstände des Falles, bzw. der Verletzung, würdigen und wird dabei auch die Regelungen von Art. 51 und 52 TürkOR berücksichtigen.[1050]

Bei solchen Fällen, bei denen der Kläger Anspruch auf Ersatz für den erlittenen Schaden hat, wird der Richter also den Betrag nach den besonderen

---

1047 **Übersetzung des Art. 51 TürkOR:** 1- Art und Größe des eingetretenen Schadensersatzes bestimmt der Richter, der hierbei sowohl die Umstände als auch die Größe des Verschuldens zu würdigen hat. 2- Wird Schadensersatz in Gestalt einer Rente zugesprochen, so ist der Schuldner gleichzeitig zur Sicherheitsleistung anzuhalten.; **Übersetzung des Art. 52 TürkOR:** 1- Hat der Geschädigte in die schädigende Handlung eingewilligt, oder haben Umstände, für die er einstehen muss, auf die Entstehung oder Verschlimmerung des Schadens eingewirkt oder die Stellung des Ersatzpflichtigen sonst erschwert, so kann der Richter die Ersatzpflicht ermäßigen oder gänzlich von ihr entbinden. 2- Würde ein Ersatzpflichtiger, der bei dem Schaden leichtes Verschulden hat, durch Leistung des Ersatzes in eine Notlage versetzt, so kann der Richter auch aus diesem Grund die Ersatzpflicht ermäßigen.

1048 Eren, S. 797; Oguzman/Öz, Band 2, S. 85, 112; Uygur, Türk Borclar Kanunu Serhi, Band 1, 2012, S. 446.

1049 **Übersetzung des Art. 58 TürkOR:** 1- Wer in seiner Persönlickeit verletzt wird, kann Anspruch auf Leistung einer Geldsumme als Schmerzensgeld anfordern. 2- Anstatt oder neben dieser Leistung kann der Richter auch auf eine andere Art des Schmerzensgeldes erkennen. Insbesonders kann er diese Verletzung rügen und entscheiden, diesen Entscheid auf Rüge zu veröffentlichen.

1050 Eren, S. 796; Uygur, S. 461.

Umständen des einzelnen Falls sowie nach seiner Ermessensbefugnis bestimmen und festsetzen, was der Kläger vorher nicht selber einschätzen kann, da er nicht weiß, wie der Richter die Umstände würdigen und wie hoch er den Betrag des Schadens festsetzen wird. In diesem Sinne wird es dem Kläger zugestanden, ohne Angabe der Betragshöhe seines Anspruchs Klage zu erheben, weil der Kläger bei diesen Fällen nicht in der Lage sein kann, zu bestimmen, wie hoch der Betrag seines Anspruchs ist und wie hoch der Richter ihn festsetzen wird. Deswegen wird es von der türkischen Lehre angenommen, dass die Ermessensklage zu dem Anwendungsbereich der unbezifferten Forderungsklage gehört und als zulässig angenommen werden muss. Neben der Betragshöhe des Anspruchs ist es dem Kläger auch unmöglich oder unzumutbar einzuschätzen, welche Leistung der Richter neben dem Schmerzensgeld oder anstatt des Schmerzensgeldes bestimmen wird. Denn gemäß Art. 58 Abs. 2 TürkOR kann der Richter „anstatt" oder „neben" dem Schmerzensgeld auch einen anderen oder einen zusätzlichen Ersatz festlegen. Deswegen ist es dem Kläger bei diesen Fällen unmöglich oder unzumutbar, die Höhe eines Schadens zu bestimmen und dementsprechend kann der Kläger die Ermessensklage erheben, was als unbezifferte Forderungsklage zugelassen wird.[1051]

Außerdem wird es von einem Teil der türkischen Lehre angenommen, dass das Schmerzensgeld nicht teilbar ist und deswegen darf der Kläger seinen Anspruch auf Schmerzensgeld nicht durch Teilklage oder durch Verbesserung anfordern.[1052] Denn dieser Ansicht nach hat das Schmerzensgeld eine Gesamtheit, die man nicht teilen kann, denn es ist die Genugtuung für die Schmerzen wegen der Verletzung. Die Teilung des Schmerzensgeldes würde aber die Verteilung der Schmerzen eines Menschen über einen Zeitraum bedeuten, was zu dem Sinn und Zweck des Rechtsschutzes nicht passt.[1053] Obwohl diese Ansicht von der türkischen Lehre nicht einstimmig vertreten wird[1054], wäre aber die unbezifferte Forderungsklage bei Schmerzensgeldklagen, bzw. Ermessensklagen, trotzdem zulässig, falls diese Ansicht von der unteilbaren Natur des Schmerzensgelds

1051 Pekcanitez, Belirsiz Alacak Davasi, S. 82; Simil, S. 376; Oguzman/Öz, Band 2, S. 129.

1052 Reisoglu, Borclar Hukuku Genel Hükümler, 22. Auflage, 2011, S. 254; Kuru, Hukuk Muhakemeleri Usulu, 6. Auflage, Cilt 2, S. 1523; Kulaksiz, S. 72f.; 4. HD, 14.5.1998, 9223/3428, YKD, 1998/8, S. 1147; Pekcanitez, Belirsiz Alacak Davasi 2009, S. 534.

1053 Kuru, Hukuk Muhakemeleri Usulu, S. 1525; 9. HD. 12.2.1991, 10324/2244, YKD 1991/9, S. 1343; 9. HD. 12.2.1991, 13676/2611; 9 HD. 26.12.1989, 10280/11438, YKD 1990/8, S. 1169; 21. HD. 11.12.1995, 7525/7393; 21. HD. 6.4.1999, 1305/2110, Istanbul Barosu Dergisi, 1996/7–9, S. 667.

1054 Nomer, S. 225f.; Pekcanitez, Belirsiz Alacak Davasi 2009, S. 534.

angenommen würde, da der Kläger, wie oben untersucht, mit der Erhebung der unbezifferten Forderungsklage von Anfang an das Erlangen des Ganzen seines Anspruchs bezweckt, womit sich die unbezifferte Forderungsklage von der Teilklage unterscheidet.[1055]

Die unbezifferte Forderungsklage ist auch bei Klagen auf Schadensersatz zulässig. Nach der Natur der Schadensersatzklagen kann der Kläger oft nicht in der Lage sein, die Betragshöhe seines Anspruchs zu beziffern, da er Informationen, Auskünfte von dem Beklagten oder einem Dritten oder ein Sachverständigengutachten benötigt. Da bei solchen Fällen die Bezifferung des Anspruchs für den Kläger zu Beginn des Prozesses unmöglich oder unzumutbar ist, wird die unbezifferte Forderungsklage gemäß Art. 107 Abs. 2 TürkZPO bei solchen Fällen auch als zulässig anerkannt. Obwohl die unbezifferte Forderungsklage hauptsächlich im Sinne des Art. 107 Abs. 2 TürkZPO bei Klagen auf Schmerzensgeld vorkommen und zulässig sein kann, ist es aber auch möglich, dass die reine Ermessensklage auch bei Schadensersatzklagen vorkommt. Denn gemäß Art. 50 Abs. 2 TürkOR wird der Richter mit Rücksicht auf den gewöhnlichen Lauf der Dinge und auf die vom Geschädigten getroffenen Maßnahmen den Ersatz des Schadens abschätzen und ermessen, falls der Schaden ziffermäßig nicht nachweisbar ist.[1056] Demgemäß ist also auch bei Schadensersatzklagen das richterliche Ermessen erforderlich, falls die Betragshöhe des Schadens nicht ziffermäßig nachgewiesen werden kann. Auch bei solchen Fällen wird die unbezifferte Forderungsklage, bzw. die reine Ermessensklage, als zulässig angenommen, da der Kläger nicht einschätzen kann, wie der Richter den Betrag des Schadens ermessen wird und ähnlich wie bei Schmerzensgeldklagen hat der Richter auch bei solchen Fällen eine große Ermessensbefugnis[1057], weil der Richter den Schaden nach seiner allgemeinen Lebens- und Berufserfahrungen mit Rücksicht auf den Verlauf der Dinge würdigen wird[1058], was die Bezifferung des Schadens für den Kläger unmöglich oder unzumutbar macht.[1059] Deswegen wird die unbezifferte

---

1055 Pekcanitez/Pekcanaitez, Pekcanitez Usul, S. 1024; Simil, S. 377.

1056 **Übersetzung des Art. 50 TürkOR:** 1- Wer Schadensersatz beansprucht, hat den Schaden und das Schulden des Schädigers zu beweisen. 2- Der nicht ziffermäßig nachweisbare Schaden ist nach Ermessen des Richters mit Rücksicht auf den gewöhnlichen Lauf der Dinge und auf die vom Geschädigten getroffenen Maßnahmen abzuschätzen.

1057 Eren, S. 726.

1058 Eren, S. 725f.; Oguzman/Öz, Cilt 2, S. 84; Uygur, S. 413.

1059 Pekcanitez, Belirsiz Alacak Davasi, S. 83; Simil, S. 366.

Forderungsklage auch bei solchen Klagen, die richterliches Ermessen erfordern, als zulässig angenommen.[1060]

Wie oben dargestellt und auch untersucht, ist die unbezifferte Forderungsklage bei Klagen auf Schadensersatz und Schmerzensgeld, die das richterliche Ermessen benötigen, zulässig, obwohl es gemäß Art. 107 Abs. 2 TürkZPO gesetzlich nicht geregelt ist. Dabei ist die unbezifferte Forderungsklage zugelassen, weil die Bezifferung des Anspruchs dem Kläger unmöglich oder unzumutbar ist. Diese Unmöglichkeit befreit den Kläger aber nicht von der Angabe der erforderlichen Tatsachen und Beweismittel der Rechtsstreitigkeit. Auch bei Ermessensklagen auf Schadensersatz oder Schmerzensgeld muss der Kläger gemäß Art. 50 Abs. 1 TürkOR seinen Schaden nachweisen und alle Tatsachen und Beweismittel dem Gericht einreichen, was eigentlich gemäß Art. 107 TürkZPO auch festgesetzt ist. Dementsprechend muss der Kläger bei Ermessensklagen, trotz der Unmöglichkeit der Bezifferung, die Tatsachen und Beweismittel dem Gericht ausführlich und substantiiert einreichen, um seinen Schaden nachzuweisen, damit der Richter den Schaden oder das Schmerzensgeld richtig und rechtmäßig würdigen und ermessen kann.[1061]

Im türkischen Recht wird also die Zulässigkeit der unbezifferten Forderungsklage bei reinen Ermessensklagen auf Schadensersatz und auf Schmerzensgeld von der vorherrschenden Meinung der Lehre anerkannt, da die Bezifferung des Anspruchs für den Kläger zu Beginn des Prozesses wegen des richterlichen Ermessens nicht möglich oder zumutbar ist. Obwohl die Lehre über die Zulässigkeit der unbezifferten Forderungsklage bei Ermessensklagen einig ist, gibt es aber Auseinandersetungen darum, ob die nachträgliche Bezifferung des Anspruchs bei Ermessensklagen erforderlich ist oder nicht.

Pekcanitez vertritt die Ansicht, dass der Kläger auch bei den reinen Ermessensklagen den Betrag seines Anspruchs spätestens nach dem Abschluss der Untersuchung nachträglich beziffern muss, ansonsten wird der Richter seine Entscheidung im Sinne des vorläufigen Mindestbetrags, den der Kläger zu Beginn des Prozesses angegeben hat, treffen.[1062] Diese Ansicht wird mit der „Bindung des Richters an die Parteianträge" gerechtfertigt. Demgemäß darf der Richter gemäß Art. 26 TürkZPO den Betrag der Rechtsfolge nicht höher als den vom Kläger angeforderten Anspruch festlegen, und falls der Kläger auch im Sinne

1060 Pekcanitez, Belirsiz Alacak Davasi, S. 83.

1061 Oguzman/Öz, Band 2, S. 85; Eren, S. 725.

1062 Pekcanitez/Pekcanitez, Pekcanitez Usul, S. 1052; Pekcanitez, Belirsiz Alacak Davasi, S. 52; Pekcanitez/Atalay/Özekes, S. 459.

des Dispositionsgrundsatzes bei unbezifferten Forderungsklagen, die das richterliche Ermessen erfordern, seinen Anspruch nachträglich nicht beziffert, dann muss der Richter gemäß Art. 26 TürkZPO nach dem vorläufigen Mindestwert entscheiden.[1063]

Der entgegenstehenden Ansicht der vorherrschenden türkischen Lehre nach muss es aber ähnlich wie im deutschen und schweizerischen Recht geregelt werden, dass der Richter bei den unbezifferten Forderungsklagen den Betrag des Anspruchs selber ermessen, bzw. beziffern darf und dass der Kläger bei solchen Fällen keine nachträgliche Bezifferung seines Anspruchs angeben muss[1064], da bei solchen Fällen die Bezifferung des Anspruchs für den Kläger erst mit dem richterlichen Ermessensentscheid möglich sein kann, da der Kläger nicht einschätzen kann, wie der Richter seine Ermessensbefugnis benutzen, die Umständen würdigen und wie hoch er den Betrag des Anspruchs ermessen wird.[1065] Deswegen darf der Richter bei solchen Fällen ohne Bindung an den Klageantrag sowie an den vorläufigen Mindestwert des Anspruchs durch die Würdigung der Parteivorbringungen die Rechtsfolge ermessen und seine Entscheidung treffen.[1066]

Dieser Ansicht folgend würde der Ermessensentscheid des Richters bei unbezifferten Forderungsklagen, ohne die nachträgliche Bezifferung des Anspruchs, keinen Verstoß gegen die Vorschrift Art. 26 TürkZPO, bzw. gegen die Bindung des Richters an die Parteianträge verursachen, da der Kläger ganz von Anfang an mit der Klageerhebung bezweckt hat, das Ganze seines Anspruchs zu erreichen[1067], obwohl dessen Bezifferung ihm unmöglich oder unzumutbar ist. Demzufolge wird der Richter an das Ganze des Anspruchs des Klägers gebunden, was bei Ermessensklagen der Betrag des Schadens ist. Dementsprechend wird also kein Verstoß gegen die Bindung des Richters an die Parteianträge entstehen, wenn der Richter ohne nachträgliche Bezifferung des Anspruchs seinen Ermessensentscheid trifft, da der Kläger gemäß Art. 107 TürkZPO die die Klage begründenden Tatsachen und Beweismittel dem Gericht einreichen muss, damit der Richter die Rechtsstreitigkeit richtig und sachgemäß würdigen kann, was auch eine Bindung des Richters an die Parteianträge bedeutet.[1068]

1063 Pekcanitez, Belirsiz Alacak Davasi, S. 52.
1064 Kulaksiz, S. 71ff.; Simil, S. 170ff.
1065 Simil, S. 170f.
1066 Oguzman/Öz, Cilt 2, S. 129; Simil, S. 171.
1067 Akil, S. 202.
1068 Simil, S. 173f.

Nach dieser Ansicht muss die nachträgliche Bezifferung des Anspruchs bei unbezifferten Forderungsklagen, die das richterliche Ermessen erfordern, gesetzlich ausführlicher und klarer geregelt werden, denn entgegen dem deutschen und schweizerischen Recht gibt es darüber im türkischen Recht keine feste Rechtsprechung oder verbindliche Ausübung.[1069]

Meines Erachtens müssen die unbezifferten Forderungsklagen, die das richterliche Ermessen erfordern, im Sinne der Ermessensklagen als zulässig angenommen werden, da der Kläger auch bei diesen Klagen nicht in der Lage sein kann, die Betragshöhe seines Anspruchs zu beziffern, weil hier der Richter einen großen Ermessensspielraum besitzt, so dass der Kläger niemals genau und richtig einschätzen kann, wie der Richter seine Befugnis benutzen und wie hoch er den Betrag des Anspruchs ermessen wird. Da also die wichtigste Zulässigkeitsvoraussetzung der unbezifferten Forderungsklage die Unmöglichkeit oder die Unzumutbarkeit der Bezifferung des Anspruchs ist, muss hier die Ermessensklage auch als zulässige unbezifferte Forderungsklage anerkannt werden.

Nach der Meinungsstreitigkeit in der schweizerischen Lehre über die unbezifferten Forderungsklagen, die das richterliche Ermessen erfordern, ist die Ansicht die überzeugendere, die die unbezifferte Forderungsklage als zulässig anerkennt, egal ob der Sachverhalt oder die Rechtsfolge das richterliche Ermessen erfordern, weil in den beiden Fällen die Bezifferung des Anspruchs dem Kläger unmöglich oder unzumutbar wird. Deswegen sollte das richterliche Ermessen des Sachverhalts oder der Rechtsfolge für die Zulässigkeit der unbezifferten Forderungsklage keine bestimmende Rolle spielen, da in den beiden Fällen die Hauptzulässigkeitsvoraussetzung der unbezifferten Forderungsklage, die Unmöglichkeit oder Unzumutbarkeit der Bezifferung des Anspruchs, erfüllt wird.

Die oben genannte Meinungsstreitigkeit über die unbezifferte Forderungsklage im Sinne der Ermessensklage im deutschen Recht resultiert meines Erachtens aus sprachlichen Feinheiten. In der heutigen Rechtsausübung im deutschen Recht wird das richterliche Ermessen nicht so verstanden, wie im schweizerischen und türkischen Recht. Zudem gibt es auch Unterschiede zwischen den Bedürfnissen während der Rechtsprechung des Reichsgerichts und der Bedürfnisse der heutigen Rechtsausübung. Deswegen gibt es Unklarheiten bei der Ausübung der unbezifferten Forderungsklage im deutschen Recht. Meines Erachtens können diese Unklarheiten und die Meinungsstreitigkeiten über die unbezifferte Forderungsklage erst durch die gesetzliche Regelung der unbezifferten Forderungsklage beseitigt werden. Obwohl diese Meinungsstreitigkeit im deutschen

1069 Simil, S. 174.

Recht auf die Zulässigkeit und die Ausübung der unbezifferten Forderungsklage bei den Fällen, deren Bezifferung richterliches Ermessen erfordern, keinen Einfluss haben, wäre die gesetzliche Regelung der unbezifferten Forderungsklage für die Rechtspraxis der unbezifferten Forderungsklage neben der Regelung der Stufenklage gemäß §254 ZPO sicherer.

Wie oben untersucht, wird die Ermessensklage im türkischen Recht nach der herrschenden Meinung als zulässige unbezifferte Forderungsklage anerkannt, obwohl sie im Art. 107 TürkZPO gesetzlich nicht geregelt ist. Dabei ist es allerdings umstritten, ob der Kläger bei Ermessensklagen gemäß Art. 107 Abs. 2 TürkZPO seinen Anspruch nachträglich beziffern muss. Meines Erachtens kann dabei der Ansicht von Pekcanitez nicht gefolgt werden, da die Bezifferung des Anspruchs selbst nach der richterlichen Untersuchung für den Kläger weiter unmöglich oder unzumutbar wird, weil der Richter dabei einen großen Ermessensspielraum hat, weswegen der Kläger vorher nicht einschätzen kann, wie der Richter den Betrag des Anspruchs letztendlich ermessen wird. Da der Betrag des Anspruchs dabei erst durch den Ermessensentscheid des Richters bestimmt wird, wird die Bezifferung des Anspruchs für den Kläger bis zum Ende des Verfahrens weiter unmöglich, und deswegen kann die nachträgliche Bezifferung vom Kläger nicht erwartet werden. Außerdem, wie Simil übernommen hat, wird die Befreiung des Klägers von der nachträglichen Bezifferung keinen Verstoß gegen den Dispositionsgrundsatz und auch nicht gegen die Bindung des Richters an die Parteianträge verursachen, da das Hauptziel des Klägers mit der Erhebung der unbezifferten Forderungsklage das Erlangen des Ganzen seines Anspruchs ist, worin sie sich von den anderen Klagearten, bzw. von der Teilklage, unterscheidet.[1070] Da der Kläger auch gemäß Art. 107 TürkZPO alle Klage begründenden Tatsachen und Beweismittel dem Gericht bei der Klageerhebung einreichen muss, wird der Richter in diesem Sinne an den Anspruch des Klägers gebunden, trotz der Befreiung des Klägers von der nachträglichen Bezifferung. Wie Simil aber gemeint hat, wäre eine ausführliche Regelung über die unbezifferten Forderungsklagen, die das richterliche Ermessen erfordern, für das türkische Recht besser und rechtssicherer, da es bisher im türkischen Recht darüber keine feste Rechtsprechung oder verbindliche Ausübung gibt, die als vorbildliche Ausübung angenommen werden könnte.

1070 Akil, S. 202.

Teil 3 – Folgen der unbezifferten Forderungsklage

§6 Die Folgen der unbezifferten Forderungsklage im Zivilprozess- und materiellen Recht

A. Allgemeines

Wie alle Klagearten hat auch die unbezifferte Forderungsklage ihre eigenen Folgen für das materielle Recht und für das Zivilprozessrecht. Da die unbezifferte Forderungsklage eine besondere Art der Leistungsklage ist und den Ausnahmecharakter besitzt, unterscheiden sich ihre Folgen je nachdem von denen der anderen gewöhnlichen Klagearten. Im Folgenden werden diese Folgen der unbezifferten Forderungsklage und ihre Unterschiede untersucht.

B. Folgen im Zivilprozessrecht

1. Zuständiges Gericht

Die Zuständigkeit der Gerichte bei den unbezifferten Forderungsklagen ist, außer in der schweizerischen Zivilprozessordnung, in den türkischen und deutschen Zivilprozessrechten nicht explizit geregelt und die allgemeinen Regelungen der sachlichen und örtlichen Zuständigkeit der Gerichte für die unbezifferten Forderungsklagen werden als geltend anerkannt.

Im türkischen Recht ist die sachliche Zuständigkeit des Gerichts anders als in den deutschen und schweizerischen Rechtssystemen geregelt. Mit dem Inkrafttreten der neuen türkischen Zivilprozessordnung im Jahr 2011 wird das sachlich zuständige Gericht gemäß Art. 2 TürkZPO[1071] nicht nach dem Streitwert, sondern nach dem Streitgegenstand festgelegt. Demgemäß werden die Zivilgerichte erster Instanz bei Klagen auf Vermögensrechte und auf persönliche Rechte sachlich zuständig ohne den Streitwert zu beachten. Daneben wird die Zivilkammer des Friedensgerichts im türkischen Recht bei den besonderen Fällen in dem Art. 4 TürkZPO als sachlich zuständig angenommen.

1071 **Übersetzung von Art. 2 TürkZPO**: (1) Wenn es gesetzlich nicht anders geregelt ist, ist das Zivilgericht erster Instanz bei Klagen auf Vermögensrechte und auf persönliche Rechte ohne den Streitwert zu beachten sachlich zuständig. (2) Wenn es in diesem Gesetz und in den anderen Gesetzen nicht anders eingeräumt ist, ist das Zivilgericht erster Instanz auch bei anderen Klagen und Handlungen sachlich zuständig.

Im Sinne dieser allgemeinen Regelungen des sachlich zuständigen Gerichts im türkischen Recht ist das Zivilgericht erster Instanz bei der unbezifferten Forderungsklagen sachlich zuständig, da der Streitgegenstand der unbezifferten Forderungsklagen hauptsächlich vermögensrechtlich ist.[1072] Demgemäß wird das sachlich zuständige Gericht nicht geändert, selbst wenn der Kläger der unbezifferten Forderungsklage den vorläufigen Mindestwert nachträglich erhöht, weil der Streitgegenstand trotz dieser Erhöhung gleich bleibt.[1073] Wenn aber im Gesetz ein besonderes Gericht für den bestimmten Streitgegenstand der unbezifferten Forderungsklage als das sachlich zuständige Gericht festgesetzt ist, dann wird natürlich dieses Gericht bei dieser unbezifferten Forderungsklage sachlich zuständig.[1074] Falls das sachlich zuständige Gericht falsch bestimmt worden ist und die unbezifferte Forderungsklage bei dem falschen Gericht erhoben worden ist, dann wird dies meist durch die Voruntersuchung des Richters gemäß Art. 137 Abs. 1 TürkZPO[1075] festgestellt und korrigiert. Der Beklagte kann aber auch jederzeit widersprechen, wenn die Klage beim falschen Gericht erhoben worden ist.[1076]

Im deutschen Recht bedeutet die sachliche Zuständigkeit des Gerichts, dass das Amtsgericht oder das Landgericht in erster Instanz bei einem Rechtsstreit zuständig ist.[1077] Der deutsche Gesetzgeber hat für die Bestimmung der sachlichen Zuständigkeit der Gerichte gemäß §1 ZPO die Regelung der Gerichtsverfassung (GVG) anerkannt. Demgemäß ist die Höhe des Streitwertes dabei bestimmend und gemäß §23 Nr. 1 GVG wird das Amtsgericht bei Streitigkeiten bis zu einem Wert von fünftausend Euro sachlich zuständig. Gemäß §71 I GVG

1072 Pekcanitez/Atalay/Özekes, S. 142f.

1073 Pekcanitez, Belirsiz Alacak Davasi, S. 54.

1074 Pekcanitez, Belirsiz Alacak Davasi, S. 54. Z.B Bei den unbezifferten Forderungsklagen auf Urheberrechte wird das Zivilgericht auf Urheber- Gewerberecht erster Instanz sachlich zuständig oder bei den unbezifferten Forderungsklagen auf Forderungen des Arbeitnehmers werden die Arbeitsgerichte sachlich zuständig.

1075 **Übersetzung von Art. 137 Abs. 1 TürkZPO**: Nach den beiderseitigen Abgaben der Klageschriften wird die Voruntersuchung durchgeführt. Während der Voruntersuchung untersucht das Gericht die Prozessvoraussetzungen und die prozesshindernden Einreden; stellt die Streitgegenstände fest, führt die Handlungen durch, damit die Vorbereitungshandlungen und die Handlungen auf die Beweisangabe der Parteien und die Beweiswürdigung verwirklicht werden können und führt die Parteien bei Klagen, über die diese frei verfügen, zum Vergleich und protokolliert sie.

1076 Pekcanitez, Belirsiz Alacak Davasi, S. 54.

1077 Musielak/Voit, Grundkurs ZPO, S. 25. Rn. 41.

wird das Landgericht bei Streitigkeiten sachlich zuständig, bei denen das Amtsgericht nicht zuständig sein kann.

Anders als im türkischen und im schweizerischen Recht kann die Bestimmung des sachlich zuständigen Gerichts bei den unbezifferten Forderungsklagen die Wertsetzung vom Gericht gemäß §3 ZPO erfordern, da der Kläger im deutschen Recht keinen vorläufigen Mindestwert für die zulässige unbezifferte Forderungsklage angeben muss. Demzufolge wird der Streitwert der unbezifferten Forderungsklage vom Gericht nach seinem freien Ermessen im Sinne der vom Kläger vorgebrachten Tatsachen festgesetzt.[1078] Außerdem muss der vom Gericht ermessene Streitwert innerhalb der vom Kläger gemäß §253 Abs. 2 Nr. 2 ZPO angegebenen Größenordnung liegen, falls der Kläger die untere und obere Grenze der Größenordnung verbindlich angegeben hat.[1079] Der gemäß §253 Abs. 2 Nr. 2 ZPO angegebene Mindestwert darf durch dieses Ermessen nicht unterschritten werden, die Obergrenze der Größenordnung ist allerdings nicht bindend, es sei denn, dass der Kläger diese als bindend angegeben hat.[1080] Demzufolge wird also das sachlich zuständige Gericht bei der unbezifferten Forderungsklage durch das richterliche Ermessen des Streitwertes nach §3 ZPO bestimmt.[1081]

Auch im schweizerischen Recht ist es unter der sachlichen Zuständigkeit festgesetzt, welches erstinstanzliche Gericht im bestimmten Gerichtskreis für die Beurteilung der Rechtsstreitigkeit zuständig ist.[1082] Damit wird also bestimmt, ob die Rechtsstreitigkeit von einem Einzelrichter, einem Kollegialgericht, von einem ordentlichen oder einem Spezialgericht entschieden wird.[1083] Außerdem wird es in dem schweizerischen Recht den Kantonen ermöglicht, nach der Natur des Anspruchs, für bestimmte Prozesse spezialisierte Gerichte sowie Sondergerichte,

---

1078 Prütting/Gehlein/Gehle, ZPOKomm, §3, Rn. 222; Wurm, S. 71.

1079 Rosenberg/Schwab/Gottwald, S. 166, Rn. §32; Wurm, S. 71; Musielak/Voit/Heinrich, ZPOKomm, §3, Rn. 34; MünchKommZPO/Wöstmann, §3, Rn. 121.

1080 Prütting/Gehrlein/Gehle, ZPOKomm, §3, Rn. 224; Musielak/Voit/Heinrich, ZPO-Komm, §3, Rn. 34.

1081 Prütting/Gehrlein/Gehle, ZPOKomm, §3, Rn. 224; Rosenberg/Schwab/Gottwald, §32, S. 186, Rn. 57; Musielak/Voit/Heinrich, ZPOKomm, §3, Rn. 34; Wurm, S. 71; Zöller/Herget, §3, Rn. 16; Thomas/Putzo/Hüßtege, §3, Rn. 63.

1082 Baker&McKenzie/Härtsch, Art. 4, Rn. 3; Leuenberger/Uffer-Tobler, Schweizerisches Zivilprozessrecht, 1. Auflage, 2010, S. 61, Rn. 2.128; Sutter-Somm/Hasenböhler/Leuenberger/Wey, Art. 4, Rn. 6; BSKommZPO/Vock/Nater, Art. 4, Rn. 3; Oberhammer, KUKOZPO, Art. 4, Rn. 1.

1083 Sutter-Somm/Hasenböhler/Leuenberger/Wey, Art. 4, Rn. 6; Leuenberger/Uffer-Tobler, 1. Auflage, S. 61, Rn. 2.128; Oberhammer, KUKOZPO, Art. 4, Rn. 1.

wie Gerichte für Arbeitsrecht, Mietrecht oder Familienrecht, vorzusehen.[1084] Dementsprechend sind die ordentlichen Gerichte dann zuständig, wenn für die Rechtsstreitigkeit keine Spezialgerichte zugeordnet sind.[1085] Wenn es einmal festgesetzt ist, ob das ordentliche oder ein spezielles Gericht zuständig wird, dann wird die sachliche Zuständigkeit des Gerichts gemäß Art. 4 Abs. 2 SchweizZPO bei vermögensrechtlichen Rechtsstreitigkeiten nach dem Wert der Streitsache bestimmt. Demzufolge wird diese Berechnung und die daraus folgende Bestimmung des sachlich zuständigen Gerichts gemäß Art. 4 Abs. 2 SchweizZPO im Sinne von Art. 91ff. SchweizZPO festgestellt.[1086] Gemäß Art. 91 Abs. 2 SchweizZPO darf das Gericht den Betrag der Streitsache selbst bestimmen, falls dieser nicht genau oder offensichtlich unrichtig angegeben worden ist. In diesem Sinne hat der Gesetzgeber die sachliche Zuständigkeit des Gerichts bei unbezifferten Forderungsklagen im Art. 85 Abs. 2 SchweizZPO besonders geregelt und den vorläufigen Mindestwert dafür ausnahmsweise als maßgebend anerkannt, wobei der Kläger spätestens nach dem Abschluss des Beweisverfahrens oder der Auskunftserteilung den neuen Wert des Anspruchs bestimmen und angeben muss.[1087] Dementsprechend bleibt das angerufene Gericht gemäß Art. 85 Abs. 2 Nr. 2 SchweizZPO weiter zuständig, selbst wenn der nachträglich angegebene Streitwert den Betrag der ursprünglichen Zuständigkeit des Gerichts überschreitet. Dies soll die Prozessökonomie auch bei den unbezifferten Forderungsklagen absichern[1088], da eine Änderung des sachlich zuständigen Gerichts, sowie auch die Änderung der Verfahrensart Verkomplizierungen oder auch Verzögerungen bei dem Verfahren verursachen könnten.[1089]

Da das Gericht gemäß Art. 91 ff. SchweizZPO den Betrag des Anspruchs selber festsetzen kann, ist die Regelung der Angabe des vorläufigen Mindestwertes

---

1084 Baker&McKenzie/Härtsch, Art. 4, Rn. 6; Leuenberg/Uffer-Tobler, 2010, S. 61, Rn. 2.128.

1085 Baker&McKenzie/Härtsch, Art. 4, Rn. 5.

1086 Baker&McKenzie/Härtsch, Art. 4, Rn. 7; Sutter-Somm/Hasenböhler/Leuenberger/Wey, Art. 4, Rn. 12; Oberhammer, KUKOZPO, Art. 4, Rn. 4.

1087 Baker&McKenzie/Marais, Art. 91, Rn. 22.

1088 BSKommZPO/Spühler, Art. 85, Rn. 2; Baumann Wey, S. 201, Rn. 527. Nach der herrschenden Meinung wird das zuständige Gericht auch nicht geändert, falls der endgültige Streitwert unter der Wertgrenze für die sachliche Zuständigkeit bleibt, weil die sachliche Zuständigkeit des Gerichts bei unbezifferten Forderungsklagen (abschließend) gemäß Art. 85 Abs. 2 S. 2 SchweizZPO nach dem vorläufigen Mindestwert bestimmt wird. (Gut, S. 232, Rn. 494; Baumann Wey, S. 202, Rn. 528; Oberhammer, KUKOZPO, Art. 85, Rn. 8).

1089 Baumann Wey, S. 201, Rn. 527; Gut, S. 231, Rn. 493.

gemäß Art. 85 Abs. 1 SchweizZPO und ihre bestimmenden Funktionen gemäß Art. 85 Abs. 2 Nr. 2 SchweizZPO im Sinne vom Art. 91 ff. SchweizZPO für die Ausübung der unbezifferten Forderungsklage prozessökonomischer und rechtssicherer. Aber trotz der Regelung des Art. 85 SchweizZPO kann das Gericht den Streitwert auch bei unbezifferten Forderungsklagen selber festsetzen, falls der Kläger den Mindestwert absichtlich unrichtig angegeben hat, wonach das sachlich zuständige Gericht, die Verfahrensart und die Prozesskosten bestimmt werden.[1090]

2. Rechtshängigkeit

Nach den deutschen, schweizerischen und türkischen Zivilprozessordnungen bedeutet die Rechtshängigkeit, dass eine erhobene Klage von gleichen Parteien und mit gleichem Streitgegenstand bei einem anderen Gericht nicht mehr anhängig gemacht werden kann.[1091] Obwohl die Rechtshängigkeit in der türkischen Zivilprozessordnung anders als in den deutschen und schweizerischen Zivilprozessordnungen nicht in einer Vorschrift geregelt ist, wird sie von dem türkischen Gesetzgeber als eine der Prozessvoraussetzungen des Verfahrens anerkannt und im Art. 114 TürkZPO zusammen mit diesen Voraussetzungen geregelt.[1092]

Gemäß Art. 115 Abs. 2 TürkZPO, §261 Abs. 2 Nr. 1 ZPO und Art. 64 Abs. 1 lit. a SchweizZPO ist die Rechtshängigkeit als eine negative Prozessvoraussetzung, die eine Sperrwirkung auf die zweite Klage hat, geregelt.[1093] Durch diese Prozessvoraussetzung und durch ihre Sperrfunktion darf der Kläger mit seinem bereits rechtshängigen Anspruch bei demselben oder einem anderen Gericht keine neue Klage erheben.[1094] Damit soll die Erhebung einer zweiten identischen Klage verhindern werden, wodurch der Gesetzgeber auch die möglichen

1090 Sutter-Somm/Hasenböhler/Leuenberger/Bopp/Bessenich, Art. 85, Rn. 18.

1091 Art. 114 Abs. 1 S. 1 TürkZPO; Art. 64 Abs. 1 S. a SchweizZPO; §261 Abs. 3 S. 1 ZPO.

1092 Pekcanitez/Pekcanitez, Pekcanitez Usul, S. 1182; Pekcanitez/Atalay/Özekes, S. 521; Postacıoglu/Altay, S. 436, Rn. 835; Tanriver, S. 645; Arslan/Yilmaz/Taspinar Ayvaz, S. 327.

1093 MünchKommZPO/Becker-Eberhard, §261, Rn. 5, 42; Musielak/Voit/Foerste, ZPO-Komm §261, Rn. 9; Tanriver, S. 645.

1094 MünchKommZPO/Becker- Eberhard, §261, Rn. 42; Musielak/Voit/Foerste, ZPO-Komm, §261, Rn. 9; Sutter-Somm/Hasenböhler/Leuenberger/Sutter-Somm/Hedinger, Art. 64, Rn. 8; BSKommZPO/Infanger, Art. 64, Rn. 3f.; Baker&McKenzie/Marais, Art. 64, Rn. 5; Pekcanitez/Pekcanitez, Pekcanitez Usul, S. 1182; Pekcanitez/Atalay/Özekes, S. 521; Tanriver, S. 645; Yilmaz, Serh, S. 790; Postacıoglu/Altay, S. 435, Rn. 835; Arslan/Yilmaz/Taspinar Ayvaz, S. 327.

widersprechenden Gerichtsentscheidungen, die unnötige Arbeitslast des Gerichts und doppelte Prozessführungen vermeiden möchte.[1095]

Gemäß Art. 115 TürkZPO, Art. 60 SchweizZPO und §139 Abs. 3 ZPO wird die Erfüllung der Prozessvoraussetzungen vom Gericht von Amts wegen geprüft. Demgemäß muss die Rechtshängigkeit der Klage als eine Prozessvoraussetzung auch von Amts wegen geprüft werden[1096], wobei die entgegenstehende Rechtshängigkeit die Abweisung der zweiten Klage als unzulässig verursacht.[1097]

Die Bestimmung der Rechtshängigkeit ist bei unbezifferten Forderungsklagen besonders wichtig, da der Umfang der Rechtshängigkeit bei Geldleistungsklagen nach der Betragshöhe des Streitgegenstandes festgesetzt wird, was bei unbezifferten Forderungsklagen besonders schwer sein kann, weil die Betragshöhe des Streitgegenstandes dabei erst nach dem Abschluss des Beweisverfahrens oder der Auskunftserteilung beziffert werden kann. Bis zum Zeitpunkt der Gerichtsentscheidung oder bis zum Beweisverfahren ist also die Betragshöhe unbekannt.[1098] Überwiegend wird auch anerkannt, dass die Angabe des vorläufigen Mindestwertes für die Bestimmung des Umfangs der Rechtshängigkeit auch nicht maßgebend sein kann.[1099] Demgemäß ist, nach der herrschenden Ansicht der deutschen, türkischen und schweizerischen Lehre, der Umfang der Rechtshängigkeit bei der unbezifferten Forderungsklage nach dem ganzen Anspruch bestimmt, da der Kläger damit hauptsächlich das Ganze seines Anspruchs fordert.[1100] Aber weil die Betragshöhe des ganzen Anspruchs bei der unbezifferten Forderungsklage erst nach dem Abschluss des Beweisverfahrens oder der Auskunftserteilung oder mit dem Urteil bestimmt werden kann, wird der Umfang der Rechtshängigkeit dabei nach den vom Kläger behaupteten Tatsachen und

1095 Prütting/Gehrlein/Geisler, ZPOKomm, §261, Rn. 1; Baker&McKenzie/Marais, Art. 64, Rn. 5; MünchKommZPO/Becker- Eberhard, §261, Rn. 6; Musielak/Voit/Foerste, ZPOKomm §261, Rn. 9; Sutter-Somm/Hasenböhler/Leuenberger/Sutter-Somm/Hedinger, Art. 64, Rn. 8; Tanriver, S. 645; Yilmaz, Serh, S. 790.

1096 Sutter-Somm/Hasenböhler/Leuenberger/Sutter-Somm/Hedinger, Art. 64, Rn. 8; Baker&McKenzie/Marais, Art. 64, Rn. 6; Musielak/Voit/Foerste, ZPOKomm, §261, Rn. 9; MünchKommZPO/Becker-Eberhard, §261, Rn. 44; BGH, NJW 1989, S. 2064; Yilmaz, Serh, S. 793.

1097 Prütting/Gehrlein/Geisler, ZPOKomm, §261, Rn. 14; MünchKommZPO/Becker-Eberhard, §261, Rn. 42; Baker&McKenzie/Marais, Art. 64, Rn. 6.

1098 Gut, S. 210, Rn. 448; Simil, S. 301; Yilmaz, Serh, S. 790.

1099 MünchKommZPO/Becker- Eberhard, §261, Rn. 10; Gut, S. 210, Rn. 448; Simil, S. 302.

1100 Prütting/Gehrlein/Geisler, ZPOKomm, §261, Rn. 7; MünchKommZPO/Becker-Eberhard, §261, Rn. 10; Simil, S. 302; Menges, S. 44; Tanriver, S. 593.

Beweismitteln, also nach den Klagevorbringungen bestimmt, was trotz der fehlenden Bezifferung eine genaue Eingrenzung des Umfangs der Rechtshängigkeit ermöglicht.[1101]

Dementsprechend wird eine zweite Klage mit identischem Streitgegenstand, wie z.B. auf Schmerzensgeld oder Schadensersatz, als unzulässig abgewiesen, weil der Kläger die unbezifferte Forderungsklage mit gleichem Anspruch erhoben hat und die Klage schon rechtshängig ist, was im schweizerischen Recht als „Sperrwirkung der Rechtshängigkeit" benannt wird.[1102] Es kann aber bei unbezifferten Forderungsklagen vorkommen, dass die zweite Klage mit identischem Streitgegenstand, aber auch mit dem bezifferten Klageantrag erhoben wird. Dabei werden die Streitgegenstände und Sachverhalte der beiden Klagen untersucht, und wenn der Sachverhalt bzw. der Streitgegenstand der zweiten Klage identisch und gleich mit dem Streitgegenstand der ersten Klage ist, egal ob der Streitgegenstand beziffert ist, wird die zweite Klage wegen der Rechtshängigkeit der ersten Klage als unzulässig abgewiesen, da der Kläger mit der unbezifferten Forderungklage das Erlangen des Ganzen seines Anspruchs bezweckt.[1103]

Die Einrede der Rechtshängigkeit und die Rechtshängigkeitssperre bei unbezifferten Forderungsklagen können auch vorkommen, wenn der Kläger nach der Erhebung einer Teilklage eine unbezifferte Forderungsklage als zweite Klage erhebt. Dementsprechend kann die unbezifferte Forderungsklage, die als die zweite Klage erhoben wird, durch die Rechtshängigkeitssperre der ersten Klage sowie der Teilklage abgewiesen werden, wenn es von dem Sachverhalt der Klage nicht klar ist, was genau der Kläger einklagt, ob er damit den Rest oder das Ganze seines Rechtsbegehrens verlangt.[1104] Demzufolge wird die unbezifferte Forderungsklage im Zweitprozess zulässig sein, wenn es klar ist, dass nur der Restteil des Rechtsbegehrens damit eingeklagt ist, weil durch die Teilklage im Erstprozess nur ein Teil des Rechtsbegehrens eingeklagt und deswegen rechtshängig geworden ist.[1105] In diesem Sinne kann der Kläger auch nach der Erhebung der unbezifferten Forderungsklage keine Teilklage als zweite Klage erheben, da das Ganze seines Rechtsbegehrens durch die Erhebung der unbezifferten Forderungsklage

---

1101 Gut, S. 210, Rn. 448; Simil, S. 301; Menges, S. 44ff.; Blechschmidt, S. 59f.; Tanriver, S. 82f.; Stein/Jonas/Althammer, §322, Rn. 150; Loosli, S. 120; Wieczorek/Schütze/Assmann, ZPOKomm, §253, Rn. 102; BGH, NJW 1982, S. 340.

1102 Gut, S. 211, Rn. 450; Menges, S. 45.

1103 Menges, S. 45; Gut, S. 211, Rn. 451; Blechschmidt, S. 60f.; Simil, S. 305; Loosli, S. 122.

1104 Loosli, S. 122 Gut, S. 212, Rn. 452; Simil, S. 304.

1105 Loosli, S. 121, Gut, S. 212, Rn. 452.

schon rechtshängig geworden ist. Bei so einem Fall wird die Teilklage unzulässig und wegen der Sperrwirkung der Rechtshängigkeit abgewiesen.[1106]

3. Prozesskosten

Auch bei der Kostenentscheidung hat die unbezifferte Forderungsklage besondere Folgen. Im türkischen Recht werden die Prozessgebühren nach der Gebührenordnung (TürkGebührO) und nach dem Gebührenverzeichnis geregelt und festgesetzt. Demgemäß sind sie pauschal oder relativ. Die Besonderheit der unbezifferten Forderungsklage spielt bei der Bestimmung der Gebühren für eine Urteilsausfertigung eine wichtige Rolle. Gemäß des Gebührenverzeichnisses werden aber die Gebühren für die Urteilsausfertigung bei Klagen mit dem Anspruch auf Geldleistung als relative Gebühren angenommen. Dementsprechend sind die Prozesskosten für die Urteilsausfertigung bei unbezifferten Forderungsklagen auch relativ und gemäß Art. 28 Abs. 1 lit. a TürkGebührO wird ein Viertel davon im Voraus und der Rest nach der Entscheidung bezahlt. Falls die Klage auf Schmerzensgeld oder Schadensersatz lautet, wird ein Fünftel davon im Voraus bezahlt. Bei der unbezifferten Forderungsklage wird der Vorschuss dieser relativen Kosten sowie Gebühren erst nach dem vorläufigen Mindestwert berechnet und bezahlt. Nach der nachträglichen Bezifferung der Betragshöhe wird der fehlende Teil davon dem Gericht zugezahlt, falls der Kläger durch die nachträgliche Bezifferung die Betragshöhe seines Anspruchs erhöht hat.[1107] Im türkischen Recht ist es aber umstritten, ob die Klage gemäß Art. 30 TürkGebührO abgewiesen und aufgehoben wird, falls der Kläger den Rest der Gebühren nachträglich nicht zuzahlen wird oder ob der vorläufige Mindestwert als der endgültige Streitwert anerkannt wird. Pekcanitez vertritt die Ansicht, dass hier die Regelung von Art. 30 TürkGebührO angewendet werden müsse, und falls der fehlende Wert der Gebühr nicht zugezahlt werde, dann werde die Klage aufgehoben.[1108] Entgegen dieser Ansicht fordert Simil, dass die Klage vom Gericht weiter als zulässig anerkannt werden muss, obwohl der Kläger den fehlenden Betrag der Prozesskosten wegen der Erhöhung der Betragshöhe durch die nachträgliche Bezifferung nicht zugezahlt hat. Seiner Ansicht nach kann die Regelung von Art. 30 TürkGebührO bei so einem Fall nicht angewendet werden und

1106 Menges, S. 46.

1107 Pekcanitez, Belirsiz Alacak Davasi, S. 57; Pekcanitez, Belirsiz Alacak Davasi 2009, S. 527; Simil, S. 327f.

1108 Pekcanitez, Belirsiz Alacak Davasi, S. 57; Pekcanitez, Belirsiz Alacak Davasi 2009, S. 527.

der vorläufige Mindestwert muss als der endgültige Streitwert anerkannt werden, weil gemäß Art. 94 Abs. 3 TürkZPO die Partei das Recht auf das Rechtsbegehren verliert, falls dies in der vom Gericht festgesetzten Notfrist nicht erfüllt worden ist. In diesem Sinne kann der Kläger der unbezifferten Forderungsklage den Betrag seines Anspruchs nicht mehr erhöhen, wenn er die fehlenden Prozesskosten in dieser Notfrist nicht zuzahlt.[1109]

Meines Erachtens muss die Klage weiter zugelassen werden, auch wenn die fehlenden Prozesskosten nicht zugezahlt werden, denn wie Simil vertreten hat, verliert man das Recht auf die Erfüllung des Rechtsbegehrens, wenn dies nicht fristgemäß erfüllt wurde. Das kann aber bei der unbezifferten Forderungsklage nicht heißen, dass der Kläger das Recht auf das Erlangen seines Rechtsbegehrens verloren hat, denn der Kläger hat im Sinne vom Art. 107 TürkZPO eine zulässige unbezifferte Forderungsklage mit dem vorläufigen Mindestwert erhoben. Falls er die fehlenden Prozesskosten nicht zuzahlt, dann verliert er sein Recht auf das Erlangen des Ganzen seines Rechtsbegehrens. Aber das kann nicht zur Aufhebung der gesamten Klage führen, denn es würde den Verlust des Ganzen des Rechtsbegehrens bedeuten, was eigentlich auch gegen den Dispositionsgrundsatz verstoßen würde.

Der türkische Gesetzgeber hat die Verteilung der Prozesskosten für die unbezifferte Forderungsklage nicht besonders geregelt. Demzufolge wird die allgemeine Regelung der Pflicht und Verantwortung für die Prozesskosten auch bei der unbezifferten Forderungsklage angewendet, da die unbezifferte Forderungsklage nach der nachträglichen Bezifferung wie eine normale Leistungsklage weitergeführt wird.[1110] Dementsprechend wird der Kläger gemäß Art. 326 Abs. 1 TürkZPO[1111] die Kosten des Rechtsstreits tragen, wenn er unterliegt. Auch gemäß Art. 326 Abs. 2 TürkZPO wird der Kläger der unbezifferten Forderungsklage die Prozesskosten verhältnismäßig tragen, wenn er teils unterliegt. Falls also das Gericht unterhalb des nach der nachträglichen Bezifferung bestimmten Betrags entscheidet, dann muss der Kläger die Kosten des unterliegenden Teils seines Anspruchs bezahlen.[1112]

1109 Simil, S. 328.

1110 Pekcanitez/Pekcanaitez, Pekcanitez Usul, S. 1027; Simil, S. 332.

1111 **Übersetzung von Art. 326 TürkZPO**: (1) Außer den im Gesetz anders geregelten Fällen, werden die Prozesskosten der unterliegenden Partei auferlegt. (2) Wenn jede Partei teils obsiegt, so sind die Kosten gegeneinander aufzuheben und verhältnismäßig zu teilen. (3) Sind am Prozess mehrere Parteien als Haupt- oder Nebenparteien unterlegen, dann kann das Gericht die Prozesskosten unter ihnen verteilen oder als solidarische Haftung erkennen.

1112 Pekcanitez, Belirsiz Alacak Davasi, S. 61; Simil, S. 333.

Falls der Beklagte die Unterlagen oder Informationen in seinem Besitz, die für die Bezifferung der Betragshöhe des Anspruchs notwendig sind, ohne Entschuldigung oder ohne einen wirksamen Grund dem Gericht nicht angibt, dann muss der Beklagte gemäß Art. 329 Abs. 1 TürkZPO[1113] die Anwaltskosten zwischen dem Kläger und seinem Anwalt gänzlich oder teilweise bezahlen, da im türkischen Recht die Anwaltskosten zwischen den Parteien und ihren Anwälten gemäß Arz. 329 TürkZPO vom Beklagten oder vom Kläger bezahlt werden, falls der Beklagte gegen Treu und Glauben verstößt oder falls der Kläger ohne eigenes Rechtsbegehren Klage erhebt.[1114]

Die Regelung des Art. 329 Abs. 1 TürkZPO wird in der türkischen Literatur im Sinne der Verantwortung des Klägers der unbezifferten Forderungsklage auch kritisch überprüft, vor allem in der Frage, ob der Kläger die Anwaltskosten tragen muss, wenn er die unbezifferte Forderungsklage absichtlich erhoben hat, um hohe Prozesskosten zu vermeiden. Der herrschenden Meinung nach trägt der Kläger bei so einem Fall die Anwaltskosten des Beklagten nicht, denn dafür muss der Kläger die Klage böswillig und absichtlich zum Nachteil des Beklagten erheben.[1115] Demgemäß kann der Kläger der unbezifferten Forderungsklage die Anwaltskosten des Beklagten nicht tragen, wenn er die unbezifferte Forderungsklage nur mit der Absicht niedrige Prozesskosten zu bezahlen erhoben hat, denn bei so einem Fall besitzt der Kläger keine böswillige Absicht auf den Schaden des Beklagten, sondern er möchte sich nur Vorteile sichern, was unter dem Art. 329 Abs. 1 TürkZPO nicht gewürdigt werden kann.[1116]

Im schweizerischen Recht ist die Bestimmung der Kostenverteilung grundsätzlich gemäß Art. 106 SchweizZPO festgesetzt. Demgemäß gilt bei dieser Bestimmung das Erfolgsprinzip[1117] und gemäß Art. 106 Abs. 1 SchweizZPO trägt die Partei die Prozesskosten, die unterliegt. Da die Regelungen von Art. 106 SchweizZPO in Einzelfällen nicht flexibel sind, was dann zu Ungerechtigkeit

1113 **Übersetzung von Art. 329 Abs. 1 TürkZPO**: Der böswillige Beklagte oder der Kläger, der ohne zu Recht Klage erhoben hat, tragen außer Prozesskosten auch die Vertretungskosten des Anwalts der Gegenpartei gänzlich oder teilweise. Falls das Gericht diese Vertretungskosten übermäßg findet oder falls der Betrag umstritten wird, dann setzt das Gericht diese Kosten selber fest.

1114 Simil, S. 334.

1115 Arslan, Medeni Usul Hukukunda Dürüstlük Kurali, S. 76; Özekes, Yargılamada Dürüstlük Kuralina Aykiri Davranan Taraf Aleyhine Hükmedilecek Vekalet Ücreti, Legal Medeni Usul ve Icra Iflas Hukuku Dergisi, 2005/1, S. 36.

1116 Özekes, Vekalet Ücreti, S. 36; Simil, S. 336.

1117 Baumann Wey, S. 236, Rn. 505.

führen könnte[1118], hat der Gesetzgeber für Ausnahmefälle unter dem Art. 107 SchweizZPO die Verteilung nach Ermessen geregelt, durch das dem Gericht bei besonderen Umständen ein Spielraum zuerkannt ist, damit das Gericht die Prozesskosten nach seinem Ermessen festsetzen kann, was in der schweizerischen Literatur als Billigkeitsnorm anerkannt ist, weil das Gericht bei solchen Fällen die Prozesskosten unter der Berücksichtigung der Billigkeitsgesichtspunkte verteilt.[1119] Demzufolge kann das Gericht gemäß Art. 107 Abs. 1 lit. a SchweizZPO die Prozesskosten nach seinem Ermessen verteilen, wenn für die Bestimmung der Betragshöhe des Anspruchs das richterliche Ermessen erforderlich ist oder diese Bestimmung sehr schwierig ist. Diese Regelung des Art. 107 Abs. 1 lit. a SchweizZPO kann hauptsächlich bei den Fällen angewendet werden, die zum Anwendungsbereich vom Art. 42 Abs. 2 SchweizOR nach seinem Ermessen bestimmt und festsetzt werden.[1120] Hier möchte der Gesetzgeber den Kläger vor den Nachteilen des möglichen Überklagens schützen. Da das Gericht im Sinne des Dispositionsgrundsatzes nicht mehr als den vom Kläger erlangten Anspruch festsetzen darf, kann der Kläger den Betrag seines Anspruchs höher bestimmen, damit er das Ganze seines Rechtsbegehrens erlangen kann. Aber da diese Bestimmung für den Kläger sehr schwierig wird, hat der Gesetzgeber ihn vor den hohen Prozesskosten wegen des Überklagens geschützt. Auch durch die Regelung des Art. 107 Abs. 1 lit. b SchweizZPO sind die Parteien geschützt, die während des Prozesses nach Treu und Glauben handeln.

Im schweizerischen Recht werden also die Prozesskosten der unbezifferten Forderungsklage nach diesen oben genannten Regelungen festgesetzt. Dementsprechend werden die Kosten gemäß Art. 106 SchweizZPO nach Obsiegen oder Unterliegen des Klägers festgesetzt, wenn der Kläger seinen Anspruch nachträglich beziffert hat, weil die unbezifferte Forderungsklage dadurch eine normale Forderungs- bzw. Leistungsklage geworden ist.[1121] Demzufolge wird der Kläger

---

1118 BSKommZPO/Rüegg, Art. 107, Rn. 1; Baker&McKenzie/Fischer, Art. 106, Rn. 1; Oberhammer, KUKOZPO, Art. 107, Rn. 1.

1119 Baker&McKenzie/Fischer, Art. 107, Rn. 1; BSKommZPO/Rüegg, Art. 107, Rn. 1; Sutter-Somm/Hasenböhler/Leuenberger/Jenny, Art. 107, Rn. 3; BernerKommZPO/Sterchi, Art. 107, Rn. 1.

1120 Sutter-Somm/Hasenböhler/Leuenberger/Jenny, Art. 107, Rn. 5; Baumann Wey, S. 264, Rn. 684; BernerKommZPO/Sterchi, Art. 107, Rn. 3f.; Oberhammer, KUKOZPO, Art. 107, Rn. 2.

1121 Loosli, S. 149f.; Leumann Liebster, S. 237f.; BernerKommZPO/Sterchi, Art. 106, Rn. 3; Gut, S. 236, Rn. 506; Baumann Wey, S. 265, Rn. 686.

der unbezifferten Forderungsklage keine Prozesskosten tragen, wenn er vollständig obsiegt.[1122]

Auch die Billigkeitsnorm, insbesondere die ersten zwei Sätze von Art. 107 Abs. 1 SchweizZPO werden bei den unbezifferten Forderungsklagen angewendet, da die Bezifferung der Betragshöhe des Streitgegenstandes bei der unbezifferten Forderungsklage für den Kläger besonders schwierig ist, was eine Hauptzulässigkeitsvoraussetzung dieser Klageart ist. Dabei ist es möglich, dass der Kläger seinen Anspruch nicht richtig beziffern konnte und überklagt hat. Demzufolge wird z.B. der Kläger die Prozesskosten nicht gemäß Art. 106 Abs. 2 SchweizZPO tragen, wenn er seinen nachträglich bezifferten Anspruch nicht vollständig durchgesetzt hat, weil die Bezifferung dieses Anspruchs ihm unmöglich oder unzumutbar, also schwierig war. Deswegen werden die vom Kläger getragenen Prozesskosten gemäß Art. 107 Abs. 1 lit. a SchweizZPO für den Kläger günstiger als nach Art. 106 Abs. 2 SchweizZPO ermessen.[1123]

Gemäß Art. 107 Abs. 1 lit. b SchweizZPO müssen Treu und Glauben der Parteien auch bei der Kostenverteilung der unbezifferten Forderungsklage berücksichtigt werden. Dies gilt nicht nur für den Kläger, sondern auch für den Beklagten, denn wie der Kläger kann auch der Beklagte während des Prozesses die notwendigen Informationen oder Beweismittel nicht besitzen und diese auch nicht erreichen. Bei so einem Fall können die vom Beklagten getragenen Prozesskosten milder ermessen und festgesetzt werden. Dabei wird also angenommen, dass der Beklagte in guten Treuen die Prozessführung veranlasst hat.[1124]

Im schweizerischen Recht ist es umstritten, ob das Rechtsfolgeermessen eine reine Ermessensklage, bzw. eine unbezifferte Forderungsklage ist oder nicht. Der herrschenden Ansicht der schweizerischen Lehre nach ist das Rechtsfolgeermessen auch eine unbezifferte Forderungsklage, wenn die Voraussetzungen existieren, also wenn die Bezifferung der Betragshöhe des Anspruchs zu Beginn des Prozesses unmöglich oder unzumutbar ist.[1125] Der anderen Ansicht nach ist aber das Rechtsfolgeermessen keine unbezifferte Forderungsklage.[1126] Demgemäß

1122 Gut, S. 236f., Rn. 506.

1123 Baumann Wey, S. 264, Rn. 684; Gut, S. 239, Rn. 513; Baker&McKenzie/Courvoisier, Art. 85, Rn. 10; BSKommZPO/Spühler, Art. 85, Rn. 3; Brunner/Gasser/Schwander/Füllemann, Art. 85, Rn. 3.

1124 Baumann Wey, S. 264, Rn. 685f.

1125 Gut, S. 184, Rn. 396; Leumann Liebster, S. 104; Meier, HAVE, S. 23; Gehri/Jent-Sorensen/Sarbach/Mohs, Art. 85, Rn. 5; Baker&McKenzie/Courvoisier, Art. 85, Rn. 5; Spühler/Dolge/Gehri, §33, Rn. 63; Sutter-Somm/Hasenböhler/Leuenberger/Bopp/Bessenich, Art. 85, Rn. 6.

1126 Baumann Wey, S. 131, Rn. 350f.

muss der Kläger die Ermessensklage mit beziffertem Anspruch erheben, deren Bezifferung aber dem Kläger sehr schwierig ist, wodurch das Überklagen sehr wahrscheinlich wird. Deswegen wird die Milderung der Prozesskosten bei Überklagen gemäß Art. 107 Abs. 1 SchweizZPO nach dieser Ansicht anerkannt, da das Risiko auf das Überklagen gegeben ist und der Kläger hiervon keinen Nachteil haben soll[1127], weil nach dem Dispositionsgrundsatz das Gericht nicht mehr als den Anspruch des Klägers zusprechen darf und deswegen kann der Kläger den Betrag seines Anspruchs bei Ermessensklagen höher beziffern, damit er keinen Verlust auf sein Rechtsbegehren erleben muss.[1128] Der herrschenden Ansicht nach, die die Ermessensklage als unbezifferte Forderungsklage anerkennt, kann die Regelung des Art. 107 Abs. 1 lit. a SchweizZPO bei der Verteilung der Prozesskosten nicht angewendet werden, da der Kläger dabei nie überklagen kann, weil der bezifferte Betrag erst mit dem Urteil vorkommt.[1129] Deswegen sollen die Prozesskosten dieser Ansicht nach auch bei reinen Ermessensklagen vom Gericht ermessen werden, das alle Umstände und alle Besonderheite des Falles, sowie auch die Schwierigkeit der Bezifferung des Anspruchs durch die Parteien berücksichtigt.[1130]

Im deutschen Recht sind die Prozesskosten unter dem 5. Titel der Zivilprozessordnung geregelt und nach dem Grundsatz von §91 ZPO trägt die unterliegende Partei die Prozesskosten, ähnlich den Grundsätzen der Prozesskosten in den türkischen und schweizerischen Zivilprozessordnungen. Die Verteilung der Prozesskosten ist in der deutschen Zivilprozessordnung auch geregelt und gemäß §92 Abs. 1 ZPO tragen die Parteien die Prozesskosten verhältnismäßig, wenn sie die Klage teilweise obsiegen und teilweise unterliegen. Im deutschen Recht sind aber die Regelung und ihre Anwendung von §92 Abs. 2 ZPO umstritten, was ähnlich wie Art. 107 SchweizZPO dem Gericht Ermessensspielraum nach dem Billigkeitsprinzip zuerkennt. Dementsprechend wird die Regelung von §92 Abs. 2 ZPO von der deutschen Lehre als die „Kann-Vorschrift" anerkannt, was dem Gericht die Entscheidungen nach Billigkeit ermöglicht, und die strengen Regelungen von §91 ZPO unter bestimmten Umständen beseitigt.[1131] Gemäß

1127 BernerKommZPO/Sterchi, Art. 107, Rn. 4; Baumann Wey, S. 265f., Rn. 686f.; Gut, S. 239, Rn. 514.

1128 Gut, S. 239, Rn. 514.

1129 Gut, S. 249, Rn. 515.

1130 Gut, S. 237, Rn. 507.

1131 Hussmann, Der unbezifferte Klageantrag als Abwehrrecht gegen unbillige Kostenlast und die Kostevorschrift des §92 II ZPO, NJW 1989, S. 3129; Fuchs, S. 564; Menges, S. 148; Butzer, S. 539.

§92 Abs. 2 Nr. 1 ZPO kann also das Gericht einer der Prozessparteien die gesamten Prozesskosten zuordnen, wenn die Zuvielforderung der anderen Partei verhältnismäßig geringfügig war und keine oder geringfügige Prozesskosten verursacht hat.

Im deutschen Recht ist es aber umstritten, was unter „verhältnismäßig" und auch unter „geringfügig" verstanden werden soll. Röhl vertritt die Ansicht, dass die Zuvielforderungen von 20% und bei Klagen auf Schmerzensgeld von Drittel wegen der besonderen Schwierigkeiten und Unsicherheiten der Bestimmung des Anspruchsbetrags als verhältnismäßig geringfügig angenommen werden sollten. Als noch bessere Lösung schlägt Röhl vor, dass die Obergerichte diese Werte der verhältnismäßigen Geringfügigkeit wegen selber festsetzen würden.[1132]

Einer anderen Ansicht nach kann die Zuvielforderung bis zu 10% als verhältnismäßig geringfügig toleriert werden.[1133] Nach einer weiteren Ansicht kann das Gericht im Sinne des §92 Abs. 2 ZPO ohne Prozentgrenzen die gerechte Kostenverteilung zwischen den Prozessparteien besser festsetzen, wenn sie für jeden konkreten Einzelfall besonders untersucht wird.[1134]

Gemäß §92 Abs. 2 Nr. 2 ZPO kann der Beklagte die Prozesskosten tragen, wenn der Betrag des Anspruchs das richterliche Ermessen erfordert. Durch diese Regelung von §92 Abs. 2 Nr. 2 ZPO hat der Gesetzgeber beabsichtigt, das Kostenrisiko des Klägers in den Fällen aufzuheben, bei denen der Kläger vorher nicht wissen kann, wie hoch das Gericht die Urteilssumme festsetzen kann.[1135]

Im deutschen Recht ist es aber umstritten, ob die Regelung von §92 Abs. 2 ZPO bei unbezifferten Forderungsklagen angewendet wird oder nicht. In der Regel wird der Kläger der unbezifferten Forderungsklage gemäß §91 Abs. 1 ZPO keine Prozesskosten tragen, wenn das Gericht die Urteilssumme in der Bandbreite der von dem Kläger angegebenen Größenordnung zugesprochen hat und die Klagevorbringungen als zutreffend anerkannt sind.[1136] Die Regelung des §92 Abs. 1 ZPO wird bei der unbezifferten Forderungsklage auch dann angewendet, wenn die vom Kläger vorgebrachten Tatsachen teilweise abgewiesen werden und deswegen die Urteilssumme niedriger zugesprochen wird. Demzufolge wird die Berechnung der Prozesskosten dann nach dem Verhältnis zwischen der

---

1132 Röhl, S. 75f.; Fuchs, S. 564; Stein/Jonas/Muthorst, §92, Rn. 13.

1133 Prütting/Gehrlein/Schenider, ZPOKomm, §92, Rn. 8; Musielak/Voit/Flockenhaus, ZPOKomm, §92, Rn. 6; Thomas/Putzo/Hüßtege, §92, Rn. 8; Zöller/Herget, §92, Rn. 10.

1134 Gerstenberg, S. 1358f.; Menges, S. 144, 146; MünchKommZPO/Schulz, §92, Rn. 16.

1135 Prütting/Gehrlein/Schneider, ZPOKomm, §92, Rn. 11.

1136 Wurm, S. 71; Musielak/Voit/Flockenhaus, ZPOKomm §92, Rn. 7; Pawlowski, S. 344.

zugesprochenen Urteilssumme und dem Betrag, der nach dem vom Kläger vorgebrachten Tatsachen festliegt, bestimmt[1137].

Die Anwendung des §92 Abs. 2 Nr. 2 ZPO bei der unbezifferten Forderungsklage ist im deutschen Recht auch umstritten. Einer Ansicht nach gilt §92 Abs. 2 Nr. 2 ZPO nur bei bezifferten Klageanträgen, wenn die Bezifferung dem Kläger unvorsehbar und schwierig ist, aber der Kläger trotzdem beziffert hat. Dies soll den Kläger vor den möglichen Kostennachteilen schützen, falls das Gericht die Urteilssumme niedriger ermessen hat.[1138] Dieser Ansicht nach ist die gerechte Verteilung der Prozesskosten sehr wichtig und die Anwendung des §92 Abs. 2 Nr. 2 ZPO bei der unbezifferten Forderungsklage könne die Gerechtigkeit der Verteilung der Prozesskosten nicht sichern, da der Betrag der vom Gericht festgesetzten Urteilssumme dem Beklagten genauso schwierig und nicht einschätzbar sei wie dem Kläger.[1139] Außerdem könne der Kläger sich durch die Erhebung der unbezifferten Forderungsklage nicht von den ganzen Prozesskosten befreien, weil so eine Befreiung zu dem Sinn und Zweck des Prozessrechts nicht passt. Dieser Ansicht nach kann sich der Kläger der unbezifferten Forderungsklage von den Prozesskosten erst dann befreien, wenn er ohne Angabe der Größenordnung oder des Mindestwertes die Klage erhebt. Wenn also der Kläger durch §92 Abs. 2 Nr. 2 ZPO ohne Kostenrisiko eine unbezifferte Forderungsklage erheben möchte, dann muss er auf die Rechtsmitteleinlegung verzichten. Sollte der Kläger mit der Angabe eines Mindestwertes die unbezifferte Forderungsklage erheben, dann empfiehlt diese Ansicht ihm den Mindestwert möglichst hoch zu halten, weil das Gericht den Mindestwert als die untere Grenze sehen kann und geringfügig oberhalb dieses Betrags entscheiden kann. Demzufolge muss der Kläger dieser Ansicht nach die Klage mit dem bezifferten Antrag anstatt des unbezifferten Antrags erheben und dadurch auch die Vorteile des §92 Abs. 2 Nr. 2 ZPO nutzen, weil der Kläger auch die unbezifferte Forderungsklage mit dem möglichst hohen Mindestbetrag erheben sollte.[1140] Dieser Ansicht nach gilt also die Regelung des §92 Abs. 2 Nr. 2 ZPO hauptsächlich für die Klagen, deren Antrag vom Kläger beziffert angegeben ist, obwohl die Bezifferung wegen des Bedürfnisses nach dem richterlichen Ermessen sehr schwierig ist, was auch von

1137 Wurm, S. 71.

1138 Wurm, S. 72; Gerstenberg, S. 1359; Menges, S. 141, 155.

1139 Menges, S. 138f.; Röhl, S. 76; Gerstenberg, S. 1356; Allgaier, Nochmals: „Zum unbezifferten Klageantrag bei Biligkeitsansprüchen", VersR 1987, S. 32.

1140 Menges, S. 139f.; Willms, Die Festsetzung des Streitwertes bei unbezifferten Leistungsklagen, JZ 1952, S. 619; Donau, Zur Fassung des Schmerzensgeldantrags, NJW 1957, S. 131.

den Befürwortern der unbezifferten Forderungsklage anerkannt wird.[1141] Diese Ansicht, die die Anwendung des §92 Abs. 2 Nr. 2 ZPO bei der unbezifferten Forderungsklage ablehnt, leugnet im allgemeinen die Zulässigkeit der unbezifferten Forderungsklage und erkennt die unbezifferte Forderungsklage im Sinne des §253 ZPO als unzulässig an.[1142]

Nach einer anderen Ansicht der deutschen Lehre kann die Regelung des §92 Abs. 2 Nr. 2 ZPO bei unbezifferten Forderungsklagen und auch bei den anderen Klagen, deren bezifferter Antrag richterlichen Ermessens bedarf, angewendet werden.[1143] Dementsprechend kann §92 Abs. 2 Nr. 2 ZPO bei unbezifferten Forderungsklagen erst dann angewendet werden, wenn diese Klage gemäß §253 Abs. 2 Nr. 2 ZPO zulässig ist und mit der Angabe der Größenordnung des Anspruchs erhoben wird. Demzufolge wird der Kläger gemäß §92 Abs. 2 Nr. 2 ZPO die Prozesskosten nicht tragen, wenn der Kläger mit einem verständlichen Schätzfehler zuviel gefordert und das Gericht unterhalb des Betrags zugesprochen hat.[1144] Auch zwischen den Vertretern gibt es darüber Meinungsunterschiede, wie die Geringfügigkeit verstanden werden soll. Dementsprechend vertritt Flockenhaus die Ansicht von Gerstenberg, dass es keine feste Prozentsätze für solche Fälle geben sollte, sondern die Geringfügigkeit für einzelne Fälle getrennt untersucht werden sollte.[1145] Der anderen Ansicht nach muss aber die Geringfügigkeit bei der unbezifferten Forderungsklage zwischen 10% bis 20% festgelegt werden. Wenn die vom Gericht zugesprochene Urteilssumme vom Mindestwert zwischen 10 bis 20% abweicht, dann wird die Zuvielforderung des Klägers geringfügig und verursacht keine hohen Prozesskosten, deshalb wird der Beklagte bei solchen Fällen die Prozesskosten tragen.[1146] Wenn die Abweichung mehr als diese Prozente umfasst, dann kann sie nicht mehr als geringfügig angenommen werden, da so eine Abweichung auch wesentliche Unterschiede

---

1141 Wurm, S. 72; Menges, S. 140; Gerstenberg, S. 1359.

1142 Gerstenberg, S. 1359; Menges, S. 155; Wurm, S, 72.

1143 Prütting/Gehrlein/Schneider, ZPOKomm, §92, Rn. 11; Stein/Jonas/Muthorst, §92, Rn. 12f.; MünchKommZPO/Schulz, §92, Rn. 23; Musielak/Voit/Flockenhaus, ZPO-Komm, §92, Rn. 7.

1144 Prütting/Gehrlein/Schneider, ZPOKomm, §92, Rn. 11; Musielak/Voit/Flockenhaus, ZPOKomm, §92, Rn. 7; Gerstenberg, S. 1357; Gerlach, S. 528; Mertins, S. 50; Fuchs, S. 564f.

1145 Musielak/Voit/Flockenhaus, ZPOKomm, §92, Rn. 6.

1146 Stein/Jonas/Murhorst, §92, Rn. 11f.; Fuchs, S. 564; Mertins, S. 50; Steinle, Kostenrisiko beim unbezifferten Schmerzensgeldantrag, VersR 1992, S. 426.

bei den Prozesskosten verursachen wird. Deshalb wird dann die Regelung von §92 Abs. 1 ZPO bei solchen Fällen angewendet.[1147]

Meines Erachtens stimmt die Ansicht von Gerstenberg mit dem Wortlaut und Zweck des Zivilprozessrechts überein. Die Anwendung des §92 Abs. 2 Nr. 2 ZPO mit bestimmten Prozentsätzen zu begrenzen, kann nicht immer gerecht sein, denn jede Rechtsstreitigkeit hat ihre eigenen Besonderheiten. Bei Klagen mit niedrigen Anspruchshöhen wird zu dem weder der Prozentsatz in Höhe von 20% noch 50% im Sinne der Prozesskosten viel ändern. Also dabei wird auch eine 50% Abweichung noch geringfügig bleiben. Deswegen wäre es sachgerechter, wenn die Geringfügigkeit gemäß §92 Abs. 2 Nr. 2 ZPO für einzelne Fälle getrennt untersucht wird.

Entgegen den deutschen und schweizerischen Zivilprozessordnungen gibt es in der türkischen Zivilprozessordnung keine Regelung, die der Kläger vor ungerechten Prozesskosten schützt. Deswegen gelten auch bei der unbezifferten Forderungsklage im türkischen Recht die allgemeinen Regelungen der Prozesskosten. Selbstverständlich müssen die allgemeinen Regelungen der Prozesskosten bei unbezifferten Forderungsklagen angewendet werden, wenn die Betragshöhe nachträglich beziffert ist, denn nach so einer Bezifferung wird die unbezifferte Forderungsklage keinen Unterschied zur normalen Leistungsklage ausmachen. Selbst im deutschen und schweizerischen Recht gelten die allgemeinen Regelungen der Prozesskosten bei den unbezifferten Forderungsklagen. Im türkischen Recht aber wird bei der unbezifferten Forderungsklage unter den Prozesskosten nicht beachtet, dass diese bei Klagen auf Schadensersatz und auf Schmerzensgeld, bzw. bei den Klagen, die richterliches Ermessen erfordern, umfangreichere Regelungen nach dem Vorbild der deutschen und schweizerischen Zivilprozessordnungen benötigen.

Wie oben geklärt, ist die Notwendigkeit der nachträglichen Bezifferung bei der unbezifferten Forderungsklage auf Schmerzensgeld und Schadensersatz im türkischen Recht umstritten. Einer Forderung nach müsse der Kläger trotz des richterlichen Ermessens den Betrag seines Anspruchs nachträglich beziffern und einer anderen Forderung nach müsse der Kläger den Betrag durch die nachträgliche Bezifferung nicht angeben, wenn es des richterlichen Ermessens bedarf. Wenn die erste Forderung für die unbezifferte Forderungsklage auf Schadensersatz und Schmerzensgeld anerkannt wird, also wenn der Kläger trotz der Unmöglichkeit bis zum Urteil seinen Anspruch nachträglich beziffern muss,

1147 Prütting/Gerhlein/Schneider, ZPOKomm, §92, Rn. 11; Stein/Jonas/Muthorst, §92, Rn. 11f.; Steinle, S. 426.

dann können die allgemeinen Regelungen der Prozesskosten auch hier gelten. Trotzdem wäre aber so eine Anwendung unrecht, weil der Kläger in solchen Fällen bis zum Urteil nicht in der Lage sein kann, seinen Anspruch richtig zu beziffern. Falls die allgemeinen Regelungen dabei gelten würden, dann müsste der Kläger das Risiko auf hohe Prozesskosten tragen. Meines Erachtes verstößt so eine Anwendung gegen den Gesetzeszweck der unbezifferten Forderungsklage sowie auch gegen das Rechtsschutzprinzip.

Im türkischen Recht bleibt noch unklar, wie die Prozesskosten berechnet und verteilt werden, wenn der Kläger ohne nachträgliche Bezifferung die vom Gericht bestimmte Urteilssumme erhalten wird. Deswegen sollte diese Gesetzeslücke vom Gesetzgeber ausführlicher und für beide Prozessparteien gerechter ausgefüllt werden.

4. Die Klage beendenden Parteihandlungen

a. Klageanerkennung

Im Sinne des Dispositionsgrundsatzes gilt die Klageanerkennung auch bei der unbezifferten Forderungsklage, denn auch bei dieser können die Parteien über ihre Rechtsbegehren und ihre Rechtsschutzansprüche frei verfügen.[1148]

Im türkischen Zivilprozessrecht ist die Klageanerkennung im Art. 308 TürkZPO geregelt und von Art. 309 bis 312 TürkZPO sind ihre Zulässigkeitsvoraussetzungen zusammen mit den Zulässigkeitsvoraussetzungen des Verzichts geregelt. Dementsprechend ist die Klageanerkennung gemäß Art. 308 TürkZPO[1149] die Einwilligung des Beklagten, womit er dem Anspruch des Klägers ganz oder teilweise zustimmt. Gemäß Art. 311 TürkZPO[1150] hat die Anerkennung die Wirkung der rechtskräftigen Entscheidung und der Streitgegenstand fällt im Umfang der Anerkennung weg. Außerdem muss der Umfang bzw. der Betrag des Anspruchs gemäß Art. 309 Abs. 3 TürkZPO[1151] genau und bestimmt

---

1148 Baumann Wey, S. 259, Rn. 671; Pekcanitez, Belirsiz Alacak Davasi, S. 62; Simil, S. 307; BSKommZPO/Steck, Art. 241, Rn. 9.

1149 **Übersetzung von Art. 308 TürkZPO**: (1) Die Klageanerkennung ist die Einwilligung des Beklagten in den gegen ihn geltend gemachten Anspruch des Klägers, ganz oder zum Teil. (2) Die Anerkennung ist erst auf die von den Parteien frei verfügbaren Klagen wirksam.

1150 **Übersetzung von Art. 311 TürkZPO**: (1) Verzicht und Klageanerkennung haben die Wirkung einer rechtskräftigen Entscheidung; bei Willensmangel können sie für nichtig erklärt werden.

1151 **Übersetzung von Art. 309 TürkZPO**: (1) Der Verzicht und die Klageanerkennung werden durch die Abgabe des Antrags oder während des Verfahrens mündlich

angegeben werden. Dementsprechend kann die Klageanerkennung bei der unbezifferten Forderungsklage mit einigen Besonderheiten angewendet werden, da der Beklagte der unbezifferten Forderungsklage zu Beginn des Prozesses nicht genau wissen kann, was der Kläger von ihm fordert. Deswegen darf der Beklagte zu Beginn des Prozesses die ganze Klage bzw. den ganzen Anspruch des Klägers nicht anerkennen.[1152] Demzufolge kann der Beklagte dabei nur den vorläufigen Mindestwert ganz oder teilweise anerkennen, was als die „Teilanerkennung" gilt, wenn der Kläger seinen Anspruch nachträglich beziffert und die Betragshöhe seines Anspruchs erhöht, denn in so einem Fall wird die Klage weitergeführt, weil durch die Anerkennung nur der anerkannte Teil des Streitgegenstandes wegfällt.[1153] Falls der Kläger seinen Anspruch nachträglich nicht beziffert, dann wird die Klage vom Gericht als Ganzes abgeschrieben, wenn der Beklagte das Ganze des vorläufigen Mindestwertes anerkannt hat. Außerdem wird der vorläufige Mindestwert als der endgültige Streitgegenstand anerkannt, falls der Kläger seinen Anspruch nachträglich nicht beziffert hat und die Klage wird weitergeführt, wenn der Beklagte den Mindestwert teilweise anerkannt hat. Auch bei so einem Fall fordert der Kläger mehr als das, was der Beklagte anerkannt hat und das Gericht muss die Klage weiterführen, um zu prüfen, ob der vom Beklagten nicht anerkannte Teil des Mindestwertes dem Kläger zu Recht zusteht.[1154]

Gemäß Art. 312 Abs. 1 TürkZPO[1155] trägt der Beklagte durch die Anerkennung die Prozesskosten, aber er bezahlt zwei Drittel der Gebühren für die Urteilsausfertigung.[1156] Bei der Teilanerkennung werden die Prozesskosten nach dem anerkannten Teil des Streitgegenstandes berechnet und in diesem Sinne vom Beklagten verlangt.

---

verwirklicht. (2) Für die Zulassung des Verzichts und der Klageanerkennung ist keine Einwilligung der Gegenpartei und des Gerichts erforderlich. (3) Der verzichtete oder anerkannte Teil des Anspruchs müssen im Antrag oder Protokoll genau angegeben werden. (4) Der Verzicht und die Klageanerkennung muss bedingungslos sein.

1152 Pekcanitez, Belirsiz Alacak Davasi, S. 62; Simil S. 310f.

1153 Pekcanitez, Belirsiz Alacak Davasi, S. 62; Simil, S. 308.

1154 Simil, S. 309.

1155 **Übersetzung von Art. 312 TürkZPO**: (1) Die Parteien, die durch den Verzicht oder die Klageanerkennung die Klage beenden, tragen die Prozesskosten als unterliegend. (2) Hat der Beklagte nicht durch sein Verhalten die Erhebung der Klage verursacht und den Anspruch in der ersten Sitzung anerkannt, so trägt er die Prozesskosten nicht.

1156 Pekcanitez, Belirsiz Alacak Davasi, S. 63; Simil, S. 313.

Gemäß Art. 312 Abs. 2 TürkZPO trägt aber der Beklagte die Prozesskosten nicht, wenn er durch sein Verhalten die Erhebung der Klage nicht verursacht und wenn er den Anspruch sofort anerkannt hat. Nach der herrschenden Meinung in der türkischen Lehre kann diese Regelung auch bei der Anerkennung der unbezifferten Forderungsklage angewendet werden.[1157] Demgemäß kann der Beklagte der unbezifferten Forderungsklage von den Prozesskosten erst dann befreit werden, wenn er in der ersten Sitzung den vorläufigen Mindestwert anerkannt hat und nach der nachträglichen Bezifferung den endgültigen Wert des Anspruchs anerkennt.[1158] Dieser Ansicht nach muss aber der Beklagte der unbezifferten Forderungsklage die Prozesskosten tragen, wenn er bis zur nachträglichen Bezifferung weder den Anspruch noch den Mindestwert anerkennt, denn bei so einem Fall kann der Beklagte sich nicht auf Treu und Glauben beziehen. Dies wird durch das Art. 312 Abs. 2 TürkZPO geschützt, da es dem Beklagten durch die Rechtsstreitigkeit und durch die Klagevorbringungen klar sein muss, ob er die Klage anerkennen kann, auch wenn er den Betrag des Anspruchs nicht einschätzen kann.[1159]

Im schweizerischen Recht ist die Klageanerkennung ähnlich wie im türkischen Recht geregelt. Dementsprechend ist die Klageanerkennung eine einseitige Willenserklärung des Beklagten im Sinne des Dispositionsgrundsatzes, dass er die Klage, also das Rechtsbegehren des Klägers, anerkennt[1160], was gemäß Art. 241 Abs. 2 SchweizZPO Rechtskraftwirkung hat. Auch im schweizerischen Recht kann der Beklagte das ganze Rechtsbegehren des Klägers oder einen Teil davon anerkennen, was dann als Teilanerkennung benannt wird.[1161]

Ähnlich wie im türkischen Recht muss der Beklagte den Umfang seiner Anerkennung genau bestimmen, er muss also seine Anerkennungserklärung im Sinne des Dispositionsgrundsatzes genau beziffern, weil das Gericht gemäß Art. 58 Abs. 1 SchweizZPO nicht mehr oder anders entscheiden kann, als das,

---

1157 Pekcanitez, Belirsiz Alacak Davasi, S. 63; Simil, S. 313.

1158 Pekcanitez, Belirsiz Alacak Davasi, S. 63; Simil, S. 313f.

1159 Pekcanitez, Belirsiz Alacak Davasi, S. 63; Simil, S. 314.

1160 Oberhammer, KUKOZPO, Art. 241, Rn. 21, 24; BSKommZPO/Steck, Art. 241, Rn. 28; Baker&McKenzie/Wohlmann, Art. 241, Rn. 3; Sutter- Somm/Hasenböhler/Leuenberger/Leumann Liebster, Art. 241, Rn. 9.

1161 Oberhammer, KUKOZPO, Art. 241, Rn. 23; BernerKommZPO/Killias, Berner Kommentar Schweizerische Zivilprozessordnung, Band 2, 2012, Art. 241, Rn. 9; BSKommZPO/Steck, Art. 241, Rn. 28; Sutter-Somm/Hasenböhler/Leuenberger/Leumann Liebster, Art. 241, Rn. 9.

was die Parteien fordern.[1162] Demgemäß kann der Beklagte das Rechtsbegehren des Klägers der unbezifferten Forderungsklage nicht gänzlich anerkennen, da der Anspruch des Klägers zu Beginn des Prozesses noch nicht genau beziffert ist. Demzufolge kann der Beklagte auch im schweizerischen Recht nur einen Teil des Anspruchs bzw. den vorläufigen Mindestwert ganz oder teilweise anerkennen.[1163] Der Beklagte der unbezifferten Forderungsklage kann also das Ganze des vorläufigen Mindestwertes anerkennen, wobei die Klage unhaltbar wird, falls der Kläger die Betragshöhe seines Anspruchs nachträglich nicht beziffern und erhöhen würde. Es entsteht aber eine Teilanerkennung und die Klage darf niemals gänzlich hinfällig werden, falls der Beklagte einen geringeren Betrag als den Mindestwert anerkennt. Bei so einem Fall wird der anerkannte Betrag aussichtslos und die Klage wird für den Rest des Anspruchs weitergeführt.[1164]

Im schweizerischen Recht ist es aber noch umstritten, wie die reinen Ermessensklagen anerkannt werden können. Loosli und Baumann Wey vertreten die Ansicht, dass die Klageanerkennung auch bei den reinen Ermessensklagen möglich ist.[1165] Dieser Ansicht nach wird das Gericht vom Kläger eine Stellungnahme verlangen, wenn der Beklagte seine Anerkennung für die noch nicht bezifferte Ermessensklage erklärt. Wenn der Kläger den vom Beklagten anerkannten Betrag nicht annimmt, wird diese Anerkennung eine Teilanerkennung und die Klage wird für den nicht anerkannten Rest des Anspruchs weitergeführt. Falls der Kläger den vom Beklagten anerkannten Betrag annimmt, dann wird die Klage als erledigt abgeschrieben, was von dieser Ansicht auch als ein Vergleich angesehen wird, da der Kläger bei so einer Ermessensklage den Betrag seines Anspruchs während seiner Stellungnahme nicht vorschätzen und beziffern kann.[1166]

Entgegen dieser Ansicht vertritt Gut die Meinung, dass die Anerkennung bei der reinen Ermessensklage für den Beklagten gefährlich und riskant sein kann, weil er die Betragshöhe des Anspruchs des Klägers nicht wissen und demzufolge zuviel anerkennen kann, weil er seine Anerkennungserklärung auch genau bestimmen muss.[1167] Deswegen lehnt diese Ansicht die Anerkennung bei der

1162 Oberhammer, KUKOZPO, Art. 241, Rn. 24; Baumann Wey, S. 260, Rn. 675; Gut, S. 225, Rn. 484.
1163 Baumann Wey, S. 259, Rn. 673; Leumann Liebster, S. 189f.; Gut, S. 224, Rn. 484.
1164 Baumann Wey, S. 260, Rn. 673; Gut, S. 224, Rn. 484.
1165 Loosli, S. 136; Baumann Wey, S. 260, Rn. 674.
1166 Loosli, S. 136f.; Baumann Wey, S. 260, Rn. 674.
1167 Gut, S. 222, Rn. 477.

reinen Ermessensklage ab und nimmt eine Anerkennung als einen gerichtlichen Vergleich an, den der Kläger ganz oder teilweise akzeptieren kann.[1168]

Im deutschen Recht ist die Klageanerkennung im §307 ZPO geregelt. Demgemäß kann der Beklagte den vom Kläger geforderten Streitgegenstand ganz oder teilweise anerkennen, was eine einseitige Willenserklärung des Beklagten ist und für den anerkannten Teil des Anspruchs Rechtskraftwirkung hat.[1169]

Die Zulässigkeit und die Anwendung der Klageanerkennung bei der unbezifferten Forderungsklage sind aber im deutschen Recht auch umstritten. Überwiegend wird sie von der deutschen Lehre aus dogmatischen Gründen abgelehnt[1170] und ein anderer Teil der Lehre hat sie bei der unbezifferten Forderungsklage als möglich, aber praktisch schwierig angenommen.[1171] Auch in der Rechtsprechung gibt es keine feste Ausübung der Anerkennung bei der unbezifferten Forderungsklage, weil so ein Fall in der Praxis nicht so oft, fast nie vorkommen kann.[1172] Überwiegend wird die Anerkennung im deutschen Recht als unzulässig angenommen, da es für den Beklagten bei unbezifferten Forderungsklagen sehr riskant werden kann, zuviel anzuerkennen, weil er die Betragshöhe des klägerischen Anspruchs nicht weiter akzeptieren kann.[1173]

Dieser Ansicht nach kann der Beklagte bei Klagen auf Schmerzensgeld auch den vom Gericht als angemessen festgesetzten Betrag nicht anerkennen, denn so eine Anerkennung wird dann die Erfordernisse des §307 ZPO nicht erfüllen und deswegen nicht als Klageanerkennung, sondern als eine Art des schiedsrichterlichen Verfahrens angenommen.[1174]

Entgegen dieser Ansicht wird aber die Zulässigkeit der Klageanerkennung bei der unbezifferten Forderungsklage von einem Teil der deutschen Lehre als möglich angenommen. Dieser Ansicht nach kann der Beklagte durch die Angabe eines bestimmten Betrags auch die unbezifferte Forderungsklage anerkennen.[1175] Demgemäß wird eine Teilanerkennung entstehen, wenn der anerkannte Betrag weniger als den Mindestwert oder eine vom Kläger angegebene Größenordnung umfasst.[1176]

1168 Gut, S. 223, Rn. 479f.

1169 Prütting/Gerhlein/Thole, §307, Rn. 1. 4; MünchKommZPO/Musielak, §307, Rn. 1; Musielak/Voit/Musielak, ZPOKomm, §307, Rn. 1.

1170 Menges, S. 67; Blechschmidt, S. 76; Ubert, S. 58ff.; Kern, S. 47ff.

1171 Gerstenberg, S. 1354.

1172 Blechschmidt, S. 76.

1173 Menges, S. 65, 67; Gerstenberg, S. 1354; Kern, S. 93.

1174 Gerstenberg, S. 1354; Kern, S. 92f.; Menges, S. 63.

1175 Röhl, S. 61; Mertins, S. 48.

1176 Mertins, S. 48.

Meines Erachtens sollte die Klageanerkennung auch bei der unbezifferten Forderungsklage im Sinne des Dispositionsgrundsatzes zugelassen werden. Ihre Ausübung bei unbezifferten Forderungen kann schwierig sein, aber muss nicht verneint werden, weil sie auch für den Beklagten Kostenvorteile mit sich bringt. Im Sinne des Rechtsschutzprinzips darf dies nicht verhindert werden. Deswegen sollte es dem Beklagten bei unbezifferten Forderungsklagen möglich sein, die Klage mit einem bestimmten Betrag anzuerkennen. Er kann den Mindestwert gänzlich oder teilweise anerkennen, wobei die Klage für den Rest des Anspruchs weitergeführt wird. Nach der nachträglichen Bezifferung oder auch in den Fällen, bei denen das richterliche Ermessen erforderlich ist, kann der Beklagte vom Gericht, bevor dies seine Entscheidung trifft, gefragt werden, ob er den Willen zur Anerkennung des nachträglich bezifferten Betrags des Anspruchs hat. So können die Besonderheiten der unbezifferten Forderungsklage überwunden werden.

b. Prozessvergleich

Die unbezifferte Forderungsklage kann auch durch den Vergleich beendet werden.[1177]

In den türkischen, deutschen und schweizerischen Rechten wird der Vergleich als ein Vertrag anerkannt, der privatrechtliche und auch prozessrechtliche Natur haben kann, anerkannt, womit die Parteien ihre Rechtsstreitigkeit durch gegenseitiges Entgegenkommen vor Gericht beseitigen können.[1178] Gemäß Art. 313 Abs. 1 TürkZPO[1179] können die Parteien den Rechtsstreit durch den Vergleich gänzlich oder auch teilweise beenden, was auch in den schweizerischen und

1177 Pekcanitez, Belirsiz Alacak Davasi, S. 61; Simil, S. 315; Loosli, S. 136; Gut, S. 222, Rn. 476; Baumann Wey, S. 260, Rn. 674.

1178 Prütting/Gehrlein/Scheuch, ZPOKomm, §794, Rn. 2; Oberhammer, KUKOZPO, Art. 241, Rn. 25; Musielak/Voit, ZPO Grundkurs, S. 189, Rn. 280f.; Vogel, S. 224, Rn. 52; Pekcanitez/Atalay/Özekes, S. 826; Tanriver, S. 1022; Yilmaz, Serh, S. 1386; Arslan/Yilmaz/Taspinar Ayvaz, S. 565; Baker&McKenzie/Wohlmann, Art. 241, Rn. 16; Sutter-Somm/Hasenböhler/Leuenberger/Leumann Liebster, Art. 241, Rn. 7.

1179 **Übersetzung von Art. 313 TürkZPO**: (1) Der Vergleich ist ein Vertrag, womit die Parteien ihre Rechtsstreitigkeit gänzlich oder teilweise vor dem Gericht beenden. (2) Der Vergleich kann nur bei Klagen, auf die die Parteien freie Verfügungsbefugnis haben, zugelassen werden. (3) Die Sachen außer des Streitgegenstandes können auch unter Vergleich genommen werden. (4) Der Vergleich kann auch von einer Bedingung abhängig sein.

deutschen Zivilprozessrechten so anerkannt und als Teilvergleich genannt ist.[1180] Gemäß Art. 315 Abs. 1 TürkZPO[1181] und Art. 241 Abs. 2 SchweizZPO wirkt der Vergleich wie eine rechtskräftige Entscheidung, also endet die Klage durch den Entscheidsurrogat.[1182] Dabei überprüft das Gericht die prozessrechtlichen Zulassungsvoraussetzungen des Vergleichs und trifft seine Entscheidung nach dem Inhalt des Vergleichs.[1183]

Bei der unbezifferten Forderungsklage kann der Vergleich für die beiden Parteien vorteilhaft sein, da die Bezifferung des Anspruchs dabei für beide Parteien gleich schwierig sein kann, besonders wenn für die Bezifferung der Betragshöhe des Anspruchs das richterliche Ermessen, ein Sachverständigengutachten oder Informationen von Dritten erforderlich sind.[1184] Durch den Vergleich können die Parteien das Risiko hoher Prozesskosten vermeiden, was auch das Verfahren beschleunigt und so der Prozessökonomie dient.

Bei der unbezifferten Forderungsklage können die Parteien den Vergleich auch vor der genauen Bezifferung der Betragshöhe, sogar nach der Abgabe des vorläufigen Mindestwertes schließen. Gemäß Art. 313 Abs. 1 TürkZPO können die Parteien den Vergleich auch über den Mindestwert gänzlich oder teilweise schließen, wobei die Klage für den Rest des außerhalb des Vergleichs bleibenden Anspruchs weitergeführt wird.

Ähnlich wie die Parteien vor der nachträglichen Bezifferung der Betragshöhe des Anspruchs den Vergleich schließen können, so können sie den Vergleich auch ohne Angabe der Betragshöhe vereinbaren. Dabei wird der Vergleich so angenommen, als ob die Parteien über das Ganze des Anspruchs sowie auch

1180 Prütting/Gehrlein/Scheuch, ZPOKomm, §794, Rn. 29; Sutter-Somm/Hasenböhler/Leuenberger/Leumann Liebster, Art. 241, Rn. 7; Vogel, S. 225, Rn. 53; Musielak/Voit, Grundkurs ZPO, S. 189, Rn. 282; Musielak/Voit/Lackmann, §794, Rn. 1; Baker&McKenzie/Wohlmann, Art. 241, Rn. 17; Yilmaz, Serh, S. 1386, Tanriver, S. 1023; Arslan/Yilmaz/Taspinar Ayvaz, S. 565.

1181 **Übersetzung von Art. 315 TürkZPO**: (1) Der Vergleich beendet die betreffende Klage und hat die Wirkung einer rechtskräftigen Entscheidung. Wenn die Parteien die Entscheidung im Sinne des Vergleichs haben möchten, dann trifft das Gericht seine Entscheidung nach dem Vergleich; wenn nicht, dann schreibt das Gericht die Klage ab. (2) Bei Willensmangel oder Ausnutzungen kann die Nichtigkeit des Vergleichs gefordert werden.

1182 Prütting/Gehrlein/Scheuch, ZPOKomm, §794, Rn. 29; Pekcanitez/Atalay/Özekes, S. 828; Oberhammer, KUKOZPO, Art. 241, Rn. 27; Tanriver, S. 1030; Sutter-Somm/Hasenböhler/Leuenberger/Leumann Liebster, Art. 241, Rn. 16.

1183 Pekcanitez/Atalay/Özekes, S. 828.

1184 Simil, S. 315.

über den noch nicht bezifferten Rest des Anspruchs den Vergleich geschlossen haben.[1185] Bei so einem Fall wird das Gericht die unbezifferte Forderungsklage mit dem Hinweis auf den Vergleich beenden. Dabei trifft das Gericht keine materiellrechtliche Entscheidung, sondern schreibt die Klage wegen des Vergleichs ab[1186], wonach die Parteien ihre Forderung untereinander vereinbaren.

Auch bei der unbezifferten Forderungsklage können die Parteien gemäß Art. 314 TürkZPO[1187] jederzeit vor der rechtskräftigen Entscheidung den Vergleich vereinbaren. Demzufolge können sie auch vor der genauen Bezifferung der endgültigen Betragshöhe des Anspruchs den Vergleich schließen, was besonders dann vorteilhaft ausfallen kann, falls es dem Beklagten klar ist, dass der Kläger viel mehr als den vorläufigen Mindestwert bekommen kann, weil der Beklagte bei so einem Fall mit Hilfe des Vergleichs die Möglichkeit auf Verhandlung auf den Streitwert haben kann.[1188]

Auch im schweizerischen Recht wird der Vergleich bei der unbezifferten Forderungsklage als zulässig anerkannt.[1189] Demzufolge wird der Vergleich bei der unbezifferten Forderungsklage im Sinne ihrer Klageanerkennung untersucht und als zulässig anerkannt, wenn der Kläger den Vorschlag des Beklagten über den Betrag des Anspruchs annimmt, obwohl die genaue Betragshöhe des Anspruchs noch nicht beziffert und bestimmt werden kann.[1190]

Die Zulässigkeit des Vergleichs bei unbezifferten Forderungsklagen ist im deutschen Recht noch nicht besonders untersucht. Meines Erachtens können die Parteien bei der unbezifferten Forderungsklage auch im deutschen Recht einen Vergleich abschließen, weil der Vergleich auch im deutschen Recht als ein Vertrag zwischen den Parteien anerkannt ist, womit sie über ihre Rechte im Sinne des Dispositionsgrundsatzes frei verfügen können. Außerdem kann der Vergleich besonders bei der unbezifferten Forderungsklage der Beschleunigung des Verfahrens sowie der Vermeidung des Arbeitslast des Gerichts dienen, also die Prozessökonomie sichern.

1185 Pekcanitez, Belirsiz Alacak Davasi, S. 61.

1186 Simil, S. 316.

1187 **Übersetzung von Art. 314 TürkZPO:** Bis zur Rechtskraft der Entscheidung kann der Vergleich zu jeder Zeit abgeschlossen werden.

1188 Simil, S. 316.

1189 Loosli, S. 136; Gut, S. 222, Rn. 476; Baumann Wey, S. 260, Rn. 674.

1190 Loosli, S. 136; Gut, S. 222, Rn. 476; Baumann Wey, S. 260, Rn. 674.

c. *Verzicht/Klagerückzug*

Der Verzicht, der im schweizerischen Recht „Klagerückzug“ genannt wird, ist eine einseitige Willenserklärung, mit der der Kläger seinen gegen den Beklagten aufgestellten Anspruch aufgibt.[1191] Entgegen der Klageanerkennung kann der Kläger in jeder Verfahrensart und in jedem Verfahrensstadium auf seine Klage verzichten, da ihm damit keine neuen Verpflichtungen verursacht werden.[1192] Gemäß Art. 311 TürkZPO und Art. 241 Abs. 2 SchweizZPO hat der Verzicht rechtskräftige Wirkung und beendet die Klage unmittelbar; die Verzichtserklärung wird wie eine rechtskräftige Entscheidung vollstreckt. Durch den Verzicht also lässt der Kläger seine Rechte und auch die mit der Klage verknüpften Rechtsbehauptungen zurück[1193], d.h., dass der Kläger eine identische Klage künftig gegenüber der gleichen Gegenpartei nicht mehr erheben darf.[1194] Der Kläger kann auch den Verzicht auf das Ganze oder einen Teil seines Anspruchs erklären, wobei das Gericht die Klage weiterführen wird, falls der Kläger nur auf einen Teil seines Anspruchs verzichtet hat.[1195]

Wie durch Klageanerkennung und Vergleich kann die unbezifferte Forderungsklage auch durch den Verzicht des Klägers beendet werden[1196], was im Vergleich zu einer normalen Leistungsklage keinen Unterschied verursacht.[1197] Der Kläger kann also seine unbezifferte Forderung ähnlich wie die anderen Klage beendenden Parteihandlungen durch den Verzicht gänzlich oder teilweise zurücklassen, womit er auf den vorläufigen Mindestwert seines Anspruchs

---

1191 Prütting/Gehrlein/Thole, ZPOKomm, §306, Rn. 2; Pekcanitez/Atalay/Özekes, S. 820; Oberhammer, KUKOZPO, Art. 241, Rn. 22; Musielak/Voit/Musielak, §306, Rn. 2; Sutter-Somm/Hasenböhler/Leuenberger/Leumann Liebster, Art. 241, Rn. 9; Tanriver, S. 999; Arslan/Yilmaz/Taspinar Ayvaz, S. 551.

1192 Pekcanitez/Atalay/Özekes, S. 821., Sutter-Somm/Hasenböhler/Leuenberger/Leumann Liebster, Art. 241, Rn. 11; Vogel, S. 225, Rn. 60; Musielak/Voit/Musielak, §307, Rn. 9.

1193 Prütting/Gehrlein/Thole, ZPOKomm, §306, Rn. 3; Pekcanitez/Atalay/Özekes, S. 820f.

1194 Leuenberger/Uffer-Tobler, 1. Auflage, S. 174, Rn. 7.39; Oberhammer, KUKOZPO, Art. 241, Rn. 35; Baker&McKenzie/Wohlmann, Art. 241, Rn. 9.

1195 Prütting/Gehrlein/Thole, ZPOKomm, §306, Rn. 8; Musielak/Voit, Grundkurs ZPO, S. 162, Rn. 247; BernerKommZPO/Killias, Art. 241, Rn. 5; Pekcanitez/Atalay/Özekes, S. 821f.; Yilmaz, Serh, S. 1379.

1196 Pekcanitez, Belirsiz Alacak Davasi, S. 61; Loosli, S. 134; Gut, S. 219, Rn. 469; Simil, S. 317.

1197 Loosli, S. 134; Gut, S. 219, rn. 469.

gänzlich oder teilweise sogar auch den noch nicht bezifferten Rest seines Anspruchs verzichten kann.[1198]

Der teilweise Verzicht ist also bei der unbezifferten Forderungsklage auch möglich. Bei so einem Fall muss aber der Kläger gemäß Art. 309 Abs. 3 TürkZPO die Grenzen sowie die Höhe des verzichteten Betrags seines Anspruchs genau bestimmen und angeben[1199], weil im Sinne des Dispositionsgrundsatzes und der Bindung des Gerichts an die klägerischen Ansprüche der Umfang des vom Kläger verfügten Rechtsbegehrens genau und bestimmt angegeben werden muss. Demzufolge kann der Kläger auf den gesamten vorläufigen Mindestwert oder auf einen Teil davon verzichten, wobei die Klage für den nicht verzichteten Teil des Anspruchs weitergeführt wird.[1200] Der Kläger kann auch auf den nachträglich noch nicht bezifferten Rest seines Anspruchs ganz oder teilweise verzichten, was auch als teilweiser Verzicht angenommen wird. Außerdem wird von der türkischen Lehre der Verzicht ohne Angabe des Umfangs über den verzichteten Teil zugelassen, wenn der Kläger auf den nachträglich noch nicht bezifferten Rest seines Anspruchs gänzlich verzichten möchte. Bei so einem Fall wird die Zulässigkeitsvoraussetzung des Verzichts auf die genaue Angabe des Umfangs des Verzichts nicht erforderlich, da dessen Umfang schon klar ist, obwohl die nachträgliche Bezifferung noch nicht stattgefunden ist. Natürlich muss er aber genau erklären, dass er auf das Ganze des noch nicht bezifferten Betrags seines Anspruchs verzichten möchte, ansonsten wird so ein Verzicht ohne Umfang als ein Verzicht für den ganzen Anspruch, also mit dem vorläufigen Mindestwert angenommen, was die Klage wie mit einer rechtskräftigen Entscheidung beendet, womit der Kläger mit dem gleichen Anspruch keine neue Klage erheben darf.[1201]

Im schweizerischen Recht sind der Verzicht und seine Anwendung bei der unbezifferten Forderungsklage weder von der Lehre noch von der Rechtsprechung untersucht. Nach der von Gut vorgeschlagenen Lösung wird der bezifferte Teilverzicht sich auf den vorläufigen Mindestwert beziehen, falls der Streitwert nachträglich noch nicht beziffert ist. Falls der Betrag des Anspruchs nachträglich beziffert ist, dann wird der Teilverzicht im Sinne des nachträglich bezifferten Betrags stattfinden. Auch bei reinen Ermessensklagen kann der Kläger

1198 Pekcanitez, Belirsiz Alacak Davasi, S. 62; Simil, S. 317f.; Gut, S. 220f., Rn. 470ff.
1199 Gut, S. 220, Rn. 470f.; Simil, S. 318.
1200 Pekcanitez, Belirsiz Alacak Davasi, S. 62; Simil, S. 317f.
1201 Pekcanitez, Belirsiz Alacak Davasi, S. 62; Simil, S. 318.

auf seinen noch nicht bezifferten Anspruch teilweise verzichten, wenn er einen ungefähren Anteil angibt.[1202]

Meines Erachtens kann der Kläger auf seinen Anspruch teilweise oder gänzlich auch bei der unbezifferten Forderungsklage verzichten. Im Sinne des Dispositionsgrundsatzes und der Bindung des Gerichts ist die genaue Angabe des Umfangs des Verzichts erforderlich. Dementsprechend muss der Kläger der unbezifferten Forderungsklage in seiner Verzichtserklärung den Umfang seines Willens auf den Verzicht genau angeben. Meines Erachtens ist der Lösung von Gut teilweise zuzustimmen. Der Teilverzicht muss sich nicht unbedingt auf den vorläufigen Mindestwert beziehen, wenn der Betrag nachträglich noch nicht beziffert ist oder muss sich nicht unbedingt auf den nachträglich bezifferten Teil des Anspruchs beziehen. Wenn der Umfang, bzw. der Betrag des Verzichts und der Willen des Klägers genau benannt sind, dann spielt so eine feste Regelung nach dem Stattfinden der nachträglichen Bezifferung für die Verwirklichung des Verzichts keine wichtige Rolle. Denn bei so einem Fall ist das Wichtigste und Bestimmende die genaue Angabe des Umfangs des Verzichts und die genaue Angabe der Willenserklärung auf den Verzicht. Außerdem kann der Umfang des Verzichts auch in Anteil bzw. in Bruchteil für seine Anwendung im türkischen Recht übernommen werden. So eine Angabe muss nicht nur bei reinen Ermessensklagen, sondern kann bei allen Arten der unbezifferten Forderungsklage angewendet werden, falls der Kläger auf den noch nicht bezifferten Rest seines Anspruchs teilweise verzichten möchte.

5. Rechtsmitteleinlegung

Die Rechtsmitteleinlegung ist die Anfechtung einer gerichtlichen Entscheidung durch eine Partei, womit sie die Abänderung oder die Aufhebung dieser gerichtlichen Entscheidung durch die Nachprüfung eines anderen Gerichts bezweckt.[1203] Demzufolge ist die Beschwer eine der allgemeinen Zulässigkeitsvoraussetzungen der Rechtsmittel, die der Verwirklichung des Rechtsschutzes

1202 Gut, S. 220, Rn. 472.

1203 Oberhammer, KUKOZPO, Vor Art. 308–334, Rn. 5; Musielak/Voit, Grundkurs ZPO, S. 320, Rn. 501; Alpmann Brockhaus, S. 1078; Kuru, 2016, S. 611; Arslan/Yilmaz/Taspinar Ayvaz, S. 580; MünchKommZPO/Rimmelspacher, Münchener Kommentar Zivilprozessordnung, Band 2, 5. Auflage, 2016, Vor §§511ff., Rn. 1; Musielak/Voit/Ball, Vor. §511, Rn. 1; Wieczorek/Schütze/Gerken, Zivilprozessordnung und Nebengesetze Grpßkommentar, Band 7, 4. Auflage, 2014, Vor §§511–541, Rn. 2.

dient, weil die von der Entscheidung benachteiligte Partei diese Entscheidung im Grunde genommen beanstandet.[1204]

Die Berufung ist eine Form der Rechtsmittel, mit denen die Partei die Entscheidung der ersten Instanz im übergeordneten Gericht überprüfen lässt.[1205] Durch die Berufung werden die Entscheidungen des erstinstanzlichen Gerichts im Berufungsverfahren im Sinne der Tatsachenfeststellungen überprüft und gegebenfalls korrigiert, womit die Fehlerkontrolle und Fehlerbeseitigung der erstinstanzlichen Entscheidung verwirklicht wird.[1206] Auch für die Berufung ist die Beschwer eine der Zulässigkeitsvoraussetzungen, mit der die Partei die erstinstanzliche Entscheidung wegen des Unterschieds zwischen ihrem Antrag und der Urteilssumme in bestimmter Beschwerquantität beanstandet.

Bei einer bezifferten Leistungsklage können die Parteien die Entscheidung durch Berufung in Frage stellen, wenn es für sie negative Unterschiede zwischen ihrem Antrag und der Entscheidung gibt. Die Berufung, sowie die Beschwer bei der unbezifferten Forderungsklage sind aber weder im türkischen noch im schweizerischen oder deutschen Recht gesetzlich geregelt, deren Ermittlung schwer sein kann, weil der Kläger den Streitwert nicht immer genau beziffern kann. Demzufolge werden die allgemeinen Regelungen der Rechtsmittel von der türkischen und schweizerischen Lehre bei der unbezifferten Forderungsklage als geltend angenommen, wenn die Betragshöhe des Anspruchs entweder nach der Auskunftserteilung oder nach dem Beweisverfahren nachträglich beziffert ist und die gerichtliche Entscheidung danach entstanden ist, weil bei so einem Fall die unbezifferte Forderungsklage keinen Unterschied zur normalen Leistungsklage besitzt, und das Gericht an den endgültigen Streitwert gebunden ist.[1207] Demzufolge können die Parteien die Entscheidung erst dann anfechten, bzw.

1204 BernerKommZPO/Sterchi, Art. 308, Rn. 25; Musielak/Voit, Grundkurs ZPO, S. 321, Rn. 503.

1205 Prütting/Gehrlein/Lemke, ZPO Komm, §511, Rn. 1; Musielak/Voit, Grundkurs ZPO, S. 326, Rn. 510; Baker&McKenzie/Mathys, Art. 308, Rn. 9; MünchKommZPO/Rimmelspacher, Vor. §§511ff., Rn. 4; Sutter-Somm/Hasenböhler/Leuenberger/Reetz, Vorb. Art. 308–318, Rn. 3; Yilmaz, Serh, S. 1478; Arslan/Yilmaz/Taspinar Ayvaz, S. 586.

1206 Prütting/Gehrlein/Lemke, ZPO Komm, §511, Rn. 1; Baker&McKenzie/Mathys, Art. 308, Rn. 2, 33; MünchKommZPO/Rimmelspacher, Vor. §§511ff., Rn. 4; Musielak/Voit/Ball, Vor §511, Rn. 4.

1207 Pekcanitez, Belirsiz Alacak Davasi, S. 64; Simil, S. 338; Gut, S. 243, Rn. 521; S. 245, Rn. 524; Loosli, S. 153; Hägi, Die Beschwer als Rechtsmittelvoraussetzung im schweizerischen und im deutschen Zivilprozessrecht, Diss., 1975, S. 250.

beschweren, wenn es einen Unterschied zwischen dem nachträglich bezifferten Betrag und der Urteilssumme gibt. Die Ausübung der Ermittlung der Berufung bzw. der Beschwer bei der unbezifferten Forderungsklage wird allerdings dann schwierig, wenn die Betragshöhe des Streitwertes durch das richterliche Ermessen bestimmt werden kann.

Simil vertritt die Ansicht, die von der deutschen Lehre vorgetragen wird, auch für das türkische Recht und dessen Ausübung. Dieser Ansicht nach kann der Kläger der unbezifferten Forderungsklage bzw. der reinen Ermessensklage erst dann die Rechtsmittel gegen die Entscheidung einlegen, falls das Gericht den vorläufigen Mindestwert unterschritten hat. Er kann dagegen keine Rechtsmittel einlegen, wenn das Gericht die Urteilssumme oberhalb des vorläufigen Streitwertes festgesetzt hat, denn bei so einem Fall wird keine Benachteiligung im Sinne des Klägers entstehen. Wenn der Kläger denkt, dass ihm mehr als die Urteilssumme zusteht, dann müsste er eine gewöhnliche bezifferte Leistungsklage erheben.[1208]

Die Rechtsmitteleinlegung sowie die Beschwer bei der reinen Ermessensklage werden von der schweizerischen Lehre zugelassen, gerechtfertigt durch die materielle Beschwer. Dementsprechend könnte der Kläger keine formelle Beschwer einlegen, wenn er mit der vom Gericht ermessenen Urteilssumme nicht zufrieden ist, weil die Klage von dem Gericht als vollumfanglich anerkannt ist, da der Kläger sein Rechtsbegehren nicht genau beziffern kann.[1209] Die Unzulässigkeit der Beschwer bei der reinen Ermessensklage wegen der formellen Beschwer wird von der schweizerischen Lehre als ungerecht gesehen und die materielle Beschwer wird als genügend angenommen, für die Rechtfertigung der Zulässigkeit der Beschwer auch bei reinen Ermessensklagen, wenn die Klage vom Gericht völlig anerkannt ist, aber die Urteilssumme im Sinne der Betragsvorstellung des Klägers nicht ausreichend ist[1210], weil die rechtskräftige Entscheidung den gesamten Anspruch des Klägers umfasst und die Möglichkeit auf Nachforderungen dadurch ausgeschlossen ist. Deswegen kann der Kläger durch die materielle Beschwer diesen Ausschluss bei der reinen Ermessensklage besser als die formelle Beschwer beseitigen, weil der Kläger dabei keine genaue bezifferte Betragshöhe seines Anspruchs angeben kann.[1211]

1208 Kern, S. 130; Gerlach, S. 528; Simil, S. 339.
1209 Gut, S. 245, Rn. 525; Loosli, S. 155f.
1210 Loosli, S. 156; Hägi, S. 250; Gut, S. 245, Rn. 525ff.
1211 Loosli, S. 154; Hägi, S. 249.

Im deutschen Recht wird die Rechtsmitteleinlegung bei unbezifferten Forderungsklagen ähnlich wie im türkischen und schweizerischen Recht angenommen. Dementsprechend kann der Kläger die Gerichtsentscheidung beanstanden, wenn das Gericht die Urteilssumme unter dem vom Kläger angegebenen vorläufigen Mindestwert sowie unterhalb der Größenordnung festgesetzt hat.[1212]

Menges kritisiert aber die Ausübung der Beschwer bei der unbezifferten Forderungsklage. Seiner Ansicht nach kann der Kläger die Urteilssumme nicht beanstanden, wenn er weder einen Mindestwert noch eine Betragsvorstellung angegeben hat. Dies kann aber den Kläger zu der Angabe eines bezifferten Klageantrags führen, damit er eine falsche Entscheidung vermeiden kann. Außerdem meint Menges, dass die Angabe der Größenordnung bei unbezifferten Forderungsklagen gemäß §253 Abs. 2 Nr. 2 ZPO eine der Zulässigkeitsvoraussetzungen der Klage sei, was den Entscheidungsspielraum des Gerichts begrenzt und auch für das Rechtsschutzinteresse des Beklagten erforderlich sei. Aber diese Ausübung der Beschwer bei der unbezifferten Forderungsklage, bei der der Kläger nur dann die Urteilssumme rügen kann, wenn sie den Mindestwert unterschreitet, kann den Kläger zur Angabe eines hohen Mindestwertes führen, weil er damit einen größeren Spielraum eröffnet, um die spätere Urteilssumme zu beanstanden. Bei so einem Fall wird der Kläger mit der unbezifferten Forderungsklage auch keinen Kostenvorteil gegenüber der bezifferten Leistungsklage erreichen. Folglich hat Menges diese Ansicht und Ausübung der Beschwer bei den unbezifferten Forderungsklagen kritisiert, weil sie auch zu dem Sinn und Zweck der unbezifferten Forderungsklage nicht passt.[1213]

Im deutschen Recht ist aber umstritten, ob der Kläger die Urteilssumme in Frage stellen darf, wenn er keine Betragsangaben und keinen Mindestwert oder keine Größenordnung angegeben hat. Überwiegend wird die Unzulässigkeit der Beschwer bei der unbezifferten Forderungsklage von der Lehre und Rechtsprechung anerkannt, wenn der Kläger ohne Angabe einer Betragsvorstellung oder eines Mindestwertes die unbezifferte Forderungsklage erhoben hat.[1214]

1212 Prütting/Gehrlein/Lemke, ZPOKomm, §511, Rn. 29; Thomas/Putzo/Reichold, §511 Vorb, Rn. 23; Zöller/Heßler, Vorb. §511, Rn. 17b; Dunz, Zur Praxis des unbezifferten Leistungsantrags, NJW 1957, S. 1662, Pawlowski, S. 345; Lieberwirth, Das Schmerzensgeld, 3. Auflage, S. 151; Butzer, S. 542; Wurm, S. 70; Gerlach, S. 528; Menges, S. 99; MünchKommZPO/Rimmelspacher, Vor. §§511ff., Rn. 62; Hussmann, S. 3129; BGH, NJW 1966, S. 780; Zöller/Greger, §253, Rn. 14; BGH, NJW 1993, S. 2876; BGH, NJW 1971, S. 40.

1213 Menges, S. 108.

1214 Menges, S. 102, Ubert, S. 83; Prütting/Gehrlein/Lemke, ZPOKomm, §511, Rn. 29; BGHZ 140, S. 335ff.; Willms, S. 618; Zöller/Heßler, Vorb. §511, Rn. 17a; 30. Auflage,

Dieser Ansicht nach kann der Kläger mit Hilfe der unbezifferten Forderungsklage ohne Risiken auf hohe Prozesskosten sein Rechtsbegehren fordern. Mit Blick auf diesen Vorteil sollte der Kläger der unbezifferten Forderungsklage auch auf Rechtsmitteleinlegung verzichten.[1215] In der Regel muss es klar sein, was für eine Differenz zwischen dem Klageantrag und der Urteilssumme steht, um ein zulässiges Rechtsmittel einzulegen. Deswegen kann die Beschwer des Klägers bei der unbezifferten Forderungsklage nicht gerechtfertigt werden, wenn er ohne Angabe des Mindestwertes oder der Größenordung Klage erhoben und sein Rechtsbegehren verlangt hat[1216], denn die Zulassung so einer Beschwer würde dann das Prinzip der ausgeglichenen Risikoverteilung im Zivilprozessrecht stören.[1217]

Trotzdem hat aber diese Ansicht die Möglichkeit auf Beschwer bei unbezifferten Forderungsklagen ohne Angabe der Betragsvorstellung zugelassen, wenn es nachweisbar ist, dass die Urteilssumme nicht angemessen ist.[1218] Bei so einem Fall muss das Recht auf die Beschwer im Sinne der Sicherung des Rechtsschutzes verwirklicht und dem Kläger zuerkannt werden.[1219] Außerdem kann die direkte Verneinung der Beschwer bei der reinen Ermessensklage eine sehr weitgehende Beschränkung verursachen, was die Ausübung der wichtigen Prozessgrundsätze verhindern kann, weil die Gefahr auf fehlerhafte oder unangemessene Entscheidungen immer gegeben ist. Deswegen kann die Zulassung der Beschwer bei reinen Ermessensklagen ausnahmsweise anerkannt werden, wenn es klar ist, dass die Urteilssumme nicht angemessen ist.[1220] Dies kann aber dann die Frage aufwerfen, wie die Unangemessenheit der Urteilssumme bestimmt werden kann.[1221]

Außerdem kann der Kläger der unbezifferten Forderungsklage die Urteilssumme immer dann rügen, wenn seine Klage gänzlich oder teilweise vom Gericht abgewiesen ist, weil dabei die Beschwer formell klar wird.[1222] Der Kläger

---

Gerlach, S. 528; Dunz, Zur Praxis des unbezifferten Leistungsantrags, NJW 1957, S. 1662; MünchKommZPO/Rimmelspacher, Vorb. §§511ff., Rn. 62; Lieberwirth, S. 152; Allgaier, S. 32; BGH, NJW 1966, S. 780; Wieczorek/Schütze/Assmann, §253, Rn. 102.

1215 Willms, S. 620; Menges, S. 95f.; BGH, NJW 1966, S. 780f.

1216 Menges, S. 95f.

1217 BGHZ 45, S. 94f; Menges, S. 96; BGH, NJW 1966, S. 781.

1218 Zeuner, Unbezifferter Klageantrag und Beschwer, Festschrift für Baur, 1981, S. 744f.; Menges, S. 98.

1219 Zeuner, S. 746; Menges, S. 97.

1220 Röhl, S. 73; Menges, S. 98; Frech, S. 208f.

1221 Menges, S. 98.

1222 Gerlach, S. 528; Wurm, S. 70; Menges, S. 109.

kann sich über die Urteilssumme auch dann beschweren, wenn diese wegen der fehlerhaften oder eingeschränkten klagebegründenden Tatsachen niedriger festgesetzt worden ist als er erwartet hat.[1223]

Meines Erachtens darf das Recht der Parteien auf die Rechtsmitteleinlegung wegen der Mängel des bezifferten Antrags oder wegen der Unmöglichkeit der Angabe des bezifferten Klageantrags keinesfalls ausgeschlossen werden, da die Rechtsmitteleinlegung ein Erscheinungsbild des Rechtsschutzinteresses der Parteien ist, womit der Rechtsfrieden durch die Verwirklichung der richtigen und gerechten Urteile gesichert wird.[1224] Wie von der türkischen, deutschen und schweizerischen Lehre anerkannt, sind die Rechtsmitteleinlegung und ihre Bestimmung bei der nachträglich zu beziffernden Forderungsklage einfach und problemlos, da der Streitwert nach dem Abschluss des Beweisverfahrens oder der Auskunftserteilung durch die nachträgliche Bezifferung endgültig bestimmt wird und die unbezifferte Forderungsklage wie die normale Leistungsklage weitergeführt wird. Deswegen können dabei keine Schwierigkeiten vorkommen, weil die Bestimmung des Unterschieds zwischen der Urteilssumme und dem nachträglich bezifferten Klageantrag einfach und klar wird.

Die Rechtsmitteleinlegung ist aber bei der reinen Ermessensklage schwieriger, da die Bestimmung des Unterschieds zwischen der Urteilssumme und dem Klageantrag nicht einfach ist, da die genaue Angabe des bezifferten Antrags dem Kläger wegen des richterlichen Ermessens unmöglich ist. In solch einem Fall wäre die Begrenzung der Rechtsmitteleinlegung mit der Unterschreitung des Mindestwertes oder mit der Unterschreitung der Größenordnung nicht rechtmäßig und würde gegen Hauptprozessgrundsätze verstoßen wie den Rechtsschutz und die Rechtssicherheit. Durch so eine Begrenzung dürfte der Kläger auf die unangemessene Entscheidung keine Beschwer einlegen und könnte keine richtige, korrigierte und gerechte Entscheidung verlangen, was die Begrenzung seiner Rechtssicherheit bedeutet. Meines Erachtens müsste auch der Kläger der reinen Ermessensklage das Recht auf Rechtsmitteleinlegung haben, und dieses Recht sollte nicht mit der Unterschreitung des Mindestwertes begrenzt werden. Dementsprechend, wie Loosli, Menges und Gut für das deutsche und schweizerische Rechtssystem vertreten haben, dürfte der Kläger bei reinen Ermessensklagen die

1223 Wurm, S. 71; Menges, S. 109; Wieczorek/Schütze/Gerken, Zivilprozessordnung und Nebengesetze Großkommentar, Band 7, 4. Auflage, 2014, §511, Rn. 95.

1224 BernerKommZPO/Sterchi, Art. 308, Rn. 1; Sutter-Somm/Hasenböhler/Leuenberger/Reetz, Vorb. Art. 308–318; Rn. 5; Leuenberger/Uffer-Tobler, 1. Auflage, S. 381, Rn. 12.2.

Gerichtsentscheidung beanstanden und dagegen Rechtsmittel einlegen dürfen, wenn die Urteilssumme für das Rechtsbegehren deutlich unangemessen erscheint. Bei solchen Klagen ist die Bezifferung der Betragshöhe des Rechtsbegehrens dem Kläger unmöglich, in diesem Sinne kann er frei von hohen Prozessrisiken die Klage erheben, aber nur deswegen könnte sein Recht auf Rechtsmitteleinlegung nicht so weitgehend abgegrenzt werden, da das richterliche Ermessen falsch oder unangemessen sein könnte, so dass der Kläger sein Recht nicht erreichen kann. Deswegen sollte die Rechtsmitteleinlegung bei reinen Ermessensklagen mit der Unterschreitung nicht ganz ausgeschlossen werden, damit der Rechtsschutz und die Rechtssicherheit für den Kläger wirklich gesichert werden. Außerdem könnte so eine Ausschließung die höhere Angabe des Mindestwertes und demzufolge das Risiko auf hohe Prozesskosten verursachen, was zu dem Sinn und Zweck der unbezifferten Forderungsklage nicht passt.

Im türkischen Recht wird ähnlich wie in der deutschen Lehre gefordert, die Rechtsmitteleinlegung bei der reinen Ermessensklage zu ermöglichen, wenn die Urteilssumme den Mindestwert unterschreitet. Im türkischen Recht ist es aber umstritten, ob der Kläger bei reinen Ermessensklagen nachträglich beziffern soll oder nicht. Dementsprechend wird es keine Besonderheiten bei der Rechtsmitteleinlegung geben, wenn die Betragshöhe nachträglich beziffert werden muss. Meines Erachtens wäre so eine Begrenzung bei der reinen Ermessensklage ohne nachträgliche Bezifferung sehr negativ und deswegen müsste die Rechtsmitteleinlegung dabei ermöglicht werden, wenn die Urteilssumme deutlich unangemessen ist.

Im neuen Entwurf zur TürkZPO wird eine zweiwöchige Frist für die nachträgliche Bezifferung vorgeschlagen. In der Literatur und der Rechtsprechung ist es noch nicht klar, ob diese Frist auch für die reine Ermessensklage gilt. Falls aber dieser Entwurf in Kraft treten und diese Frist auch für reine Ermessensklagen gelten wird, wird die Rechtsmitteleinlegung auch weiterhin problemlos ausgeübt, weil die reine Ermessensklage hier wie eine normale Leistungsklage weitergeführt wird.

6. Rechtskraft

Das Fehlen der Rechtskraft ist ähnlich wie die Rechtshängigkeit eine negative Prozessvoraussetzung, was die Maßgeblichkeit der Entscheidung für die Gerichte und die Parteien zeigt, wenn die Parteien die gleiche Rechtsstreitigkeit noch einmal einklagen möchten.[1225] Durch die rechtskräftige Entscheidung

1225 Prütting/Gehrlein/Völzmann-Stickelbrock, ZPOKomm, §322, Rn. 1; Leuenberger/Uffer-Tobler, 1. Auflage, S. 175, Rn. 7.40; BernerKommZPO/Zingg, Art. 59, Rn. 63;

wird also die zweite Klage abgelehnt, wenn der Streitgegenstand der zweiten Klage identisch mit dem in dem Erstprozess formell rechtskräftig entschiedenen Streitgegenstand ist. Die Rechtskraft bedeutet also die Verbindlichkeit der Entscheidung für die Parteien und Gerichte, wodurch der Rechtsfrieden und die Rechtssicherheit verwirklicht sind und die Arbeitslast der Gerichten verhindert wird.[1226] Im Sinne der Rechtskraft sind die Entscheidungen nicht mehr angreifbar und für spätere Prozesse verbindlich, womit mögliche widersprechende Gerichtsentscheidungen verhindert werden, was der Rechtssicherheit und dem Rechtsfrieden dient.[1227]

Die Entscheidungen über die unbezifferten Forderungsklagen sind rechtskräftig, da die unbezifferte Forderungsklage wie nach der nachträglichen Bezifferung nach der Entstehung der Entscheidung keinen Unterschied zur normalen Leistungsklage darstellt. Deswegen gelten die Zulässigkeitsvoraussetzungen, die Ausübung und die Folgen der Rechtskraft bei unbezifferten Forderungsklagen genauso wie bei den bezifferten Leistungsklagen.[1228] Demzufolge wird die zweite Klage vom Gericht wegen der rechtskräftigen Entscheidung der ersten Klage abgewiesen, wenn der Kläger mit dem gleichen Anspruch eine zusätzliche Klage erheben möchte. Hier spielen der Klagegrund und die Klage unterstützenden Tatsachen für die Bestimmung der Unzulässigkeit der zweiten Klage wegen der Rechtskraft eine wichtige Rolle, weil sie den Umfang des Klageanspruchs bestimmen und begrenzen. Demzufolge wird die zweite Klage unzulässig, wenn ihre Tatsachen und ihr Klagegrund identisch sind mit den Tatsachen und dem Klagegrund der unbezifferten Forderungsklage. Da der Kläger mit der unbezifferten

---

MünchKommZPO/Gottwald, §322, Rn. 1; Musielak/Voit/Musielak, §322, Rn. 1; BSKommZPO/Gehri, Art. 59, Rn. 18; Yilmaz, Serh, S. 1342; Tanriver, S. 863; Arslan/Yilmaz/Taspinar Ayvaz, S. 654.

1226 Leuenberger/Uffer-Tobler, 1. Auflage, S. 175, Rn. 7.10; BernerKommZPO/Zingg, Art. 59, Rn. 63f.; Prütting/Gehrlein/Völzmann-Stickelbrock, ZPOKomm, §322, Rn. 1; Thomas/Putzo/Reichold, §322, Rn. 1; Jauernig/Hess, S. 245, Rn. 1; MünchKommZPO/Gottwald, §322, Rn. 1; Yilmaz, Serh, S. 1341; Arslan/Yilmaz/Taspinar Ayvaz, S. 654; Heil, Die Bindung der Gerichte an Entscheidungen anderer Gerichte, Diss., 1983, S. 24f.

1227 BernerKommZPO/Zingg, Art. 59, Rn. 64; Prütting/Gehrlein/Völzmann-Stickelbrock, ZPOKomm, §322, Rn. 1; Jauernig/Hess, S. 245, Rn. 1; MünchKommZPO/Gottwald, §322, Rn. 2; Musielak/Voit/Musielak, §322, Rn. 1; BSKommZPO/Gehri, Art. 59, Rn. 18; Yilmaz, Serh, S. 1341; Heil, S. 154.

1228 Meier, HAVE, S. 32; Pekcanitez Belirsiz Alacak Davasi, S. 66; Menges, S. 110; Gut, S. 212, Rn. 454; Simil, S. 340.

Forderungsklage trotz der Unmöglichkeit der Bezifferung des Anspruchs das Erlangen des Ganzen seines Anspruchs bezweckt hat, gilt diese Entscheidung auch für das Ganze des Anspruchs.[1229] Demzufolge kann der Kläger auch keine zweite Klage mit dem Anspruch auf den Rest seines Rechtsbegehrens erheben, wenn er nach dem Abschluss des Beweisverfahrens oder der Auskunftserteilung seinen Anspruch nachträglich nicht beziffert hat. Bei so einem Fall wird der vorläufige Mindestwert als der endgültige Streitwert anerkannt und das Gericht trifft im Sinne dieses Betrags seine Entscheidung. Da diese Anerkennung des vorläufigen Mindestwertes als dem endgültigen Streitwert auch das Ganze des Rechtsbegehrens bedeutet, kann der Kläger nach der rechtskräftigen Entscheidung mit dem Anspruch auf den Rest seines Anspruchs keine neue Klage erheben, weil er in der ersten Klage seine Disposition für eine nachträgliche Bezifferung seines Anspruchs nicht benutzt und so bestimmt hat.[1230] Nach der rechtkräftigen Entscheidung kann aber eine zweite Klage dann zulässig werden, falls der Kläger seinen Anspruch der ersten Klage mit neuen Tatsachen angibt, was außer der entschiedenen Urteilssumme neue Wirkungen haben kann.[1231]

Die Ausübung der Rechtskraft bei unbezifferten Forderungsklagen kann aber schwierig sein, wenn die unbezifferte Forderungsklage als reine Ermessensklage vorkommt, also wenn die Entscheidung und die Urteilssumme durch das richterliche Ermessen bestimmt werden können. Die Bestimmung des Umfangs der Rechtskraft kann deswegen schwierig sein, weil der Anspruch bis zum Urteilszeitpunkt nicht beziffert ist und erst mit dem Urteil bestimmt und beziffert sein kann. Der herrschenden Ansicht der türkischen, deutschen und auch schweizerischen Lehre nach kann der Kläger keine zusätzliche Klage mit dem gleichen Anspruch mit der Begründung erheben, dass der vom Gericht angemessene Betrag ihm zu niedrig und nicht ausreichend vorkommt. Bei so einem Fall wird die zweite Klage abgewiesen, da der Kläger mit der Erhebung der reinen Ermessensklage das Ganze seines Anspruchs angefordert hat und die vom Gericht angemessene Urteilssumme setzt dann fest, dass der Anspruch des Klägers in dieser Betragshöhe liegt, womit diese rechtskräftig wird.[1232] Falls der Kläger mit der vom Gericht zugemessenen Urteilssumme unzufrieden ist, weil er mehr erwartet hatte, dann könnte er sich über die Gerichtsentscheidung beschweren,

---

1229 Blechschmidt, S. 102; Wurm, S. 71; Menges, S. 110; Simil, S. 340; Musielak/Voit/Musielak, §322, Rn. 68; MünchKommZPO/Gottwald, §322, Rn. 133.

1230 Pekcanitez, Belirsiz Alacak Davasi, S. 66; Simil, S. 343.

1231 Blechschmidt, S. 102.

1232 Meier, HAVE, S. 32; Gut, S. 213, Rn. 455; Thomas/Putzo/Reichold, §322, Rn. 24; Menges, S. 110; Simil, S. 344.

da die Rechtsmitteleinlegung ihm dabei besser dient als die Erhebung der zusätzlichen Klage.[1233] Dabei kann aber die zusätzliche Klage erst dann bei Klagen auf Schmerzensgeld möglich und zulässig werden, wenn es neue Schadensfolgen wegen dieser Rechtsstreitigkeit gibt, die bis zu diesem Zeitpunkt nicht erkennbar waren oder eingetreten sind, so dass sie bei der Festsetzung des Betrags des Schmerzensgeldes nicht berücksichtigt worden sind.[1234]

Wie oben untersucht, hat die Rechtskraft keine besonderen Folgen bei den unbezifferten Forderungsklagen. In den deutschen, türkischen und schweizerischen Rechtssystemen ist ihre Ausübung dabei so wie bei gewöhnlich bezifferten Leistungsklagen angenommen, da die unbezifferte Forderungsklage nach der nachträglichen Bezifferung sowie auch nach der Entscheidung keinen Unterschied zur normalen Leistungsklage aufweist und so geführt wird. Bei den reinen Ermessensklagen könnte die Ausübung der Rechtskraft besonders gelten, aber da der Kläger mit der Erhebung der reinen Ermessensklage das Erreichen des Ganzen seines Anspruchs bezweckt hat, wird dann die ihm vom Gericht zugemessene Urteilssumme sein ganzer Anspruch sein. Dieser gilt rechtskräftig, weswegen eine zusätzliche Klage auf den gleichen Anspruch mit höherem Betrag als unzulässig abgewiesen wird. Obwohl die Ausübung der Rechtskraft bei reinen Ermessensklagen im türkischen Recht ähnlich wie in den schweizerischen und deutschen Lehren angenommen wird, würde die Rechtskraftwirkung bei reinen Ermessensklagen im türkischen Recht nach dem Inkrafttreten des Entwurfs ähnlich wie bei den nachträglich zu beziffernden Forderungsklagen ausgeübt, wenn die für die nachträgliche Bezifferung bestimmte Frist für die reine Ermessensklage auch als geltend angenommen würde, da der Kläger auch bei reinen Ermessensklagen seinen Anspruch in der zweiwöchigen Frist genau und nachträglich beziffern müsste und daran gebunden ist.

C. Folgen im materiellen Recht

1. Hemmung der Verjährungsfrist

Die Verjährung bedeutet die Abschwächung von Rechten durch Zeitablauf, weswegen die Forderungen nicht mehr angefordert werden können, falls sie in einer gewissen Zeit nicht durchgesetzt sind[1235], womit die Versicherung der

1233 Meier, HAVE, S. 32; Gut, S. 213, Rn. 455.

1234 Wurm, S. 71; Menges, S. 110; Thomas/Puzto/Reichold, §322, Rn. 24; BGH, NJW 1988, S. 2300ff.; Simil, S. 344.

1235 Prütting/Wegen/Weinreich/Deppenkemper, BGBKomm, §194, Rn. 1; §214, Rn. 1; BSKommOR/Däppen, Vorb. Art. 127–142, Rn. 1; Eren, S. 1311ff.; Oguzman/Öz,

Rechtssicherheit und des gesellschaftlichen Friedens bezweckt ist.[1236] Die Verjährung gehört zu dem Anwendungsbereich des materiellen Rechts und ihre Hemmung ist eine der wichtigen materiellrechtlichen Wirkungen der Rechtshängigkeit.[1237] Die Hemmung der Verjährung bedeutet die Geltendmachung des Anspruchs des Klägers.[1238] Gemäß §204 Abs. 1 Nr. 1 BGB, Art. 154 Abs. b TürkOR und Art. 135 Abs. 2 SchweizZPO wird die Verjährung durch die wirksame Erhebung der Klage gehemmt[1239] und diese Hemmung der Verjährung gilt für den zur Entscheidung des Gerichts gestellten Umfang des Anspruchs.[1240]

Demzufolge ist es der herrschenden Ansicht der deutschen, türkischen und auch schweizerischen Lehren nach schon akzeptiert, dass die Hemmung der Verjährung auch bei der unbezifferten Forderungsklage für das Ganze des Anspruchs gelten wird, obwohl die Betragshöhe des Anspruchs zum Zeitpunkt der Klageerhebung nicht zifferbar bestimmt werden kann.[1241] Wie oben untersucht, wird es von der Lehre überwiegend angenommen, dass der Kläger mit der Erhebung der unbezifferten Forderungsklage das Erlangen des Ganzen seines Anspruchs bezweckt. Demzufolge wird die Verjährung für das Ganze des Anspruchs der

---

S. 586, Rn. 1902f.; Mehmet Erdem, Özel Hukukta Zamanasimi, S. 7; Kilicoglu, S. 894; Berti, Kommentar zum Schweizerischen Zivilgesetzbuch, Obligationenrecht, Das Erlöschen der Obligationen Art. 127–142 OR, 3. Auflage, 2002, Vorb. Art. 127–142, Rn. 1; MünchKommBGB/Grothe, Münchener Kommentar Bürgerlisches Gesetzbuch, Band 1, 7. Auflage, Vorb. §194, Rn. 1.

1236 BSKommORI/Däppen, Vorb. Art. 127–142, Rn. 1; Berti, Obligationenrecht, Vorb. Art. 127–142, Rn. 8ff.; Kilicoglu, S. 895; MünchKommBGB/Grothe, Vorb. §194, Rn. 5; Dauner-Lieb/Heidel/Lepa/Ring/Mansel, AnwKomm-BGB, Vor. §§194–218, Rn. 2.

1237 Menges, S. 48; Erdem, S. 8f.; BGE 123 III 213, JdT 2000 I 208, Yargitay 9. HD. 14.9.2009, 9407/22810, www.kazanci.com.

1238 Jauernig/Mansel, Bürgerliches Gesetzbuch Kommentar, 17. Auflage, 2018, §204, Rn. 1; Prütting/Wegen/Weinreich/Deppenkemper, BGBKomm, §204, Rn. 1.

1239 Jauernig/Mansel, §204, Rn. 2; BSKommORI/Däppen, Art. 135, Rn. 5a; Erdem, S. 284ff.; Oguzman/Öz, S: 601, Rn. 1945; Eren, S. 1323.

1240 Blechschmidt, S. 62; Kern, S. 36; Menges, S. 48; MünchKommBGB/Grothe, §204, Rn. 10.

1241 Pekcanitez, Belirsiz Alacak Davasi, S. 59; Pecanitez/Pekcanitez, Pekcanitez Usul, S. 1020; Menges, S. 48; BGH, NJW 1974, S. 1551; Hussmann, Zum unbezifferten Klageantrag bei Billigkeitsansprüchen, VersR 1985, S. 717; Oguzman/Öz, S. 601, Rn. 1946; Eren, S. 1323f.; Simil, S. 354, Meier, HAVE, S. 31; Loosli, S. 165; Tanriver, S. 594; Yilmaz, Serh, S. 757; MünchKommBGB/Grothe, §204, Rn. 13; Schellhammer, Schuldrecht nach Anspruchsgrundlagen, S. 1200, Rn. 2497; Geigel/Kolb, Der Haftpflichtprozess, S. 1283, Rn. 28; Kuru/Budak, Yenilikler, S. 13; Budak/Karaaslan, S. 134, Rn. 31; Pawlowski, S. 342.

unbezifferten Forderungsklage gehemmt und für die Bestimmung des Umfangs der Verjährung werden die anspruchsbegründenden Tatsachen als angemessen angenommen, was auch bei der Bezifferung des Anspruchs betrachtet wird.[1242] Dabei werden also der vorläufige Mindestwert und der Zeitpunkt der nachträglichen Bezifferung keine Rolle spielen und es wird so angenommen, dass die Verjährung für den ganzen Anspruch ab dem Zeitpunkt der Klageerhebung gehemmt wird, weil der Kläger mit dieser Klage das Erreichen des Ganzen seines Anspruchs bezweckt hat und weil die unbezifferte Forderungsklage nach der nachträglichen Bezifferung keinen Unterschied zur gewöhnlichen Leistungsklage mehr aufweist.[1243]

Wenn es eine Klageerweiterung gibt, dann kann der Beklagte eine Verjährungseinrede erheben. Deswegen müsste das Gericht auch bei den unbezifferten Forderungsklagen beachten, ob eine Klageerweiterung entstanden ist. Demzufolge ist es bei der unbezifferten Forderungsklage offen, ob die Änderung der Größenordnung oder die Angabe neuer Tatsachen eine Klageerweiterung und eine daraus folgende Verjährungseinrede des Beklagten verursachen können. Der herrschenden Ansicht der deutschen Lehre nach muss das Gericht die neu vorgebrachten Tatsachen prüfen und nachfragen, mit welchem Zweck der Kläger sie angegeben hat. Wenn der Kläger sie nur als Ergänzung und als Nachdruck für seine Behauptungen einbringen möchte, dann wird der Streitgegenstand gleich bleiben und es wird keine Klageerweiterung entstehen, deswegen kann der Beklagte keine Verjährungseinrede erheben.[1244] Auch wenn der Kläger den Umfang der von ihm angegebenen Größenordnung bei der unbezifferten Forderungsklage ändern sowie erhöhen möchte, herrscht Einigkeit darüber, dass dabei keine Klageerweiterung entstehen wird, weil der Kläger dabei seinen Streitgegenstand nicht ändert oder erweitert, sondern nur den Umfang der unbezifferten Betragshöhe des gleichen Streitgegenstandes konkretisiert.[1245] Der herrschenden Ansicht der deutschen Lehre nach kann also die Verjährungseinrede erhoben werden, sobald die Klageerweiterung entstanden ist. Aber für diese Ausübung der Verjährungseinrede bei der unbezifferten Forderungsklage muss das Gericht prüfen, ob der Kläger den Willen hat, seinen Anspruch nachträglich zu erweitern sowie den Streitgegenstand zu ändern.

1242 Blechschmidt, S. 63; Menges, S. 48; Berti, Obligationenrecht, Art. 135, Rn. 106.

1243 Eren, S. 1324; Pekcanitez, Belirsiz Alacak Davasi, S. 59; Simil, S. 354; Budak, Belirsiz Alacak Davasi, S. 84; Pekcanitez/Pekcanitez, Pekcanitez Usul, S. 1027.

1244 Menges, S. 49f.

1245 Menges, S. 5ff.; BGH, NJW 2002, S. 3769f.

Obwohl es in der türkischen Lehre überwiegend angenommen wird, dass die Verjährung bei der unbezifferten Forderungsklage ab der Klagerhebug für das Ganze des Anspruchs gehemmt ist[1246], vertritt die entgegenstehende Meinung die Ansicht, dass die Verjährung für die noch nicht eingeklagten Ansprüche nicht gehemmt werden kann.[1247] Dieser Ansicht von Kilicoglu kann aber für die unbezifferte Forderungsklage nicht gefolgt werden und ihr wird auch von der türkischen Lehre nicht gefolgt, weil der Kläger bei der unbezifferten Forderungsklage das Ganze seines Anspruchs einklagt und durch die nachträgliche Bezifferung ändert er nicht den Streitgegenstand oder seinen Anspruch, sondern konkretisiert nur die Betragshöhe seines Anspruchs, er erweitert also die Klage nicht.[1248]

Wenn zudem der Kläger seinen Anspruch nachträglich nicht beziffert, wird der vorläufige Mindestwert als endgültige Betragshöhe des Anspruchs anerkannt und die Verjährung wird nur für diesen Betrag gehemmt und für den Rest, zu dem der Kläger seinen Anspruch nachträglich nicht erhöht hat, wird die Verjährung weiter gelten.[1249]

Meines Erachtens kann den herrschenden Ansichten der deutschen, türkischen und schweizerischen Lehren für die Verjährung bei der unbezifferten Forderungsklage gefolgt werden. Die Verjährung muss bei der unbezifferten Forderungsklage für das Ganze des Anspruchs gehemmt werden, weil das Erlangen des Ganzen des Anspruchs trotz der Unmöglichkeit der genauen Bezifferung der Betragshöhe des Anspruchs eine der Hauptzwecke der Regelung der unbezifferten Forderungsklage ist. Die Hemmung der Verjährung ist eines der wichtigsten Instrumente für die Beseitigung der Nachteile dieser Unmöglichkeit für den Kläger, damit der Rechtsschutz und die Rechtssicherheit auch für den Kläger der unbezifferten Forderungsklage gesichert werden können.

2. Wegfall von dem guten Glauben

Eine der materiellrechtlichen Folgen der unbezifferten Forderungsklage ist wie bei den anderen Klagearten der Wegfall des guten Glaubens.

1246 Pekcanitez, Belirsiz Alacak Davasi, S. 59f.; Özbay, 6100 sayili Hukuk Muhakemeleri Kanunu Neler Getirdi?, 2012, S. 128; Simil, S. 348; Eren, S. 1324; Oguzman/Öz, S. 601, Rn. 1946; Kiraz, S. 28f.

1247 Kilicoglu, S. 916f.

1248 Simil, S. 356.

1249 Simil, S. 357.

Der gute Glaube ist in den dritten Artikeln des TürkZGB und des SchweizZGB geregelt, die ihn nicht definieren, sondern als Voraussetzung einer Rechtswirkung einordnen, falls die Partei guten Glaubens handelt.[1250] Obwohl der gute Glaube gesetzlich nicht genau definiert ist, wird es in der Lehre und Rechtsprechung der Schweiz versucht, ihn zu definieren.[1251] Nach der von Jäggi empfohlenen Definition des guten Glaubens ist er „das Fehlen des Unrechtsbewusstseins trotz eines Rechtsmangels", was auch von der schweizerischen Lehre überwiegend akzeptiert ist.[1252] Nach einer anderen Ansicht ist der gute Glaube die unverschuldete Unkenntnis eines Rechtsmangels.[1253]

Entgegen dem schweizerischen Recht wird der gute Glaube im türkischen Recht unter der Unterscheidung zwischen dem objektiv guten Glauben und dem subjektiv guten Glauben als der subjektiv gute Glaube angenommen, wobei der objektiv gute Glaube im Art. 2 TürkZGB geordnet ist und die gleiche Bedeutung wie „Treu und Glauben" im schweizerischen Recht trägt. Dementsprechend bedeutet der gute Glaube auch im türkischen Recht das unverschuldete Unrechtsbewusstsein eines Rechtsmangels.[1254]

Im Allgemeinen zeigt die Klageerhebung aller Klagearten ihre Folgen für das Zivilprozessrecht sowie auch für das materielle Recht. Demzufolge ist der Wegfall des guten Glaubens eine der materiellrechtlichen Folgen der Klageerhebung, wonach der Beklagte sich nicht mehr mit dem Besitz des guten Glaubens verteidigen kann. Der Beklagte verliert also mit der Klageerhebung und durch ihre Zustellung seinen guten Glauben, da er dadurch über die ihm unbekannten Tatsachen informiert wird.[1255] In diesem Sinne wird der gute Glaube des Beklagten auch bei der Erhebung und durch die Zustellung der unbezifferten Forderungsklage ähnlich wie bei den gewöhnlichen Klagearten wegfallen. Die anfängliche

---

1250 Art. 3 TürkZGB, Art. 3 SchweizZGB, BSKommZGBI/Honsell, Basler Kommentar, Zivilgesetzbuch I, 3. Auflage, 2006, Art. 3 Rn. 7; Oguzman/Barlas, Medeni Hukuk, 21. Auflage, S. 241, Rn. 801; Akipek/Akintürk/Ates-Karaman. Türk Medeni Hukuku Baslangic Hükümleri, 7. Auflage, S. 148; BernerKommZGB/Hofer, Berner Kommentar Einleitung und Personenrecht, Band 1, 2012, Art. 3, Rn. 1, 27.

1251 BernerKommZGB/Hofer, Art. 3. Rn. 27.

1252 BSKommZGBI/Honsell, Art. 3, Rn. 10; Deschenaux, Einleitung und Personenrecht, Band 2, 1967; S. 210f.; Riemer, Die Einleitungsartikel des schweizerischen Zivilgesetzbuches, 2. Auflage, 2003, S. 132ff.; Schnyder, Der gute Glaube im Immobiliersachenrecht, ZBGR, 1985, S. 66ff.

1253 BernerKommZGB/Hofer, Art. 3, Rn. 36.

1254 BSKommZGBI/Honsell, Art. 3, Rn. 3; Oguzman/Barlas, S. 242f., Rn. 805f.

1255 Pekcanitez/Atalay/Özekes, S. 520.

Unmöglichkeit der Angabe der bezifferten Betragshöhe des Anspruchs wird dann keinen Einfluss haben auf die Anwesenheit und Verteidigung des guten Glaubens des Beklagten, weil der Kläger mit der Erhebung der unbezifferten Forderungsklage den Streitgegenstand, seine Tatsachen außer der bezifferten Betragshöhe genau angibt und das Ganze seines Anspruchs einklagt.[1256] Deswegen sollte der Wegfall des guten Glaubens auch bei der unbezifferten Forderungsklage ähnlich wie bei den anderen Klagearten ausgeübt werden, und der Beklagte muss mit der Erhebung der unbezifferten Forderungsklage seinen guten Glauben verlieren, da die unbezifferte Forderungsklage in der Regel eine Leistungsklage mit der Ausnahme der unmöglichen Bezifferung des Anspruchs ist. Aber trotz dieser Unmöglichkeit sind der Streitgegenstand und seine Tatsachen dabei noch bestimmt. Auch bei der unbezifferten Forderungsklage also weiß der Beklagte schon, was der Kläger von ihm verlangt, und deswegen kann er sich dagegen mit dem guten Glauben nicht mehr verteidigen.

3. Berechnung der Zinsen

Die Zinspflicht ist eine Nebenschuld des Hauptanspruchs und ihr Zustandekommen ist von der Hauptschuld abhängig, die danach in einem anderen Verfahren getrennt eingeklagt werden kann. Die Zinspflicht entsteht nach dem Eintritt der Rechtshängigkeit der Klage auf Geldforderung, womit sie sich von den Verzugszinsen unterscheidet und sie zu einer Folge der Rechtshängigkeit macht.[1257] Die Zinspflicht, bzw. die Prozesszinsen sind also ein dem Kläger zuerkannter Mindestersatz für die zeitweilige Nutzung der Hauptsumme von dem Beklagten.[1258]

Die Berechnung der Prozesszinsen bei der unbezifferten Forderungsklage ist weder in der TürkZPO noch in der SchweizZPO und in der ZPO gesetzlich geregelt. Die Verzinsung und ihre Ausübung für die unbezifferten Forderungsklagen sind aber wichtig und können auch umstritten sein, weil der Umfang des genau bezifferten Anspruchs zum Zeitpunkt der Klageerhebung, also zum Zeitpunkt

---

1256 Simil, S. 345; Tanriver, S. 594.

1257 Dauner-Lieb/Heidel/Lepa/Ring/Reiff, AnwKomm-BGB, §291, Rn. 2; Prütting/Wegen/Weinreich/Schmidt-Kessel/Kramme, BGBKomm. §291, Rn. 1, 4; Fikentscher/Heinemann, Schuldrecht Allgemeiner und Besonderer Teil, 11. Auflage, 2017, S. 165, Rn. 264; BSKommORI/Leu, Art 73, Rn. 2; Eren, S. 978; Oguzman/Öz, S. 313; Schellhammer, Schuldrecht nach Anspruchsgrundlagen samt BGB Allgemeiner Teil, 9. Auflage, S. 678, Rn. 1244; Kilicoglu, S. 642; MünchKommBGB/Ernst, Münchener Kommentar Bürgerliches Gesetzbuch, Band 2, 7. Auflage, §291, Rn. 1.

1258 Schellhammer, S. 678, Rn. 1244; Eren, S. 978; Oguzman/Öz, S. 304, Rn. 966; MünchKommBGB/Ernst, §291, Rn. 1; Kilicoglu, S. 641.

der Rechtshängigkeit bestimmt sein kann, was für die Bestimmung des Umfangs der Rechtshängigkeit und der daraus folgenden Berechnung der Zinsen eine wichtige Rolle spielt.

Der herrschenden Ansicht der türkischen Lehre nach müssen die Prozesszinsen in der Regel ab dem Zeitpunkt der Klageerhebung für das Ganze des Anspruchs berechnet werden, da der Kläger mit der Erhebung der unbezifferten Forderungsklage das Erlangen des Ganzen seines Anspruchs bezweckt hat.[1259] Dabei spielen also die nachträgliche Bezifferung oder die genaue Bestimmung des Anspruchs durch die Urteilssumme und ihr Zeitpunkt für die Berechnung der Zinsen keine bestimmende Rolle. Dieser Ansicht nach werden aber die Prozesszinsen erst dann nur nach dem voläufigen Mindestwert oder nur nach dem nachträglich bezifferten Teil des Anspruchs berechnet, wenn aus der Klageschrift des Klägers sein Wille auf Prozesszinsen erkennbar ist.[1260]

Wie die türkische Lehre vertreten auch die deutsche Lehre und die Rechtsprechung die Ansicht, dass die Prozesszinsen ab dem Zeitpunkt der Erhebung der unbezifferten Forderungsklage für das Ganze des Anspruchs berechnet werden müssen.[1261]

Entgegen der herrschenden Ansicht im deutschen Recht vertritt nur das Oberlandesgericht die Ansicht, dass die Regelung von §291 BGB nur bei Geldsummenschulden, also nur bei Klagen, deren Streitgegenstand von Anfang an ziffermäßig festgelegt ist, ausgeübt werden kann. Da die Betragshöhe des Anspruchs bei der unbezifferten Forderungsklage auf Schmerzensgeldforderung unbeziffert ist, meint diese Ansicht, dass es eine Geldwertforderung sei, daher könnten die Zinsen bis zur genauen Bestimmung der Betragshöhe des Anspruchs nicht fällig werden. Dieser Ansicht nach können die Zinsen bei so einem Fall auch erst ab der genauen Bestimmung der Betragshöhe des Anspruchs berechnet werden.[1262] Diese Ansicht des OLG Köln wird aber überwiegend von der deutschen Lehre kritisiert und mit der Begründung abgelehnt, dass das BGB nur den Begriff Geldschuld kennt und so eine Unterscheidung zwischen den Begriffen Geldsummenschuld und Geldwertschuld nicht macht, da diese Unterscheidung

1259 Pekcanitez/Pekcanitez, Pekcanitez Usul, S. 1021; Pekcanitez, Belirsiz Alacak Davasi, S. 73; Simil, S. 346f.; Özbay, S. 128; Kiraz, S. 29; Tanriver, S. 595.

1260 Simil, S. 347.

1261 Prütting/Gehrlein/Geisler, ZPOKomm, §253, Rn. 40; Blechschmidt, S. 63ff.; BGH, NJW 1965, S. 532f.; BGH, NJW, 1960, S. 2058; BGH, NJW 1961, S. 1120; Menges, S. 55; MünchKommBGB/Ernst, §291, Rn. 6; BGH, NJW 1965, S. 1374ff.; BGH, NJW 1965, S. 532.

1262 OLG Köln, NJW 1960, S. 388.

während der Inflationsjahre für die Aufwertung der Marktforderungen entstanden war, aber dem BGB fremd ist.[1263] Außerdem hatte das OLG Köln den Zeitpunkt der Berechnung der Zinsen bei unbezifferten Forderungsklagen ab dem Moment der Konkretisierung der Betragshöhe des Anspruchs anerkannt, mit der Begründung, dass das Gericht bei der Festsetzung der Urteilssumme die Dauer des Verfahrens auch berücksichtigt, und daher wäre es eine nicht gerechte doppelte Entschädigung, wenn der Kläger für diese Zeit noch Prozesszinsen verlangen könnte.[1264] Diese Sichtsweise des OLG Köln wird aber von der deutschen Lehre und auch von der Rechtsprechung nicht akzeptiert. Es wird vor allem beanstandet, dass das Gericht zwei verschiedene Aspekte vermischt habe, weil die Prozesszinsen für die wegen mangelnder Nutzungsmöglichkeiten der Entschädigung entstandenen wirtschaftlichen Schäden eingefordert werden, was mit der billigen Entschädigung nicht verglichen werden kann.[1265]

Obwohl Menges zustimmt, dass §291 ZPO bei der unbezifferten Forderungsklage angewendet werden müsse, weist er darauf hin, dass die Prozesszinsen bei der unbezifferten Forderungsklage für den Beklagten risikoreich sein können, weil auch der Beklagte bei einer unbezifferten Forderungsklage nicht in der Lage sein kann, den Umfang des Ersatzes und daran gebundene Prozesszinsen zu kennen.[1266]

Meines Erachtens aber sollte die Berechnung der Prozesszinsen auch bei allen Arten der unbezifferten Forderungsklage dem Kläger zugestanden werden. Demzufolge sollte sie ganz normal wie bei den gewöhnlichen Leistungsklagen berechnet werden, wenn der Kläger seinen Anspruch nach dem Abschluss des Beweisverfahrens oder der Auskunftserteilung nachträglich beziffert hat. Wenn für die Bezifferung des Anspruchs das richterliche Ermessen erforderlich ist, also bei einer reinen Ermessensklage, sollten die Prozesszinsen ab dem Zeitpunkt der Klageerhebung für das Ganze des Anspruchs also gemäß der Urteilssumme berechnet werden, weil der Kläger mit der Erhebung dieser Ermessensklage das Erlangen des Ganzen seines Anspruchs bezweckt.

1263 Mann, Anmerkung zu dem Urteil von OLG Köln, NJW 1960, S. 825; Blechschmidt, S. 35, Kern. S. 41f.; Ubert, S. 20; Menges, S. 54f.

1264 BGH, NJW 1960, S. 390.

1265 Mann, S. 825; BGH, NJW 1965, S. 532; Menges, S: 55; Blechschmidt, S. 65.

1266 Menges, S. 55.

Zusammenfassung

Die unbezifferte Forderungsklage ist in den türkischen und schweizerischen Zivilprozessordnungen gesetzlich im Jahr 2011 geregelt, während sie im deutschen Rechtssystem keine gesetzliche Regelung besitzt, sondern durch die Rechtsprechung und die Lehre anerkannt ist. In der vorliegenden Arbeit sind die unbezifferte Forderungsklage, ihre Folgen und ihre Anwendung in diesen Rechtssystemen rechtsvergleichend untersucht worden.

Dementsprechend ist die unbezifferte Forderungsklage nach dem Inkrafttreten der neuen Zivilprozessordnungen in Art. 107 TürkZPO und Art. 85 SchweizZPO gesetzlich und ausdrücklich geregelt. Damit haben die Gesetzgeber die Zivilrechtsverwirklichung auch für die unbezifferten Forderungen, bzw. Rechtsbegehren bezweckt.

Gemäß Art. 119 Abs. 1 lit. d und ğ TürkZPO, Art. 84 Abs. 1 SchweizZPO, Art. 221 SchweizZPO und gemäß §253 Abs. 1 Nr. 2 ZPO müssen die Ansprüche des Klägers grundsätzlich bestimmt, bzw. wenn diese eine Geldleistung beinhalten, beziffert sein. Dieses Bestimmtheitsgebot könnte aber einen Verstoß gegen den Rechtsschutz und die Rechtssicherheit des Klägers verursachen, falls die Bestimmung bzw. die Bezifferung des Anspruchs dem Kläger unmöglich oder unzumutbar ist, was in bestimmten Fällen vorkommen kann. Bei solchen Fällen könnte dieses Bestimmtheitsgebot den Kläger zu Über- oder Unterklagen führen, damit er seinen Anspruch einklagen kann. Dies könnte das Erlangen des materiellen Rechts des Klägers bzw. das Rechtsschutzinteresse des Klägers verhindern, denn beim Überklagen wird der Kläger die hohen Prozesskosten tragen und beim Unterklagen ist es möglich, dass der Kläger nicht das Ganze seines Anspruchs erlangen kann. Demgemäß wurde dieses Bestimmtheitsgebot aufgelockert und die unbezifferte Forderungsklage als eine Ausnahme der Leistungsklage gesetzlich anerkannt, damit die Rechtssicherheit und das Rechtsschutzinteresse des Klägers in den Fällen im Sinne des Rechtstaatsprinzips absichert werden können, bei denen die Bezifferung des Anspruchs dem Kläger wegen eines Informationsdefizits, der unklaren Sach- und Rechtslage oder wegen der Bedürfnisse nach dem richterlichen Ermessen unmöglich oder unzumutbar ist. Dementsprechend kann der Kläger im schweizerischen und türkischen Recht eine unbezifferte Forderungsklage erheben, auch wenn die Bezifferung seines Anspruchs zu Beginn des Prozesses für ihn unmöglich oder unzumutbar ist.

Nach den türkischen und schweizerischen Regelungen der unbezifferten Forderungsklage muss der Kläger einen vorläufigen Mindestwert angeben, um eine zulässige unbezifferte Forderungsklage zu erheben, während im deutschen Recht umstritten ist, ob der Kläger einen Mindestwert oder eine Größenordnung bestimmen soll und inwieweit der Richter daran gebunden wird. Nach diesen Regelungen dieser Zivilprozessordnungen muss der Kläger seinen Anspruch nach dem Abschluss des Beweisverfahrens oder der Auskunftserteilung nachträglich auch beziffern (Art. 107 Abs. 2 TürkZPO, Art 85 Abs. 2 SchweizZPO).

Die unbezifferte Forderungsklage ist als eine Ausnahme der Leistungsklage anerkannt, damit der Kläger auch bei den Fällen, deren Bezifferung ihm unmöglich oder unzumutbar ist, sein Rechtsbegehren erreichen kann. Dieser Ausnahmecharakter der unbezifferten Forderungsklage bedeutet aber nicht, dass sie gegen die Prozessgrundsätze verstößt. Vielmehr sind die Prozessgrundsätze auch bei der unbezifferten Forderungsklage abgesichert. Dementsprechend wird der Dispositionsgrundsatz durch die Angabe des Mindestwertes und durch die nachträgliche Bezifferung des Anspruchs in einer Zeitspanne verwirklicht. Außerdem muss der Kläger der unbezifferten Forderungsklage alle Tatsachen, Informationen und Beweismittel bei der Klageerhebung einreichen, damit er das Gericht auch überzeugen kann, dass er bei der Erhebung der unbezifferten Forderungsklage ein schutzwürdiges Rechtsinteresse hat. Selbst mit dieser Voraussetzung auf die Angabe von Tatsachen und Informationen ist der Verhandlungsgrundsatz auch bei der unbezifferten Forderungsklage abgesichert. Mit dem Recht auf rechtliches Gehör und auf faires Verfahren ist die unbezifferte Forderungsklage ebenfalls vereinbar. Demgemäß darf der Kläger eine Klage auf seinen unbezifferten Anspruch erheben, damit er sein Rechtsbegehren erreichen kann. Durch diese Möglichkeit auf die Klageerhebung trotz der Unmöglichkeit oder Unzumutbarkeit der Bezifferung zu Beginn des Prozesses wird dem Kläger auch sein Recht auf faires Verfahren abgesichert. Diese Möglichkeit darf aber niemals gegen die Rechte des Beklagten verstoßen. Demzufolge bekommt der Beklagte durch die Angabe des Mindestwertes einen Anhaltspunkt, wie viel der Kläger ungefähr von ihm fordern will und wie er sich dagegen verteidigen kann. Außerdem muss der Beklagte über jede Neuigkeit, alle neu angegebenen Tatsachen und Informationen und über den nachträglich bezifferten Anspruch informiert werden, womit das Recht auf rechtliches Gehör auch abgesichert wird. Das Wichtigste aber, was mit der unbezifferten Forderungsklage abgesichert werden soll, ist die Prozessökonomie. Neben dem Rechtsschutz und dem Rechtssicherheitsprinzip des Klägers wird durch die Regelung und Ausübung der unbezifferten Forderungsklage auch die Verwirklichung der Prozessökonomie bezweckt. Durch die unbezifferte Forderungsklage kann der Kläger im Gegensatz zu den

Feststellungs- und der Teilklagen nur mit einer einzigen Klage das Ganze seines Anspruchs erlangen und braucht dafür keine zusätzlichen Klagen zu erheben, welche Arbeitslast für die Gerichte und einander widersprechende Gerichtsentscheidungen verursachen könnten. Außerdem darf der Kläger der unbezifferten Forderungsklage seinen Anspruch ohne Einwilligung des Beklagten oder ohne Verbesserung nachträglich beziffern, was auch keinen Verstoß gegen das Erweiterungsverbot im türkischen Recht und keine Klageänderung in den schweizerischen und deutschen Rechten verursachen wird. In diesem Sinne ist diese Ausnahmeregelung der unbezifferten Forderungsklage für die Rechtsausübung vorteilhaft, denn sie dient der Absicherung des Rechtsschutzprinzips und der Prozessökonomie, was für die Verwirklichung der Gerechtigkeit sehr wichtig ist.

Der Kläger kann seine unbezifferte Forderung auch durch die Leistungsklage einklagen. Dafür muss er aber den Betrag seines Anspruchs genau und beziffert angeben, was nur entweder durch vom Kläger geführte Schätzung der Betragshöhe oder durch Privatgutachten verwirklicht werden kann. Die gewöhnliche Leistungsklage für unbezifferte Forderungen kann für den Kläger bestimmte Nachteile besitzen. Dementsprechend kann der Kläger hohe Prozesskosten bezahlen, falls er den Betrag seines Anspruchs durch Einschätzung zu hoch angegeben hat oder er kann den Rest seines Anspruchs verlieren, falls er wegen der Gefahr hoher Prozesskosten den Betrag seines Anspruchs zu gering angegeben hat. Auch die Einholung des Privatgutachtens kann vom Kläger im Sinne des Rechtsschutzinteresses nicht erwartet werden, da der Kläger die Kosten des Privatgutachtens selber tragen muss, was im Vergleich zum gerichtlichen Sachverständigengutachten nachteilig ist und der Verwirklichung des Rechtsschutzinteresses widerspricht.

Anstatt der unbezifferten Forderungsklage kann der Kläger seinen Anspruch auch durch die Teilklage einklagen, was aber im Vergleich zur unbezifferten Forderungsklage nicht vorteilhaft ist und keinem umfassenden Rechtsschutz dient, weil der Kläger mit der Teilklage nur einen Teil seines Anspruchs einklagen kann, wodurch er den nicht eingeklagten Rest seines Anspruchs durch Verjährung verlieren kann oder er zusätzliche Klagen erheben muss. In diesem Sinne bietet die unbezifferte Forderungsklage im Vergleich zu der Teilklage einen umfangreichen Rechtsschutz und einen Vorteil an, weil die Rechtshängigkeit und ihre Folgen bei der unbezifferten Forderungsklage entgegen der Teilklage für das Ganze des Anspruchs gelten. Entgegen dem schweizerischen und deutschen Recht war es im türkischen Recht umstritten, ob die unbezifferte Forderungsklage eine Art der Teilklage ist oder nicht. Diese Meinungsstreitigkeit stammte aus der Regelung der Teilklage in der türkischen Zivilprozessordnung. Gemäß Art. 109 Abs. 2 TürkZPO musste der Betrag des Anspruchs für eine zulässige

Teilklage unbestimmt oder strittig sein, was die unbezifferte Forderungsklage zu einer Art der Teilklage machen oder zur Verwechslung mit der Teilklage wegen des unbestimmten Betrags des Anspruchs führen kann. Seit 2015 ist dieser Absatz von Art. 109 TürkZPO aufgehoben, womit die Teilklage jederzeit erhoben werden kann, wenn der Anspruch teilbar ist und der Kläger dabei ein schutzwürdiges Rechtsinteresse nachweist. Damit wird auch die Verwechslung der unbezifferten Forderungsklage mit der Teilklage verhindert. Falls aber dieser Absatz nicht aufgehoben wäre, hätte die unbezifferte Forderungsklage mit der Teilklage nicht verwechselt oder nicht als eine Art der Teilklage angenommen werden können, da die unbezifferte Forderungsklage das Ganze des Anspruchs umfasst, obwohl die Teilklage nur für den eingeklagten Teil des Anspruchs gilt. Diese Aufhebung des zweiten Absatzes von Art. 109 TürkZPO ist natürlich für die Ausübung und die Unterscheidung der beiden Klagearten sach- und rechtgemäß geworden und damit werden unnötige Meinungsstreitigkeiten beendet. Diese Aufhebung bedeutet aber nicht, dass der Kläger für seine unbezifferten Forderungen keine Teilklage erheben darf. Natürlich kann der Kläger im Sinne des Dispositionsgrundsatzes für seine unbezifferten und teilbaren Forderungen Teilklage erheben, aber durch diese Teilklage kann er nur einen Teil davon einklagen, und es kann dann Verlustgefahr für den Rest seines nicht eingeklagten Anspruchs wegen der Verjährung bestehen oder er muss danach den Rest seines Anspruchs in einem späteren Prozess einklagen, was mit der Prozessökonomie nicht vereinbar ist. Obwohl der Kläger ein Wahlrecht zwischen der Teil- und der unbezifferten Forderungsklage für seine unbezifferten Forderungen hat, ist die unbezifferte Forderungsklage in solchen Fällen vorteilhafter und prozessökonomischer als die Teilklage, weil sie den gesamten Anspruch umfasst.

Außerdem kann der Kläger für seine unbezifferten Forderungen Feststellungsklage erheben, was aber ähnlich wie die Teilklage im Vergleich zur unbezifferten Forderungsklage nicht vorteilhaft und prozessgünstig wird, weil der Kläger mit der Feststellungsentscheidung nur das Recht auf Betreibung ohne Vollstreckungstitel bekommt, das heißt, dass der Kläger nach dieser Entscheidung eine weitere Klage erheben muss, damit er seinen Anspruch erreichen kann. Deswegen ist die Feststellungsklage für die unbezifferten Forderungen im Vergleich zu der unbezifferten Forderungsklage weniger vorteilhaft und prozessgünstig, weil die unbezifferte Forderungsklage es dem Kläger ermöglicht, mit einer Klage das Ganze seines Anspruchs einzuklagen und zu erreichen.

Gemäß Art. 107 Abs. 3 TürkZPO ist auch eine besondere Feststellungsklage für die unbezifferten Forderungen geregelt, was nach dem Inkrafttreten des Entwurfs der türkischen Zivilprozessordnung aufgehoben wird. Demgemäß kann der Kläger für den Teil, den er beziffern kann, die Teilklage erheben und für den unbezifferten Rest seines Anspruchs Feststellungsklage erheben. Es wird vorausgesetzt, dass der Kläger dieser Feststellungsklage ein Rechtsinteresse hat, obwohl der Kläger seinen Anspruch durch die unbezifferte Forderungsklage bzw. durch die Leistungsklage erheben kann, weil diese Art der Feststellungsklage im Gesetz ausdrücklich geregelt ist. In der türkischen Literatur wird aber diese Art der Feststellungsklage streng kritisiert, weil es zum Einen ungenau ist, ob diese Art der Feststellungsklage mit der Teilklage oder mit der unbezifferten Forderungsklage gewürdigt werden soll und welche Zulässigkeitsvoraussetzungen von diesen beiden Klagearten gelten. Außerdem ist die Notwendigkeit der Feststellungsklage für die unbezifferten Forderungen auch umstritten, weil der Kläger durch die unbezifferte Forderungsklage sein Rechtsbegehren nur mit einer Klage erreichen kann, weil die Feststellungsentscheidung dem Kläger nur das Recht auf Betreibung ohne Vollstreckungstitel gibt. Demzufolge ist die unbezifferte Forderungsklage prozessgünstiger und dient dem Rechtsschutz des Klägers besser. Daher ist die Regelung dieser Art der Feststellungsklage im Vergleich zu der unbezifferten Forderungsklage nicht notwendig und so ist die Aufhebung durch den Entwurf sach-und rechtgemäß.

Die Zulässigkeitsvoraussetzungen der unbezifferten Forderungsklage sind in Art. 107 TürkZPO und Art. 85 SchweizZPO insgesamt ähnlich geregelt. Obwohl die unbezifferte Forderungsklage im deutschen Recht gesetzlich nicht geregelt ist, wird auch von der deutschen Rechtsprechung und der Lehre anerkannt, dass die wichtigste Zulässigkeitsvoraussetzung der unbezifferten Forderungsklage die anfängliche Unmöglichkeit oder Unzumutbarkeit der Bezifferung des Anspruchs für den Kläger ist. Hier bezieht sich das „Unbeziffertsein“ und seine Unmöglichkeit sowie Unzumutbarkeit nicht auf den Streitgegenstand, sondern den Betrag davon. Bei der unbezifferten Forderungsklage ist nur der Betrag des Streitgegenstandes unbestimmt, bzw. unbeziffert, nicht der Streitgegenstand selber. Dementsprechend wird die Bezifferung des Betrags des Anspruchs dem Kläger unmöglich oder unzumutbar, wenn es ein Informationsdefizit gibt. Die unbezifferte Forderungsklage kann also erst dann zulässig sein, wenn die Bezifferung des Anspruchs dem Kläger zu Beginn des Prozesses unmöglich oder unzumutbar ist. Wenn der Kläger Beweise oder Informationen durch Beweisverfahren oder Auskunftserteilung braucht, dann kann er seinen Anspruch erst nach dem Abschluss dieses Beweisverfahrens oder der Auskunftserteilung beziffern, was ihm bis dahin unmöglich oder unzumutbar bleibt. Wenn die Klage richterliches Ermessen benötigt, wird die Bezifferung des Anspruchs dem Kläger auch unmöglich oder unzumutbar, weil der Kläger vorher nicht einschätzen kann, wie der Richter seine Ermessensbefugnis benutzen wird. Der Kläger muss aber dem Richter die Unmöglichkeit und die Unzumutbarkeit der Bezifferung des Anspruchs beweisen und mit den vorgelegten Tatsachen und Klagevorbringungen nachweisen, dass er sich mit Sorgfalt bemüht hat, seinen Anspruch zu beziffern, aber dies trotzdem unmöglich und unzumutbar ist. Die Abgrenzung zwischen der Unmöglichkeit und der Unzumutbarkeit ist in der deutschen und schweizerischen Lehre umstritten, während sie von der türkischen Lehre nicht ausführlich diskutiert wird. Diese Unterscheidung zwischen der Unmöglichkeit und der Unzumutbarkeit ist aber nicht zielführend, weil sie meistens miteinander verbunden vorkommen. Es kann auch nicht hilfreich und sachgemäß sein, bestimmte Regelungen für diese Unterscheidung festzulegen, weil die Unmöglichkeit und die Unzumutbarkeit und deren Voraussetzungen für jeden einzelnen Fall getrennt untersucht und bestimmt werden müssen.

Die zweitwichtigste Zulässigkeitsvoraussetzung der unbezifferten Forderungsklage ist die Angabe des vorläufigen Mindestwertes. Bis zu der Angabe der nachträglichen Bezifferung des Anspruchs trägt der vorläufige Mindestwert die Funktion des Streitwertes, wodurch es dem Beklagten erkennbar wird, wie viel der Kläger von ihm anfordern kann. Diese Zulässigkeitsvoraussetzung der unbezifferten Forderungsklage ist in Art. 107 Abs. 1 TürkZPO und Art. 85 Abs. 1 Nr. 2 SchweizZPO gesetzlich geregelt. In diesen gesetzlichen Regelungen ist aber nicht festgesetzt, wie dieser Mindestwert berechnet werden soll, deswegen könnte es Missbräuche verursachen. Bei der Bestimmung des vorläufigen Mindestwertes kann der Kläger nicht frei sein, weil so eine Freiheit Missbräuche und Verstoß gegen Treu und Glauben verursachen kann. Bei der Bestimmung des Mindestwertes muss der Kläger an die Tatsachen und Beweismittel, bzw. Informationen gebunden sein und den Mindestwert in diesem Sinne bestimmen. Denn mit der Angabe des Mindestwertes bei der unbezifferten Forderungsklage wird es bezweckt, den Dispositionsgrundsatz für den Kläger und das Recht auf rechtliches Gehör für den Beklagten abzusichern. Außerdem hat der Gesetzgeber damit bezweckt, das Bestimmtheitsgebot auch bei der unbezifferten Forderungsklage zu verwirklichen, woran der Richter im Sinne des Dispositionsgrundsatzes gebunden ist. Deswegen wäre eine gesetzlich ausdrückliche Regelung über die Bestimmung des Mindestwertes für die sach- und rechtgemäße Rechtsausübung der unbezifferten Forderungsklage besser und einfacher. Ansonsten kann der Richter jederzeit die Richtigkeit des Mindestwertes untersuchen und im Sinne seiner Aufklärungspflicht die angemessene Bestimmung verlangen, wenn es aus den Tatsachen und Informationen ersichtlich wird, dass der Kläger den Mindestwert absichtlich falsch angegeben hat, was aber für das Gericht weitere Arbeitslast verursachen und den Prozess verlangsamen und gegen die Prozessökonomie verstoßen könnte. Der Mindestwert spielt im schweizerischen und auch im deutschen Recht eine wichtige Rolle bei der Bestimmung des zuständigen Gerichts.

Dementsprechend wird das zuständige Gericht wie Landes- oder Bundesgericht nach dem Wert des Anspruchs bestimmt, was auch bei der unbezifferten Forderungsklage nach dem Mindestwert bestimmt wird. Im schweizerischen Recht werden das sachlich zuständige Gericht sowie die Verfahrensart im Sinne des Mindestwertes bestimmt, was aber im türkischen Recht keine entscheidende Rolle spielt.

Hingegen ist im deutschen Recht die Angabe des Mindestwertes umstritten, weil die unbezifferte Forderungsklage gesetzlich nicht geregelt ist. Einer Ansicht nach muss der Kläger überhaupt keinen Mindestwert angeben, einer anderen Ansicht nach müsste der Kläger keinen Mindestwert, sondern eine Größenordnung angeben, woran der Richter ganz oder teilweise gebunden wird. Diese beiden Ansichten sind für den Sinn und Zweck der unbezifferten Forderungsklage nicht sachgemäß. Die Angabe der Größenordnung kann für die unbezifferten Forderungen unvorteilhaft sein, weil die Bezifferung des Anspruchs dem Kläger unmöglich oder unzumutbar ist. Dementsprechend könnte so eine Ausübung der unbezifferten Forderungsklage auch mit der Angabe der ungefähren Größenordnung keinem effektiven Schutz für den Kläger dienen. Außerdem kann die unbezifferte Forderungsklage ohne eine Angabe des Mindestwertes auch nicht akzeptiert werden, weil durch die Angabe des Mindestwertes die wichtigen Prozessgrundsätze und der angemessene Rechtsschutz für beide Parteien abgesichert werden. Deswegen wäre es besser, wenn die unbezifferte Forderungsklage im deutschen Recht nicht mehr als Gewohnheitsrecht bliebe, sondern zusammen mit der Stufenklage §254 ZPO deutlich geregelt wäre, damit die sach- und rechtgemäße Rechtsausübung davon im deutschen Recht ohne weitere Meinungsstreitigkeiten verwirklicht werden kann.

Die drittwichtigste Zulässigkeitsvoraussetzung der unbezifferten Forderungsklage ist die Angabe der nachträglichen Bezifferung des Anspruchs. Gemäß Art. 107 Abs. 2 TürkZPO und Art. 85 Abs. 2 Nr. 1 SchweizZPO wird der Anspruch nachträglich beziffert, sobald der Kläger dazu in der Lage, bzw. das Hindernis aufgehoben ist. Das heißt, dass der Kläger seinen Anspruch nach dem Abschluss des Beweisverfahrens oder der Auskunftserteilung nachträglich beziffern muss. In den gesetzlichen Regelungen der unbezifferten Forderungsklage ist der Zeitpunkt der nachträglichen Bezifferung ausdrücklich nicht geregelt. Nach der schweizerischen Regelung kann der Kläger seinen Anspruch nachträglich beziffern, „sobald" er nach dem Abschluss des Beweisverfahrens oder der Auskunftserteilung dazu in der Lage ist, was ähnlich der türkischen Regelung geregelt ist. Das heißt, dass der Zeitpunkt der nachträglichen Bezifferung bei jedem Fall unterschiedlich sein wird. In der türkischen Lehre ist es aber umstritten, ob der Richter den Kläger nach der nachträglichen Bezifferung fragen und ihm dafür eine bestimmte Frist einsetzen darf. Wie oben dargestellt, wird der Zeitpunkt der nachträglichen Bezifferung sich bei jedem Fall ändern. Deswegen hätte der Gesetzgeber dafür feste Regelungen festsetzen können, denn so könnte er klären, dass die richterliche Forderung nach der nachträglichen Bezifferung und entsprechender Fristeinsetzung möglich sein könnte, falls der Kläger seinen Anspruch nachträglich nicht beziffern würde. So eine Regelung der richterlichen Nachfrage nach der nachträglichen Bezifferung würde keinen Verstoß gegen die Unparteilichkeit des Richters verursachen, weil der Richter die Fälle, ihre Beweismittel und Tatsachen würdigen kann und in diesem Sinne kann er den richtigen Zeitpunkt für die Bezifferung besser festsetzen. So eine richterliche Nachfrage und demgemäß eingesetzte Frist würde auch für die Ausübung der unbezifferten Forderungsklage sach- und rechtgemäß sein, da der Richter mit seiner Erfahrung das Beweisverfahren und die Auskunftserteilung besser als der Kläger würdigen kann. Außerdem könnte der Kläger seinen Anspruch nachträglich besser und richtiger beziffern, wenn der Richter ihm eine angemessene Frist setzt, so dass der Kläger die neuen Informationen in Ruhe einholen kann. Durch diese Nachfrage könnten auch der Rechtsschutz sowie die Prozessökonomie sachgemäß und besser abgesichert werden. In diesem Sinne sind die Nachfrage und die zweiwöchige Frist für die Angabe der nachträglichen Bezifferung in dem Entwurf der türkischen Zivilprozessordnung geregelt, der nach seinem Inkrafttreten für die Ausübung der unbezifferten Forderungsklage hilfreich wird.

Das Wichtigste bei der nachträglichen Bezifferung ist die Möglichkeit der nachträglichen Bezifferung des Anspruchs ohne Verstoß gegen das Erweiterungsverbot im türkischen Recht, was im schweizerischen sowie auch im deutschen Recht keine Klageänderung nach sich zieht. Dementsprechend kann der Kläger seinen Anspruch ohne Einwilligung des Beklagten, ohne Verbesserung oder ohne zusätzliche Klagen nachträglich beziffern, was keinen Verstoß gegen das Erweiterungsverbot oder keine Klageänderung verursacht, womit der Gesetzgeber auch die Absicherung der Prozessökonomie bezweckt hat. Außerdem werden das sachlich zuständige Gericht und die Verfahrensart im schweizerischen Recht nach der nachträglichen Bezifferung des Anspruchs im Sinne der Absicherung der Prozessökonomie nicht geändert. Unabhängig davon, ob der neue Wert des Anspruchs den Wert der sachlichen Zuständigkeit des Gerichts über- oder unterschreitet, bleibt das erstbestimmte Gericht sachlich zuständig.

Nach den gesetzlichen Regelungen der unbezifferten Forderungsklage kann sie in zwei Konstellationen vorkommen. Eine ist die unbezifferte Forderungsklage, deren nachträgliche Bezifferung nach dem Beweisverfahren möglich ist, die andere ist die unbezifferte Forderungsklage, deren Bezifferung nach der Auskunftserteilung vorkommt, was auch als Stufenklage anerkannt ist. Diese

Arten der unbezifferten Forderungsklage sind in der vorliegenden Arbeit als die nachträglich zu beziffernden Forderungsklagen benannt. Außer diesen beiden Arten der unbezifferten Forderungsklage wird die reine Ermessensklage von den deutschen, schweizerischen und türkischen Lehren und Rechtsprechungen als eine Art bzw. dritte Art der unbezifferten Forderungsklage anerkannt, obwohl es darüber keine gesetzliche Regelung gibt.

Die erste Art der unbezifferten Forderungsklage ist gesetzlich geregelt. Dementsprechend kann der Kläger mit der Angabe des vorläufigen Mindestwertes die unbezifferte Forderungsklage erheben und nach dem Abschluss des Beweisverfahrens kann er ohne Verstoß gegen das Erweiterungsverbot oder ohne Klageänderung seinen Anspruch nachträglich beziffern. Dabei benutzt also der Kläger die durch das Beweisverfahren erhaltenen Informationen für die Bezifferung seines Anspruchs. Diese Art der unbezifferten Forderungsklage kommt meistens in den Fällen von Schadensersatz oder unerlaubten Handlungen vor, wobei Informationen für die Bezifferung des Betrags seines Schadens erforderlich sind. Auch wenn Sachverständigengutachten für die Bestimmung sowie Bezifferug des Betrags des Anspruchs erforderlich sind, kann man solche Fälle auch unter diese Art der unbezifferten Forderungsklage zählen.

Die Stufenklage, sowie die nachträglich zu beziffernde Forderungsklage, deren Anspruch nach der Auskunftserteilung beziffert werden kann, sind im türkischen und schweizerischen Recht implizit geregelt, wodurch der Kläger die unbezifferte Forderungsklage erheben kann, wenn er für die Bezifferung seines Anspruchs die im Besitz des Beklagten oder eines Dritten befindlichen Informationen benötigt. Dabei kann der Kläger seinen Anspruch nach dem Abschluss der Auskunftserteilung nachträglich beziffern. Bei dieser Art der unbezifferten Forderungsklage besitzt der Kläger in einem Verfahren zwei Ansprüche. Einer davon ist der Hauptanspruch auf die vom Beklagten angeforderte Leistung und der andere ist der Informationsanspruch, der auch als Hilfsanspruch anerkannt werden kann, weil dem Kläger so geholfen wird, seinen Hauptanspruch zu beziffern. Da die Erfüllung dieser beiden Ansprüche aneinander gebunden ist, wird angenommen, dass es hier zwischen den Ansprüchen eine Stufung gibt, und deswegen kann diese Art der unbezifferten Forderungsklage als Stufenklage anerkannt werden. Selbstverständlich müssen hier die anderen Zulässigkeitsvoraussetzungen der unbezifferten Forderungsklage auch erfüllt werden, damit die Stufenklage als eine zulässige unbezifferte Forderungsklage erhoben werden kann. Die schweizerische Lehre hat versucht, die Stufenklage mit der objektiven Klagehäufung zu begründen, weil es hier mehrere vom Kläger gegenüber demselben Beklagten gleichzeitig erhobene Rechtsbegehren gibt. In diesem Sinne ist es aber in der schweizerischen Lehre umstritten, ob das Gericht über den Hauptanspruch der Stufenklage überhaupt entscheiden soll, falls das Gericht die erste Stufe sowie den Informationsanspruch abweist. Obwohl die Ansichten sich durch ihre Begründungen voneinander unterscheiden, bieten sie die gleiche Lösung an, nach der die Gelegenheit auf die Bezifferung des Hauptanspruchs durch andere Substantiierungsmittel dem Kläger nach der Abweisung des Informationsanspruchs gegeben werden soll, damit keine Rechtsverletzungen auf rechtliches Gehör und auf Rechtsschutz entstehen. Im Gegensatz zu den türkischen und schweizerischen Zivilprozessordnungen ist die Stufenklage in der deutschen Zivilprozessordnung gesetzlich im §254 ZPO geregelt und wird ähnlich wie im schweizerischen Recht als eine besondere Form der objektiven Klagehäufung anerkannt. Obwohl es entgegenstehende Meinungen gibt, wird es in der deutschen Lehre als herrschende Meinung anerkannt, dass die unbezifferte Forderungsklage als Ausnahme zu §253 Abs. 2 Nr. 2 ZPO durch die Stufenklage ihrer letzten Stufe als zulässig angenommen werden kann. Entgegen den schweizerischen und deutschen Rechten ist aber die Stufenklage im türkischen Recht weder vom Gesetzgeber noch von der türkischen Rechtsprechung explizit anerkannt. Trotzdem haben einige Ansichten der türkischen Lehre versucht, sie mit der unbezifferten Forderungsklage zu würdigen. Obwohl aus diesem Versuch unterschiedliche Sichtweisen entstanden sind, kann diese Art der unbezifferten Forderungsklage auch als Stufenklage benannt werden, weil hier die Ansprüche des Klägers voneinander abhängig sind und er erst nach dem Abschluss des Hilfsanspruchs seinen Hauptanspruch beziffern kann. Dabei ist das Wichtigste, ob diese Klageart die Zulässigkeitsvoraussetzungen der unbezifferten Forderungsklage erfüllt oder nicht und ob diese Klageart die Prozessökonomie und den Rechtsschutz der Parteien absichert.

Die reine Ermessensklage ist weder in den türkischen noch in den schweizerischen Zivilprozessordnungen als eine Art der unbezifferten Forderungsklage geregelt. Trotzdem ist sie von den türkischen, deutschen und schweizerischen Lehren und Rechtsprechungen überwiegend als eine Art der unbezifferten Forderungsklage anerkannt, da die Bezifferung des Anspruchs bei solchen Klagen dem Kläger anfänglich sowie auch bis zum richterlichen Entscheid unzumutbar oder unmöglich ist. Obwohl die reine Ermessensklage in diesen drei Rechtssystemen hauptsächlich auch als eine unbezifferte Forderungsklage anerkannt ist, ist sie doch auch umstritten. Im schweizerischen Recht wird es diskutiert, ob die reine Ermessensklage als unbezifferte Forderungsklage anerkannt werden kann. Nach einer Ansicht kann sie als unbezifferte Forderungsklage erst dann anerkannt werden, falls das Bedürfnis nach dem richterlichen Ermessen nur bei der Sachverhaltsfeststellung vorkommt. Diese Ansicht wird aber von der schweizerischen Lehre und Rechtsprechung überwiegend abgelehnt, und es gilt, dass die reine Ermessensklage eine unbezifferte Forderungsklage ist, unabhängig davon, ob das Bedürfnis nach dem richterlichen Ermessen sich auf die Rechtsfolge oder den Sachverhalt bezieht. Einigkeit herrscht in der schweizerischen Lehre und Rechtsprechung darüber, dass der Kläger auch bei der Ermessensklage im Sinne des Art. 85 SchweizZPO den Mindestwert seines Anspruchs sowie alle Tatsachen und Unterlagen unter seiner Substantiierungspflicht einreicht. Außerdem sind die schweizerische Lehre sowie Rechtsprechung überwiegend darin einig, dass der Kläger von der nachträglichen Bezifferung des Anspruchs im Sinne der reinen Ermessensklage entbunden ist, wenn die Bezifferung des Anspruchs ihm auch bis zum Ende des Verfahrens immer noch unmöglich oder unzumutbar bleibt, weil bei solchen Fällen die Höhe des Betrags des Anspruchs erst mit dem richterlichen Entscheid feststehe. Auch im deutschen Recht ist die reine Ermessensklage im Sinne der unbezifferten Forderungsklage überwiegend als zulässig anerkannt. Dennoch wird die Zulässigkeit der Ermessensklage als die unbezifferte Forderungsklage von der Lehre kritisiert, weil der BGH die alte Entscheidung des Reichsgerichts ohne Begründung und Überprüfung nach den heutigen Erfordernissen einfach übernommen hat. Dieser Kritik nach hätte der BGH genau begründen müssen, warum und wann der Kläger das richterliche Ermessen erfordert und wann und wie die Bezifferung dem Kläger unmöglich oder unzumutbar sein kann. Außerdem ist es im deutschen Recht auch umstritten, ob das Gericht bei solchen Fällen einen echten Ermessensentscheid besitzt oder ob diese Fälle unter dem unbestimmten Rechtsbegriff untersucht werden müssen. Im deutschen Recht wird also die reine Ermessensklage im Sinne der unbezifferten Forderungsklage wegen der sprachlichen Differenzen kritisiert, weil die alte Formulierung des Reichsgerichts vom BGH einfach wiederholt wurde, was zu der heutigen Bedeutung und den Bedürfnissen nicht passt. Insgesamt wird aber die reine Ermessensklage von der deutschen Lehre und Rechtsprechung als unbezifferte Forderungsklage angenommen, weil bei solchen Fällen die Bezifferung des Anspruchs das Ermessen des Gerichts benötigt, was dem Kläger die Bezifferung des Anspruchs dem Kläger unmöglich oder unzumutbar macht. Die reine Ermessensklage wird deswegen im Sinne der unbezifferten Forderungsklage anerkannt, damit die Rechte des Klägers sowie auch des Beklagten abgesichert werden können. Obwohl die reine Ermessensklage im deutschen Recht im Sinne der unbezifferten Forderungsklage überwiegend anerkannt ist, können die Probleme wegen der notwendigen Anpassung an die heutigen Bedürfnisse erst mit einer klaren gesetzlichen Regelung aufgehoben werden. Ähnlich wie im schweizerischen Recht ist die reine Ermessensklage im türkischen Recht als eine Art der unbezifferten Forderungsklage gesetzlich nicht geregelt. Trotzdem wird sie nach der herrschenden Meinung der türkischen Lehre als zulässige unbezifferte Forderungsklage angesehen. Im türkischen Recht war aber umstritten, ob der Kläger bei Ermessensklagen nach Art. 107 Abs. 2 TürkZPO seinen Anspruch nachträglich beziffern muss. Wie es im schweizerischen und deutschen Recht angenommen ist, kann die nachträgliche Bezifferung des Anspruchs im türkischen Recht vom Kläger nicht angefordert werden, da die Bezifferung des Anspruchs bis zu dem Zeitpunkt der richterlichen Entscheidung dem Kläger unmöglich oder unzumutbar bleibt, weil er vorher nicht einschätzen kann, wie der Richter seine Ermessensbefugnis nutzen wird. Ähnlich wie im schweizerischen wird es aber auch im türkischen Recht angenommen, dass der Kläger auch bei der reinen Ermessensklage die Substantiierungspflicht trägt und alle Tatsachen und Beweismittel dem Gericht bei der Klageerhebung einreichen muss. Selbstverständlich muss er auch gemäß Art. 107 Abs. 1 TürkZPO bei reinen Ermessensklagen den vorläufigen Mindestwert angeben. Bei der Ermessensklage kann die nachträgliche Bezifferung des Anspruchs vom Kläger nicht erwartet werden, denn so eine Erwartung wäre ein Verstoß gegen den Rechtsschutz und das Recht auf rechtliches Gehör, weil der Kläger bis zur Entscheidung nicht in der Lage sein kann, seinen Anspruch zu beziffern. Deswegen wäre die Ausübung der Befreiung von der nachträglichen Bezifferung bei reinen Ermessensklagen sach- und rechtgemäßer. Trotzdem wäre aber eine ausführliche gesetzliche Regelung der reinen Ermessensklagen im Sinne der unbezifferten Forderungsklage rechtssicherer, weil es in dem türkischen Recht darüber keine feste Rechtsprechung gibt und auch der neue Entwurf der türkischen Zivilprozessordnung die Lage der Ermessensklage als eine Art der unbezifferten Forderungsklage noch nicht geregelt hat. In diesem Sinne könnte die Befreiung des Klägers bei der reinen Ermessensklage durch die Änderung des zweiten Absatzes des Art. 107 TürkZPO gemäß Art. 5 des Entwurf der TürkZPO so festgelegt werden, dass der Kläger bei reinen Ermessensklagen von der nachträglichen Bezifferung seines Anspruchs befreit werden kann sobald er nach zweiwöchiger Fristsetzung dem Gericht meldet, dass er seinen Anspruch wegen der dauernden Unmöglichkeit nachträglich nicht beziffern kann.

Natürlich hat die unbezifferte Forderungsklage ihre eigenen Folgen im Zivilprozessrecht sowie auch im materiellen Recht. In diesem Sinne wird der Umfang der Rechtshängigkeit auch bei der unbezifferten Forderungsklage nach dem Streitgegenstand bestimmt. Obwohl der Anspruch zu Beginn des Prozesses nicht beziffert werden kann, kann aber der Umfang der Rechtshängigkeit durch die Angabe der Tatsachen und Beweismittel bestimmbar sein. Außerdem wird schon anerkannt, dass der Kläger mit der Erhebung der unbezifferten Forderungsklage das Ganze seines Anspruchs anfordert, deswegen wird dabei der gesamte Anspruch rechtshängig und der Kläger kann keine zusätzlichen Klagen auf den gleichen Anspruch erheben.

Im deutschen, türkischen und schweizerischen Recht gelten die allgemeinen Regelungen der Prozesskosten bei der unbezifferten Forderungsklage. Demgemäß werden die Prozesskosten grundsätzlich nach dem Erfolgsprinzip bestimmt und die unterliegende Partei wird die Prozesskosten tragen. In den deutschen und schweizerischen Rechtssystemen gibt es besondere Normen, die die Verteilung von Prozesskosten nach dem Ermessen regeln, falls für den Anspruch richterliches Ermessen erforderlich ist oder die Bestimmung der Betragshöhe des Anspruchs sehr schwierig ist. Bei solchen Fällen werden die Prozesskosten der Parteien nach dem Billigkeitsprinzip und auch im Sinne von Treu und Glauben ermessen werden. Im türkischen Recht gibt es aber keine solche Regelung über die Kostenverteilung, die die Parteien vor ungerechten Prozesskosten schützt. Deswegen gelten bei der unbezifferten Forderungsklage im türkischen Recht die allgemeinen Regelungen der Prozesskosten nach dem Erfolgsprinzip. Dementsprechend orientieren sich die Prozesskosten der unbezifferten Forderungsklage zunächst an dem vorläufigen Mindestwert und abschließend an dem in der nachträglichen Bezifferung angegebenen Wert. wonach der Kläger den fehlenden Betrag zahlen muss. Wenn der Anspruch nachträglich beziffert werden kann, dann wird es kein Problem sein, die Prozesskosten zu berechnen. Aber bei den Fällen, die das richterliche Ermessen erfordern, wird diese Berechnung der Prozesskosten schwierig, da der Kläger bis zur Entscheidung seinen Anspruch nicht beziffern kann. Deswegen wäre es besser, ´wenn der türkische Gesetzgeber diese Gesetzeslücke ähnlich wie im deutschen und schweizerischen Recht ausgefüllt hätte, damit kein Verstoß gegen das Rechtsschutzprinzip entstehen kann.

Bei der unbezifferten Forderungsklage gilt auch die Klageanerkennung, denn im Sinne des Dispositionsgrundsatzes müssen die Parteien über ihre Rechtsbegehren frei verfügen. Obwohl es in den Lehren des deutschen und schweizerischen Rechts darüber unterschiedliche Ansichten gibt, sollte die Klageanerkennung auch bei der unbezifferten Forderungsklage anerkannt und zugelassen werden, weil der Beklagte dabei auch Kostenvorteile haben kann. Die Ausübung der Anerkennung kann bei der unbezifferten Forderungsklage schwierig sein, aber es sollte dem Beklagten mit einer bezifferten Willenserklärung ermöglicht werden. Dementsprechend kann der Beklagte den Mindestwert gänzlich oder teilweise anerkennen, wobei die Klage dann für den Rest des Anspruchs weitergeführt wird. Außerdem kann der Beklagte vom Gericht nach der nachträglichen Bezifferung oder vor dem Ermessen des Richters gefragt werden, ob er den Willen zur Anerkennung des Anspruchs hat, womit die Anerkennung trotz der Besonderheiten der unbezifferten Forderungsklage möglich sein kann.

Auch bei der unbezifferten Forderungsklage kann der Kläger im Sinne des Dispositionsgrundsatzes auf seinen Anspruch teilweise oder gänzlich verzichten. Dementsprechend muss der Kläger den Umfang seines Willens auf den Verzicht genau angeben, falls er teilweise verzichten möchte. Ähnlich wie bei der Klageanerkennung wird ein teilweiser Verzicht vorkommen, wenn der Anspruch nachträglich noch nicht beziffert ist.

Die Ausübung der Rechtskraft bei den unbezifferten Forderungsklagen wird in den deutschen, türkischen und schweizerischen Rechtssystemen wie bei gewöhnlich bezifferten Leistungsklagen angenommen, wenn der Anspruch nachträglich beziffert ist. Bei den reinen Ermessensklagen wird dann die vom Gericht zugemessene Urteilssumme rechtskräftig sein, da der Kläger mit der reinen Ermessensklage das Erlangen des Ganzen seines Anspruchs bezweckt hat. Dementsprechend wird eine zweite Klage auf den gleichen Anspruch mit höherer Forderung als unzulässig abgewiesen.

Die allgemeinen Regelungen der Rechtsmitteleinlegung werden auch bei den unbezifferten Forderungsklagen gelten, wenn die Betragshöhe des Anspruchs nach dem Abschluss des Beweisverfahrens oder der Auskunftserteilung nachträglich beziffert wird, weil die unbezifferte Forderungsklage danach keinen Unterschied zur normalen Leistungsklage besitzt. Dementsprechend können die Parteien Rechtsmittel einlegen, wenn es einen Unterschied zwischen der Urteilssumme und dem nachträglich bezifferten Anspruch gibt. Die Ausübung der Rechtsmitteleinlegung kann aber bei der reinen Ermessensklage schwierig sein, weil der Kläger dabei seinen Anspruch wegen des ausstehenden richterlichen Ermessens bis zur Entscheidung nicht beziffern kann und deswegen ist die Bestimmung des Unterschieds zwischen der Urteilssumme und dem Klageantrag nicht einfach. Die Begrenzung der Rechtsmitteleinlegung mit der Unterschreitung des Mindestwertes oder der Größenordnung wäre auch nicht rechtgemäß, weil dann Verstöße gegen Prozessgrundsätze entstehen könnten, denn durch so eine Begrenzung dürfte der Kläger auf die unangemessene Entscheidung keinen Beschwer einlegen und könnte keine richtige, korrigierte und gerechte Entscheidung verlangen. Dementsprechend, wie es in den deutschen und schweizerischen Lehren anerkannt ist, dürfte der Kläger bei reinen Ermessensklagen die Gerichtsentscheidung beanstanden und dagegen Rechtsmittel einlegen, falls die Urteilssumme für das Rechtsbegehren deutlich unangemessen erscheint. Das sollte auch im türkischen Recht gelten. Aber im türkischen Recht ist es umstritten, ob der Kläger auch bei der reinen Ermessensklage seinen Anspruch nachträglich beziffern muss oder nicht. Demgemäß wird die Rechtsmitteleinlegung keine Besonderheiten haben, falls der Kläger bei reinen Ermessensklagen seinen Anspruch nachträglich beziffert, dann hier werden die allgemeinen Regeln gelten. Aber die Begrenzung der Rechtsmitteleinlegung bei der reinen Ermessensklage ohne nachträgliche Bezifferung nur mit dem Unterschreiten des Mindestwertes wäre im Sinne des Rechtsschutzprinzips sehr negativ. Auch im türkischen Recht sollte die nachträgliche Bezifferung des Anspruchs bei der reinen Ermessensklage ähnlich wie im deutschen und schweizerischen Recht angenommen werden und der Kläger sollte von der nachträglichen Bezifferung entbunden werden. Wenn es so anerkannt würde, müsste die Rechtsmitteleinlegung dem Kläger ermöglicht werden, falls die Urteilssumme deutlich unangemessen ist.

Die wichtigste materiellrechtliche Folge der unbezifferten Forderungsklage ist die Hemmung der Verjährungsfrist. Die Verjährung wird mit der Erhebung der unbezifferten Forderungsklage für das Ganze des Anspruchs gehemmt, weil der Hauptzweck des Klägers mit dieser Klageerhebung das Erlangen des Ganzen seines Anspruchs trotz der Unmöglichkeit der genauen Bezifferung der Betragshöhe des Anspruchs ist. Dadurch werden auch die möglichen Nachteile dieser Unmöglichkeit für den Kläger beseitigt und der Rechtsschutz und die Rechtssicherheit für den Kläger abgesichert.

Anhang

1- Auszug aus der türkischen Zivilprozessordnung (TürkZPO)
(Hukuk Muhakemeleri Kanunu v. 12.01.2011, Gesetz- Nr. 6100, Resmi Gazete v. 04.02.2011, Nr. 27836)

Art. 2 TürkZPO: (1) Wenn es gesetzlich nicht anders geregelt ist, ist das Zivilgericht erster Instanz bei Klagen auf Vermögensrechte und auf persönliche Rechte ohne den Streitwert zu beachten sachlich zuständig. (2) Wenn es in diesem Gesetz und in den anderen Gesetzen nicht anders eingeräumt ist, ist das Zivilgericht erster Instanz auch bei anderen Klagen und Handlungen sachlich zuständig.

Art. 24 TürkZPO: (1) Der Richter darf nicht ohne Parteianträge eine Rechtsstreitigkeit von sich aus führen und Entscheidungen treffen. (2) Unter Vorbehalt der gesetzlichen Bestimmungen kann niemand gezwungen werden auf seine Rechte Klage zu erheben. (3) Auch nach der Klageerhebung besitzen die Parteien ihre Verfügungsbefugnis auf ihre Rechte weiter.

Art. 25 TürkZPO: (1) Unter Vorbehalt der gesetzlichen Ausnahmen darf der Richter von sich selbst oder vom Amts wegen keine Tatsachen oder Ansprüche, die die Parteien nicht angegeben haben, in Betracht nehmen, oder sie in Erinnerung bringen.(2) Unter Vorbehalt der gesetzlichen Bestimmungen darf der Richter von sich aus keine Beweise sammeln.

Art. 26 TürkZPO: (1) Der Richter ist an die Parteianträge gebunden und ist nicht befugt, mehr oder anders zuzusprechen, was nicht beantragt ist. Er kann aber weniger als das, was beantragt ist, entscheiden. (2) Vorbehalten bleiben gesetzliche Bestimmungen, nach denen der Richter nicht an die Parteianträge gebunden ist.

Art. 27 TürkZPO: (1) Die Parteien des Verfahrens, die Nebenkläger und die anderen Beteiligten des Verfahrens haben das Recht auf rechtliches Gehör über ihre Rechte. (2) Dieses Recht umfasst; (a) Information über das Verfahren, (b) Erklärungs- und Beweisrecht, (c) die gerichtliche Würdigung der Erklärungen und die offene und konkrete Begründung der gerichtlichen Entscheidungen.

Art. 29 TürkZPO: (1) Die Parteien müssen nach Treu und Glauben handeln. (2) Die Parteien haben ihre Erklärungen über die tatsächlichen Umstände der Wahrheit gemäß abzugeben.

Art. 30 TürkZPO: Der Richter ist verpflichtet, das Verfahren innerhalb einer angemessenen Frist, mit möglichst geringem Aufwand, in Ordnung zu führen

Art. 31 TürkZPO: Der Richter kann den Parteien Fragen stellen, von ihnen Beweismittel oder Erklärungen anfordern, wenn die Parteivorbringungen unklar, widersprüchlich oder unbestimmt sind.
Art. 94 TürkZPO: (1) Gesetzliche Fristen sind endgültig/nicht erstreckt werden. (2) Der Richter kann entscheiden, dass die von ihm eingeräumte Frist endgültig ist. Falls die gerichtliche Frist nicht endgültig ist, dann darf die Partei, die diese Frist verpasst hat, vom Gericht noch eine zusätzliche Frist anfordern. Diese zusätzliche Frist wird dann aber endgültig und es darf nicht nochmal Frist eingeräumt werden. (3) Falls die Partei ihre Handlung in der endgültigen Frist nicht erfüllt, dann verliert sie ihr Recht auf diese Handlung.
Art. 105 TürkZPO: Mit der Leistungsklage wird die Verurteilung der beklagten Partei zu einem bestimmten Tun, Unterlassen oder Dulden verlangt.
Art. 106 TürkZPO: (1) Durch die Feststellungsklage ist die Bestimmung des Bestehens oder Nichtbestehens eines Rechtes oder Rechtsverhältnisses oder die Anerkennung der Echtheit einer Urkunde oder ihrer Unechtheit angefordert. (2) Außer den gesetzlich geregelten Ausnahmefällen, muss der Kläger bei der Feststellungsklage gegenwärtiges Rechtsschutzinteresse haben. (3) Materielle/sachliche Ansprüche können alleine nicht der Streitgegenstand der Feststellungsklage sein.
Art. 107 TürkZPO; (1) ist es dem Kläger unmöglich oder unzumutbar, seine Forderung bereits zu Beginn des Prozesses genau und endgültig zu beziffern, so kann er mit der Angabe eines vorläufigen Mindestwertes und der Bestimmung des Rechtsverhältnisses eine unbezifferte Forderungsklage erheben. (2) Sobald die Bezifferung dem Kläger nach Abschluss des Beweisverfahrens oder der Auskunftserteilung durch den Beklagten möglich ist, kann der Kläger ohne Verstoß gegenüber dem Erweiterungsverbot der Klage den Betrag seines Anspruchs erhöhen. (3) Außerdem kann die Feststellungsklage auch erhoben werden, wenn die Teilleistungsklage bei solchen Fällen auch erhoben werden kann. Dabei ist das Vorhandensein des Rechtsschutzinteresses angenommen.
Art. 108 TürkZPO: Mit der Gestaltungsklage ist die Begründung, Änderung oder Aufhebung eines bestimmten Rechts oder Rechtsverhältnisses verlangt.
Art. 109 TürkZPO: (1) Ist ein Anspruch teilbar, so kann auch nur ein Teil eingeklagt werden. (2) Es kann nicht eingeklagt werden, wenn die Betragshöhe des Anspruchs zwischen den Parteien nicht umstritten oder nicht bestimmt ist.**(Aufgehoben)** (3) Die Erhebung der Teilklage bedeutet keinen Verzicht auf den Rest des Anspruchs, es sei denn, dass der Kläger auf den Rest des Anspruchs während der Klageerhebung ausdrücklich verzichtet hat.
Art. 114 Abs. 1 lit. b TürkZPO: (b) Der Rechtsweg soll zulässig sein.

Art. 114 Abs. 1 lit. h TürkZPO: (h) Der Kläger muss bei der Klageerhebung Rechtsschutzinteresse haben.
Art. 114 Abs. 1 lit. i TürkZPO: (i) Der Streitgegenstand muss nicht anderweitig rechtshängig und noch nicht rechtskräftig entschieden sein.
Art. 115 TürkZPO: (1) Das Gericht prüft von Amts wegen in jeder Stufe des Verfahrens, ob die Prozessvoraussetzungen erfüllt sind. Die Parteien dürfen auch jederzeit das Fehlen der Prozessvoraussetzungen vorbringen. (2) Das Gericht weist die Klage verfahrensrechtlich ab, falls es ein Fehlen der Prozessvoraussetzungen gibt. Wenn es möglich ist, das Fehlen der Prozessvoraussetzungen zu verbessern, dann räumt das Gericht dafür eine bestimmte Frist ein. Falls das Fehlen in dieser Frist nicht verbessert würde, dann würde die Klage wegen des Mangels der Prozessvoraussetzung verfahrensrechtlich abgewiesen. (3) Die Klage wird wegen des anfänglichen Fehlens der Prozessvoraussetzung verfahrensrechtlich nicht abgewiesen, falls das Fehlen vom Gericht nicht bemerkt, von den Parteien nicht vorgebracht, aber während des Zeitpunktes der Entscheidung verbessert worden ist.
Art. 119 TürkZPO: (1) Die Klageschrift muss Folgendes erhalten; a- Bezeichnung des Gerichts. b- Bezeichnung des Klägers und des Beklagten, sowie ihrer Adressen. c- Die türkische Staatsbürgerschaftsnummer des Klägers. ç- Bezeichnung der Vertreterinnen und Vertreter der Parteien und ihrer Adressen. d- das Rechtsbegehren, bei Klagen auf Vermögen, die Angabe des Wertes des Vermögens. e- alle Tatsachenbehauptungen und ihre klare Zusammenfassungen. f- Bezeichnung der einzelnen Beweismittel zu den behaupteten Tatsachen. g- die Rechtsgrundlagen. ğ- den klaren Klageantrag. h- die Unterschrift des Klägers und seines Vertreters. (2) Unter Vorbehalt der Sätze (a), (d), (e), (f) und (g) des ersten Absatzes, beim Fehlen der Voraussetzungen des ersten Absatzes räumt der Richter dem Kläger eine Woche Frist ein, damit die fehlenden Voraussetzungen ergänzt werden können. Die Klage wird abgewiesen, wenn die fehlenden Voraussetzungen in dieser Frist nicht ergänzt werden.
Art. 129 Abs. 1 S. d TürkZPO: Die beklagte Partei hat in ihrer Klageantwort alle Tatsachen über ihre Verteidigung deutlich und ausführlich in der Reihenfolge darzulegen.
Art. 137 Abs. 1 TürkZPO: Nach den beiderseitigen Abgaben der Klageschriften wird die Voruntersuchung durchgeführt. Während der Voruntersuchung untersucht das Gericht die Prozessvoraussetzungen und die prozesshindernden Einreden; stellt die Streitgegenstände fest, führt die Handlungen durch, damit die Vorbereitungshandlungen und die Handlungen auf die Beweisangabe der Parteien und die Beweiswürdigung verwirklicht werden können und führt die Parteien bei Klagen, über die diese frei verfügen, zum Vergleich und protokolliert sie.

Art. 141 TürkZPO: (1) Die Parteien der Klage dürfen ihre Ansprüche oder Verteidigungen durch die Duplik oder durch die zweite Einwendungsantrag ohne Begrenzungen angeben; aber während der Voreinsicht/Vorprüfung nur durch die Einwilligung des Beklagten erweitern oder ändern. Falls eine von den Parteien an der Sitzung der Vorprüfung ohne Entschuldigung/Rechtfertigungsgrund nicht teilnehmen würde, darf die teilnehmende Partei ohne die Einwilligung der Gegenpartei ihre Ansprüche oder Verteidigungen erweitern oder ändern. Nach dem Abschluss der Vorprüfung dürfen die Parteien ihre Ansprüche oder Verteidigungen nicht mehr erweitern oder ändern. (2) Bei der Erweiterung und Änderung der Ansprüche und Verteidigungen stehen die Regelungen über die Verbesserung und die ausdrückliche Einwilligung der Gegenpartei unter Vorbehalt.
Art. 176 TürkZPO: (1) Jede Prozesspartei kann ihre Verfahrenshandlungen ganz oder teilweise verbessern. (2) Die Parteien können in dem gleichen Verfahren nur einmal für die Verbesserung beantragen.
Art. 178 TürkZPO: (1) Die verbesserte Partei muss den vom Gericht festgesetzten Sicherungsbetrag in einer Woche einzahlen, damit die Prozesskosten der wegen der Verbesserung unwirksamen Handlungen und die möglichen Schäden der Gegenpartei abgesichert werden können. Andernfalls wird die Verbesserung unwirksam. (2) Nach der Festsetzung des Schadens der Gegenpartei wird der Unterschied des Betrags der Sicherung zugezahlt oder zurückgezahlt.
Art. 194 TürkZPO: (1) Die Parteien sollen ihre behaupteten Tatsachen durch Beweismittel konkretisieren. (2) Parteien müssen ihre Beweismittel genau bestimmen, mit welchen Beweismitteln sie welche Behauptung unterstützen.
Art. 198 TürkZPO: Unter Vorbehalt der gesetzlichen Ausnahmen bildet sich das Gericht seine Überzeugung nach freier Würdigung der Beweise.
Art. 220 TürkZPO: (1) Das Gericht räumt für die Einreichung der für den Beweis der Tatsachen erforderlichen Unterlagen eine bestimmte Frist ein, sobald die Anforderung nach diesen Unterlagen vom Gericht als angemessen entschieden ist und seine Anwesenheit dem Gericht durch stillschweigende oder persönliche Anerkennung der Gegenpartei oder durch amtliche Eintragungen verständlich ist. (2) Die Vereidigung wird der Gegenpartei, die bestreitet, dass die angeforderten Unterlagen sich in ihrem Besitz befinden, obwohl sie mit Sorgfalt geforscht ha, vom Gericht angeordnet. (3) Das Gericht nimmt die Erklärungen der die Unterlagen anfordernden Partei an, falls die mit der Einreichung der Unterlagen berechtigte Gegenpartei die Unterlagen fristgerecht nicht angibt, darüber keine angemessene Rechtfertigung geltend macht oder die Vereidigung nicht erfüllt.
Art. 303 Abs. 1 TürkZPO: (1) Die rechtskräftige Entscheidung gilt bei einer anderen Klage auch als sachlich rechtskräftige Entscheidung, sobald die Parteien

Streitgegenstände der beiden Klagen gleich sein und auch die Entscheidung der ersten Klage muss gleich wie der Anspruch der zweiten Klage sein.
Art. 308 TürkZPO: (1) Die Klageanerkennung ist die Einwilligung des Beklagten in den gegen ihn geltend gemachten Anspruch des Klägers, ganz oder zum Teil. (2) Die Anerkennung ist erst auf die von den Parteien frei verfügbaren Klagen wirksam.
Art. 309 TürkZPO: (1) Der Verzicht und die Klageanerkennung werden durch die Abgabe des Antrags oder während des Verfahrens mündlich verwirklicht. (2) Für die Zulassung des Verzichts und der Klageanerkennung ist keine Einwilligung der Gegenpartei und des Gerichts erforderlich. (3) Der verzichtete oder anerkannte Teil des Anspruchs müssen im Antrag oder Protokoll genau angegeben werden. (4) Der Verzicht und die Klageanerkennung muss bedingungslos sein.
Art. 311 TürkZPO: (1) Verzicht und Klageanerkennung haben die Wirkung einer rechtskräftigen Entscheidung; bei Willensmangel können sie für nichtig erklärt werden.
Art. 312 TürkZPO: (1) Die Parteien, die durch den Verzicht oder die Klageanerkennung die Klage beenden, tragen die Prozesskosten als unterliegend. (2) Hat der Beklagte nicht durch sein Verhalten die Erhebung der Klage verursacht und den Anspruch in der ersten Sitzung anerkannt, so trägt er die Prozesskosten nicht.
Art. 313 TürkZPO: (1) Der Vergleich ist ein Vertrag, womit die Parteien ihre Rechtsstreitigkeit gänzlich oder teilweise vor dem Gericht beenden. (2) Der Vergleich kann nur bei Klagen, auf die die Parteien freie Verfügungsbefugnis haben, zugelassen werden. (3) Die Sachen außer des Streitgegenstandes können auch unter Vergleich genommen werden. (4) Der Vergleich kann auch von einer Bedingung abhängig sein.
Art. 314 TürkZPO: Bis zur Rechtskraft der Entscheidung kann der Vergleich zu jeder Zeit abgeschlossen werden.
Art. 315 TürkZPO: (1) Der Vergleich beendet die betreffende Klage und hat die Wirkung einer rechtskräftigen Entscheidung. Wenn die Parteien die Entscheidung im Sinne des Vergleichs haben möchten, dann trifft das Gericht seine Entscheidung nach dem Vergleich; wenn nicht, dann schreibt das Gericht die Klage ab. (2) Bei Willensmangel oder Ausnutzungen kann die Nichtigkeit des Vergleichs gefordert werden.
Art. 319 TürkZPO: Das Erweiterungs- und Änderungsverbot des Anpruchs fängt mit der Klageerhebung an; Das Erweiterungs- und Änderungsverbot der Verteidigung fängt mit der Abgabe der schriftlichen Gegenerklärung an.
Art. 326 TürkZPO: (1) Außer den im Gesetz anders geregelten Fällen, werden die Prozesskosten der unterliegenden Partei auferlegt. (2) Wenn jede Partei teils

obsiegt, so sind die Kosten gegeneinander aufzuheben und verhältnismäßig zu teilen. (3) Sind am Prozess mehrere Parteien als Haupt- oder Nebenparteien unterlegen, dann kann das Gericht die Prozesskosten unter ihnen verteilen oder als solidarische Haftung erkennen.

Art. 329 Abs. 1 TürkZPO: Der böswillige Beklagte oder der Kläger, der ohne zu Recht Klage erhoben hat, tragen außer Prozesskosten auch die Vertretungskosten des Anwalts der Gegenpartei gänzlich oder teilweise. Falls das Gericht diese Vertretungskosten übermäßg findet oder falls der Betrag umstritten wird, dann setzt das Gericht diese Kosten selber fest.

Art. 341 TürkZPO: (1) Die erstinstanzlichen Endentscheide, die erstinstanzlichen Entscheide über vorsorgliche Maßnahmen und ihre Annahme oder Abweisung können durch Berufung angefochten werden. (2) Die Entscheidungen über die Klagen auf Vermögen, deren Wert und Betragshöhe unter 1500 türkische Lira liegen, sind unwiderruflich. (3) Falls nur ein Teil des Rechtsbegehrens eingeklagt ist, dann wird die Grenze der unwiderruflichen Entscheidung in der Höhe 1500 türkische Lira nach dem Ganzen des Rechtsbegehrens bestimmt. (4) In den Fällen, bei den das Ganze des Rechtsbegehrens eingeklagt ist, dürfen die Parteien auf den vom Gericht abgewiesenen Teil ihres Rechtsbegehrens keine Berufung einlegen, falls der Wert des abgewiesenen Teils unter 1500 türkische Lira liegt. (5) Die unwiderruflichen Entscheidungen der erstinstanzlichen Gerichte, gegen die gemäß anderen Ordnungen die Revisionseinlegung vor dem Kassationshof festgesetzt ist, können auch von den Berufungsgerichten angefochten werden.

Art. 448 TürkZPO: Die Vorschriften dieser Ordnung, ohne Einwirkung auf die vollendeten und entschiedenen Verfahren, werden unverzüglich angewendet.

2- Auszug aus der alten türkischen Zivilprozessordnung (alt. TürkZPO)

(Hukuk Usukü Muhakemeleri Kanunu v. 18.06.1927, Gesetz-Nr. 1086, Resmi Gazete v. 02,03,04.07.1927, Nr. 622–623-624)

Art. 179 alt. TürkZPO: (1) Die Klageschrift muss enthalten: 1. Die Vor- und Nachnamen und die Adressen der Prozessparteien und, falls es sie gibt, die Namen und Adressen der gesetzlichen Vertreter und der Bevollmächtigten, 2. Die genaue Angabe des Streitgegenstandes, 3. Die genaue Angabe aller Tatsachen und der Beweismittel, die mit dem Streitgegenstand zu tun haben, mit den Nummern der Reihenfolge, 4. Die Zusammenfassung der Rechtsgrundlagen, 5. Die genaue Angabe des Anspruchs und der Verteidigung, 6. Die Frist der Gegenerklärung der Gegenpartei, 7. Die Unterschrift des Klägers oder, falls es sie gibt, seines Vertreters oder Bevollmächtigten.

Art. 427 alt. TürkZPO: (1) Gegen die in der Berufungsinstanz erlassenen Endurteile und gegen die schiedsrichterlichen Entscheidungen kann die Revision binnen 15 Tagen nach der Mitteilung eingeklagt werden. Diese Frist ist für die an der Ordnung am 8.01.1943 mit der Nr. 4353 gebundenen öffentlich-rechtlichen Anstalten 30 Tage. (2) Die Partei, die die Klage gewonnen hat, darf auch Revision einlegen, wenn sie daran Rechtsschutzinteresse hat.

3- Auszug aus dem türkischen Obligationenrecht (TürkOR)

(Türk Borclar Kanunu v. 11.01.2011, Gesetzt-Nr. 6098, Resmi Gazete v. 04.02.2011, Nr. 27836)

Art. 50 TürkOR: (1) Wer Schadensersatz beansprucht, hat den Schaden und das Schulden des Schädigers zu beweisen. (2) Der nicht ziffermäßig nachweisbare Schaden ist nach Ermessen des Richters mit Rücksicht auf den gewöhnlichen Lauf der Dinge und auf die vom Geschädigten getroffenen Maßnahmen abzuschätzen.

Art. 51 TürkOR: (1) Art und Größe des eingetretenen Schadensersatzes bestimmt der Richter, der hierbei sowohl die Umstände als auch die Größe des Verschuldens zu würdigen hat. (2) Wird Schadensersatz in Gestalt einer Rente zugesprochen, so ist der Schuldner gleichzeitig zur Sicherheitsleistung anzuhalten.

Art. 52 TürkOR: (1) Hat der Geschädigte in die schädigende Handlung eingewilligt, oder haben Umstände, für die er einstehen muss, auf die Entstehung oder Verschlimmerung des Schadens eingewirkt oder die Stellung des Ersatzpflichtigen sonst erschwert, so kann der Richter die Ersatzpflicht ermäßigen oder gänzlich von ihr entbinden. (2) Würde ein Ersatzpflichtiger, der bei dem Schaden leichtes Verschulden hat, durch Leistung des Ersatzes in eine Notlage versetzt, so kann der Richter auch aus diesem Grund die Ersatzpflicht ermäßigen.

Art. 56 TürkOR: (1) Bei Körperverletzung eines Menschen kann der Richter unter Würdigung der besonderen Umständen dem Verletzten eine angemessene Geldsumme als Schmerzensgeld zusprechen. (2) Bei schweren Körperverletzung oder der Tötung eines Menschen kann eine angemessene Geldsumme als Schmerzensgeld für die Angehörigen des Getöteten oder des Verletzten festgesetzt werden.

Art. 58 TürkOR: (1) Wer in seiner Persönlickeit verletzt wird, kann Anspruch auf Leistung einer Geldsumme als Schmerzensgeld anfordern. (2) Anstatt oder neben dieser Leistung kann der Richter auch auf eine andere Art des Schmerzensgeldes erkennen. Insbesonders kann er diese Verletzung rügen und entscheiden, diesen Entscheid auf Rüge zu veröffentlichen.

Art. 84 TürkOR: (1) Der Gläubiger braucht eine Teilzahlung nicht anzunehmen, wenn die gesamte Schuld feststeht und fällig ist. (2) Will der Gläubiger eine Teilzahlung annehmen, so kann der Schuldner die Zahlung des von ihm anerkannten Teiles der Schuld nicht verweigern.

Art. 154 TürkOR: Die Verjährung wird unterbrochen, 1. Durch Anerkennung der Forderung von seiten des Schuldners, namentlich auch durch Zins- und Abschlagszahlungen, Pfand- und Bürgschaftsbestellung; 2. Durch Schuldeintreibung, durch Schlichtungsgesuch, durch Klage oder Einrede vor einem staatlichen Gericht oder einem Schiedsgericht sowie durch Eingabe im Konkurs.

4- Auszug aus dem türkischen Verfassungsgesetz (TürkVerf)

(1982 Türkiye Cumhuriyeti Anayasasi v. 07.11.1982, Gesetz-Nr. 2709, Resmi Gazete v. 09.11.1982, Nr. 17863) **Diese Übersetzungen sind übernommen von Christian Rumpf „Das türkische Verfassungssystem“.*

Art. 2 TürkVerfG: Die Republik Türkei ist ein im Geiste des Friedens, der Gemeinschaft, der nationalen Solidarität und der Gerechtigkeit die Menschenrechte achtender, dem Nationalismus Atatürks verbundener und auf den in der Präambel verkündeten Grundprinzipien beruhender demokratischer, laizistischer und sozialer Rechtsstaat.

Art. 5 TürkVerfG: Die Grundziele und Aufgaben des Staates sind es, die Unabhängigkeit und Einheit des Türkischen Volkes, die Unteilbarkeit des Landes, die Republik und die Demokratie zu schützen, Wohlstand, Wohlergehen und Glück der Bürger und der Gemeinschaft zu gewährleisten, die politischen, wirtschaftlichen und sozialen Hindernisse zu beseitigen, welche die Grundrechte und –freiheiten der Person in einer mit den Prinzipien des sozialen Rechtsstaates und der Gerechtigkeit nicht vereinbaren Weise beschränken, sowie sich um die Schaffung der für die Entwicklung der materiellen und ideellen Existenz des Menschen notwendigen Bedingungen zu bemühen.

Art. 35 Abs. 1 TürkVerfG: Jedermann genießt das Recht auf Eigentum und Erbe. Diese Rechte können nur im öffentlichen Interesse durch Gesetz beschränkt werden. Der Gebrauch des Rechts auf Eigentum darf dem Gemeinwohl nicht entgegenstehen.

Art. 36 TürkVerfG: Jedermann hat das Recht, unter Benutzung legaler Mittel und vor den Rechtsprechungsbehörden als Kläger oder Beklagter zu klagen und sich zu verteidigen. Kein Gericht darf sich der Durchführung eines Verfahrens innerhalb seines sachlichen, funktionellen und örtlichen Zuständigkeitsbereichs entziehen.

Art. 40 TürkVerfG: Jedermann, dessen ihm durch die Verfassung zuerkannten Grundrechte und –freiheiten verletzt werden, hat das Recht, die Gewährleistung der Möglichkeit der unverzüglichen Anrufung einer zuständigen Behörde zu verlangen. Der Schaden, den eine Person aufgrund einer von einem Amtsträger begangenen unerlaubten Handlung erlitten hat, wird dem Gesetz gemäß vom Staat ersetzt. Das Recht des Staates zum Rückgriff auf den verantwortlichen Bediensteten ist vorbehalten.

Art. 141 TürkVerG: (1) Die Verhandlungen in den Gerichte stehen jedermann offen. Die nichtöffentliche Durchführung eines Teils einer Verhandlung oder einer ganzen Verhandlung kann nur in Fällen, in denen es wegen des Sittengesetzes oder der öffentlichen Sicherheit unbedingt erforderlich ist, beschlossen werden. (2) Für die Gerichtsverfahren gegen Minderjährige werden durch Gesetz besondere Vorschriften erlassen. (3) Jegliche Entscheidungen aller Gerichte werden zusammen mit den Gründen schriftlich abgefaßt. (4) Es ist die Aufgabe der Rechtsprechung, die Verfahren mit möglichst geringem Aufwand und möglichst rasch zu Ende zu führen.

5- Auszug aus der türkischen Gebührenordnung (TürkGebührO)

(Türkiye Harclar Kanunu v. 02.07.1964, Gesetz-Nr. 492, Resmi Gazete v. 17.07.1964, Nr. 11756)

Art. 16 Abs. 3 TürkGebührO: in den Fällen, in denen die Bestimmung des Betrags des Streitgegenstandes möglich ist, muss der Betrag des Streitgegenstandes in der Klageschrift angegeben werden. Falls der Kläger diesen Betrag nicht angegeben hat, dann fordert das Gericht die Bestimmung und die Angabe des Betrags vom Kläger an. Falls der Kläger dies verweigert, wird die Klage abgewiesen, als ob sie nie erhoben worden wäre.

Art. 28 Abs. 1 lit. a TürkGebührO: Ein Viertel von Gebühren für den Beschluss und für die Urteilsausfertigung werden im voraus, der Rest davon werden in einem Monat nach der Mitteilung des Beschlusses bezahlt. Bei Schadens- und Schmerzensgeldklagen wegen der Körperverletzung und wegen des Todesfalles wird ein Zwanzigstel von Gebühren als Gebührenvorschuß bezahlt. Das Nichtbezahlen des Restes von Gebühren hält die Zustellung und die Verfolgung des Beschlusses und die Rechtsmitteleinlegung nicht auf.

Art. 30 TürkGebührO: Falls es deutlich ist, dass der vom Gericht festgesetzten Wert mehr als den in der Klageschrift angegebenen Streitwert ist, dann wird das Verfahren nur für diese Sitzung weitergeführt. Das Verfahren wird nicht weitergeführt, sobald die fehlenden Gebühren für den Beschluss und für die Urteilsausfertigung bis zu der nächsten Sitzung nicht bezahlt werden. Für die Weiterführung des Verfahrens müssen die Gebühren in der gemäß Art. 409 alt. TürkZPO gesetzten Frist bezahlt werden.

6- Auszug aus dem türkischen Zivilgesetzbuch (TürkZGB)

(Türk Medeni Kanunu v. 22.11.2001, Gesetz-Nr. 4721, Resmi Gazete v. 08.12.2001, Nr. 24607)

Art. 2 TürkZGB: (1) Jedermann hat in der Ausübung seiner Rechte und in der Erfüllung seiner Pflichten nach Treu und Glauben zu Handeln.

(2) Der offenbare Missbrauch eines Rechtes findet keinen Rechtsschutz.

Literaturverzeichnis

Akil, Cenk, Kismi Dava, 1. Auflage, 2013. (zitiert: Akil)

Akipek, Jale/Akintürk, Turgut/Ates Kahraman, Derya, Kisiler Hukuku, Band 1, 7. Auflage, 2009. (zitiert: Akipek/Akintürk/Ates Kahraman)

Aktepe- Artik, Sezin, Hukuk Muhakemeleri Kanunu`nun Yürürlüge Girmesiyle Medeni Yargilama Hukukunda Neler Degisiyor?, in: Istanbul Ticaret Üniversitesi Sosyal Bilimler Dergisi, 2011/20, S. 145–177. (zitiert: Aktepe-Artik)

Alangoya, Yavuz/Yildirim, Kamil/Deren Yildirim, Nevhis, Medeni Usul Hukuku Esaslari, 4. Auflage, 2004. (zitiert: Alangoya/Yildirim/Deren Yildirim)

Allgaier, Edwin, Nochmals: „Zum unbezifferten Klageantrag bei Billigkeitsansprüchen", in: VersR 1987, S. 31–32. (zitiert: Allgaier)

Alpmann Brockhaus, Fachlexikon Recht, 2. Auflage, 2005. (zitiert: Alpmann Brockhaus)

Arslan, Ramazan, Bilirkisilik Uygulamasi ve Bu Uygulamaya Yargitayin Etkisi, In: YKD 1989/1–4, S. 156–201. (zitiert: Arslan, Bilirkisi)

Arslan, Ramazan, Medeni Usul Hukukunda Dürüstlük Kurali, 1989. (zitiert: Arslan, Dürüstlük Kurali)

Arslan, Ramazan/Yilmaz, Ejder/Taspinar Ayvaz, Sema, Medeni Usul Hukuku, 1. Auflage, 2016. (zitiert: Arslan/Yilmaz/Taspinar Ayvaz)

Assmann, Dorothea, Rechtskraft bei Teilklagen, in: zweite Erlanger Festschrift für Karl Heinz Schwab, 2000, S. 1–20. (zitiert: Assmann)

Baker&McKenzie, Schweizerische Zivilprozessordnung Handkommentar, 1. Auflage, 2010. (zitiert: Baker&McKenzie/Bearbeiter)

Baumann Wey, Sabine, Die unbezifferte Forderungsklage nach Art. 85 ZPO (Diss.), 2013. (zitiert: Baumann Wey)

Baumbach, Adolf/Lauterbach, Wolfgang/Albers, Jan/Hartmann, Peter, Beck'sche Kurz-Kommentar, Zivilprozessordnung, 75. Auflage, 2017. (zitiert: Baumbach/Lauterbach/Albers/Hartmann/Barbeiter, ZPOKomm)

Beinert, Bernhard Georg, Der Umfang der Rechtskraft bei Teilklagen (Diss.), 1999. (zitiert: Beinert)

Belgesay, Mustafa Resit, Dava Teorisi, 1943. (zitiert: Belgesay)

Berg, Hans, Das Erfordernis der Bestimmtheit des Klageantrages bei der unbezifferten Leistungsklage, in: JR 1967, S. 83–85. (zitiert: Berg)

Berner Kommentar, Schweizerische Zivilprozessordnung, Art. 1-149 ZPO, Band 1, 2012. (zitiert: BernerKommZPO/Bearbeiter)

Berner Kommentar, Schweizerische Zivilprozessordnung, Art. 150–352 ZPO, Art. 400–406 ZPO, Band 2, 2012. (zitiert: BernerKommZPO/Bearbeiter)

Berner Kommentar, Einleitung und Personenrecht, Einleitung, Art. 1–9 ZGB, Band 1, 2012. (zitiert: BernerKommZGB/Bearbeiter)

Berti, Stephen V., Zur Teilklage nach Art. 86 ZPO der Schweizerischen Zivilprozessordnung (zugleich ein Beitrag zur Lehre der materiellen Rechtskraft), in: HAVE 2010, S. 39–52. (zitiert: Berti)

Berti, Stephen V., Kommentar zum Schweizerischen Zivilgesetzbuch, Obligationenrecht, Das Erlöschen der Obligationen, Art. 127–142 OR, 3. Auflage, 2002. (zitiert: Berti, Obligationenrecht)

Blechschmidt, Hansgeorg, Der unbezifferte Klageantrag bei Schadensersatz- und Schmerzensgeldansprüchen (Diss.), 1964. (zitiert: Blechschmidt)

Brox, Hans, Anmerkung zum Urteil das BGH vom 14.2.1962- IV ZR 156/61, in: NJW 1962, S. 1203–1204. (zitiert: Brox)

Brunner, Alexander/Gasser, Dominik/Schwander, Ivo, Schweizerische Zivilprozessordnung (ZPO) Kommentar, 2. Auflage, 2016. (zitiert: Brunner/Gasser/Schwander/Bearbeiter)

Budak, Ali Cem, Belirsiz Alacak Davasi, in: Bankacilar Dergisi Özel Sayi, 2013, S. 82–86. (zitiert: Budak, Belirsiz Alacak Davasi)

Budak, Ali Cem/Karaaslan, Varol, Medeni Usul Hukuku, 1. Auflage, 2017. (zitiert: Budak/Karaaslan)

Butzer, Hermann, Prozessuale und kostenrechtliche Probleme beim unbezifferten Klageantrag, in: MDR 1992, S. 539–543. (zitiert: Butzer)

Cil, Sahin/Kar, Bektas, 6100 sayili HMK`ye göre Is Yargisinda Belirsiz Alacak Davasi ve Kismi Dava, 2. Auflage, 2012. (zitiert: Cil/Kar)

Dauer-Lieb, Barbara/Heidel, Thomas/Lepa, Manfred/Ring, Gerhard, Schuldrecht Anwaltskommentar, 1. Auflage, 2001. (zitiert: Dauner-Lieb/Heidel/Ring/Berarbeiter, AnwKommBGB)

Dedeagac, Ender, 6100 Sayili Hukuk Muhakemesi Kanununun Getirdikleri, Ankara Barosu, 2011. (zitiert: Dedeagac)

Dedeagac Ender, Sanal Elcin, HMK Degisikligi, in: Ankara Barosu Dergisi, 2015/3, S. 481–518. (zitiert: Dedeagac/Sanal)

Demircioglu, Yasar, Medeni Usul Hukukunda Insan Haklari ve Adil Yargilanma Güvenceleri, 1. Auflage, 2007. (zitiert: Demircioglu)

Deschenaux, Henri, Einleitung und Personenrecht, Band 2, 1967. (zitiert: Deschenaux)

Donau, Helmut, Zur Fassung des Schmerzensgeldantrags, in: NJW 1957, S. 130–131. (zitiert: Donau)

Dunz, Walter, Der unbezifferte Leistungsantrag nach der heutigen Rechtsprechung des Bundesgerichtshofs, in: NJW 1984, S. 1734–1738. (zitiert: Dunz, Der unbezifferte Leistungsantrag, NJW 1984)

Dunz, Walter, Zur Praxis des unbezifferten Leistungsantrags, in: NJW 1957, S. 1661–1663. (zitiert: Dunz, Zur Praxis des unbezifferten Leistungsantrags, NJW 1957)

Eckardt, Diederich, „Die Teilklage" Nachforderungsmöglichkeit und Rechtskraftbindung bei Klagen auf einmalige und wiederkehrende Leistungen, in: Jura 1996, S. 624–633. (zitiert: Eckardt)

Ehrenzeller, Bernhard/Mastronardi, Philippe/Schweizer, Rainer/Vallender, Klaus, Die schweizerische Bundesverfassung Kommentar, 2. Auflage, 2008. (zitiert: Ehrenzeller/Mastronardi/Schweizer/Vallender/Bearbeiter)

Elzer, Oliver, Rechtskraft von Teilklagen- BGH, NJW 1997, 1990; 3019, in: JuS 2001, S. 224–228. (zitiert: Elzer)

Erdem, Mehmet, Özel Hukukta Zamanasimi, 2010. (zitiert: Erdem)

Erdönmez, Güray, Medeni Usul Hukukuda Belgelerin Ibrazi Mecburiyeti, 2. Auflage, 2014. (zitiert: Erdönmez)

Eren, Fikret, Borclar Hukuku Genel Hükümler, 22. Auflage, 2017. (zitiert: Eren)

Fikentscher, Wolfgang/Heinemann, Andreas, Schuldrecht Allgemeiner und Besonderer Teil 11. Auflage, 2017. (zitiert: Fikentscher/Heinemann)

Frech, Klaus, Unbezifferter Klageantrag und Beschwer (Diss.), 1974. (zitiert: Frech)

Friedrich, Doris, Probleme der Teilklage (Diss.), 1995. (zitiert: Friedrich)

Fuchs, Josef, Die Kostenentscheidung beim unbezifferten Klageantrag, in: JurBüro 1990, S. 560–566. (zitiert: Fuchs)

Gasser, Dominik/Rickli, Brigitte, Schweizerische Zivilprozessordnung Kurzkommentar, 2. Auflage, 2014. (zitiert: Gasser/Rickli, KUKOZPO)

Gehri, Myriam A./Jent-Sorensen, Ingrid/Sarbach, Martin, ZPO Kommentar, 2. Auflage, 2015. (zitiert: Gehri/Jent-Sorensen/Sarbach/Bearbeiter)

Geigel, Reinhart, Der Haftpflichtprozess, 20. Auflage, 1990. (zitiert: Geigel/Bearbeiter, Haftpflichtprozess)

Gerlach, Jürgen, Die prozessuale Behandlung von Schmerzensgeldansprüchen, in: VersR 2000, S. 525–532. (zitiert: Gerlach)

Gerstenberg, Eike Markus, Der unbezifferte Klageantrag und der Dornröschenschlaf des §92 II ZPO, in: NJW 1988, S. 1352–1359. (zitiert: Gerstenberg)

Gözler Kemal, Idare Hukuku, Band 2, 2. Auflage, 2009. (zitiert: Gözler)

Grunsky, Wolfgang/Jacoby, Florian, Zivilprozessrecht, 15. Auflage, 2016. (zitiert: Grunsky/Jacoby)

Guldener, Max, Schweizerisches Zivilprozessrecht, 3. Auflage, 1979. (zitiert: Guldener)

Gut, Nicolas, Die unbezifferte Forderungsklage nach der schweizerischen Zivilprozessordnung (Diss.), 2014. (zitiert: Gut)

Güran, Sait, Türk Idare Hukukunda Tazminat Miktarinin Hesaplanmasi, in: Sorumluluk Hukunda Yeni Gelismeler III Sempozyumu, IÜHFY, 1980. (zitiert: Güran)

Habschied, Walther, Streitgegenstand im Zivilprozess, 1. Auflage, 1956. (zitiert: Habschied)

Haefliger, Arthur, Die Europäische Menschenrechtskonvention und die Schweiz, 2008. (zitiert: Haefliger)

Hanagasi, Emel, Davada Menfaat, 2009. (zitiert: Hanagasi)

Hägi, Ernst, Die Beschwer als Rechtsmittelvoraussetzung im schweizerischen und im deutschen Zivilprozessrecht (Diss.), 1975. (zitiert: Hägi)

Heidel, Thomas/Hüßtege, Rainer/Mansel, Heinz- Peter, BGB Allgemeiner Teil, EGBGB, Nomos Kommentar, Band 1, 3. Auflage, 2016. (zitiert: Heidel/Hüßtege/Mansel/Bearbeiter)

Heil, Ulf, Die Bindung der Gerichte an Entscheidungen anderer Gerichte (Diss.), 1983. (zitiert: Heil)

Henke, Horst- Eberhard, Die Feststellungsklage der ZPO- Grundfragen, in: JA 1987, S. 465–472. (zitiert: Henke, Feststellungsklage)

Henke, Horst- Eberhard, Die Gestaltungsklage der ZPO, in: JA 1987, S. 589–597. (zitiert: Henke, Gestaltungsklage)

Henke, Horst- Eberhard, Die Leistungsklage der ZPO, in: JA 1987, S. 281–289. (zitiert: Henke, Leistungsklage)

Honsell, Heinrich/Vogt, Nedim Peter/Wiegand, Wolfgang, Obligationenrecht I, Basler Kommentar, 6. Auflage, 2015. (zitiert: BSKommORI/Bearbeiter)

Honsell, Heinrich/Vogt, Nedim Peter/Geiser, Thomas, Zivilgesetzbuch I, Basler Kommentar, 3. Auflage, 2006. (zitiert: BSKommZGBI/Bearbeiter)

Hömig, Dieter/Seifert, Karl-Heinz, Grundgesetz für die Bundesrepublik Deutschland Handkommentar, 10. Auflage, 2013. (zitiert: Hömig/Seifert/Bearbeiter)

Huber, Michael, Aus der Praxis: Zwischenfeststellungswiderklage bei offener Teilklage und Sachantrag, in: JuS 2003, S. 490ff. (zitiert: Huber)

Hufen, Christian, Ermessen und unbestimmter Rechtsbegriff, in: ZJS, 5/2010, S. 603–607. (zitiert: Hufen)

Hussmann, Johann Herman, Der unbezifferte Klageantrag als Abwehrrecht gegen unbillige Kostenlast und die Kostenvorschrift des §92 II ZPO, in: NJW 1989, S. 3126–3130. (zitiert: Hussmann)

Hussmann, Johann Hermann, Zum unbezifferten Klageantrag bei Billigkeitsansprüchen, in: VersR 1985, S. 715–720. (zitiert: Hussmann, Billigkeitsansprüchen)

Hütten, Peter, Die Prozessökonomie als rechtserheblicher Entscheidungsgesichtspunkt (Diss.), 1975. (zitiert: Hütten)

Iyimaya, Ahmet, Insan Zararlari Konusunda Belirmekte Olan Bazi Yeni Egilimlerin Analizi, in: TBBD, 1994/2, S. 193–232. (zitiert: Iyimaya)

Jauernig, Othmar/Hess, Burkhard, Zivilprozessrecht, 30. Auflage, 2011. (zitiert: Jauernig/Hess)

Jauernig, Othmar, Bürgerliches Gesetzbuch Kommentar, 17. Auflage, 2018. (zitiert: Jauernig/Bearbeiter, BGBKomm)

Kant, Immanuel, Über den Gemeinspruch: Das mag in der Theorie richtig sein, taugt aber nicht für die Praxis, Zum ewigen Frieden, Mit Einleitung und Anmerkungen, Bibliographie und Registern kritisch herausgegen von Heiner F. Klemme, 1992. (zitiert: Kant)

Karaaslan, Varol, Medeni Usul Hukukunda Hakimin Davayi Aydinlatma Ödevi, 2013. (zitiert: Karaaslan)

Karwacki, Angelika Christiane, Der Anspruch der Parteien auf einen fairen Zivilprozess (Diss.), 1984. (zitiert: Karwacki)

Kern, Joachim, Die Zulässigkeit des unbezifferten Klageantrags (Diss.), 1970. (zitiert: Kern)

Kilicoglu, Ahmet, Borclar Hukuku, Genel Hükümler, 20. Auflage, 2016. (zitiert: Kilicoglu)

Kiraz, Taylan Özgür, 6100 sayili Hukuk Muhakemeleri Kanunu ile Getirilen Yenilikler, 2. Auflage, 2012. (zitiert: Kiraz)

Kley-Struller, Andreas, Art. 6 EMRK als Rechtsschutzgarantie gegen die öffentliche Gewalt, 1993. (zitiert: Kley-Struller)

Kocayusufpasaoglu, Necip, Hatemi, Hüseyin/Serozan, Rona/Arpaci, Abdulkadir, Borclar Hukuku Genel Bölüm, Band 3, 7. Auflage, 2016. (zitiert: Kocayusufpasaoglu/Hatemi/Serozan/Arpaci)

Koebel, Billigkeitsansprüche aus Schadenszufügung, in: NJW 1957, S. 1009–1012. (zitiert: Koebel)

Kulaksiz, Cengiz, Die Teilklage im deutschen und türkischen Zivilprozessrecht (Diss.), 2004. (zitiert: Kulaksiz)

Kuru, Baki, Hukuk Muhakemeleri Usulu, Band 2, 6. Auflage, 2001. (zitiert: Kuru, Hukuk Muhakemeleri Usulu)

Kuru, Baki, Istinaf Sistemine Göre Yazilmis Medeni Usul Hukuku, 2016. (zitiert: Kuru)

Kuru, Baki/Arslan, Ramazan/Yilmaz, Ejder, Medeni Usul Hukuku, 15. Auflage, 2004. (zitiert: Kuru/Arslan/Yilmaz, 15. Auflage)

Kuru, Baki/Arslan, Ramazan/Yilmaz, Ejder, Medeni Usul Hukuku, 22. Auflage, 2011. (zitiert: Kuru/Arslan/Yilmaz, 22. Auflage)

Kuru, Baki/Budak, Ali Cem, Hukuk Muhakemeleri Kanununun Getirdigi Baslica Yenilikler, in: Istanbul Barosu Dergisi, 2011/5, S. 3–43. (zitiert: Kuru/Budak, Yenilikler)

Kuru, Baki/Budak, Ali Cem, Tespit Davalari, 2. Auflage, 2010. (zitiert: Kuru/Budak, Tespit Davalari)

Leuch/Marbach/Kellerhals, Die Zivilprozessordnung für den Kanton Bern 4. Auflage, 1995. (zitiert: Leuch/Marbach/Kellerhals)

Leuenberger, Christoph/Uffer-Tobler, Beatrice, Schweizerisches Zivilprozessrecht, 1. Auflage, 2010. (zitiert: Leuenberger/Uffer-Tobler, 1. Auflage)

Leuenberger, Christoph/Uffer-Tobler, Beatrice, Schweizerisches Zivilprozessrecht, 2. Auflage, 2016. (zitiert: Leuenberger/Uffer-Tobler, 2. Auflage)

Leumann Liebster, Pascal, Die Stufenklage im schweizerischen Zivilprozessrecht (Diss.), 2005. (zitiert: Leumann Liebster)

Lieberwirth, Ralf, Das Schmerzensgeld, 3. Auflage, 1965. (zitiert: Lieberwirth)

Loosli, Peter, Die unbezifferte Forderungsklage unter besonderer Berücksichtigung des Kantons Zürich (Diss.), 1978. (zitiert: Loosli)

Lüke, Wolfgang, Zivilprozessrecht, 10. Auflage, 2011. (zitiert: Lüke)

Lüke, Wolfgang, Die Stufenklage, in: JuS 1995, S. 143–147. (zitiert: Lüke, Stufenklage)

v.Mangoldt Hermann/Klein, Friedrich/Starck, Christian, Grundgesetz Kommentar, Band 1, 7. Auflage, 2018. (zitiert: v. Mangoldt/Klein/Starck/Bearbeiter)

v.Mangoldt Hermann/Klein, Friedrich/Starck, Christian, Grundgesetz Kommentar, Band 3, 7. Auflage, 2018. (zitiert: v. Mangoldt/Klein/Starck/Bearbeiter)

Mann, Anmerkung zu dem Urteil von OLG Köln, in: NJW 1960, S. 825ff. (zitiert: Mann)

Meier, Isaak, Unbezifferte Forderungsklage: ein fragwürdiges Instrument zur Verminderung des Kostenrisikos, in: HAVE Haftpflichtprozess, 2010, S. 11–39. (zitiert: Meier, HAVE)

Meier, Isaak, Schweizerisches Zivilprozessrecht eine kritische Darstellung aus der Sicht von Praxis und Lehre, 2010. (zitiert: Meier, Zivilprozessrecht)

Meier, Isaak, Vorentwurf für eine Schweizerische Zivilprozessordnung, 2003. (zitiert: Meier, Vorentwurf)

Menges, Volker, Die Zulässigkeit des unbezifferten Klageantrags (Diss.), 2004. (zitiert: Menges)

Mertins, Wolfgang, Der unbezifferte Klageantrag- und kein Ende?, in: VersR 2006, S. 47–51. (zitiert: Mertins)

v. Mettenheim, Christoph, Der Grundsatz der Prozessökonomie im Zivilprozess (Diss.), 1968. (zitiert: Mettenheim)

Musielak, Hans- Joachim, Die Bindung des Gerichts an die Anträge der Parteien im Zivilprozess, in: Festschrift für Karl Heinz Schwab zum 70. Geburtstag, 1990, S. 349–365. (zitiert: Musielak, Die Bindung des Gerichts)

Musielak, Hans Joachim/Voit, Wolfgang, Grundkurs ZPO, 12. Auflage, 2014. (zitiert: Musielak/Voit, Grundkurs)

Musielak, Hans Joachim/Voit, Wolfgang, ZPO Kommentar, 15. Auflage, 2018. (zitiert: Musielak/Voit/Bearbeiter, ZPOKomm)

Musul, Timucin, Medeni Usul Hukuku, 3. Auflage, 2013. (zitiert: Musul)

Münchener Kommentar, Kommentar zur Zivilprozessordnung, Band 1, §§1–354, 5. Auflage, 2016. (zitiert: MünchKommZPO/Bearbeiter)

Münchener Kommentar, Kommentar zur Zivilprozessordnung, Band 2, §§355–945b, 5. Auflage, 2016. (zitiert: MünchKommZPO/Bearbeiter)

Münchener Kommentar, Münchener Kommentar Bürgerliches Gesetzbuch, Allgemeiner Teil, §§1–240, Band 1, 7. Auflage, 2018. (zitiert: MünchKommBGB/Bearbeiter)

Münchener Kommentar, Münchener Kommentar Bürgerliches Gesetzbuch, Allgemeiner Teil, §§241–432, Band 2, 7. Auflage, 2018. (zitiert: MünchKommBGB/Bearbeiter)

Nomer, Haluk N., Manevi Tazminat Alacaginda Kismi Dava Mümkün müdür?, in: IÜHFM, C. LVIII, 2000, S. 221–229. (zitiert: Nomer)

Noske, Thomas, Die Prozessökonomie als Bestandteil des verfassungsrechtlichen Grundsatzes der Verhältnismäßigkeit (Diss.), 1989. (zitiert: Noske)

Oberhammer, Paul, Schweizerische Zivilprozessordnung Kurzkommentar, 2010. (zitiert: Oberhammer, KUKOZPO)

Oguzman, Kemal/Öz, Turgut, Borclar Hukuku Genel Hükümler, Band 1, 16. Auflage, 2018. (zitiert: Oguzman/Öz)

Oguzman, Kemal/Barlas, Nami, Medeni Hukuk, 21. Auflage, 2015. (zitiert: Oguzman/Barlas)

Özbay, Ibrahim, 6100 sayili Hukuk Muhakemeleri Kanunu Neler Getirdi?, 2012. (zitiert: Özbay)

Özekes, Muhammet, Medeni Usul Hukukunda Hukuki Dinlenilme Hakki, 2003. (zitiert: Özekes, Hukuki Dinlenilme Hakki)

Özekes, Muhammet, Yargilamada Dürüstlük Kuralina Aykiri Davranan Taraf Aleyhine Hükmedilecek Vekalet Ücreti, in: Legal Medeni Usul ve Icra Iflas Hukuku Dergisi, 2005/1, S. 29–49. (zitiert: Özekes, Vekalet Ücreti)

Özkaya-Ferendereci/Özden, Alman ve Isvicre Hukuklarindaki Kademeli Dava (Stufenklage) ile 6100 sayili HMK`ya göre Belirsiz Alacak Davasinin Karsilastirilmasi, in: MÜHF-HAD, Band 18, S. 353–381. (zitiert: Özkaya-Ferendereci)

Pawlowski, H.M, Die Problematik des unbezifferten Klageantrages, in: NJW 1961, S. 341–345. (zitiert: Pawlowski)

Pekcanitez, Hakan, Belirsiz Alacak Davasi, 2011. (zitiert: Pekcanitez, Belirsiz Alacak Davasi)

Pekcanitez, Hakan, Belirsiz Alacak Davasi, in: DEÜHFD, Band. 11, 2009, S. 509–552. (zitiert: Pekcanitez, Belirsiz Alacak Davasi 2009)

Pekcanitez, Hakan, Grundlinien der neuen türkischen Zivilprozessodnung, in: Festschrift für Peter Gottwald zum 70. Geburtstag, 2014, S. 495–505. (zitiert: Pekcanitez, neue türkische Zivilprozessordnung)

Pekcanitez, Hakan/Atalay, Oguz/Özekes, Muhammet, Medeni Usul Hukuku, 14. Auflage, 2013. (zitiert: Pekcanitez/Atalay/Özekes)

Pekcanitez, Hakan, Pekcanitez Usul, Medeni Usul Hukuku, Band 1, 15. Auflage, 2017. (zitiert: Pekcanitez/Bearbeiter, Pekcanitez Usul)

Pekcanitez, Hakan, Pekcanitez Usul, Medeni Usul Hukuku, Band 2, 15. Auflage, 2017. (zitiert: Pekcanitez/Bearbeiter, Pekcanitez Usul)

Pflughaupt, Matthias, Prozessökonomie, 2011. (zitiert: Pflughaupt)

Postacıoglu, Ilhan, Medeni Usul Hukuku Dersleri, 6. Auflage, 1975. (zitiert: Postacıoglu)

Postacıoglu, Ilhan/Altay Sümer, Medeni Usul Hukuku Dersleri, 7. Auflage, 2015. (zitiert: Postacıoglu/Altay)

Prütting, Hanns/Gehrlein, Markus, ZPO Kommentar, 10. Auflage, 2018. (zitiert: Prütting/Gehrlein/Bearbeiter, ZPOKomm)

Prütting, Hanns/Wegen, Gerhard/Weinreich, Gerd, Bürgerliches Gesetzbuch Kommentar (BGB), 13. Auflage, 2018. (zitiert: Prütting/Wegen/Weinreich/Bearbeiter, BGBKomm)

Reisoglu, Safa, Borclar Hukuku Genel Hükümler, 22. Auflage, 2011. (zitiert: Reisoglu)

Riemer, Hans Michael, Die Einleitungsartikel des schweizerischen Zivilgesetzbuches, 2. Auflage, 2003. (zitiert: Riemer)

Rosenberg, Leo/Schwab, Karl Heinz/Gottwald, Peter, Zivilprozessrecht, 18. Auflage, 2018. (zitiert: Rosenberg/Gottwald/Schwab)

Röhl, Klaus, Der unbezifferte Klageantrag, in: ZZP 1972, S. 52–77. (zitiert: Röhl)

Röttger, Friedhelm, Die Bindung des Gerichts an den unbezifferten Zahlungsantrag, in: NJW 1994, S. 368–369. (zitiert: Röttger)

Rumpf, Christian, Das türkische Verfassungssystem, 1996. (zitiert: Rumpf)

Rüzgaresen, Cumhur, Medeni Muhakeme Hukukunda Usul Ekonomisi, 2013. (zitiert: Rüzgaresen)

Sachs, Michael, Grundgesetz Kommentar, 8. Auflage, 2018. (zitiert: Sachs/Bearbeiter)

Schellhammer, Kurt, Schuldrecht nach Anspruchsgrundlagen, 9. Auflage, 2014. (zitiert: Schellhammer)

Schilken, Eberhard, Zivilprozessrecht, 7. Auflage, 2014. (zitiert: Schilken)

Schmidt, Eike, Der Zweck des Zivilprozesses und seine Ökonomie, 1973. (Zitiert: Schmidt)

Schmidt-Bleibtreu, Bruno/Klein, Franz/Hofmann, Hans/Henneke, Hans-Günther, Kommentar Grundgesetz, 14. Auflage, 2018. (zitiert: Schmidt-Bleibtreu/Klein/Hofmann/Henneke/Bearbeiter)

Schnyder, Bernhard, Der gute Glaube im Immobiliarsachenrecht, in: ZBGR, 1985, S. 65ff. (zitiert: Schnyder)

Schreiber, Klaus, Die Klagearten der ZPO, in: Jura 2009, S. 754–758. (zitiert: Schreiber)

Schwab, Karl Heinz/Gottwald, Peter, Verfassung und Zivilprozess, 1984. (zitiert: Schwab/Gottwald)

Simil, Cemil, Belirsiz Alacak Davasi (Diss.), 2013. (zitiert: Simil)

Simil, Cemil, Hakimin Davayi Aydinlatma Ödevinin Sinirlari, in: DEÜHFD, Band. 16, Özel Sayi 2014, Hakan Pekcanitez´e Armagan, S. 1351–1376. (zitiert: Simil, Hakimin Davayi Aydinlatma Ödevi)

Spühler, Karl/Dolge, Annette/Gehri, Myriam, Schweizerisches Zivilprozessrecht, 9. Auflage, 2010. (zitiert: Spühler/Dolge/Gehri)

Spühler, Karl/Tenchio, Luca/Infanger, Dominik, Schweizerische Zivilprozessordnung, Basler Kommentar, 2. Auflage, 2013. (zitiert: BSKommZPO/Bearbeiter)

Staehelin, Adrian/Staehelin, Daniel/Grolimund, Pascal, Zivilprozessrecht, 2. Auflage, 2013. (zitiert: Staehelin/Staehelin/Grolimund)

Stein, Friedrich/Jonas, Martin, Kommentar zur Zivilprozessordnung, Band 1, 23. Auflage, 2014. (zitiert: Stein/Jonas/Bearbeiter)

Stein, Friedrich/Jonas, Martin, Kommentar zur Zivilprozessordnung, Band 2, 23. Auflage, 2016. (zitiert: Stein/Jonas/Bearbeiter)

Stein, Friedrich/Jonas, Martin, Kommentar zur Zivilprozessordnung, Band 3, 23. Auflage, 2016. (zitiert: Stein/Jonas/Bearbeiter)

Stein, Friedrich/Jonas, Martin, Kommentar zur Zivilprozessordnung, Band 4, 23. Auflagen 2018. (zitiert: Stein/Jonas/Bearbeiter)

Steinle, Franz, Kostenrisiko beim unbezifferten Schmerzensgeldantrag, in: VersR 1992, S. 425–426. (zitiert: Steinle)

Stickelbrock, Barbara, Inhalt und Grenzen richterlichen Ermessens im Zivilprozess, (Habil.), 2002. (zitiert: Stickelbrock)

Stern, Marc Philip, Prozessökonomie und Prozessbeschleunigung als Ziele der zürcherischen Zivilrechtspflegegesetze, 1989. (zitiert: Stern)

Sträuli, Hans/Messmer, Messsmer, Kommentar zur Zürcherischen Zivilprozessordnung, 1. Auflage, 1976. (zitiert: Sträuli/Messmer)

Sutter-Somm, Thomas, Schweizerisches Zivilprozessrecht, 2. Auflage, 2012. (zitiert: Sutter-Somm)

Sutter- Somm, Thomas/Hasenböhler, Franz/Leuenberger, Christoph, Kommentar zu schweizerischen Zivilprozessordnung (ZPO), 3. Auflage, 2016. (zitiert: Sutter-Somm/Hasenböhler/Leuenberger/Bearbeiter)

Tanriver, Süha, Medeni Usul Hukuku, Band 1, 1. Auflage, 2016. (zitiert: Tanriver)

Thomas, Heinz/Putzo, Hans, Zivilprozessordnung Kommentar, 39. Auflage, 2018. (zitiert: Thomas/Putzo/Bearbeiter)

Thürer, Daniel/Aubert, Jean- Francois/Müller, Jörg Paul, Verfassungsrecht der Schweiz/Droit constitutionnel suisse, 2001. (zitiert: Thürer/Aubert/Müller/Bearbeiter)

Ubert, Guido, Der unbezifferte Klageantrag bei Schadensersatz- und Schmerzensgeldansprüchen (Diss.), 1970. (zitiert: Ubert)

Uygur, Turgut, Türk Borclar Kanunu Serhi, Band 1, 2012. (zitiert: Uygur)

Üstündag, Saim, Medeni Yargilama Hukuku, Band 1–2, 7. Auflage, 2000. (zitiert: Üstündag)

Üstündag, Saim, Iddia ve Müdafaanin Degistirilmesi Yasagi 1967. (zitiert: Üstündag, Iddia ve Müdafaanin Degistirilmesi Yasagi)

Vogel, Oscar, Grundriss des Zivilprozessrechts, 4. Auflage, 1995. (zitiert: Vogel)

Yavas, Murat, Isci Alacaklari Yönünden Belirsiz Alacak Davasinin Uygulanabilirligi (Karar Incelemesi), in: Calisma ve Toplum, 2013/1, S. 365–375. (zitiert: Yavas)

Yilmaz, Ejder, Hukuk Muhakemeleri Kanunu Serhi, 2. Auflage, 2013. (zitiert: Yilmaz, Serh)

Yilmaz, Ejder, Usul Ekonomisi, in: AÜHFD, 2008, S. 243–274. (zitiert: Yilmaz, Usul Ekonomisi)

Wieczorek, Bernhard/Schütze, Rolf A., Zivilprozessordnung und Nebengesetze Großkommentar, Band 1, 4. Auflage, 2015. (zitiert: Wieczorek/Schütze/Bearbeiter, ZPOKomm)

Wieczorek, Bernhard/Schütze, Rolf A., Zivilprozessordnung und Nebengesetze Großkommentar, Band 4, 4. Auflage, 2013. (zitiert: Wieczorek/Schütze/Bearbeiter, ZPOKomm)

Wieczorek, Bernhard/Schütze, Rolf A., Zivilprozessordnung und Nebengesetze Großkommentar, Band 7, 4. Auflage, 2014. (zitiert: Wieczorek/Schütze/Bearbeiter, ZPOKomm)

Willms, Die Festsetzung des Streitwerts bei unbezifferten Leistungsklage, in: JZ 1952, S. 618–620. (zitiert: Willms)

Wolf, Manfred, Die Zulässigkeit unechter Eventualklagen insbesondere bei Teilklagen, in: Festschrift für Gaul zum 70. Geburtstag, 1997, S. 805–813. (zitiert: Wolf)

Wurm, Michael, Der unbezifferte Zahlungsantrag, in: JA 1989, S. 65–72. (zitiert: Wurm)

Zettel, Günther, Die Beibringungsgrundsatz (Diss.), 1977. (zitiert: Zettel)

Zeuner, Albrecht, Unbezifferter Klageantrag und Beschwer, in: Festschrift für Fritz Baur, 1981, S. 741–751. (zitiert: Zeuner)

Zimmermann, Walter, Zivilprozessordnung Praxiskommentar, 9. Auflage, 2011. (zitiert: Zimmermann)

Zöller, Richard, Zivilprozessordnung, 31. Auflage, 2016. (zitiert: Zöller/ Bearbeiter)

Zürcher, Johann, Der Streitwert im Immaterialgüter- und Wettbewerbsrechtsprozess, in: sic! 7-8/2002, S. 493ff., (zitiert: Zürcher)

STUDIEN ZUM VERGLEICHENDEN UND INTERNATIONALEN RECHT

Herausgeber: Bernd von Hoffmann (†), Erik Jayme, Heinz-Peter Mansel, Christine Budzikiewicz, Michael Stürner, Karsten Thorn und Marc-Philippe Weller

Band 1 Ferdinand Henke: Die Datenschutzkonvention des Europarates. 1986.

Band 2 Peter Czermak: Der express trust im internationalen Privatrecht. 1986.

Band 3 Peter Kindler: Der Ausgleichsanspruch des Handelsvertreters im deutsch-italienischen Warenverkehr. Eine rechtsvergleichende und kollisionsrechtliche Untersuchung. 1987.

Band 4 Wilhelm Denzer: Stellung und Bedeutung des Engineers in den FIDIC-Bauvertragsbedingungen. 1988.

Band 5 Marijan-Maximilian Lederer: Die internationale Enteignung von Mitgliedschaftsrechten unter besonderer Berücksichtigung der französischen Enteignungen 1982. 1989.

Band 6 Rainer Esser: Klagen gegen ausländische Staaten. 1990.

Band 7 Chang Jae-Ok: Auf dem Weg zu einer Materialisierung des Immateriellen? Personen-, Persönlichkeitsschutz und Geldersatz des immateriellen Schadens in rechtsvergleichender Hinsicht am Beispiel des koreanischen und japanischen Zivilrechts unter besonderer Berücksichtigung des deutschen Rechts. 1990.

Band 8 Paul-Frank Weise: Lex mercatoria. Materielles Recht vor der internationalen Handelsschiedsgerichtbarkeit. 1990.

Band 9 Werner Born: Der Auftrittsvertrag für Musikgruppen im Bereich der Rock- und Popmusik. 1990.

Band 10 Ralf Erich Jürgens: IPR und Verfassung in Italien und in der Bundesrepublik Deutschland. 1990.

Band 11 Rainer Gildeggen: Internationale Schieds- und Schiedsverfahrensvereinbarungen in Allgemeinen Geschäftsbedingungen vor deutschen Gerichten. 1991.

Band 12 Klaus Grabinski: Die kollisionsrechtliche Behandlung des Durchgriffs bei rechtlich verselbständigten Unternehmen in privater oder öffentlicher Hand. 1991.

Band 13 Dieter Stummel: Konkurs und Integration. Konventionsrechtliche Wege zur Bewältigung grenzüberschreitender Insolvenzverfahren. 1991.

Band 14 Joachim Güntzer: Die Rechtsstellung des Geschäftsführers im spanischen Aktienrecht. Die Neuregelung des spanischen Aktienrechts nach dem Beitritt Spaniens zur EG. 1991.

Band 15 Sabine Isenburg-Epple: Die Berücksichtigung ausländischer Rechtshängigkeit nach dem Europäischen Gerichtsstands- und Vollstreckungsübereinkommen vom 27.9.1968. Untersuchungen zum Anwendungsbereich von Art. 21 EuGVÜ unter schwerpunktmäßiger Behandlung der Frage nach der Bestimmung eines europäischen Streitgegenstandsbegriffs. 1992.

Band 16 Ulrich Nickl: Die Qualifikation der culpa in contrahendo im Internationalen Privatrecht. 1992.

Band 17 Theo Rauh: Leistungserschwerungen im Schuldvertrag. Eine rechtsvergleichende Untersuchung des englischen, US-amerikanischen, französischen und deutschen Rechts unter besonderer Berücksichtigung der gerichtlichen Praxis. 1992.

Band 18 Bernadette Chaussade-Klein: Vorvertragliche „obligation de renseignements" im französischen Recht. 1992.

Band 19 Josef Sievers: Verbraucherschutz gegen unlautere Vertragsbedingungen im französischen Recht. Vom Code civil zum „Code de la consommation" – die Entstehung eines Sonderprivatrechts für Verbraucher. 1993.

Band 20 Achim Schäfer: Grenzüberschreitende Kreditsicherung an Grundstücken, unter besonderer Berücksichtigung des deutschen und italienischen Rechts. 1993.

Band 21 Eugenio Hernández-Breton: Internationale Gerichtsstandsklauseln in Allgemeinen Geschäftsbedingungen. Unter besonderer Berücksichtigung des deutsch-südamerikanischen Rechtsverkehrs (dargestellt am Beispiel Argentinien, Brasilien und Venezuela). 1993.

Band 22 Ingo Reng: Unterhaltsansprüche aufgrund nichtehelicher Lebensgemeinschaft – Internationales Privatrecht und ausländisches materielles Recht. 1994.

Band 23 Stefanie Roloff: Die Geltendmachung ausländischer öffentlicher Ansprüche im Inland. 1994.

Band 24 Katharina Ludwig: Der Vertragsschluß nach UN-Kaufrecht im Spannungsverhältnis von Common Law und Civil Law. Dargestellt auf der Grundlage der Rechtsordnungen Englands und Deutschlands. 1994.

Band 25 Malte Diesselhorst: Mehrparteienschiedsverfahren. Internationale Schiedsverfahren unter Beteiligung von mehr als zwei Parteien. 1994.

Band 26 Manfred Kost: Konsensprobleme im internationalen Schuldvertragsrecht. 1995.

Band 27 Wolff-Heinrich Fleischer: Das italienische Wettbewerbsrecht und die Probleme des selektiven Parfümvertriebs unter Berücksichtigung der Rechtslage in Frankreich und Deutschland. 1995.

Band 28 Angelika Fuchs: Lateinamerikanische Devisenkontrollen in der internationalen Schuldenkrise und Art. VIII Abschn. 2 b) IWF-Abkommen. 1995.

Band 29 Jacques Matthias Aull: Der Geltungsanspruch des EuGVÜ: „Binnensachverhalte" und Internationales Zivilverfahrensrecht in der Europäischen Union. Zur Auslegung von Art. 17 Abs. 1 S. 1 EuGVÜ. 1996.

Band 30 Hartmut Ost: EVÜ und fact doctrine. Konflikte zwischen europäischer IPR-Vereinheitlichung und der Stellung ausländischen Rechts im angelsächsischen Zivilprozeß. 1996.

Band 31 Stefan Wagner: Die Testierfähigkeit im Internationalen Privatrecht. 1996.

Band 32 Wolfgang Jakob Hau: Positive Kompetenzkonflikte im Internationalen Zivilprozeßrecht. Überlegungen zur Bewältigung von *multi-fora disputes*. 1996.

Band 33 Markus Schütz: UN-Kaufrecht und *Culpa in contrahendo*. 1996.

Band 34 Volker Geyrhalter: Das Lösungsrecht des gutgläubigen Erwerbers. Ein „vergessener" Kompromiß und die Auswirkungen auf das heutige deutsche Recht unter besonderer Berücksichtigung des internationalen Sachenrechts. 1996.

Band 35 Andreas Kramer: Abwicklungsstörungen bei Kaufverträgen. Die Lieferung vertragswidriger Sachen im deutschen und italienischen Recht. 1996.

Band 36 Petra Krings: Erfüllungsmodalitäten im internationalen Schuldvertragsrecht. 1997.

Band 37 Tonja Gaibler: Der rechtsgeschäftliche Irrtum im französischen Recht. 1997.

Band 38 Dirk Otto: Rechtsspaltung im indischen Erbrecht. Bedeutung und Auswirkungen auf deutsch-indische Nachlaßfälle. 1997.

Band 39 Gregor W. Decku: Zwischen Vertrag und Delikt. Grenzfälle vertraglicher und deliktischer Haftung dargestellt am Beispiel der Berufs- und Expertenhaftung zum Schutze des Vermögens Dritter im deutschen und englischen Recht. 1997.

Band 40 Gregor W. Decku: Zwischen Vertrag und Delikt. Grenzfälle vertraglicher und deliktischer Haftung dargestellt am Beispiel der Berufs- und Expertenhaftung zum Schutze des Vermögens Dritter im deutschen und englischen Recht. 1997.

Band 41 Ulrike Höpping: Auswirkungen der Warenverkehrsfreiheit auf das IPR unter besonderer Berücksichtigung des Internationalen Produkthaftungsrechts und des Internationalen Vertragsrechts. 1997.

Band 42 Helene Boriths Müller: Die Umsetzung der europäischen Übereinkommen von Rom und Brüssel in das Recht der Mitgliedstaaten. Dargestellt am Beispiel Deutschlands und Dänemarks. 1997.

Band 43 Bernd von Hoffmann / Myong-Chang Hwang (eds.): The Public Concept of Land Ownership. Reports and Discussions of a German-Korean Symposium held in Seoul on October 7-9, 1996. 1997.

Band 44 Oliver Heeder: Fraus legis. Eine rechtsvergleichende Untersuchung über den Vorbehalt der Gesetzesumgehung in Deutschland, Österreich, der Schweiz, Frankreich und Belgien unter besonderer Berücksichtigung des Internationalen Privatrechts. 1998.

Band 45 Heinrich Schütt: Deliktstyp und Internationales Privatrecht. Dargestellt an grenzüberschreitenden Problemen der Arzthaftung. 1998.

Band 46 Axel Steiner: Die stillschweigende Rechtswahl im Prozeß im System der subjektiven Anknüpfungen im deutschen Internationalen Privatrecht. 1998.

Band 47 Martina Schulz: Der Eigentumsvorbehalt in europäischen Rechtsordnungen. Rechtsvergleichende Untersuchung des deutschen, englischen und französischen Rechts unter besonderer Berücksichtigung von Erweiterungen und Verlängerungen. 1998.

Band 48 Karin Dreher: Die Rechtswahl im internationalen Erbrecht. Unter besonderer Berücksichtigung des italienischen IPR-Reformgesetzes N. 218 vom 31. Mai 1995. 1999.

Band 49 Giuliano Gabrielli: Das Verhältnis zwischen der Anfechtung wegen Eigenschaftsirrtums und den Gewährleistungsansprüchen im deutschen, österreichischen und italienischen Recht. 1999.

Band 50 Bernd von Hoffmann / Myong-Chan Hwang (eds.): Developments in Land Law. Reports and Discussions of a German-Korean Symposium held in Berlin and Trier on July 21-24, 1997. 1999.

Band 51 Volker Heidbüchel: Das UNCITRAL-Übereinkommen über unabhängige Garantien und Standby Letters of Credit. Vergleiche mit den Richtlinien der Internationalen Handelskammer, dem deutschen, englischen und US-amerikanischen Recht. 1999.

Band 52 Jan Christoph Nordmeyer: Pflichtteilsansprüche und Wiedervereinigung. Eine systematische Analyse der Ausgleichsansprüche nach BGB-Pflichtteilsrecht unter besonderer Berücksichtigung der durch den Wiedervereinigungsprozeß eingetretenen Wertveränderungen. 1999.

Band 53 Bettina Linder: Vertragsabschluß beim grenzüberschreitenden Verbraucherleasing. 1999.

Band 54 Almontasser Fetih: Die zivilrechtliche Haftung bei Vertragsverhandlungen. Eine rechtsvergleichende Studie zum deutschen, französischen, ägyptischen und islamischen Recht. 2000.

Band 55 Sona Rajani: Die Geltung und Anwendung des Gemeinschaftsrechts im Vereinigten Königreich von Großbritannien und Nordirland. Der Grundsatz der Parlamentssouveränität im Wandel. 2000.

Band 56 Joachim Kayser: Gegenmaßnahmen im Außenwirtschaftsrecht und das System des europäischen Kollisionsrechts. Eine Analyse der EU-Abwehrverordnung gegen die Auswirkungen extraterritorialer Rechtserstreckung eines Drittlandes. 2001.

Band 57 Albrecht Conrad: Qualifikationsfragen des Trust im Europäischen Zivilprozeßrecht. 2001.

Band 58 Bernd Borgmann: Die Entsendung von Arbeitnehmern in der Europäischen Gemeinschaft. Wechselwirkungen zwischen Kollisionsrecht, Grundfreiheiten und Spezialgesetzen. 2001.

Band 59 Aleksandar Jaksic: Arbitration and Human Rights. 2002.

Band 60 Islamisches und arabisches Recht als Problem der Rechtsanwendung. Symposium zu Ehren von Professor Emeritus Dr. iur. Omaia Elwan. Veranstaltet vom Institut für ausländisches und internationales Privat- und Wirtschaftsrecht der Universität Heidelberg und der Gesellschaft für Arabisches und Islamisches Recht e.V. Herausgegeben von Herbert Kronke, Gert Reinhart und Nika Witteborg. 2001.

Band 61 Patrick Fiedler: Stabilisierungsklauseln und materielle Verweisung im internationalen Vertragsrecht. 2001.

Band 62 Werner Mangold: Die Abtretung im Europäischen Kollisionsrecht. Unter besonderer Berücksichtigung des spanischen Rechts. 2001.

Band 63 Eike Dirk Eschenfelder: Beweiserhebung im Ausland und ihre Verwertung im inländischen Zivilprozess. Zur Bedeutung des US-amerikanischen discovery-Verfahrens für das deutsche Erkenntnisverfahren. 2002.

Band 64 Bernd Ehle: Wege zu einer Kohärenz der Rechtsquellen im Europäischen Kollisionsrecht der Verbraucherverträge. 2002.

Band 65 Heiko Lehmkuhl: Das Nacherfüllungsrecht des Verkäufers im UN-Kaufrecht. 2002.

Band 66 Jochen Nikolaus Schlotter: Erbrechtliche Probleme in der Société Privée Européenne. IPR-Harmonisierung im einheitlichen Europäischen Rechtsraum. 2002.

Band 67 Konrad Ost: Doppelrelevante Tatsachen im Internationalen Zivilverfahrensrecht. Zur Prüfung der internationalen Zuständigkeit bei den Gerichtsständen des Erfüllungsortes und der unerlaubten Handlung. 2002.

Band 68 Tobias Bosch: Die Durchbrechungen des Gesamtstatuts im internationalen Ehegüterrecht. Unter besonderer Berücksichtigung deutsch-französischer Rechtsfälle. 2002.

Band 69 Ursula Philipp: Form im amerikanischen Erbrecht. Zwischen Formalismus und harmless error. 2002.

Band 70 Christian Stefan Wolf: Der Begriff der wesentlich engeren Verbindung im Internationalen Sachenrecht. 2002.

Band 71 André Fomferek: Der Schutz des Vermögens Minderjähriger. Ein Vergleich des deutschen und des englischen Rechts unter Berücksichtigung des schottischen und irischen Rechts. 2002.

Band 72 nicht erschienen

Band 73 Markus Dreißigacker: Sprachenfreiheit im Verbrauchervertragsrecht. Der Verbraucher im Spannungsfeld zwischen kultureller Identität und Privatautonomie. 2002.

Band 74 Vassiliki Myller-Igknay: Auskunftsansprüche im griechischen Zivilrecht. Auswirkungen im deutsch-griechischen Rechtsverkehr sowie im deutschen internationalen Privat- und Verfahrensrecht. 2003.

Band 75 Stefan Bruinier: Der Einfluss der Grundfreiheiten auf das Internationale Privatrecht. 2003.

Band 76 Nika Witteborg: Das gemeinsame Sorgerecht nichtverheirateter Eltern. Eine Untersuchung im soziologischen, rechtsgeschichtlichen, verfassungsrechtlichen, rechtsvergleichenden und internationalen Kontext. 2003.

Band 77 Peter Stankewitsch: Entscheidungsnormen im IPR als Wirksamkeitsvoraussetzungen der Rechtswahl. 2003.

Band 78 Jan Wilhelm Ritter: Euro-Einführung und IPR unter besonderer Berücksichtigung nachehelicher Unterhaltsverträge. Eine Untersuchung mit Blick auf das deutsche, französische und schweizerische Recht. 2003.

Band 79 Wolf Richard Herkner: Die Grenzen der Rechtswahl im internationalen Deliktsrecht. 2003.

Band 80 Ira Ditandy: Internationale Zuständigkeit. Neuregelung durch die LOPJ 1985. Vergleich mit dem europäischen Vorbild und Auswirkungen auf das spanische internationale Zivilverfahrensrecht. 2003.

Band 81 Andrea Verena Schefold: Werbung im Internet und das deutsche Internationale Privatrecht. 2004.

Band 82 Klaus Herkenrath: Die Umsetzung der Richtlinie 93/13/EWG über missbräuliche Klauseln in Verbraucherverträgen in Deutschland, dem Vereinigten Königreich, Frankreich und Italien. Auswirkungen nationaler Umsetzungstechniken auf dem Harmonisierungserfolg. 2003.

Band 83 Alexander Thünken: Das kollisionsrechtliche Herkunftslandprinzip. 2003.

Band 84 Barbara v. Daumiller: Die Rechtswahl im italienischen internationalen Erbrecht: und ihre Auswirkungen im deutsch-italienischen Rechtsverkehr. 2003.

Band 85 Robert Mödl: Macht, Verantwortlichkeit und Zurechnung im Konzern. Eine rechtsvergleichende Untersuchung auf der Grundlage des deutschen, spanischen und US-amerikanischen Rechts. 2003.

Band 86 Ursula Kerpen: Das Internationale Privatrecht der Persönlichkeitsrechtsverletzungen. Eine Untersuchung auf rechtsvergleichender Grundlage. 2003.

Band 87 Barbara Ploeckl: Umgangsrechtsstreitigkeiten im deutsch-französischen Rechtsverkehr. Bestehende internationale und nationale Regelungen und der geplante *europäische Besuchstitel*. 2003.

Band 88 Katrin Wannemacher: Die Außenkompetenzen der EG im Bereich des Internationalen Zivilverfahrensrechts. Der räumliche Anwendungsbereich des Art. 65 EGV am Beispiel der EuGVO und der EheVO. 2003.

Band 89 Maren B. Eilinghoff: Das Kollisionsrecht der ungerechtfertigten Bereicherung nach dem IPR-Reformgesetz von 1999. 2004.

Band 90 Patrick Niehr: Die zivilprozessuale Dokumentenvorlegung im deutsch-englischen Rechtshilfeverkehr nach der deutschen und der englischen Prozessrechtsreform. 2004.

Band 91 Anna Christina Gördes: Internationale Zuständigkeit, Anerkennung und Vollstreckung von Entscheidungen über die elterliche Verantwortung. Die VO(EG) Nr. 1347/2000, ihre geplanten Änderungen und das Verhältnis beider zum Minderjährigen- und Kinderschutzabkommen. 2004.

Band 92 Martin Rädler: Rechtsbehelfe des Käufers eines Unternehmens oder einer unternehmerischen Beteiligung gegen den Verkäufer im deutschen und französischen Recht. 2004.

Band 93 Marc-Yngve Dietrich: Rechtsstellung und Beteiligung der Gläubiger im französischen Insolvenzverfahren. 2004.

Band 94 Katia Niemann: Die rechtsgeschäftliche und organschaftliche Stellvertretung und deren kollisionsrechtliche Einordnung. Deutschland und England im Vergleich. 2004.

Band 95 Daniel Ludwig: Neuregelungen des deutschen Internationalen Insolvenzverfahrensrechts. Eine Untersuchung unter vergleichender Heranziehung der Europäischen Insolvenzver-ordnung. 2004.

Band 96 Cordelia Faulenbach: Der gemeinschaftsrechtliche Vorbehalt im europäischen Wettbewerbsrecht. Die Herkunftslandanknüpfung der E-Commerce-Richtlinie unter dem Einfluss der Grundfreiheiten. 2004.

Band 97 Ulf Dörner: Der Vertragsgerichtsstand nach dem Protokoll von Buenos Aires. 2004.

Band 98 Martin Schmidhuber: Verhaltenskodizes im nationalen und grenzüberschreitenden elektronischen Geschäftsverkehr. Zur Frage der Integration der Selbstregulierung durch Private in die staatliche Rechtsordnung. 2004.

Band 99 Florian Kienle: Die fehlerhafte Banküberweisung im internationalen Rechtsverkehr. Unter besonderer Berücksichtigung des Artikels 4A US Uniform Commercial Code. 2004.

Band 100 Thomas Alexander Brandt: Die Adoption durch eingetragene Lebenspartner im internationalen Privat- und Verfahrensrecht. 2004.

Band 101 Florian Pulkowski: Subunternehmer und Internationales Privatrecht. Der Subunternehmer als Quasi-Verbraucher im Europäischen Kollisionsrecht. 2004.

Band 102 Ulrich Becker: Grundrechtsschutz bei der Anerkennung und Vollstreckbarerklärung im europäischen Zivilverfahrensrecht. Bestimmung der Grenzen für die Einführung eines europäischen Vollstreckungstitels. 2004.

Band 103 Thomas Badelt: Aufrechnung und internationale Zuständigkeit unter besonderer Berücksichtigung des deutsch-spanischen Rechtsverkehrs. 2005.

Band 104 Florian D. Wagner: Vorvertragliche Aufklärungspflichten im internationalen Franchising. Zur Harmonisierung von Delikts- und Vertragsstatut im internationalen Privatrecht unter besonderer Berücksichtigung der Franchise-Gesetzgebung des US-Bundesstaates Kalifornien. 2005.

Band 105 Vera Heine: Die Umsetzung der *EG-Richtlinie über missbräuchliche Klauseln in Verbraucherverträgen* im englischen und deutschen Recht. 2005.

Band 106 Alexander Franz: Überregionale Effektentransaktionen und anwendbares Recht. Eine kollisionsrechtliche Untersuchung unter besonderer Berücksichtigung der Vorschrift des § 17 a DepotG. 2005.

Band 107 Hanna-Maria Uhlenbrock: Gesetzliche Regelungen für nichteheliche Lebensgemeinschaften in Deutschland und Frankreich. Ein Vergleich des Unterhaltsrechts bei der eingetragenen Lebenspartnerschaft und beim Pacte civil de Solidarité. 2005.

Band 108 Katrin Stieß: Anknüpfungen im internationalen Urheberrecht unter Berücksichtigung der neuen Informationstechnologien. 2005.

Band 109 Hendrik Otto: Der gesetzliche Abschlussprüfer im italienischen Recht. Eine rechtsvergleichende Untersuchung unter besonderer Berücksichtigung der zivilrechtlichen Haftung. 2005.

Band 110 Frauke Stuphorn: Bankhaftung für Kreditauskünfte im deutschen und französischen Recht. 2005.

Band 111 Nina Fürer: Die zivilrechtliche Haftung für Raucherschäden. 2005.

Band 112 Giovanni B. Barillà: *Contratto autonomo di garanzia* e *Garantievertrag*. Categorie civilistiche e prassi del commercio. 2005.

Band 113 Timo Torz: Gerichtsstände im Internationalen Insolvenzrecht zur Eröffnung von Partikularinsolvenzverfahren. 2005.

Band 114 Martina Schmid: Die Grenzen der Auslegungskompetenz des EuGH im Vorabentscheidungsverfahren nach Art. 234 EG. Dargestellt am Beispiel der überschießenden Richtlinienumsetzung. 2005.

Band 115 Stephan Lesage-Mathieu: Dispositives Kollisionsrecht im prozessualen Kontext. 2005.

Band 116 Jürgen Görtz: Die subjektiven Grenzen der Rechtskraft US-amerikanischer Urteile. 2005.

Band 117 Vera Hoppe: Die Einbeziehung ausländischer Beteiligter in US-amerikanische class actions. Unter Berücksichtigung des Class Action Fairness Act 2005. 2005.

Band 118 Silke Pütz: Parteiautonomie im internationalen Urhebervertragsrecht – Eine rechtsdogmatische und rechtspolitische Betrachtung der Grenzen freier Rechtswahl im internationalen Urhebervertragsrecht unter besonderer Berücksichtigung des neuen deutschen Urhebervertragsrechts. 2005.

Band 119 Alice Nieroba: Die europäische Rechtshängigkeit nach der EuGVVO (Verordnung (EG) Nr. 44/2001) an der Schnittstelle zum nationalen Zivilprozessrecht. 2006.

Band 120 Jan Kayser: Alternative Formen gerichtlicher und außergerichtlicher Streitbeilegung im deutschen und französischen Zivilprozess. Les modes alternatifs judiciaires et extrajudiciaires de résolution des conflits en procédure civile allemande et française. 2006.

Band 121 Mirko Ehrich: Der internationale Anwendungsbereich des deutschen und französischen Rechts gegen irreführende Werbung. Freie Wahl von Form und Mittel, Rom II und Herkunftslandprinzip. 2006.

Band 122 Daniel Thelen: Die Haftung des Sekundärschädigers für Gewalttaten anderer im US-amerikanischen Deliktsrecht ausgehend von dem Problem rechtsextremistisch motivierter Gewalttaten. 2006.

Band 123 Anne Winterling: Die Entscheidungszuständigkeit in Arbeitssachen im europäischen Zivilverfahrensrecht. 2006.

Band 124 Sarah Gerling: Die Gleichstellung ausländischer mit inländischen Vollstreckungstiteln durch die Verordnung zur Einführung eines Europäischen Vollstreckungstitels für unbestrittene Forderungen. Im Vergleich zum bisherigen Recht und zur Rechtslage in den USA. 2006.

Band 125 Christian Bank: Präventivmaßnahmen börsennotierter Gesellschaften zur Abwehr feindlicher Übernahmeversuche in Deutschland und Großbritannien. Eine rechtsvergleichende Untersuchung des deutschen und britischen Rechts unter Berücksichtigung der Europäischen Übernahmerichtlinie. 2006.

Band 126 Christian Weis: Kaufrechtliche Gewährleistung und Garantievergabe in Deutschland und Spanien. Unter besonderer Berücksichtigung des Unternehmenskaufs. 2006.

Band 127 Emilio Maus Ratz: Der Nacherfüllungsanspruch nach UN-Kaufrecht. Im Lichte der deutschen, spanisch-mexikanischen und US-amerikanischen Rechtswissenschaft. 2006.

Band 128 Constanze Jacobs: Die Sachmängelgewähr im deutschen und belgischen Kaufrecht nach Umsetzung der Verbrauchsgüterkauf-Richtlinie. 2006.

Band 129 Ulrike Teichert: Lückenfüllung im CISG mittels UNIDROIT-Prinzipien - Zugleich ein Beitrag zur Wählbarkeit nichtstaatlichen Rechts. 2007.

Band 130 Sascha Reichardt: Internationale Zuständigkeit im Gerichtsstand der unerlaubten Handlung bei Verletzung europäischer Patente. 2006.

Band 131 Bilgehan Cetiner: Die Sachmängelhaftung des Verkäufers im UN-Kaufrecht und im neuen deutschen Schuldrecht. Eine rechtsvergleichende Studie. 2006.

Band 132 Jan Streer: Die Umsetzung der Verbrauchsgüterkaufrichtlinie im englischen Recht durch die Sale and Supply of Goods to Consumer Regulations 2002. 2007.

Band 133 Kathrin Wannenmacher: Einstweilige Maßnahmen im Anwendungsbereich von Art. 31 EuGVVO in Frankreich und Deutschland: Eine Betrachtung ausgesuchter Verfahren des einstweiligen Rechtsschutzes im internationalen Zivilverfahrensrecht - gerichtliche Zuständigkeit, Anerkennung und Vollstreckung. 2007.

Band 134 Wim Kreytenberg: Die individuelle Schwerpunktbestimmung internationaler Schuldverträge nach der Ausweichklausel des Artikel 4 Absatz 5 Satz 2 EVÜ. Ein Beitrag zur Förderung von Rechtssicherheit und Einzelfallgerechtigkeit im europäischen Kollisionsrecht der Schuldverträge. 2007.

Band 135 Nikolaus Geiben: Der Vorvertrag im Internationalen Privatrecht. Unter besonderer Berücksichtigung des Immobilienerwerbs im portugiesischen und brasilianischen Recht. 2007.

Band 136 Predrag Maksimovic: Der Kapitalschutz im europäischen, serbischen und deutschen Recht der Gesellschaft mit beschränkter Haftung. 2007.

Band 137 Alexander Rathenau: Die Anwendung des EuGVÜ durch portugiesische Gerichte unter Berücksichtigung des autonomen internationalen Zivilverfahrensrechts. 2007.

Band 138 Matthias Creydt: Die Besicherung von Weltraumvermögenswerten. Ein neues einheitliches internationales Sicherungsrecht und dessen Vergleich zum US-amerikanischen Mobiliarsicherungsrecht. 2007.

Band 139 Oliver Borkhardt: Registerpublizität und Kollisionsrecht besitzloser Mobiliarsicherheiten nach dem neuen Art. 9 UCC. 2007.

Band 140 Jens Engelmann-Pilger: Deliktische Haftung für das Fehlverhalten Dritter im Common Law. 2007.

Band 141 Bastian Rotmann: Der Schutz des Dritten in der europäischen Mobiliarzwangsvollstreckung. Eine rechtsvergleichende Untersuchung vor dem Hintergrund der Verordnung (EG) Nr. 805/2004 zur Einführung eines Europäischen Vollstreckungstitels für unbestrittene Forderungen. 2007.

Band 142 Oliver Ratzel: Die Präklusion isolierter Unterhaltsverfahren durch den ausländischen Scheidungsverbund. Zugleich ein Beitrag zur internationalen Verbundszuständigkeit im Lichte der Quellenveränderung. 2007.

Band 143 Bettina Maria Stade: Die Konstitutionalisierung des Zivilprozessrechts in Spanien und Deutschland vor dem Hintergrund der Europäisierung des Zivilprozessrechts. 2007.

Band 144 Julia El-Bitar: Der deutsche und der französische Kulturgüterschutz nach der Umsetzung der Kulturgüterrückgaberichtlinie. Eine materiellrechtliche und kollisionsrechtliche Untersuchung. 2007.

Band 145 Aris Kaschefi: Sachmängelhaftung im französischen Kaufrecht vor und nach Umsetzung der Verbrauchsgüterkaufrichtlinie. Mit rechtsvergleichenden Hinweisen zum deutschen Recht unter besonderer Berücksichtigung von Weiterfressersachverhalten. 2007.

Band 146 Isabel Roth: Die internationale Zuständigkeit deutscher Gerichte bei Persönlichkeitsrechtsverletzungen im Internet. 2007.

Band 147 Theresa Wilhelmi: Das Weltrechtsprinzip im internationalen Privat- und Strafrecht. Zugleich eine Untersuchung zu Parallelitäten, Divergenzen und Interdependenzen von internationalem Privatrecht und internationalem Strafrecht. 2007.

Band 148 Alice Halsdorfer: Privat- und kollisionsrechtliche Folgen der Verletzung von Kulturgüterschutznormen auf der Grundlage des UNESCO-Kulturgutübereinkommens 1970. 2008.

Band 149 Thomas Müller-Froelich: Der Gerichtsstand der Niederlassung im deutsch-amerikanischen Rechtsverkehr. Eine Untersuchung zu Fragen der Entscheidungs- und Anerkennungszuständigkeit. 2008.

Band 150 Christopher Luhn: Privatautonomie und Inhaltskontrolle von Eheverträgen. Ein kritischer Vergleich des deutschen und des australischen Rechts mit Bezügen zum Internationalen Privatrecht. 2008.

Band 151 Kristin Kohler: Die grenzüberschreitende Verbraucherverbandsklage nach dem Unterlassungsklagengesetz im Binnenmarkt. 2008.

Band 152 Dorothee Maria Kaulen: Die Anerkennung von Gesellschaften unter Artikel XXV Abs. 5 S. 2 des deutsch-US-amerikanischen Freundschafts-, Handels- und Schifffahrtsvertrags von 1954. 2008.

Band 153 Birka Vanessa Stroschein: Parteizustellung im Ausland. Eine systemvergleichende Untersuchung des Gemeinschafts- und Staatsvertragsrechts unter Einbeziehung des deutschen, französischen, englischen und US-amerikanischen Zustellungsrechts. 2008.

Band 154 Nancy Gruschinkse: Das europäische Kollisionsrecht der Aufrechnung unter besonderer Beachtung des Insolvenzfalles. 2008.

Band 155 Hans-Christian Frick: Sprachrisiko im Zeitalter des Ethnomarketings. US-amerikanische Erfahrungen und europäische Rechtsentwicklung. 2009.

Band 156 Stephan Mangold: Verbraucherschutz und Kunstkauf im deutschen und europäischen Recht. 2009.

Band 157 Robert Beier: Die gesetzlichen Rechte des überlebenden Ehegatten nach dem deutschen und spanischen Kollisionsrecht. Unter besonderer Berücksichtigung der *viudedad aragonesa*. 2009.

Band 158 Julia-Marie Oppermann: Internationale Handelsschiedsgerichtsbarkeit und Verjährung. 2009.

Band 159 Stephan Boese: Strukturprinzipien im Gläubigerschutz. Eine rechtsvergleichende Untersuchung zur GmbH und zur englischen Limited Company. 2009.

Band 160 Thomas Rosa: Das Kaufrecht nach dem Zivilgesetzbuch der Tschechischen und Slowakischen Republik. Eine rechtsvergleichende Darstellung im Lichte des deutschen Bürgerlichen Gesetzbuches. 2009.

Band 161 Roland Weis: Rechnungslegungspflichten von EU-Scheinauslandsgesellschaften im Land ihrer tatsächlichen wirtschaftlichen Betätigung. Insbesondere im Hinblick auf in Deutschland tätige englische Limiteds. 2009.

Band 162 Henning Frase: „Leoninische Vereinbarungen" und Ergebnisbeteiligungspflicht im deutschen und italienischen Gesellschaftsrecht. Zum *patto leonino* des italienischen Rechts und möglichen Entsprechungen im deutschen Recht. 2010.

Band 163 Christiane Tödter: Europäisches Kindschaftsrecht. Nach der Verordnung (EG) Nr. 2201/ 2003. 2010.

Band 164 Edda Gampp: *Perpetuatio fori internationalis* im Zivilprozeß und im Verfahren der freiwilligen Gerichtsbarkeit. 2010.

Band 165 Mei Wu: Die Reform des chinesischen Beweisrechts vor dem Hintergrund deutscher und US-amerikanischer Regelungsmodelle. 2010.

Band 166 Corina Leimert: Stand und Entwicklung des italienischen Rechts der Unternehmenszusammenschlüsse (gruppi di società / gruppi di imprese). 2010.

Band 167 Kasim Özen: Die Scheidungsgründe im türkischen Zivilgesetzbuch. 2010.

Band 168 Helena Isabel Maier: Marktortanknüpfung im internationalen Kartelldeliktsrecht. Eine internationalzuständigkeits- und kollisionsrechtliche Untersuchung unter Einbeziehung rechts-vergleichender Überlegungen zum englischen Recht. 2011.

Band 169 Thomas Spernat: Die gleichgeschlechtliche Ehe im Internationalen Privatrecht. Unter besonderer Berücksichtigung des Einflusses des EG-Vertrags. 2011.

Band 170 Max Johann Lipsky: Statutenwechsel im italienischen Sachenrecht – Auswirkungen auf den Im- und Export von Mobiliarsicherheiten. Eine Untersuchung der rechtlichen Beständigkeit dinglicher Kreditsicherheiten im deutsch-italienischen Rechtsverkehr. 2011.

Band 171 Silvia Karolina Seilstorfer: Die Umsetzung der Verbrauchsgüterkaufrichtlinie in Portugal mit rechtsvergleichenden Hinweisen zum deutschen Recht. 2011.

Band 172 Stephan Georg Knöchel: Anerkennung französischer Urteile mit Drittbeteiligung. Eine Untersuchung der Anerkennung von Drittbindungswirkungen nach der EuGVVO und autonomem deutschem Recht. 2011.

Band 173 Kristina Menzel: Vollstreckungsschutz zugunsten privater Altersvorsorge. Eine rechtsvergleichende Untersuchung zum deutschen und schweizerischen Recht. 2011.

Band 174 Manuela Krach: Scheidung auf Mexikanisch. Das materielle Recht der Scheidung im Mehrrechtsstaat Mexiko unter Berücksichtigung von Eheschließung und Ehewirkungen. 2011.

Band 175 Vanessa Sofia Wagner: Verkehrsschutz beim redlichen Erwerb von GmbH-Geschäfts-anteilen. Ein Vergleich des Rechts für Gesellschaften mit beschränkter Haftung in Deutschland, England und Italien. 2011.

Band 176 Alexander Swienty: Der Statutenwechsel im deutschen und englischen internationalen Sachenrecht unter besonderer Betrachtung der Kreditsicherungsrechte. 2011.

Band 177 Kathrin Süß: Streitbeilegungsmechanismen im Verbraucherrecht. Unter besonderer Berücksichtigung der australischen Rechtsordnung. 2011.

Band 178 Efe Direnisa: Die materielle Rechtskraft im deutschen und türkischen Zivilverfahrensrecht. 2012.

Band 179 Julia Faenger: Leistungsunabhängige Nebenpflichten zum Schutz des Integritätsinteresses im deutschen und französischen Recht. Eine rechtsvergleichende Betrachtung ausgehend von den Rücksichtspflichten des § 241 Abs. 2 BGB. 2012.

Band 180 Dorothea Heine: Das Kollisionsrecht der Forderungsabtretung. UNCITRAL-Abtretungs-konvention und Rom I-Verordnung. 2012.

Band 181 Lisa B. Möll: Kollidierende Rechtswahlklauseln in Allgemeinen Geschäftsbedingungen im internationalen Vertragsrecht. 2012.

Band 182 Jutta Jasmin Uusitalo: Einbeziehung von AGB im unternehmerischen Geschäftsverkehr zwischen Deutschland und Finnland. 2012.

Band 183 Darya Alikhani Chamgardani: Der Allgemeine Teil des iranischen Schuldvertragsrechts. Im Spannungsverhältnis zwischen rezipiertem französischen und traditionellem islamischen Recht. 2013.

Band 184 Volker Anton: Aktuelle Entwicklungen des Bankgeheimnisses im Rechtsvergleich unter besonderer Berücksichtigung seiner exterritorialen Wirkungen. Deutschland, Luxemburg, Österreich, Schweiz und Liechtenstein. 2013.

Band 185 Charlotte Wilhelm: Die Regelung der Geld- und Warenkreditsicherheiten nach dem deutschen Recht im Vergleich zum Draft Common Frame of Reference (DCFR). 2013.

Band 186 Michael Nehmer: Erbunwürdigkeit und Elternunterhalt im Internationalen Privatrecht. Eine historisch-rechtspolitische Betrachtung. 2013.

Band 187 Pınar Şamiloğlu-Riegermann: Türkisches und deutsches Vertragshändlerrecht im Rechtsvergleich. 2014.

Band 188 Elvan Er: Realsicherheiten des türkischen Mobiliarsachenrechts. Eine Darstellung des geltenden türkischen Rechts unter vergleichender Berücksichtigung des deutschen und schweizerischen Kreditsicherungsrechts. 2014.

Band 189 Maya Mandery: Party Autonomy in Contractual and Non-Contractual Obligations. A European and Anglo-Common Law perspective on the freedom of choice of law in the Rome I Regulation on the law applicable to contractual obligations and the Rome II Regulation on the law applicable to non-contractual obligations. 2014.

Band 190 Gregor Nikolas Rutow: Rechtsvergleich über die Zulässigkeit von Haftungsausschlüssen, Haftungsbeschränkungen und pauschaliertem Schadensersatz in einzelnen arabischen Rechtsordnungen. 2014.

Band 191 Christoph Rödter: Das Gesellschaftskollisionsrecht im Spannungsverhältnis zur Rom I- und II-VO. Eine Untersuchung zur Reichweite des Gesellschaftsstatuts in Abgrenzung zu den Kolligionsregeln der Rom I- und II-VO. 2014.

Band 192 Melanie Kaspers: Die gemischten und verbundenen Verträge im Internationalen Privatrecht. 2015.

Band 193 Tong Xue: Parteiautonomie im chinesischen Internationalen Privatrecht. Am Beispiel der Rechtswahl im Internationalen Vertrags-, Delikts-, und Sachenrecht. 2016.

Band 194 Martin Metz: US-Menschenrechtsklagen und Neoterritorialismus. 2017.

Band 195 Matthias A. Sauter: Mitveräußerungspflichten im deutschen und italienischen Recht. 2018.